AF497252

Frère Sigismond.
Nicolet. P. Qu.

FAMILLE CHOUINARD

HISTOIRE ET GÉNÉALOGIE

JACQUES DE GASPÉ

FAMILLE CHOUINARD

HISTOIRE ET GÉNÉALOGIE

AVANT-PROPOS ET PRÉFACE
par
M. H.-J.-J.-B. CHOUINARD

QUÉBEC

IMPRIMERIE FRANCISCAINE MISSIONNAIRE

1921

Québec, 30 décembre 1920.

IMPRIMATUR :

† L.-N. Cardinal Bégin,

Arch. de Québec.

HISTOIRE

INTRODUCTION

A mes cousins et neveux

" Les peuples qui conservent une longue
vie sur la terre sont ceux qui honorent
les monuments de leurs ancêtres. "
(Mgr Gerbet.)

Autrefois, dans la Grèce antique, les mères, à certains
jours, conduisaient leurs fils sur les hauteurs du mont
Pentélique d'où elles leur montraient la plaine de
Marathon et, au loin, le défilé des Thermopyles, en leur
disant : " Enfants, vous appartenez à une illustre et
vaillante race et la Grèce est un beau et noble pays. Ne
l'oubliez pas ! "

Et la Grèce, en ces temps-là, vivait ses jours de gloire
et de grandeur. Plus tard, l'affaiblissement des caractères
et des rivalités mesquines ruinèrent cet amour de la grande

Patrie et ce culte des aïeux. Et aussitôt, les Grecs descendirent du piédestal où leur réputation d'hommes de guerre et d'hommes de lettres les avait élevés.

Le même feu sacré, c'est-à-dire : le même amour de notre Patrie et de notre nationalité nous a fait entreprendre ce travail ardu que nous offrons en ce moment au lecteur.

A l'instar des Athéniens, nous désirons que nos neveux et arrière-neveux gravent et conservent dans leur mémoire le nom des hommes honorables dont nous sommes les fils. Ne l'oublions pas : ce sont nos pères qui ont fait le Canada-français ce qu'il est aujourd'hui. Pour le fonder, ils ont souffert l'absence et l'éloignement de la douce Mère-Patrie, les rigueurs du climat, les dangers de la guerre indienne. C'est au prix de luttes incessantes qu'ils ont pu conserver à notre race sa physionomie ethnique, ce sang pur, générateur de force, de fierté et de noble dévouement. N'oublions pas non plus que pour rester maîtres du sol et conserver notre religion, notre langue, nos idéals de la civilisation et de l'âme françaises, et garder intactes toutes nos libertés, nos aïeux ont dû braver la cruauté de l'Indien, les ambitions des nations rivales et, plus tard, lutter par la parole et par la plume contre les éléments hostiles qui voulaient effacer le nom de la France du Continent américain.

Je crois que, dans la construction de ce bel édifice de la nationalité canadienne-française, la famille Chouinard peut revendiquer sa part modeste, mais légitime, d'honneur et de mérite, grâce à ses nombreux descendants et à la dignité de leur vie. " Issue, elle aussi, du peuple le plus intelligent et le plus civilisé de l'Europe,'' originaire de la Touraine et fleur choisie que le Canada est allé cueillir au " Jardin de la France," cette famille occupe un rang honorable dans notre population d'origine française.

Si l'on ne peut dire le nombre et le nom de ses ancêtres qui, en France, combattirent sous les drapeaux, à l'époque de Jeanne d'Arc, dans la Guerre de Cent Ans, ou dans les randonnées glorieuses de François Ier, à travers l'Europe, nous trouvons au Canada, dans les milices canadiennes de l'armée de Montcalm, Julien Chouinard et Louis Chouinard et, plus tard, en 1812, Joseph-François Chouinard, du Régiment des Fusiliers Canadiens, décédé à la Citadelle, à Québec, et inhumé au Cimetière des Picotés, le 6 mai 1812.

Mais le plus beau titre de gloire de cette famille, celui qui lui donne le plus de droits à notre reconnaissance, c'est d'avoir défriché et conquis à l'agriculture une bonne moitié de la paroisse de Saint-Jean-Port-Joli, une partie de la paroisse de Kamouraska, et plusieurs paroisses du comté de Rimouski. Du sommet de nos monts, les Chouinard, pères ou mères de famille, peuvent montrer du doigt à leurs descendants les terres ancestrales et dire en toute assurance : " Enfants, vous appartenez à une grande et noble race, et le Canada est un beau et cher pays. Souvenez-vous-en ! "

Un second motif nous a poussé à entreprendre ce travail. Chargé d'instruire la jeunesse, dans l'Institut de St-Jean-Baptiste de la Salle, de lui faire aimer la Religion et la Patrie, nous avons constaté souvent et avec peine l'ignorance presque complète de la plupart des enfants et même des personnes plus âgées et plus instruites, au sujet de l'histoire et des origines de leur famille. Beaucoup ignorent les noms et prénoms même de leurs grands-pères et de leurs grand'mères, et l'endroit d'où sont venus leurs ancêtres.

Ceci nous a paru une lacune regrettable et qu'il fallait combler. Après l'étude de l'Histoire Sainte et de l'Histoire du Canada, l'enfant devrait se renseigner un peu sur sa propre famille. Cette connaissance de ses aïeux, de leurs vertus, de leurs exemples, de leurs travaux, du théâtre de leurs actions et de leur vie, ferait mieux apprécier à l'enfant les qualités de sa race et lui ferait aussi chérir d'un amour plus tendre la grande Patrie Canadienne...

Quelle douce réminiscence pour une génération d'hommes, quand elle peut se dire : " Ce sol que je foule, ce coin de terre où je vis, mes ancêtres l'ont défriché de leurs mains et fécondé de leurs sueurs. Ils se sont agenouillés dans cette même église où je prie, ils ont cheminé par ces mêmes sentiers.

Et voilà pourquoi, à l'exemple de nos patients et courageux devanciers, les Tanguay, les Michaud, les Roy, les Gosselin et autres, nous avons voulu grossir le faisceau généalogique canadien avec des documents recueillis au prix d'un labeur de longues années.

JACQUES DE GASPÉ.

AVANT-PROPOS

A ceux qui liront ces pages, je dois une explication.

Cette généalogie est due au travail persévérant de celui qui, sous le pseudonyme de Jacques de Gaspé, n'est autre qu'un modeste érudit qui s'appelle, en religion, le Frère Sigismond, des Frères des Ecoles Chrétiennes, et dans le monde, Achille Chouinard (fils de Lazare), né à St-Jean-Port-Joli.

Vers 1912, le Frère Sigismond, déjà en possession de nombreuses notes sur notre famille, a eu la bonne fortune de lier correspondance avec un généalogiste averti qui partage sa vie entre la belle grande Cité de Tours et la Commune de Beaumont-la-Ronce, dont il est originaire.

Ce correspondant renseigné et fidèle s'appelle M. Louis Chauvin. Il dirige une exploitation forestière dans la région de Tours et emploie ses loisirs à des recherches historiques et archéologiques.

M. Chauvin a retrouvé à Beaumont-la-Ronce, paroisse natale de notre ancêtre commun, une maison qui a été occupée par des Chouinard et des cousins descendant par les femmes de la même souche que Jacques Chouinard, le premier de ce nom qui soit venu se fixer au Canada.

Je n'ai pu refuser au Frère Sigismond mon modeste concours et cet Avant-Propos et cette Préface sont composés et écrits d'après les renseignements et les notes qu'il m'a fournis. Mais c'est à lui que revient le mérite d'avoir réuni toutes ces choses intéressantes. Je n'ai fait que grouper ensemble les faits et les dates, afin d'ajouter un plus vif intérêt à ce qui n'eût été qu'une énumération monotone d'actes de naissance, de mariages et de sépulture, ser·

vant tout au plus à démontrer la prodigieuse fécondité d'une famille qui revendique l'honneur d'avoir fourni dans l'espace de 225 ans plus de 6,000 descendants.

En effet. de 1695 à 1920, le Frère Sigismond a relevé dans la progéniture des six fils et des quatre filles de Jacques Chouinard et de sa vaillante compagne Louise Jean :

588 familles, dont	5	ont elevé plus de	20	enfants	(124)
"	32	" "	15 à 20	"	(547)
"	143	" "	10 à 15	"	
laissant 407 qui ont élevé moins de 10				"	

Le total des naissances recueillies est de 4,275. Mais le Frère Sigismond déclare n'avoir pu suivre les groupes qui ont émigré dans les Provinces Maritimes, dans l'Ouest Canadien, aux Etats-Unis, jusque dans la Louisiane, et qu'un tiers environ des descendants masculins ne se trouve pas inscrits dans la présente Généalogie. Quant à la descendance des quatre filles l'auteur ne fait que l'indiquer ; elle s'arrête à la première ou deuxième génération.

Dans ce chiffre de 588 familles on n'a pas compté les ménages sans enfants.

Pour arriver à ce chiffre de 4,275 noms, Jacques de Gaspé a dû écrire dans toutes les directions des centaines et des centaines de lettres, pour obtenir des familles les renseignements nécessaires. Il a fouillé les Registres de l'Etat Civil, soit dans nos paroisses, soit aux Archives du Palais de Justice et du Gouvernement Provincial, et ailleurs. Et son travail a été consciencieux et réfléchi.

Il peut s'être glissé des erreurs, mais elles ont été involontaires de sa part. Tous ceux qui portent le nom de Chouinard lui sont redevables d'une dette de reconnaissance bien difficile à acquitter. Après nos louanges et nos félicitations, la plus belle récompense qui puisse lui être offerte, c'est d'acheter son livre, afin de lui permettre de couvrir les frais de publication.

Ce livre a sa place dans toutes les familles qui s'honorent de descendre de Jacques Chouinard et de Louise Jean.

H.-J.-B. CHOUINARD, L.B., L.L.B.

Docteur ès Lettres,
Compagnon de l'Ordre de St-Michel et de St-Georges,
Membre de la Société Royale du Canada,
Ancien député au Parlement du Canada.

PREFACE

Au pays d'origine

La Touraine — France

La famille Chouinard est originaire de la Touraine souvent appelée le " Jardin de la France ." Environ une dizaine de familles sont venues de ce beau pays au Canada. Pour n'en citer que quelques-unes, il y a la famille Taschereau, qui a donné à l'Eglise du Canada son premier Cardinal et à l'élite de notre société des magistrats éminents et des hommes d'Etat distingués, parmi lesquels figure l'honorable L.-A. Taschereau, premier ministre de la Province de Québec. Signalons encore les familles Têtu, de Tilly, Tourangeau, Huard, Lecompte, Moreau et Sainte-Marie. A ces noms, il convient d'ajouter celui de l'illustre fondatrice des Ursulines de Québec, la Mère Marie de l'Incarnation, et le Père Saché, jésuite, notre contemporain, baptisé à Beaumont-la-Ronce, le 30 décembre, 1813, et qui fut le premier aumônier et directeur de conscience des religieuses fondatrices du Bon-Pasteur de Québec, qu'il initia à la vie religieuse. Le Père Saché avait eu pour premier professeur Maxime Chuisnard, instituteur, le dernier de ce nom à Beaumont-la-Ronce.

Tours

La fondation de la ville de Tours, centre le plus important de la Touraine, remonte aux temps les plus reculés de l'Histoire. Dans la ville même et dans ses environs, on a retrouvé des traces d'habitations contemporaines de l'âge de pierre et certains outils et instruments dont on se servait alors.à la guerre ou pour les usages domestiques.   Il est permis de croire que, comme Marseille, Tours a été bâtie par les Gaulois, lorsqu'ils commencèrent divers établissements de commerce et de navigation sur les rives de la Loire, de la Garonne, de la Seine, etc..

Au temps de la conquête romaine, en 58-49 A C , les " Turones ," habitants de Tours, formaient déjà un peuple considérable dans une ville comptant déjà plusieurs siècles d'existence.

Jules César et ses successeurs entourèrent la ville d'ouvrages militaires et de camps retranchés et construisirent dans toute la contrée des aqueducs, des thermes et bains publics, des amphithéâtres et arènes, des routes, des édifices publics et des temples romains. Ils y établirent aussi, comme ils le faisaient dans tous les pays par eux conquis, une administration civile, provinciale et locale.

Après la domination romaine vint celle des Visigoths (473), et celle des Francs de Clovis (507).   En 732, la Touraine n'échappe à la domination des Sarrasins que grâce à la victoire décisive du vaillant Charles Martel, à Poitiers.   En 752, Pépin le Bref annexe la Touraine au Royaume de France.   En 840, Tours repousse les assauts des pirates danois et normands.   Puis, la Touraine, devenue l'apanage de Henri Plantagenet, Roi d'Angleterre, y demeure soumise jusque sous la domination de Philippe-Auguste qui la conquiert sur Jean Sans Terre, fils de Henri II d'Angleterre.   En 1308, Philippe le Bel convoque à Tours des Etats-Généraux pour statuer sur le sort des Chevaliers Templiers et, à partir de cette époque, la Touraine formera toujours partie du Royaume de France.

Tours a toujours été une des grandes villes de France par sa population, son industrie, son commerce, ses écoles florissantes, ses nombreux monastères et toute la contrée environnante est célèbre par le nombre et par la richesse de ses monuments religieux et civils et de ses châteaux.   La ville de Tours a souvent été le théâtre de grands événements politiques : séjours fréquents et prolongés de la Cour Royale de France, tenue des

Etats-Généraux et siège du Gouvernement pendant la guerre de 1870, etc... Tours est un des centres artistiques et intellectuels les plus célèbres de la France par le nombre d'hommes illustres qui y sont nés ou y ont vécu, et les Tourangeaux ont la réputation de parler le plus beau langage et le français le plus pur. Tours est à 236 kilomètres de Paris (156 milles environ). Le catholicisme pénétra de bonne heure dans les Gaules. L'Eglise de Tours compte une succession de 131 évêques et archevêques depuis l'an 240, époque présumée de l'élévation de saint Gatien à ce siège épiscopal, jusqu'à Mgr Nègre, Archevêque actuel. La cathédrale de Tours commencée en 1170 a été terminée au x vième siècle.

Nouzilly

Le premier village de France où nous rencontrons des ancêtres de la famille Chouinard, au xviième siècle, est Nouzilly, commune située à 19 kilomètres au nord-est de Tours, dans le canton de Châteaurenault.

Depuis quelle époque les Chuisnard ou Choisnard habitaient-ils ce pays ?

Nous ne saurions préciser, mais des indices assez sérieux nous permettent de croire que les Choisnard résidaient à Nouzilly dès la fin de la Guerre de Cent Ans.

Nouzilly est une des communes populeuses et fertiles du " Jardin de la France, " la Touraine. Nouzilly compte aujourd'hui une population de 1,023 habitants.

Le Maire actuel est M. Poirier, et le curé actuel est M. Lemaître.

Il y a là une école libre (catholique) maintenue par la générosité de la famille de Wendel, originaire d'Alsace et qui soutient les œuvres catholiques. Cette famille possède le château de l'Or fraisière.

Autrefois l'église faisait partie des bénéfices de Saint-Juliende-Tours et les archevêques de Tours avaient droit de gîte dans la paroisse.

Par une charte conservée dans les archives du département d'Indre-et-Loire, nous voyons que Guillaume de Brenne, seigneur de Rochecorbon, commit de nombreux dégâts à Nouzilly, en 1234, et qu'il fut condamné le 17 octobre de la même année par l'Official de Tours, à indemniser les moines de Saint-Julien, propriétaires de ce fief.

D'après les archives tourangelles, l'érection de cette paroisse remonte assez loin :

ALODIUM DE NOZILAICO, lisons-nous dans une charte de Marmoutiers datée de 1064 ;

NUCILIACUS ET NOUZILLIACUS, charte de l'an 1092 et 1095.

TERRA BEATI MARTINI, DE NOZILLIACO, charte de l'abbaye de Beaumont, charte de 1155 ;

NOZILLEIUM TERRITORIUM ET PAROCHIA DE NOZILLIO, chartes de 1209, 1238 et 1279 ;

NOZILLE, charte de Beaumont, en 1300 ;

PRIORATUS S. ANDREI NOZILLEIO, charte de Saint-Julien, année 1536

. L'église placée sous le vocable de saint André a été construite au xème siècle. Détruite par un incendie, elle fut reconstruite au xvème et au xvième siècles. Sur le clocher, ouvrage, dit-on, du menuisier Urbain Chuisnard, ancêtre probable de Gatien, on lit la date de 1542.

L'édifice n'offre rien de remarquable. Il a été restauré en 1865. Sur le même territoire se trouvait la chapelle de Sainte-Agathe, qui fut vendue comme bien national, le 16 Thermidor (5 août), en 1793

Les registres de l'état civil a Nouzilly commencent à l'année 1570.

Outre Urbain Chuisnard, dont nous parlons plus haut, nous trouvons résidant dans la même localité, au xviième siècle, Gatien Chuisnard, aïeul, et son fils Charles, père de Jacques Chouinard, le chef de la souche canadienne.

Beaumont-la-Ronce

A 21 kilomètres au nord de Tours et à 10 kilomètres du chef-
lieu de Neuillé-Pont-Pierre, dans une jolie vallée se trouve situé
le village de Beaumont-la-Ronce. Pour l'agrément et la satis-
faction des lecteurs qui auront le bonheur de faire le voyage
d'Europe, nous donnons ci-après quelques notes historiques et
descriptives que nous ont transmises notre bienveillant généalogiste, M. Louis Chauvin, ancien Maire de Beaumont-la-Ronce
et M. l'abbé Mary, ancien curé de Beaumont.

Le territoire de Beaumont-la-Ronce est borné au nord par
les communes de Louestaut et de Marray ; à l'est, par celle de
Saint-Laurent-en-Gâtine ; au sud, par celle de Rouziers et à
l'ouest, par celles de Neuillé-Pont-Pierre et de Neuvy-le-Roi.

On y trouve les étangs des Guignards, du Petit-Puits et de la
Salaudière. Il est arrosé par la petite Choisille qui faisait mou-
voir autrefois le moulin de Beaumont ; par la Vandœuvre qui
vient de la commune de Neuvy et va dans celle de Rouziers, par
le ruisseau de Mauny formant limite avec Neuvy ; et par le
ruisseau de l'Etang-Guillard qui se jette dans la Vandœuvre.

Deux chemins vicinaux de grande communication le traversent:
le Nº 29 qui va de Rouen à Tours, et le Nº 44 qui va de
Neuillé-Pont-Pierre à Blois.

Dans la vie de saint Armel, on voit que, dans l'année 520
de notre ère, ce saint se construisit un ermitage à quelque distance de Tours, sur une colline couverte de ronces, et son bio-
graphe a soin d'ajouter : "A l'endroit où se trouve aujourd'hui
le village de Beaumont-la-Ronce."

Et nul doute que c'est pour commémorer ce souvenir que les
Beaumontois ont choisi saint Armel comme second patron de
leur église de paroisse, et qu'à l'entrée de leur cimetière ils
ont élevé une chapelle qui porte le nom de Saint-Armel.

Nous empruntons les renseignements suivants à l'ouvrage

de M. l'abbé Cruchet, ancien curé de Beaumont-la-Ronce sur la Vie de saint Armel (Publiée à Tours, Imprimerie A. Mame & Cie, 1882. In-12, pp. 1-136).

Saint Armel, né en 482, en Angleterre, au pays de Galles, se fit moine et vint évangéliser la Bretagne et l'Armorique.

Il passa sept années à Paris à la Cour de Childebert, Roi de France qui l'avait appelé pour diriger sa conscience et l'aider de ses conseils et agir en même temps comme son secrétaire.

Au bout de sept années, il reprit ses courses apostoliques en Bretagne, dans la Lorraine et dans les pays voisins. Il mourut dans la paroisse de Saint-Armel qui garde une portion notable de ses reliques.

Son culte était très répandu en France et spécialement à Beaumont-la-Ronce où il existe dans le cimetière une chapelle votive sous son nom, reconstruite en 1867, et bénite en cette année même par Mgr Guibert alors archevêque de Tours, et depuis Cardinal Archevêque de Paris.

A Plouermel, en Bretagne, on honore spécialement saint Armel. Il y a là sous son vocable une église superbe de style gothique ornée de vitraux artistiques qui retracent la vie du Saint.

Mais à Beaumont-la-Ronce où saint Armel vécut un certain temps dans un bois solitaire, au milieu des ronces, (RUNCIA) son culte est plus connu.

L'abbé Albert de Beaumont, des seigneurs de Beaumont-la-Ronce, s'était voué au culte de saint Armel, mais il mourut jeune.

Les noms de Beaumont et de la Ronce reviennent assez souvent dans les bulles des Papes, dans les Cartulaires, dans les chartes et les aveux au Moyen-Age.

Citons entre autres les suivants :—

RUNCIA, bulle du Pape Calixte II, en 1119 ;

ECCLESIA DE BELLO MONTE, charte de saint Julien, en 1144 ;

BELLUS MONS RONCIA, cartulaire de Fontevrault, en 1270;

PAROCHIA BELLI MONTIS de RONCIA, cartulaire de l'Archevêché de Tours, XIIème siècle ;

Puis, dans les lettres de la cure de Beaumont, on lit :—

BEAUMONT et BEAUMONT dit LA RONCE, et sur la carte de Cassini, BEAUMONT-LA-RONCE.

BEAUMONT-la-RONCE fut longtemps une châtellenie relevant à foi et hommage lige de la baronnie de Maillé qui devint plus tard un duché-pairie sous le nom de Luynes.

Cette châtellenie de Beaumont fut érigée en marquisat au mois d'août 1757 en faveur de la famille de la Bonnimière de Beaumont qui le possède encore aujourd'hui.

Avant la Révolution, la paroisse de Beaumont-la-Ronce était dans le ressort de l'élection de Tours et faisait partie du Doyenné de Neuvy et de l'Archidiaconné d'Outre-Loire.

Dans cette commune, à droite de la route qui conduit de Beaumont à Neuillé-Pont-Pierre, et près du château de la Haute-Barde, se voit un dolmen composé de cinq blocs : deux blocs longs de 3 50 mètres forment une allée, un troisième ferme cette allée, un quatrième est placé sur les trois premiers et le cinquième est seul en avant.

A gauche de la même route, et tout près, dans la prairie de la Vandœuvre, est un menhir ou pierre levée de 3 mètres de hauteur (10 pds).

Le premier Seigneur connu de Beaumont-la-Ronce est Giraud que nous trouvons mentionné dans une charte de l'Abbaye de Fontevrault en 1108 Parmi ses nombreux successeurs, il convient de nommer les noms suivants : Jean et Robert de Beaumont, les seigneurs Jean de Ronsard, Philippe de Ronsard, 1555; Christophe et Jean de Ronsard, 1569, parents du célèbre poète Pierre de Ronsard qui aimait à aller retremper sa Muse au site enchanteur de Beaumont-la-Ronce, qu'il sut chanter délicatement dans une de ses " Bergeries . "

Draperies et Sergeries

Charles Chuisnard, le père de Jacques, apparaissant dans les titres et documents comme marchand serger, il est intéressant pour nous de connaître l'importance de la fabrication et de la vente des draps et serges à Beaumont-la-Ronce et dans la Touraine à cette époque.

On trouve dans un curieux ouvrage intitulé : " Tableau de la Province de Touraine (1762-1766) " les renseignements suivants sur les principales industries de la contrée à cette époque.

Châteaurenault, Reugny, Marray, Louestaut, Rouziers, Beaumont-la-Ronce, fournissent des serges " façon de Londres " en couleurs et en blanc; des serges croisées en couleurs qu'on dépose pareillement au Bureau de Tours pour y recevoir le plomb de contrôle

Elles se vendent aux marchands de Tours qui en font commerce tant en gros qu'en détail, après avoir fait teindre et apprêter toutes celles qu'ils ont achetées en blanc. Ces différentes étoffes sont le produit d'environ 120 métiers et forment un objet de commerce évalué à 200,000 livres.

Eglise de Beaumont-la-Ronce

Comme on peut le voir dans la vignette que nous reproduisons, l'église de Beaumont-la-Ronce était un bâtiment en pierre et de style bien ancien.

Sa construction devait remonter à l'année 1550 et peut-être avant. Elle était placée sous le vocable de Saint Martin, d'abord soldat romain en Pannonie, plus tard moine à l'abbaye de Ligugé et ensuite évêque de Tours. Au-dessus du maître-autel, un tableau représentait le grand thaumaturge à cheval, partageant son manteau avec un pauvre qui lui tend la main.

L'autel latéral du côté de l'épître était dédié à Saint-Jean-Baptiste et celui du côté de l'Evangile à la Très Sainte Vierge.

Au douzième siècle, l'église appartenait à l'abbaye de Saint-Julien qui fut confirmée dans cette possession par une bulle du Pape Célestin II, en 1144.

Elle reconnaissait pour fondateurs et patrons les seigneurs de Beaumont-la-Ronce

UN MARCHAND DE DRAP AU XVIIᵉ SIÈCLE.

INTÉRIEUR ET AMEUBLEMENT D'UN MAGASIN DE CE GENRE À L'ÉPOQUE DE CHARLES CHUISNARD EN FRANCE.

(1616-1691)

P. XXI P. XXV

Le registre des baptêmes de Beaumont-la-Ronce commence le 26 août 1532.

L'Archevêque de Tours conférait le titre curial.

L'ancienne église de Beaumont-la-Ronce fut remplacée par la nouvelle bâtie en 1892-93.

Liste partielle des Curés de Beaumont-la-Ronce

1559 Jacques Prêtesègle
1655 Charles Deshayes
1693 René Anger
1693-1700 René Le Masson
1707 Jean Vivant
1731 Nicolas Labbé
1754 Hallouïs
1762 Vincent Négrier
1769 Louis Pouperon
1776 Louis-François Paulmier
1783 Claude Loiseau

1792 Curé constitutionnel
    (C. Loiseau)
1801 Jeuffrain
1830 J.-B.-T. Vannereaux
1873 M. Cruchet, chanoine
1888 M. Masson
1889 M. Mary, Frs (1)
1905 M. Meunier
1913 M. Léopold Brochard (2)
1914 M. Bosseboeuf, chanoine
1919 M. Vincent, curé actuel.

Maires de Beaumont-la-Ronce

1871-78   Marquis de Beaumont

1878-84   Eugène Petit (dernier survivant des élèves de Maxime Chuisnard)

1884-88   Jules Breton

1888-92   Eugène Petit

1892-1901 Comte de Beaumont (mort en fonctions)

1901-19   Eugène Aubert

(1) Chanoine, curé de Saint-Etienne de Tours.

(2) Mort pendant la guerre, d'une maladie contractée en soignant les soldats dans un Hôpital Militaire.

1919-20   Louis Chauvin (décembre 1919 et janvier 1920.)
1920   Médéric Bonnevault, maire actuel. (1)

Population de Beaumont-la-Ronce
à différentes époques

1801	1525 habitants	1861	1332 habitants
1804	1614 "	1872	1135 "
1810	1673 "	1877	1134 "
1821	1620 "	1896	1220 "
1831	1681 "	1901	1265 "
1841	1525 "	1906	1182 "
1851	1411 "	1911	1084 "

La superficie cadastrale de Beaumont-la-Ronce est de 3,902 hectares. Le plan cadastral dressé par Brutinel a été terminé le 25 février 1828.

La forêt qui s'étend sur une partie du territoire de Beaumont-la-Ronce et qui au 18e siècle avait une étendue de 500 arpents, dépendait autrefois de la forêt de Gastine et était appelée alors Forêt de Beaumont Elle est mentionnée dans les Aveux de 1389 et dans l'une des plus admirables Elégies de l'immortel Ronsard, sous le titre désormais célèbre de " Contre les bûcherons de la forêt de Gastine..." dans laquelle il proteste contre la guerre aux arbres que font les démolisseurs qui abattent les géants de la forêt.

(1) Propriétaire de l'hôtel des Trois Marchands. Sa grand'mère était une Chuisnard, sœur de l'instituteur Maxime Le frère de Médéric, Albert est un habile menuisier ébéniste. Sa fille Jeanne remplit les fonctions de secrétaire du maire, son oncle

RONSARD : Elégie contre les Bûcherons de la Forêt de Gastine.

Escoute, bûcheron, arreste un peu le bras ;
Ce ne sont pas des bois que ти jettes à bas.
Ne vois-tu pas le sang lequel dégoutte à force
Des nymphes qui vivoient dessous la dure escorce ?
Forest, haute maison des oiseaux bocagers !
Plus le cerf solitaire et les chevrèuls légers
Ne paistront sous ton ombre, et ta verte crinière
Plus du soleil d'esté ne rompra la lumière...
Plus l'amoureux pasteur sus un tronq adossé
Enflant son flageolet à quatre trous persé,
Son mastin à ses pieds, à son flanc la houlette,
Ne dira plus l'ardeur de sa belle Janette !
Tout deviendra muet ; Echo sera sans voix,
Tu deviendras campagne et au lieu de tes bois
Dont l'ombrage incertain lentement se remue,
Tu sentiras le soc, le coûtre et la charrue ;
Tu perdras ton silence, et satyres et pans,
Et plus le cerf chez toy ne cachera ses fans.

Les environs de Beaumont-la-Ronce

Voici la gracieuse façon dont le poète Ronsard annonce dans son "Voyage de Tours" ou "les Amoureux" comment lui apparaît le village de Beaumont-la-Ronce où il se prépare à entrer :...

" Nous partismes tous deux du hameau de Coustures,
Nous passasmes Gastine et ses hautes verdures,
Nous passasmes Marré, et vismes à mi-jour
Du pasteur Phélippot s'eslever la grand'tour
Qui de Beaumont-la-Ronce annonce le village
Comme un pin fait honneur aux arbres d'un bocage... "

Afin de donner une idée de la physionomie de la terre de France et du morcellement des parcelles divisées en hameaux, groupes d'habitations, grandes et petites fermes, etc...voici une liste des localités qui entourent Beaumont-la-Ronce et que nous devons à la bienveillance de notre ami, M. Louis Chauvin, ancien maire de Beaumont-la-Ronce et qui a tant contribué à nous faire connaître nos " cousins de France. "

Les lieux, hameaux et villages suivants dépendent de la commune de Beaumont-la-Ronce .

La Carerie	ancienne propriété de l'Abbaye de Beaumont-les-Tours
La Barre	10 habitants
La Cantinière	10 habitants, ancien fief de La Chauvelière
Bois Bourdeil	ancien fief relevant de La Roche Bourdeil
Bois Clair	12 habitants
Les Commaillères	20 habitants
Le Boulay	ancienne propriété du prieuré de L'Encloître
La Champlonnière	ancien fief
La Bezardière	ancien fief, appelé jadis Fougues
Le petit et le grand Coudray	anciens fiefs relevant du château de Beaumont
L'Encloitre	41 habitants, ancien prieuré appartenant à l'abbaye de Fontevrault
La Barde	
Les Gilberts	10 habitants
Monnom	ancien fief connu dès 1320 et relevant de la prévôté d'Oé
Mauny	ancien fief relevant de St-Christophe
Montifray	ancien fief appelé fief de la Forêt

	de Montifrey et relevant de St-Christophe
La Ronce	ancien fief connu dès le XIIe siècle et relevant des Châtelliers
La Touche	16 habitants
Verneuil	23 habitants, ancien fief relevant de Beaumont
La Rainière	38 habitants
La Pelotinière	10 habitants
Le Porteau	ancien fief
La Roche-Bourdeil	14 hab., ancien fief XIIe siècle, relevant de la Prévôté d'Oé
Les Chatelliers	ancien fief relevant du Château de Luynes
Le Plessis	ancien fief relevant de Beaumont

La Brindelinière	La Blinière
La Ganachère	Les Louestières
La Riaudière	Le Chêne
La Contellerie	La Corderie
Les Chalonges (1)	La Louisière
La Harlandière	La Haute-Barde
La Blancherie	La Tupinière
La Sècheresse	La Flonnière
La Thibauderie	La Deasserie
La Rocherie	La Buvinière
Le Pommier Vert	La Mondinerie
La Huberdière	Le Caveau
Veauchouan	La Logerie
Les Créneaux	La Guillonnière
Le Vivier	La Trémaillière
Les Caves	La Polusserie

(1) Le Chalonge ou Les Chalonges, ancien fief de Pierre Valin, oncle maternel de Jacques Chuisnard. Voir gravure : Bois du Chalonge.

La Violetterie	Les Haies
L'a Rossignolerie	Le Hêtre
La Paillasse	La Patonnerie
La Grange	La Folie

Châteaux célèbres aux environs de Tours et de Beaumont-la-Ronce

Voici une liste partielle des plus beaux châteaux historiques des environs de Tours et de Beaumont-la-Ronce :

Amboise	Cangé	Luynes
Azay-Le-Rideau	Chatigny	Montresor
Blois	Chambord	Montsoreau
Champigny	Couzière	Plessis-Les-Tours
Chaumont	Fontenailles	Richelieu
Chenonceaux	Le Grand-Pressigny	Saumur
Chinon	Langeais	Ussé
Chanteloup	Loches	Villandry

Les Chuisnard en France

Les ancêtres les plus éloignés connus sont: Mathieu Chuisnard, notaire royal à Beaumont-la-Ronce, et Urbain, charpentier de son métier, habitant Nouzilly, commune située à l'est de Beaumont-la-Ronce.

On présume que cet Urbain Chuisnard a travaillé à la construction de l'ancienne église de Nouzilly, bâtie à la fin du xvie siècle.

Urbain était, croyons-nous, le père de Gatien qui se rattache d'une manière certaine à la première souche connue des Chouinard d'Amérique.

Gatien avait une nombreuse famille habitant Nouzilly. Il

semble avoir occupé des charges importantes et avoir joui de la
considération de ses concitoyens. D'après ce que nous pouvons
entrevoir, Gatien n'était pas fermier, mais il devait s'occuper
de commerce. Son mariage avec Catherine Venier pouvait
remonter à 1603 ou 1604. Plusieurs enfants naquirent de ce
mariage. Nous connaissons les actes de baptême de quatre
d'entre eux. Marguerite, 4 mai 1612 ; Gatien, 28 février 1614 ;
Charles, 26 septembre 1616 ; Jehan, 22 avril 1620. Avant
1612, les registres de Nouzilly sont illisibles. Charles, fils de
Gatien, et père de notre premier ancêtre canadien fut baptisé
le 26 septembre, 1616, à Nouzilly. La famille de sa mère, les
Venier, était l'une des plus considérables de la commune de
Nouzilly. Etienne Venier, frère de Catherine, était le syndic,
c'est-à-dire : l'officier royal le plus important de la localité.

Gatien Chuisnard, fils de Gatien, et frère de Charles, mourut
à l'âge de 48 ans et fut inhumé dans l'église de Nouzilly.

Le 23 août 1611, Martin Aubert épousa à Beaumont-la-Ronce
Jacqueline Chuisnard. Quelle parenté doit-il y avoir entre
Jacqueline Chuisnard et Gatien ?

Y avait-il un degré de parenté entre ce Martin Aubert et Aubert
de la Chesnaie (de Gaspé), premier seigneur de St-Jean-Port-
Joli, qui est présent et signe au contrat de mariage de Jacques
Chouinard ? C'est ce que nous ne saurions établir et nous n'avons
pas fait de recherches particulières à ce sujet.

Dans les registres de Beaumont-la-Ronce, qui commencent
le 26 août 1532, on trouve encore les entrées suivantes : Le
24 novembre 1638, baptême de Jehan, fils de Mathieu Chuisnard, notaire royal, et de Marie la Noue.

Le 10 avril 1650, a été parrain Martin Chuisnard, fils de
maître Mathieu Chuisnard, procureur de la Cour à Beaumont.

Le 23 janvier 1667, parrain Martin Chuisnard, substitut du
procureur de la cour de cette chastellenie.

Le 21 octobre 1681, autre entrée signée J. Chuisnard.

Le 15 mai 1684, Thorigny, fils de Jean Thorigny et de
Aucher, ses père et mère, a épousé Renée Chuisnard, fille de

défunt René Chuisnard et de Marie Robert, tous deux de cette paroisse. Ont signé : Chauvin, Pinaudier, Jean Bédard, Charles Chuisnard. (Cette dernière signature est celle de notre ancêtre.)

Le 29 novembre 1644, parrain : Noble homme, Gabriel Taschereau, escuyer, grand-maître des Eaux et Forests, l'un des ancêtres des Taschereau du Canada.

Charles Chuisnard

Charles Chuisnard, baptisé à Nouzilly, le 26 septembre 1616, né du mariage de Gatien Chuisnard et de Catherine Venier. Son parrain fut Charles Morillon et la marraine Renée Bodier, fille de feu Nicolas Bodier.

Remarqué pour sa belle intelligence, Charles fut placé jeune encore à l'école du presbytère de Nouzilly où il acquit une instruction remarquable pour le temps et surtout une élégante calligraphie. (Note de M. Louis Chauvin, de Beaumont-la-Ronce.)

La signature de Charles Chuisnard apparaît pour la première fois dans les registres de Nouzilly à l'année 1638. Il était alors marchand serger. Dans cette circonstance (parrain encore), le curé de Nouzilly lui donne le titre de Maître Charles Chuisnard, marchand serger.

Le 14 septembre 1655, Charles Chuisnard épousa à Beaumont-la-Ronce, Elisabeth Valin, veuve de Jean Aucher, de son vivant marchand drapier Il abandonna donc son magasin de Nouzilly pour devenir marchand drapier à Beaumont-la-Ronce où sa femme lui apportait en dot un magasin et un grand commerce.

Notes sur la famille Valin

La réputation de Charles Chuisnard et son crédit grandirent encore par son alliance avec l'importante famille des Valin. Son épouse Elisabeth Valin était, sans contredit, une personne remarquable par sa culture intellectuelle et ses qualités physiques. Deux de ses frères devinrent propriétaires de fiefs.

Le premier, Pierre Valin, était sieur des Chalonges ou du Chalonge (1680).   François, le second, devint sieur de Bois Rond.

D'après les notes particulières extraites des registres de Beaumont-la-Ronce, le 10 avril 1651, fut parrain " honeste enfant " Honoré Valin, fils de Pierre Valin, et la marraine Mademoiselle Bonin de la Bonninière, fille de Messire Anne de la Bonninière, chevalier seigneur des Chateliers et du Fresne. (Ancêtre des marquis de Beaumont-la-Ronce d'aujourd'hui.)

Le 13 juillet 1669, baptême de François Valin, fils de honorable homme Pierre Valin et de Marie Millet.   Le parrain a été Michel Racoupeau, sieur de la Huberdière, et la marraine Elisabeth Valin, fille de Pierre.

— Le 10 mai 1687, parrain Pierre Valin, sieur du Chalonge.

— Témoin au mariage, 1682 et 1685.

— Le 10 avril 1696, a signé Valin, chevalier des Trèves.

— Le 6 décembre 1697, Madeleine Valin, fille de Pierre Valin, sieur du Chalonge.

— Le 27 octobre 1698, François Valin, marchand.

— Le 4 janvier 1700, baptême de Marie, fille de François Valin, sieur du Bois-Rond, et de Jeanne Godefroy.

— En juillet 1700, parrain maître Charles Valin, sieur de la Blancherie (fils de Pierre Valin.)

— Parrain, en 1701, —1703, — 1705, — 1707, Pierre Valin, sieur du Chalonge.

— Le 9 septembre 1715, François Valin, sieur du Bois-Rond.

Elisabeth Valin, fille de Pierre, et nièce de Charles Chuisnard, épouse en 1670, Pierre Brault, marchand, à Neuvy.

Quatre enfants naquirent du mariage de Charles Chuisnard avec Elisabeth Valin :

François, né en 1657,

Ysabelle, baptisée le 23 février 1659,

Pierre, baptisé le 6 mars 1661,

Jacques, baptisé le 6 janvier 1663, l'ancêtre des Chouinard du Canada.

Ysabelle épousa, le 2 février 1686, M Diot ou Guyot, marchand à Neuvy. Elle hérita du magasin et du commerce de son père.

Les deux premiers garçons, François et Pierre n'ont pas laissé de traces dans les registres paroissiaux de Beaumont-la-Ronce. S'ils ont vécu et contracté mariage, c'a été en dehors de Beaumont.

D'un autre côté, d'après les notes généalogiques de M. le Chanoine Adrien Choisnard, ci-devant curé de Dompierre-sur-Mer, maintenant de Saint-Savinien, le plus éloigné de ses ancêtres connus se nommait François Choisnard et mourut à Chinon dans la Touraine, en 1745 Etait-il frère de Jacques ? Cela se peut.

Dans les registres de Beaumont-la-Ronce on lit encore :

— Le 16 février 1724, est parrain de Pierre Esnault, fils de François Esnault, Pierre Chuisnard.

— Le 31 décembre 1746, autre baptême fait en présence de Pierre Chuisnard, maître fabricant et syndic

— Le 15 septembre 1746, est marraine Marie Gentil, femme de Pierre Chuisnard.

De 1655 à 1688 on rencontre souvent dans les registres susdits la signature de Charles Chuisnard comme parrain ou témoin à un mariage. Le curé d'alors, M. Charles Deshayes, lui donne le titre de maître Charles Chuisnard.

Charles Chuisnard est inhumé à Beaumont-la-Ronce le 21 juin 1691. Son épouse Elisabeth Valin l'avait précédé de trois ans dans la tombe. Elle mourut en 1688 et fut inhumée le 7 décembre elle aussi à Beaumont.

Pour cause d'infirmité, suite de paralysie, Charles Chuisnard était absent au baptême du 2ème enfant de sa fille Ysabelle, en mars 1688, ainsi qu'aux funérailles de sa femme.

Nous devons à M. Louis Chauvin les renseignements suivants sur la vie sociale de nos ancêtres de France : d'après les documents connus il apparaît que Charles Chuisnard et Elisabeth Valin aimaient à fréquenter la belle société et à donner des fêtes et des festins, à fréquenter les réunions solennelles. C'était le goût de l'époque, la mode comme on dit de nos jours.

On aimait à festoyer même pendant les années de famine, comme celle de 1684-85 qui fut si désastreuse à certaines provinces de France, durant laquelle des familles riches et même princières se ruinèrent.

A ces jours de fête ou de grandes réunions, on sortait tout ce qu'on avait de beau, de riche et de bon. Les mets les plus exquis, les vins les plus recherchés étaient servis. Il y avait musique, chant, danses et un concierge ou suisse se tenait à l'entrée pour recevoir et saluer les invités. Tout était solennel et grand et nos banquets d'aujourd'hui n'atteignent pas, paraît-il, la magnificence de ceux d'alors.

De pareilles fêtes se déroulèrent au foyer de Charles Chuisnard le 2 février 1686, lors du mariage de sa fille Ysabelle avec M. Guyot, marchand de Neuvy. L'acte de mariage porte seize signatures et ce sont celles des personnages les plus importants et les plus en vue de Beaumont-la-Ronce et de la contrée environnante.

Des fêtes analogues se passèrent au même foyer en février 1687 et en mars 1688, à la naissance ou au baptême du premier et du deuxième enfant de Madame Guyot, Ysabelle Chuisnard.

Mais on remarque que Jacques Chuisnard ne paraît pas avoir assisté à ces fêtes, ni aux funérailles de son père et de sa mère, d'où l'on conclut que Jacques a dû s'embarquer pour la Nouvelle-France vers 1685.

Jacques Chuisnard

" De tout temps la Touraine a joui du privilège d'exciter l'admiration de ceux qui sont amis des Arts et des paysages enchanteurs ; près de nous, Balzac a redit : " La fertile plaine aux riches côteaux, horizons bleuâtres chargés de parcs et de châteaux."

Au temps de Louis XIII, le Cardinal Guy de Bentiveglio vanta

" le délicieux pays, Arcadie et jardin de la France, rivages agréables, campagnes riches, vues pittoresques et scènes riantes. "

Le siècle précédent avait entendu l'immortel Ronsard chanter sur sa lyre " la campagne qui blondoye d'espis frisés, les ruisselets herbeux, les saules plantés le long d'une prairie, la sablonneuse rive et le flot bruyant, les sommets des bois et leurs fontaines et les costeaux empourprés de raisins. "

Ainsi commence le livre intéressant de M. Louis Dumont, intitulé : " La Touraine à travers les âges. " (Imprimerie tourangelle, à Tours.)

Plus près de nous, le délicat poète et l'incomparable prosateur moderne, honneur du doux parler de France, Jules Lemaître, a chanté lui aussi, dans des vers charmants la Touraine, son pays natal :

> *" Jardin de l'Occident, douce terre natale,*
> *D'un cœur trop peu fervent je t'aimais autrefois,*
> *O Touraine, où sur l'or des sables fins s'étale*
> *La Loire lente, honneur du vieux pays gaulois. . . "*
>
> (Nostalgie — LES PETITES ORIENTALES.)

En lisant cette description si riante d'un beau et riche pays, au climat si doux, l'on se demande à quelle inspiration il fallait obéir pour abandonner les séductions de cette grande et noble patrie pour affronter les périls d'une longue traversée avant d'entrer dans un pays encore inconnu, entièrement livré aux animaux sauvages, à la barbarie des tribus féroces, — car à cette époque la France ne connaissait le Canada que par les Relations des découvreurs et des missionnaires qui ne parlaient guère que des rigueurs du climat, des immensités des solitudes, de l'hostilité des aborigènes, et des tourments affreux infligés aux martyrs de la Foi et aux pionniers de la France en Amérique.

C'est pourtant bien de la Touraine qu'est venu l'ancêtre Jacques, père de la nombreuse postérité des Chouinard du Canada et des Etats-Unis.

Né en 1663, baptisé le 6 janvier, dans cette église de Beaumont-la-Ronce où il était accoutumé de remplir tous ses devoirs religieux, il avait environ 22 ans quand il dit adieu à sa famille et s'embarqua pour les lointains pays du Canada. Nous ignorons de quel port de France il est parti ; nous ne connaissons ni la date ni l'année de son départ, ni celles de son arrivée à Québec.

Comme tous les enfants de cette époque, il avait dû faire sa première communion dans l'église de Beaumont-la-Ronce, sa paroisse natale, sans bruit et sans éclat, suivant la coutume d'alors, telle qu'on la trouve racontée dans l'Histoire de sainte Jeanne de Chantal.

Avant qu'il ne quitte la France, le nom de Jacques Chuisnard apparaît comme parrain à deux baptêmes, en 1684 ; mais en 1686, il est absent au mariage de sa sœur à Beaumont-la-Ronce, ainsi qu'aux funérailles de sa mère en 1688 et à celles de son père en 1691.

Tout nous porte à croire que c'est en 1685 qu'il arriva à Québec. Fils d'un riche marchand serger et d'une famille jouissant de la considération publique, il laissait en France une position et un avenir enviables, et le commerce florissant de son père passa à sa sœur Ysabelle, mariée en 1686, à M. Guyot.

Nous ignorons les raisons qui lui firent choisir la carrière aventureuse et pleine d'incertitudes et de dangers de l'émigrant d'alors. Il est probable que, suivant la coutume de ces temps, la sœur fut avantagée plus que les garçons, ses frères, et qu'il emporta avec lui sa part de l'héritage paternel.

Nous n'avons pas d'indices certains qu'il ait correspondu avec ses parents de France, ni qu'il y soit retourné. Nous n'avons trouvé nulle part l'acte de son décès, malgré des recherches faites dans tous les registres des paroisses en bas de Québec jusqu'aux Trois-Pistoles. Mais dans un acte notarié, passé en 1727, sa veuve Louise Jean déclare qu'il est mort depuis six ans, ce qui fixait son décès à l'année 1721.

D'un autre côté, dans une des branches de sa famille établie dans le Comté de Kamouraska on retrouve une tradition orale allant à dire qu'il aurait péri dans un naufrage en allant en France ou en en revenant.

Pendant plusieurs années, Jacques paraît avoir exercé à Québec le métier de charretier au service du Roi, et la tradition rapporte qu'il était chargé du transport des malles royales dans la région de Québec. Dans un acte, il est dénommé " charretier royal. "

En 1692, le 2 juin, il épouse à Québec, dans l'église paroissiale de Notre-Dame déjà bâtie par Mgr de Laval et devenue aujourd'hui la Basilique, Louise Jean, âgée de 14 ans, fille de Pierre Jean, cultivateur de la Petite Rivière Saint-Charles et de Françoise Fauvelle.

Dans cette même église, le 20 avril 1695, ils font baptiser l'aîné de leurs enfants, Pierre, qui devait vivre jusqu'à l'âge patriarcal de 95 ans (1695-1790.)

Jacques Chuisnard semble avoir joui de l'estime et de la considération des premiers citoyens de Québec, si l'on en juge par la position sociale des témoins qui signent à son contrat de mariage, devant Maître Louis Chambalon, notaire royal, à Québec, le 30 mai 1692 (que nous reproduisons au long dans l'appendice de ce volume.)

Voici les noms et les qualités de ces témoins :

" De la part du dit Chuisnard, en présence du noble homme messire Charles Aubert, sieur de la Chesnaye (plus tard de Gaspé), marchand bourgeois de ce pays, — Nicolas Rousselot, sieur de la Prairie, et des sieurs Jacques et Jean Grouart, ses amis, — et, de la part de la dite Louise Jean et de ses dits père et mère, de M. Charles Denis, écuyer, seigneur de Vitray, Conseiller au Conseil Souverain de ce pays, et de Monsieur Joseph Prieur, Huissier audiencier en cette prévôté, aussi leurs amis. "

Ce sont là des personnages marquants, appartenant à la meilleure société de Québec, et l'on remarquera surtout Denis de Vitray, membre du Conseil Souverain, autorité suprême de la colonie, et Aubert de la Chesnaye, qui semble avoir été très lié avec Jacques Chuisnard.

En 1695, il est fermier à l'Ile aux Grues, au service de Paul Dupuy, Intendant Général de la Nouvelle-France.

En 1698, en l'acte de concession que lui fait M. Aubert de la Chesnaye dans sa Seigneurie de Port-Joli, il dit demeurer à l'Ile-aux-Oies. Cette concession de Saint-Jean-Port-Joli avait été faite d'abord en 1695 à Jacques Soulard, habitant de la Rivière-Ouelle, qui ne paraît pas avoir jamais pris possession de cette terre.

En 1702, Jacques s'établit définitivement sur sa terre de Port-Joli dont il avait défriché une étendue assez grande pour lui permettre de vivre chez lui.

Cette terre mesurait plus de 450 arpents en superficie et d'après les mémoires du temps un bon défricheur pouvait en défricher environ un arpent et demi chaque année en s'attaquant à la forêt primitive ; généralement, le colon pouvait espérer au bout d'une ou deux années de travail avoir préparé une étendue assez grande pour qu'il récolte suffisamment pour sa subsistance et celle de sa famille.

En 1705, à l'exemple de ses cousins de Normandie, Jacques entre en procès avec son voisin, Pierre Leclerc dit Francœur, au sujet de fossés à creuser pour l'égouttement du sol.

Dans la même année 1705 meurt Antoine Jean, frère de Louise Jean, épouse de Jacques Chuisnard.

Par ce décès Louise Jean et son mari héritent d'une terre d'un arpent de front sur le fleuve, à environ un mille de la Rivière Port-Joli et de leur terre de 9 arpents de front, en descendant vers Saint-Roch-des-Aulnaies.

Cette terre est devenue depuis la propriété de Jean-Marie Chouinard, fils de Pierre le Jeune et est encore en la possession des descendants de Julien Chouinard son fils : — Honoré-Julien Jean-Baptiste, Marie-Flore-Alice Chouinard, épouse du Dr Edwin Turcot, et Marie-Honorine-Alphonsine Chouinard, épouse de Johann Augustus Schwartz, de Drammen, Norvège, lesquels ont reçu en 1908 la médaille des anciennes familles accordée aux propriétaires de terres en possession non interrompue depuis deux cents ans.

La terre de neuf arpents concédée en 1698 à Jacques Chouinard est encore en la possession d'un de ses descendants par les
femmes, Oscar Jean, dont l'ancêtre avait épousé une descendante
de Jacques Chouinard.

La terre ancestrale

Suivons maintenant l'ancêtre Jacques dans son domaine du
Port-Joli, voisin et presque aussi vaste que le domaine de son
seigneur féodal, le noble homme Charles Aubert de la Chesnaye,
qui a pris plus tard le nom de Gaspé ; et pour nous en faire à peu
près une idée exacte, nous empruntons la description au titre
même de la concession originaire qui en définit l'étendue et les
bornes.

Nous sommes au 27 octobre 1698, en la ville et prévosté de
Québec, en l'étude de Mtre Louis Chambalon, notaire royal, en
présence de Pierre-François Fromage, marchand, et François
Aubert, témoins, demeurant au dit Québec

Charles Aubert, écuyer, seigneur de la Chesnaye et de Port-
Joli concède à Jacques Chuisnard, habitant, demeurant à l'Ile-
aux-Oies, présent au dit acte :

" Environ 9 arpents de terre de front plus ou moins, à prendre
en la Seigneurie du Port-Joli, appartenant au dit Sieur de la Chesnaye, sur 50 arpents de profondeur, à commencer sa borne au
côté nord-est de la Petite-Rivière, de l'habitation de défunt
Jean Langlois, et du côté sud-Ouest, aux terres qui conduisent
à l'habitation de Pierre Francœur. "

Maintenant si nous voulons nous figurer ce qu'était le domaine
de Jacques, quelques années après sa mort, examinons les lieux
décrits par l'auteur des " Anciens Canadiens ," le dernier seigneur du Port-Joli, Philippe Aubert de Gaspé, mort en 1871.

Il nous a laissé un tableau de ce coin de terre qui garde aujourd'hui la physionomie qu'il avait au commencement du xviiie
siècle, moins le Manoir Seigneurial complètement détruit par
un incendie le 15 mai 1909

" Le Manoir de Gaspé était situé au pied d'un cap qui couvrait une lisière de 9 arpents du domaine seigneurial, au sud du chemin du Roy. Ce cap ou promontoire, d'environ 100 pieds de hauteur était d'un aspect très pittoresque, la cime couverte de bois résineux conservant sa verdure même durant l'hiver . "

Le Manoir Seigneurial situé entre le fleuve Saint-Laurent et le promontoire n'en était séparé que par une vaste cour, le Chemin du Roy, et le Bocage. La même disposition se retrouvait dans le groupement des bâtisses construites par l'ancêtre Jacques sur son nouveau domaine qui était dans le voisinage immédiat du domaine seigneurial.

Nous pouvons nous en faire une idée en lisant l'extrait suivant tiré d'un inventaire fait des biens de Jacques et de sa femme Louise Jean, environ 6 ans après la mort présumée de Jacques.

Extrait de l'Inventaire des biens de Jacques Chuisnard et de Louise Jean, sa femme, en date du 23 octobre 1727, à Québec. Michon, notaire. (1)

TERRE : Une concession de 9 arpents de front sur 50 de profondeur (dont) 30 arpents en culture.

BATISSES : Une maison de colombage, de 20 x 18 pieds, et couverte de planches, — une cheminée de pierre et une allonge de pierre, même largeur sur 16 de long, couverte de planches, — une grange de 40 x 20 pieds de charpente, couverte de paille, — une bergerie de pièce sur pièce de 18 en carré, couverte de paille, — un fournil de pièce sur pièce de 12 x 10 pieds, couvert de planches, — un métier à toile, de pièce sur pièce, de 15 x 11, couvert de planches, — lesquelles bâtisses sont demeurées en commun entre tous les héritiers. "

C'est bien dans ce modeste logis que Jacques et sa vaillante compagne ont élevé leur nombreuse famille de 16 enfants, dont 10 ont atteint l'âge mûr et ont laissé une nombreuse postérité.

---

(1) Nous reproduisons cet inventaire à la fin de cette préface. Voir dans les pièces justificatives.

Quelle différence entre ce coin de pays sauvage, semé de rares habitations éloignées les unes des autres, et la terre si peuplée de la Touraine ; entre ce paysage agreste et les riantes perspectives de Beaumont-la-Ronce, entre cette habitation rustique à peine ébauchée et la demeure confortable du riche marchand serger père de notre héros ! Quel contraste entre la vie douce et facile du commerçant prospère et le rude labeur du défricheur qui conquiert pied à pied son domaine sur la forêt primitive ! Enfin quel contraste aussi entre la froidure extrême et les tempêtes de neige ("poudreries," comme on dit chez nous) de l'hiver canadien, et la douceur du climat de la Touraine au versant "des costeaux empourprés de raisins" chantés par Ronsard.

C'est là que les deux vaillants époux ont dépensé les meilleures années de leur vie, travaillant sans relâche dès avant l'aurore et jusqu'après le coucher du soleil, pour faire rendre au sol fouillé par leur labeur le froment du pain de chaque jour.

Ce que Jacques Chuisnard et Louise Jean ont fait à Saint-Jean-Port-Joli durant plus de trente années, des centaines, des milliers de leurs descendants l'ont accompli dans cette même paroisse de St-Jean-Port-Joli dont ils ont défriché une bonne moitié, dans les paroisses de Kamouraska, de Témiscouata et de Rimouski, et dans la Gaspésie, et maints autres endroits du Canada et des Etats-Unis

Car il faut le dire et le proclamer avec une légitime fierté, c'est dans la noble profession du défricheur-colon, de l'agriculteur, que s'est surtout distinguée la nombreuse postérité de Jacques Chuisnard et de Louise Jean.

Parmi les hommes, plusieurs se sont élevés jusqu'à la dignité du sacerdoce, d'autres ont embrassé l'état religieux dans des congrégations enseignantes, d'autres sont entrés dans les professions libérales du droit et de la médecine. Un bon nombre ont exercé différents genres de commerce et quelques-uns y ont conquis un rang honorable et quelquefois une honnête aisance

Dans la descendance féminine, les femmes ont été les reines de leur foyer, des mères de famille modèles, vaillantes et chrétiennes, et mainte jeune fille parmi elles s'est consacrée dans l'état religieux ou dans le cloître aux œuvres admirables de l'éducation de la jeunesse, de la bienfaisance et de la charité.

Pour le plus grand nombre des descendants de Jacques et de sa vaillante compagne, leur carrière mortelle s'est écoulée dans l'ombre de la vie paisible des champs, un peu monotone et cependant égayée par cette humeur joyeuse que les pionniers du St-Laurent ont emportée avec eux de la Vieille-France et qui se traduit par de gaies chansons, dans des réunions de famille et des fêtes champêtres dont l'auteur des "Anciens Canadiens" nous a tracé les tableaux si vivants.

La Vie des Habitants à la campagne

Voyons un peu comment nos ancêtres vivaient sur leurs terres que leurs bras vaillants avaient conquises pied à pied sur la forêt primitive et qui portaient fièrement leur titre d'"habitants."

Chez les canadiens-français, cette qualification a un sens spécial et une saveur toute particulière.

Au temps de nos ancêtres, l'"habitant" c'est le cultivateur campagnard, propriétaire d'un certain nombre d'arpents de terre qu'il détient en vertu d'un titre de concession du seigneur de sa paroisse à qui il paye une redevance annuelle qui s'appelle cens et rentes, avec, en outre, une contribution fixe à chaque mutation de propriété qui s'appelle lods et ventes, sans compter l'obligation de faire moudre son grain au moulin seigneurial, la corvée de travail qu'il doit en certaines circonstances au seigneur, et quelques autres droits seigneuriaux.

L'"habitant" doit, en outre à l'église, c'est-à-dire à son curé, la dîme annuelle des produits de sa terre, payable en nature, autrefois le treizième et plus tard le vingt-sixième de sa récolte.

Par extension de la même idée, on a vu des pères de famille nombreuse venir offrir au curé le vingt-sixième enfant, et le bon curé se charger de l'éducation de ce produit d'un nouveau genre.

Nos cultivateurs se faisaient et se font encore gloire de leur titre d' "habitant." Dans les jugements du Conseil Souverain, Vol. I, page 922, à la date du 22 avril 1675, on trouve une définition de ce qu'est "un habitant" On cite un mot plein d'une noble fierté d'un brave campagnard de nos jours qu'un ancien co-paroissien, frais émoulu de la ville, apostrophait en l'appelant "monsieur." — "Excusez, je ne suis pas un monsieur mais je suis un "habitant."

Il fallait un courage à toute épreuve et une inlassable persévérance pour se résigner à cette vie de rudes et incessants labeurs ! Privés des amusements qu'offrent les villes, dans ces habitations primitives d'où le luxe et même le confort le plus simple étaient absents, loin des voisins, ils n'avaient d'autre distraction que les offices religieux à l'église, dans ces villages clairsemés où le prêtre et le marchand, le médecin ou le notaire, là où il y en avait, étaient les seules personnes ayant quelque relation avec le monde extérieur !

A tous ces inconvénients venait s'ajouter le service militaire pour repousser les sauvages ou les colons de la Nouvelle-Angleterre, chaque paroisse étant tenue de fournir une compagnie de miliciens dont le seigneur était capitaine. Ce service appelait souvent des champs les habitants en dehors de leurs foyers et laissait les durs travaux de la terre aux mains débiles des vieillards, des femmes et des enfants. Ajoutez à cela la déception causée souvent par la récolte manquée, à la suite de la gelée ou à cause de la rareté de la main d'œuvre ; — la nécessité pour le cultivateur de se suffire à lui-même et de pratiquer tous les métiers à la fois, à cause de la pénurie des ouvriers et des artisans.

L'habitant devait pourvoir lui-même à la construction et à la réparation de ses bâtisses (maçonnerie, charpente, menuiserie) ; — à la préparation des laines, du lin et du chanvre pour la fabrication des étoffes domestiques; et il faut dire à la louange de nos femmes canadiennes qu'elles étaient dans chaque maison d'habiles tisserands.

Autant que possible tout se confectionnait dans la maison ; le vêtement, la chaussure, les harnais, les voitures, les meubles, les outils indispensables à l'ouvrier et à l'agriculteur, et l'on n'achetait chez le marchand que ce que l'on ne pouvait fabriquer soi-même. Au printemps, le père de famille et les grands garçons s'enfonçaient dans la forêt pour aller faire la récolte du sucre d'érable, seule douceur accessible aux campagnards. Le sucre blanc, dit royal, était rare et hors de la portée de la bourse de l'habitant.

Souvent aussi la famine se faisait sentir, surtout à la fin de la domination française, et les habitants n'avaient d'autre moyen de subsistance que la pêche et la chasse, et en guise de pain une bouillie faite avec du grain gelé.

Nos annales rapportent qu'on fit plus d'une fois un accueil triomphal à des convois de farine et de lard ramenés à Montréal ou à Québec, et que nos milices canadiennes et les vaillantes troupes de France avaient pris à nos voisins de la Nouvelle-Angleterre.

Il n'y avait pas de journaux à cette époque, jusqu'en 1763, et les livres de lecture étaient rares dans les chaumières où l'on ne rencontrait guère que le catéchisme ou l'alphabet. Le service des postes se faisait à de longs intervalles et d'une façon très irrégulière. C'était tout un événement que la sonnerie de la trompette de fer blanc que faisait résonner le postillon pour annoncer son passage dans une paroisse.

Pendant bien des années, les vaisseaux du Roi n'apportaient qu'une fois ou deux et dans l'été seulement les nouvelles de France. Du reste, le plus grand nombre des familles n'avaient guère conservé de relations avec les cousins et les parents de leur mère patrie française.

Grâce à leur frugalité, à leurs habitudes régulières, à leurs goûts simples, à leur vie dépourvue de tout luxe, nos cultivateurs presque tous économes arrivaient vite à l'aisance. Leur plus haute ambition était de voir l'un de leurs fils s'élever jusqu'au sacerdoce et d'agrandir le patrimoine paternel en achetant les terres voisines ou en ouvrant un peu plus loin des terres nouvelles pour y établir leurs nombreux enfants.

Nos cultivateurs ont toujours été et sont encore très hospitaliers. Il est vrai que de nos jours le luxe toujours croissant et le coût élevé de la vie ont quelque peu gâté les habitudes d'économie et les largesses des ancêtres. Mais " nos gens " sont restés bien accueillants et donnent encore sans se faire prier place à leur table et à leur foyer à leurs invités et à ceux que les nécessités ou les accidents du voyage forcent de séjourner dans la paroisse.

Le voyageur qui est pris par la nuit ou par la tempête est toujours reçu avec la plus grande politesse.

Mais autant l' " habitant " est frugal et économe en temps ordinaire, autant il est large et généreux dans les fêtes de famille, dans les festins à l'occasion des naissances et des mariages, des fêtes de paroisse, des réjouissances publiques et autres circonstances analogues.

On ne peut se faire une idée de la prodigalité et de l'abondance des mets solides qui s'entassent sur les tables en ces occasions M. de Gaspé dans les " Anciens Canadiens " nous a donné un tableau vivant d'un souper de famille au manoir du seigneur Couillard à Saint-Thomas, aujourd'hui Montmagny, et d'un grand festin donné par le seigneur de Saint-Jean-Port-Joli, Aubert de la Chesnaye, à ses censitaires, lors de la plantation d'un *mai* dans la cour d'honneur du manoir de Gaspé.

Nos " habitants " ne le cédaient en rien quant à l'abondance des mets au seigneur dans leurs fêtes de familles. L'hôte de céans seigneur ou censitaire, eût été accusé de lésinerie " si, à la fin du repas, la table n'eût été aussi encombrée de mets que lorsque les convives, y avaient pris leur place. " Les plats variés étaient tellement nombreux qu'il ne restait aucun espace libre sur la table. " Lorsqu'un plat était vide ou menaçait une ruine prochaine, il était de suite remplacé par les servantes. " (1) (2)

Dans ce climat sec très froid l'hiver, très chaud l'été, le défricheur accomplissait un travail dont on ne connaissait pas l'âpreté en France où les terres sont défrichées depuis des siècles.

Au Canada, aujourd'hui comme autrefois, le défricheur qui entreprend la culture d'une terre "en bois debout" doit abattre la forêt pied à pied, arbre par arbre, les mettre en pièces, les ranger, puis les entasser avec les broussailles et brûler le tout'

(1) M. de Gaspé mentionne en particulier " une fricassée de porc frais et de mouton cuite dans un chaudron de dix gallons et destinée aux vieillards dont les mâchoires étaient ravagées par les atteintes de l'âge. "

Il mentionne aussi la composition d'un pâté froid géant qui sous le nom de " pâté de Pâques " faisait les délices des anciens canadiens En voici la formule abrégée ' sur une planche on dressait une couche de pâte de trois pouces de hauteur sur une profondeur d'un pouce dans toute son étendue circulaire, on y amoncelait en pyramide une dinde, deux poulets, deux perdrix, deux pigeons, le râble et les cuisses de deux lièvres, le tout recouvert de bardes de lard gras tirées de deux jambons de moyenne taille. — " Cette croûte même, ajoute M de Gaspé, imprégnée du jus de toutes ces viandes, était une partie délicieuse de ce mets insigne. " — Ce pâté monstre, comme du reste toutes les viandes et les pâtisseries, se cuisait dans le four en pierre ou en terre glaise construit sur chaque ferme

(2) En 187., j'ai passé quelques jours à Saint-Jean-Port-Joli, j'ai entendu parler d'une double noce dont la description a fait pendant longtemps le sujet des conversations des habitants de Saint-Jean-Port-Joli et autres lieux.

Un des plus riches cultivateurs de   ., propriétaire d'une très grande terre et d'une maison en pierre de dimensions extraordinaires, mariait le plus jeune de ses fils et la plus jeune de ses filles, derniers rejetons d'une famille de plus de quinze enfants déjà presque tous mariés et bien pourvus.

Les noces durèrent trois semaines. Pendant la première semaine étaient invités les parents et amis de la paroisse des jeunes époux. Dans la deuxième et la troisième semaines, ce fut le tour des parents et amis de deux autres paroisses voisines Pendant tout ce temps, ces invités furent hébergés chez le père des nouveaux époux. Il y eut repas plantureux, arrosés de liqueurs généreuses, danses et chansons, musique par des " violoneux " qui se remplaçaient et faillirent mourir à la peine. Il ne faut pas oublier que pendant tout ce temps les vastes étables offraient une hospitalité large et une provende généreuse aux nombreux chevaux qui avaient amené tant d'équipages. Ces prodigalités sont passées de mode aujourd'hui à cause du coût élevé de la vie.

et il doit débarrasser autant que possible le terrain des débris de forêt et des roches.

Le Père Le Jeune écrit dans les " Relations " : " La tâche ordinaire de chaque homme par an est un arpent et demi " et il ajoute ailleurs: " Pour extirper (les souches) il faut attendre que plusieurs hivers aient commencé à les amollir . " Si l'on rapproche cette citation de la mention dans l'inventaire des biens de feu Jacques Chouinard, en 1727, des 30 arpents déclarés alors être en culture, on se rend compte que de 1698 à 1721, date présumée de sa mort, l'ancêtre avait vaillamment accompli sa tâche.

Il fallait ensuite labourer durant plusieurs années entre les souches et récolter de même. Généralement, le défricheur, au bout d'un an ou deux, était en état de recueillir une moisson suffisante pour lui-même et pour sa famille.

Mais le travail était amplement récompensé, car l'on constata de bonne heure que la terre canadienne est aussi bonne et aussi fertile que la terre de France, et que même la semence pousse plus vite ici et la récolte mûrit plus tôt qu'en France.

Quant à la nourriture, la Mère de l'Incarnation écrivait dès 1660 : " La colonie peut désormais se passer de la France pour le vivre. " Quant au logement sur les terres, il y a aussi amélioration, car, au foyer ouvert dans la grande cheminée on a substitué depuis longtemps le poêle, (simple ou à deux ponts) et les ouvertures sont munies de doubles fenêtres et de contre-portes qui font comme une muraille impénétrable au froid le plus intense.

Ce travail herculéen dans un climat très sec et très sain, quand on y fut parfaitement acclimaté, exerça une influence merveilleuse sur la santé, sur la vigueur et la longévité des colons

Les compagnons de Jacques Cartier, de Champlain, de Montmagny et de Maisonneuve avaient mis du temps à s'acclimater, rencontrant ici une nature et des saisons bien différentes de celles de France. Mais avec le temps leurs successeurs apprirent à se tirer d'affaires. Les " Relations des Jésuites " ne cessent pas de célébrer " les bienfaits des hyvers canadiens "... " Les Français sont en bonne santé, l'air du pays leur est bon "... " On voit peu d'enfants mourir au berceau..." Ailleurs, les " Relations " répètent : " Que les colons vivent jusqu'à un âge très avancé."

Pierre Boucher, gouverneur des Trois-Rivières, parvint à l'âge avancé de 97 ans et écrivait " qu'on ne se couvre pas de fourrures de la tête aux pieds " mais que dans les plus grands froids d'hiver " on s'habille un peu plus qu'à l'ordinaire. "

Il convient d'ajouter que, à la différence des hameaux français, dont les terres convergent toutes en pointe vers un point central (comme à Bourg-Talon et à Bourg-Royal dans la paroisse de Charlesbourg) où s'élève le village, l'église, le presbytère et l'école et les maisons des cultivateurs, les habitations de nos agriculteurs sont isolées et semées le long du chemin du Roi, éloignées de leurs voisins de plusieurs arpents, ce qui les met en grand danger d'être attaqués et scalpés ou emmenés en captivité par les Sauvages ennemis. Aussi dans chaque ferme il y avait toujours autrefois plusieurs fusils à pierre tenus en bon état avec une ample provision de poudre et de balles.

Non seulement les hommes, mais les femmes et les enfants étaient de bonne heure accoutumés à faire au besoin le coup de feu. Et tous devenaient d'excellents tireurs. Dans la région de Montréal, les hommes allant aux champs emportaient avec eux des fusils et des munitions ainsi que la hache dont ils n'hésitaient pas au besoin à se servir pour la défense.

Revenons au logis de l'ancêtre Jacques.

Il faisait bon le soir dans la vaste cuisine égayée par le ronflement du poêle qui, par sa petite porte, projetait des lueurs fantastiques invitant à la rêverie et évoquant des fantômes, tandis que la bouilloire chauffée à pleine vapeur, qu'on appelait tantôt le " *coquemar* " tantôt le " *canard* " ou la " *bombe*", murmurait son éternelle chanson.

C'est alors que la famille réunie en cercle récitait devant la croix ornée du rameau bénit de Pâques, la prière en commun, dite par les grands'parents ou par un des jeunes enfants.

Puis les ménagères et les filles de la maison vaquaient à quelques menus travaux ; les enfants fréquentant l'école du village faisaient leurs devoirs ou apprenaient leurs leçons, tandis que les hommes et les grands garçons, souvent en compagnie de quelques proches voisins, fumant l'éternelle pipe de " tabac canadien," devisaient joyeusement des nouvelles venues de Québec ou des " pays d'en haut, " — des derniers exploits des Sauvages ennemis, — et des " Bostonnais " (colons de la Nouvelle-Angleterre), — ou encore racontaient des légendes de loups-garous, de feux-follets ou de chasse-gallerie et l'on finissait en repassant les incidents de la journée, le travail fait, et l'on traçait l'ouvrage du lendemain.

On veillait ainsi quelque temps à la lueur de la lampe fumeuse à l'huile de poisson ou de la modeste chandelle de suif fabriquée à la maison.

Puis on allait se coucher de bonne heure, rompu de fatigue, afin de reprendre le travail aux petites heures du matin.

Les Aubert De La Chesnaye (*De Gaspé*) — Seigneurs de St-Jean-Port-Joli

L'ancêtre Jacques Chuisnard et ses descendants ont été pendant près de deux siècles les censitaires des seigneurs de Gaspé. Pendant toute cette période, ceux d'entre eux qui étaient proches voisins ont été dans les meilleurs termes de bon voisinage et d'amitié.

Pour cette raison nous croyons intéressant de mentionner ici la succession des cinq générations qui ont occupé dans l'aisance l'ancien Manoir de Gaspé, aujourd'hui disparu.

PREMIER SEIGNEUR : Charles, né à Amiens, en France, en 1630, vint au Canada en 1655 En premières noces, il épouse Dame Catherine-Gertrude Couillard, petite fille de Louis Hébert, dont il eut un fils. En secondes noces, en 1668, il épouse Marie-Louise Juchereau de la Ferté, petite fille de Robert Giffard, de la famille des Juchereau Duchesnay, longtemps seigneurs de Beauport.

Le premier seigneur de Saint-Jean-Port-Joli devint membre

du Conseil Souverain de la Nouvelle-France et fut anobli par Louis XIV en récompense des services rendus par lui à la colonie.

DEUXIÈME SEIGNEUR : Pierre, qui, le premier, prit le nom de de Gaspé, épouse en premières noces Jacqueline-Catherine Juchereau de Saint-Denis, fille du seigneur Duchesnay de Beauport, et en secondes noces, en 1671, Angélique Legardeur de Tilly. Il éleva une famille de 7 enfants.

TROISIÈME SEIGNEUR : Ignace-Philippe Aubert de Gaspé. Epouse en 1745 Mlle de Villiers, sœur de Jumonville, le brillant officier massacré sur les ordres de Washington

QUATRIÈME SEIGNEUR : Pierre-Ignace-Aubert de Gaspé, fils unique, épouse Mlle Tarieu de Lanaudière, dont il eut 7 enfants.

CINQUIÈME SEIGNEUR · Philippe Aubert de Gaspé, l'auteur des " Anciens Canadiens ," né en 1786, épouse Mlle Allison, fille d'un capitaine de l'armée régulière d'Angleterre. Il a raconté dans ses mémoires que l'ancien Manoir de Gaspé était une vaste construction de 100 pieds de front flanquée de deux ailes de 15 pieds avançant sur la cour principale. Ce premier Manoir fut incendié par les troupes de Wolfe en 1759. Il fut rebâti dans des proportions réduites plusieurs années après la cession du pays. Ce second Manoir a été habité par l'auteur des " Anciens Canadiens " et des " Mémoires. " qui fut le dernier seigneur de Gaspé. Il a été vendu à Moïse Leclerc, cultivateur, qui l'a occupé plusieurs années ; il a été détruit par un incendie en 1909, et remplacé depuis par une maison bien ordinaire de cultivateur.

Les arbres superbes qui l'entouraient ont été abattus pour faire du bois de chauffage. Le dernier seigneur de Saint-Jean-Port-Joli, Philippe Aubert de Gaspé, est mort en 1871.

Le dernier portant le nom de Chuisnard à Beaumont-la-Ronce

Le dernier des Chuisnard portant le nom de la famille à Beaumont-la-Ronce est allé de là mourir à Marray, commune voisine, en juin 1850. Il s'appelait Maxime Chuisnard. Paralysé

de naissance de tout le côté droit, il écrivait de la main gauche,
avait une bonne instruction et devint scribe dans le bureau de
M. Deserain, notaire, et plus tard remplit les fonctions de secrétaire de la Mairie. Il dressait lui-même les actes " baux, partages,
etc " qui peuvent se faire sans l'intervention d'un notaire. Il
a aussi exercé pendant des années les fonctions d'instituteur à
Beaumont-la-Ronce et fut le premier professeur du Révérend
Père Saché, Jésuite, qui, pendant bien des années, vécut à
Québec, où il était en grande vénération

Maxime Chuisnard était très instruit et ses connaissances
légales étaient telles qu'on venait de partout le consulter. Il
était fils de Louis Chuisnard, fabricant de laines et de Marie-Françoise Martinet, fille de Jean-Etienne Martinet chirurgien, et
de Marthe-Marie Chavalé

La mère de Maxime Chuisnard est morte à Beaumont-la-Ronce
le 20 janvier 1837. Ont signé son acte de sépulture : Maxime,
son fils, Charles Gault, neveu, le Marquis de Beaumont-la-Ronce,
officier de l'Etat Civil

Ce Charles Gault, neveu, était fils de Pierre Gault, fabricant
de laines, à Marray, et de Madeleine Chuisnard, sœur de Maxime.

Maxime Chuisnard a été inhumé à Marray le 8 juin, 1850,
âgé de 58 ans. Il avait quatre frères et sœurs. L'un de ses frères
était établi à Tours, un autre à Lupault, près de Tours ; une
de ses nièces, Madame Gabillard, vivante encore à Gentilly,
près de Paris, en 1916, est âgée de plus de 85 ans. Madeleine,
autre sœur de Maxime, était, comme nous l'avons dit, mariée
à Pierre Gault.

Louis Chuisnard, mentionné ailleurs dans les présentes notes,
était membre du Conseil Municipal de Beaumont-la-Ronce tel
qu'il appert par l'extrait suivant des procès-verbaux : " BEAU-
MONT-LA-RONCE : Arrêté du 4 novembre 1792, par nous, Maire
et Officiers municipaux de la paroisse de Beaumont-la-Ronce,
soussignés, ce 4 novembre 1792, l'An premier de la République
Française, — Louis Roy, Maire ; Louis Chuisnard, Brault,
Roy Gatien, N. Thorigny, Bonnyn de la Bonninière. "

Monseigneur Sellier (1828-1913)

Vicaire Général de Tours, Monseigneur Sellier se rattache à
!a branche à laquelle appartenait Maxime Chuisnard.

Né à Paris, le 1er décembre 1828, fils aîné de Honoré-Antoine
Sellier, carossier, et de Jeanne Chuisnard, il avait une sœur non
mariée qui vient de mourir à Tours et un frère, Ferdinand, aussi
à Tours.

En 1830, ses parents vinrent se fixer à Tours.

Prêtre en 1853, professeur à l'Institution Saint-Louis, maison
d'éducation alors très florissante, il fut envoyé à Londres pour per-
fectionner ses connaissances de la littérature et de la langue
anglaise qu'il parlait comme un véritable Anglais.

C'était une nature très riche, attirée vers les hautes études
ecclésiastiques dans lesquelles il acquit la réputation d'un homme
supérieur et d'un prêtre éminent. Sa haute culture intellectuelle
et morale lui donna de bonne heure un cachet de haute dis-
tinction. En 1871, Mgr Guibert, alors Archevêque de Tours,
plus tard cardinal Archevêque de Paris, se l'attachait comme
secrétaire et comme chanoine Il consacra à l'Archevêché de
Tours plus de cinquante années de sa vie.

En 1886, il devint Grand Vicaire, charge qu'il occupa pendant
plus de 30 ans, jusqu'à sa mort en 1913, alors qu'il était âgé de
84 ans et 5 mois Il avait célébré ses noces d'or sacerdotales en
1903 et mourut au moment où il allait célébrer ses noces de
diamant.

Représentants actuels de la Famille Chouinard à Beaumont-la-Ronce

Il n'y a plus de Chouinard de ce nom à Beaumont-la-Ronce
depuis la mort de Maxime Chuisnard. Mais la famille y est repré-
sentée par des membres de la descendance féminine dont deux
nous sont connus, grâce aux recherches persévérantes du Frère

Sigismond, grâce aussi à notre savant et aimable correspondant M Louis Chauvin. C'est lui qui nous a révélé l'existence à Beaumont de la maison ancestrale dans laquelle ont vécu plusieurs générations de Chuisnard et probablement les ancêtres, Charles et son fils Jacques, de qui nous descendons

Les deux familles Bennevault sont vraiment nos cousins les plus rapprochés vivant dans l'ancienne mère-patrie. Toutes deux jouissent de l'estime publique et de la considération de leurs concitoyens. L'un d'eux, Médéric, est le Maire actuel de Beaumont-la-Ronce. Il est propriétaire du grand hôtel très achalandé des " Trois Marchands " et père d'une nombreuse famille de neuf enfants. Son frère, Albert, est à la tête d'un établissement d'ébénisterie, et il est aussi père de deux enfants : Jeanne et Roger. Sa fille Jeanne remplit actuellement les fonctions de secrétaire de la Mairie sous la direction du Maire actuel, son oncle.

Les Abbés Henri et Adrien Choisnard,
curés de Dompierre-sur-mer,
Département de la Charente-Inférieure

Dans une autre partie de la France, dans le Département de la Charente-Inférieure, nous avons retrouvé un cousin Choisnard dans des circonstances qui méritent d'être racontées.

En janvier 1913, un de nos évêques canadiens, homme très distingué, enlevé trop jeune à l'Eglise, Mgr Archambault, Evêque de Joliette, Canada, revenant de son voyage à Rome, *ad limina*, dut s'attarder en France, à son retour. Il en profita pour visiter la ville de LaRochelle, bien connue dans nos annales canadiennes, où il espérait retrouver des cousins, des Archambault, ses ancêtres, qui avaient émigré en la Nouvelle-France. Son ancêtre venait de Dompierre-Sur-Mer.

Sa visite à LaRochelle fut tout un événement. Il trouva là une nombreuse parenté lointaine et reçut un accueil bienveillant et même enthousiaste en dépit du refroidissement marqué qui existait encore, à cette date, entre les représentants de l'Etat et ceux de l'Eglise.

A l'Evêché de LaRochelle, Mgr Archambault fit connaissance avec l'abbé Adrien Choisnard, curé de Dompierre-sur-Mer, dans le diocèse de LaRochelle. En conversant avec cet abbé, Mgr Archambault se plaignit des fatigues du voyage et du besoin qu'il éprouvait de prendre un repos, avant d'affronter les ennuis de la traversée de l'océan.

L'aimable curé, le prenant au mot, lui offrit le calme reposant d'un séjour sur les bords de la mer, dans sa petite ville de Dompierre, remplie de souvenirs historiques, au milieu d'une population sympathique et respectueuse qui lui ferait le meilleur accueil.

Monseigneur accepta et se rendit à Dompierre où il passa plusieurs jours pendant lesquels il reçut l'hospitalité la plus aimable et les hommages et les attentions les plus délicats. Enchanté de sa vacance, Mgr voulut laisser aux Dompierrois un témoignage parlant de sa reconnaissance en nommant son aimable hôte, le bon curé, chanoine honoraire de sa Cathédrale de Joliette, et, depuis ce jour, le prêtre modeste et digne porte avec une légitime fierté les couleurs et les insignes de dignitaire de l'Eglise du Canada.

Les journaux de France publièrent au long le récit de ces fêtes et de cet aimable incident qui fut reproduit dans notre presse canadienne.

Le bon Frère Sigismond ne fut pas lent à lier connaissance par lettres avec le nouveau chanoine canadien, et il s'en suit depuis lors une correspondance assez suivie et des plus intéressantes.

Voici comment notre vénérable Chanoine se rattache à la famille des Chouinard du Canada.

Le chanoine Adrien Choisnard est curé de Dompierre-sur-Mer depuis septembre 1902; il a succédé à son frère l'abbé Henri, qui fut curé depuis juin 1887 à septembre 1902.

Voici comment M. le Chanoine Choisnard nous a exposé la parenté de sa famille avec la nôtre dans une lettre dont nous extrayons le passage suivant :

Dompierre-sur-Mer (Charente-Inférieure),
19 mars 1913.

— "Ma famille comme la vôtre est originaire de Touraine. Il y a beaucoup de Choisnard dans le pays, tandis que chez nous, dans la Charente, je suis je crois le seul à posséder ce nom de Choisnard. Mes oncles et tantes n'ont eu que des filles et nous étions deux mon frère et moi, à porter le nom de Choisnard. Mon frère est mort, il y a dix ans ; il était prêtre, curé de Dompierre. Il avait onze ans de plus que moi, et je lui ai succédé comme curé de Dompierre, lorsque la mort est venue le prendre pour le conduire au ciel, comme je l'espère...

Voici l'arbre généalogique qu'une de mes cousines possédait et qu'elle m'envoie ce matin. Le grand'père de mon père est né à Chinon, sous-préfecture dont Tours est le chef-lieu.

Il est né en 1745, est venu s'établir dans l'Ile de Ré, où son fils, né en 1779, a eu cinq enfants parmi lesquels mon père, né en 1818, mort en 1865. Ces cinq enfants ont eu, sauf un, cinq enfants chacun et nous ne sommes que bien peu de ma branche. J'avais une sœur, morte à 30 ans, mariée, un frère mort en bas âge ; mon frère qui est mort à 52 ans, curé de Dompierre ; plus une sœur, morte à 20 mois, et moi qui ai actuellement 54 ans.

Un de mes ancêtres a dû aller au Beaumont ou a dû en partir pour aller à Chinon. Dans le diocèse, nous avons eu autrefois un M. Choisnard dont la famille habitait Chinon. Il était prêtre et il est mort chanoine titulaire de la Cathédrale de LaRochelle. Je reste seul de la famille."

St-Jean-Port-Joli

Sur la rive droite du St-Laurent, à 19 lieues environ en bas de Québec, est située la paroisse de Saint-Jean-Port-Joli, chef-lieu du comté de l'Islet. C'est là que Jacques Chuisnard vint se fixer définitivement avec sa famille vers le mois d'octobre 1698, et c'est là que sont nées les premières générations de la famille — Chouinard — au Canada.

Le territoire actuel de la paroisse de Saint-Jean-Port-Joli embrasse une étendue de 9 milles de longueur sur 3 milles de profondeur. Il est borné au nord par le Saint-Laurent, à l'est par Saint-Roch-des-Aulnaies, au sud par Saint-Aubert et à l'ouest par l'Islet.

Ce territoire comme du reste toute la rive sud du Saint-Laurent en bas de Québec, est remarquable par la beauté et la variété des paysages qui se succèdent et se déroulent dans des sites enchanteurs, embellis par de nombreux cours d'eau dont quelques-uns sont considérables et par des bouquets de grands arbres appartenant aux plus belles essences forestières : chênes, ormes, hêtres, bouleaux, trembles, merisiers, érables et bois résineux.

Rien de plus charmant qu'une course en voiture ou en automobile à travers cette riante campagne, couverte de riches moissons, en suivant les méandres du chemin du Roy, maintenant bien entretenu, qui dessine les contours et les sinuosités des ravins et des anses, tandis que s'étend au nord à perte de vue l'immense nappe d'eau du grand fleuve, large à cet endroit de 6 à 7 milles, et parsemé d'îles et d'îlots verdoyants.

A des distances égales (2 ou 3 arpents) s'échelonnent les habitations rustiques, vastes et confortables, entourées de superbes bâtiments de ferme, blanchis comme les maisons à la chaux dont l'éclat fait ressortir la couleur verte ou rouge ou noire des toits, portes, fenêtres et contre-vents à travers les branches des arbres séculaires et les riches vergers dont les plants ont été apportés de France par les ancêtres.

Ces fermes sont pour la plupart outillées à la moderne, avec granges, bergeries, étables, porcheries modèles, puits artésiens, éclairage à l'acétylène ou à l'électricité, pourvus d'aqueducs et d'instruments agricoles les plus perfectionnés.

Toutes ces maisons proprettes et riantes sont peuplées de nombreux enfants, robustes gars et accortes jeunes filles. rayonnants de santé, dont le travail dirigé par un père laborieux et par une vaillante mère de famille entretient l'abondance et la prospérité du foyer.

Dans les champs paissent de nombreux animaux de race qui alimentent l'industrie laitière, la fabrication du beurre et du fromage, devenus, avec la production du blé et l'élevage, la source principale de nos richesses nationales, — et de beaux spécimens de cette race de chevaux canadiens parfaitement acclimatés depuis longtemps, dont l'intendant Talon dota la Nouvelle-France, sous l'inspiration du Ministre incomparable que fut le grand Colbert.

Du côté de Saint-Roch-des-Aulnaies, s'étend la côte dite "Des Chênes," rang superbe, célèbre dans toute la contrée par ses terres riches ornées de beaux arbres que l'on a eu le bon esprit de conserver à travers les siècles.

Remarqué pour la richesse de son sol, ce coin de terre de Saint-Jean-Port-Joli avait déjà attiré plusieurs colons français, dès l'année 1660. Nous ne sommes pas fixés sur les noms des premières familles qui vinrent s'y établir, mais dans les archives de Québec nous voyons que le 25 mai 1677 le Comte de Frontenac concédait à Noël Langlois " deux lieues de terrain de front le long du fleuve Saint-Laurent, à commencer depuis les terres qui appartenaient à Demoiselle Lacombe (aujourd'hui " la Demi-Lieue ") en remontant le dit fleuve jusqu'à la concession de Demoiselle Geneviève Couillard, avec deux lieues de profondeur. "

Vers 1693, Noël Langlois revendit la seigneurie du Port-Joli à Charles Aubert de la Chesnaye (de Gaspé).

Par l'acte de concession à Jacques Chuisnard, nous savons que l'habitation du fils du premier seigneur Langlois était située au nord-est de la rivière Port-Joli, mais à peu de distance de la rive. Jean Langlois fut inhumé à Québec le 26 août 1687.

A l'époque où Jacques Chuisnard prit possession de sa ferme, nous trouvons établies à Saint-Jean les familles Jean-Baptiste Leclerc dit Francœur (marié à Madeleine Langlois, fille de feu Jean Langlois), Joseph Caron (1685), René Cloutier (1693),

Pierre Jean, le père, et les frères de Louise Jean, épouse de Jacques Chouinard et les descendants de Julien Fortin.

Quelques années plus tard sont venues les familles Fournier, Dastous, Aubé ou Aubert, Gamache, Lagacé, Mignot, Labbé, François Chamard, Dupont, Bourgault, Babin, Saint-Pierre, Pelletier et Dubé, et à l'époque de la déportation des Acadiens, la famille Frs Robichaud alliée aux LeBorgne de Belysle, et la famille Joseph Thériault, marié à Marie Poulin.

La famille de Gaspé dont le premier manoir fut construit vers 1700 résidait à Québec pendant la majeure partie de l'année. Les registres de l'Etat Civil de Saint-Jean-Port-Joli commencent à vrai dire à la date du 20 octobre 1767. Il y a bien un cahier contenant des actes de baptêmes, mariages et sépultures, à partir de 1721. Mais l'écriture de ce cahier est illisible et tout est effacé par le temps et l'humidité.

Une première chapelle fut construite en 1740 environ, si l'on en juge par un acte de baptême que nous trouvons dans le registre de l'Islet, lequel est ainsi conçu.

— " Le 9 janvier 1741, a été baptisé, dans la chapelle de Saint-Jean, annexe de cette paroisse, Pierre Chouinard, fils de François Chouinard, habitant, et de Marguerite Hurette, dit Rochefort. — Signé : Frère Simon Foucault, Missionnaire. "

Dans les registres de l'Islet nous trouvons encore :

— " Le 4 août 1742, a été inhumé, dans le cimetière de Saint-Jean, Julien Chouinard, fils de Pierre, et de Ursule Martin. "

Cette chapelle et ce cimetière se trouvaient à un mille plus à l'ouest que l'église actuelle, en face de la demeure de M. Pierre Fournier, sur une petite élévation, au sud du chemin du Roy.

L'église actuelle de Saint-Jean-Port-Joli a été bâtie en 1779. Elle remplaçait l'ancienne chapelle en bois. Les premiers habitants furent d'abord desservis par les Missionnaires Récollets et Jésuites et avaient leurs offices religieux à Québec jusqu'en 1679.

A partir de cette date, ils se rendirent à l'église de l'Islet ou à celle du Cap Saint-Ignace. Parmi les premiers missionnaires de Saint-Jean, on rencontre les noms suivants : L'abbé Pierre de Francheville, qui, le premier, écrivit Chouinard avec un " o, " orthographe conservée jusqu'à nos jours en Canada, au lieu de " Chuisnard," comme on écrivait généralement en France.

Premiers Missionnaires de St-Jean-Port-Joli

Pierre Leclerc	1714–1722
Le Père Maurice Imbault, Récollet	1722–1723
Le Père Simon Foucault, Récollet .	1723–1741
M. Romain Dolbec, 1er Curé résident de l'Islet...	1745–1767
M. Jacques Hingan	1767–1779
M. Jacques Panet, 50 ans curé de l'Islet.	1779–1781

Ces trois derniers curés s'intitulaient " Curé de l'Islet et de Saint-Jean. "

Curés résidents de St-Jean-Port-Joli

M. Charles Faucher-Châteauvert...	1781–1793
M. J.-B. Perras...	1793–1799
M. Joseph-Benjamin Keller . ..	1799–1808
M. François Brunet. . .	1808–1809
M. Gabriel-Elzéar Taschereau (fils de l'Hon... G. E. Taschereau)............	1809–1813
Monseigneur Pierre Antoine Tabeau. . ·	1813–1814
M. François Boissonnault. .	1814–1843
M. Louis Parent	1843–1870
M. Joseph Lagueux.	1871–1888
M. Charles-Eugène Frenette	1889–1908
M Télesphore Lachance	1908–192.

A six milles de la rive du fleuve, à l'extrémité ouest de St-Jean et presqu'en ligne avec l'Ile-aux-Oies, se trouvent trois petites îles ou rochers dont deux sont surmontées chacune d'un phare.

Le premier (1) se nomme "le Pilier de pierre ;" — le second, à un mille plus au sud, a reçu le nom de "Roche Avignon" (corruption du nom anglais Algernon), rocher rendu célèbre par le naufrage du "Canadian" de la Ligne Allan, en 1856. Enfin, le troisième, plus à l'ouest, a reçu le nom de "le Pilier de Bois," parce qu'il nous apparaît toujours vert comme l'île de Calypso.

Plus au large, au milieu du fleuve, et plus à l'est que les trois rochers dont nous venons de parler, est un long banc appelé "la Batture aux loups-marins."

C'est une immense plage chère aux chasseurs qui y font encore aujourd'hui la chasse, non pas aux loups-marins, mais aux oies et aux canards sauvages. L'endroit le plus célèbre de la batture est la "Butte à Chatigny," à laquelle se rattache un drame émouvant raconté par M. Aubert de Gaspé.

C'est ici le moment de parler d'un endroit que l'auteur des "Anciens Canadiens" et des "Mémoires" a immortalisé. Nous voulons parler du Lac des Trois Saumons situé sur les hauteurs, en arrière de St-Jean-Port-Joli, endroit toujours cher aux amateurs de la pêche à la truite et dont les échos ont entendu les récits et les légendes du Père Romain Chouinard, racontées par M. de Gaspé.

Principales dates de l'histoire de St-Jean-Port-Joli

Depuis l'érection de la paroisse de St-Jean-Port-Joli, du 20 octobre 1767, au 20 octobre 1917 (150 ans), il a été inscrit dans les registres de l'état civil environ 12,000 naissances 2,913 mariages et 7,092 sépultures. Dans ces actes, on relève les noms de 21 prêtres, 18 religieux, frères enseignants et autres, et 40 religieuses de diverses Congrégations.

Parmi les dates les plus célèbres de l'histoire de cette paroisse, on relève les suivantes :

1759 — L'évènement le plus tragique des Annales de St-Jean-

(1) De ces rochers.

Port-Joli, sans contredit, est l'incendie et la dévastation des habitations et des bâtiments de ferme, ainsi que du premier manoir seigneurial de Gaspé, par les troupes anglaises de Wolfe qui voulaient jeter l'épouvante et paralyser la défense énergique que les Canadiens opposaient aux envahisseurs. Dans toute la côte sud en bas de Québec, ainsi que dans la côte de Beaupré, les maisons et les bâtiments de fermes furent incendiés. Dans St-Roch-des-Aulnaies, on montre encore aujourd'hui la "ferme Deschênes" dont la maison en pierre fut la seule épargnée et qui est encore occupée par cette famille, et l'une des fermes porte le nom de *maison des crêpes* en souvenir du passage des soldats anglais qui s'y régalèrent de ce mets essentiellement canadien.

1858 — St-Aubert, démembrement de St-Jean-Port-Joli, est érigé en paroisse.

1871 (29 janvier) — Décès de Philippe Aubert de Gaspé, l'auteur des "Anciens Canadiens" et des "Mémoires," dernier seigneur de St-Jean-Port-Joli.

1875 — Agrandissement de la sacristie de St-Jean (Chapelle d'hiver).

1875 (7 septembre) — Phénomène extraordinaire : bordée de neige de 18 pouces qui cause de grands dommages aux récoltes et aux arbres. Dans les bois de la Rivière-Ouelle, M. Chapais a constaté 3 pieds de neige, ce qui ruina un grand nombre d'arbres encore couverts de leurs feuilles.

1885 (dans l'été) — Bénédiction des trois cloches actuelles et d'un cimetière à St-Jean. Ces cloches remplacent l'ancienne cloche datant des environs de 1830, donnée par feu Julien Chouinard, marchand de Québec. Cette cloche ancienne a été donnée depuis à l'église de St-Pamphile, paroisse nouvelle de la route Elgin.

Depuis une vingtaine d'années, St-Jean-Port-Joli est doté d'un couvent de religieuses de la Congrégation de St-Joseph, fondée en France, à Grenoble, par Mgr de St-Vallier, avant qu'il en devienne deuxième évêque de Québec.

1916 — Erection d'un monument au Sacré-Cœur de Jésus, sur la place publique, en face de l'église de St-Jean.

Démembrements de St-Jean-Port-Joli

St-Jean-Port-Joli couvrait autrefois un très grand territoire, s'étendant des bords du fleuve à la ligne frontière des Etats-Unis. Depuis 1860, ce territoire a été conquis sur la forêt par la colonisation, et il renferme aujourd'hui cinq paroisses dont plusieurs sont très florissantes, qui se sont fondées sur la route Elgin et le chemin Taché et dans lesquelles il se fait un très grand commerce.

Le chemin de fer Transcontinental qui traverse à la hauteur des terres contribue à développer rapidement cette région riche en bois de toutes sortes et qui contient beaucoup de terres fertiles propres à l'agriculture. Voici les noms de ces paroisses :

> Sainte-Perpétue,
> Saint-Pamphile,
> Saint-Adalbert,
> Saint-Damase,
> Saint-Clément de Tourville,

— sans compter plusieurs missions en train de devenir aussi des paroisses. — Dans tous ces centres agricoles, les descendants de Jacques Chouinard et de Louise Jean sont nombreux. Ils font bonne figure et honneur à leur lignée.

La population de St-Jean-Port-Joli, d'après le recensement paroissial annuel, en 1920 est de 2171 âmes. Le curé est M. l'abbé Télesphore Lachance. Le maire actuel M. Salluste Miville dit Deschênes.

CONCLUSION

Je crois en avoir dit suffisamment pour faire connaître le
pays d'origine de la famille Chouinard, — ce que nous savons
de l'ancêtre Jacques, — la vie ordinaire de la plupart des familles
des défricheurs colons et des agriculteurs dont se compose la
nombreuse descendance d'un émigrant de France venu s'établir
dans la vallée du St-Laurent, vers la fin du xviième siècle.

Il y a des familles privilégiées qui produisent parfois pendant
plusieurs générations des hommes illustres dont les noms brillent
comme des flambeaux dans l'histoire.

La famille Chouinard n'a pas fourni de grands hommes à la
Patrie. Elle a plutôt brillé sur un petit théâtre, au foyer modeste
de l'artisan du sol, du remueur de terre, qui, sans bruit et loin des
applaudissements, accomplit sa mission pacifique et féconde.
Le soldat, dont on ignore souvent même le nom, donne son bras
vaillant, son sang, sa vie pour défendre la Patrie ou gagner pour
elle la Victoire. Le laboureur conquiert sur la forêt primitive
de nouveaux sillons. Pour le soldat, c'est la victoire qui est la
récompense de l'effort commun. Pour l'agriculteur, c'est l'agrandissement du patrimoine national, c'est la riche moisson qui va
porter l'abondance aux foyers ravagés par la guerre, ou dans
les contrées dont le sol est moins généreux et le ciel moins clément

Ce sont ces familles nombreuses de nos habitants rivées pour
ainsi dire comme celles du paysan de France, au sol qui les a
vues naître, et aimant passionnément la terre, qui ont fait le
Canada ce qu'il est aujourd'hui : un pays d'ordre, où l'autorité
est respectée, où la Loi est obéie, riche en ressources naturelles
de tous genres, plein des promesses du plus brillant avenir, et
en train de devenir le grenier d'abondance de l'univers.

Le travail que nous publions aujourd'hui est, à sa manière,

un monument à la gloire de la famille catholique et française.

Malgré la sécheresse d'une longue nomenclature de noms et de dates, on lit entre les lignes dans cette Généalogie dont les rameaux sont si puissants et les rejetons si nombreux, l'union des âmes dans une même foi religieuse qui n'a jamais défailli, la sympathie des cœurs liés par le sang, la foi conjugale respectée, l'autorité des parents obéie, une confiance sans bornes dans l'avenir de la race et de la nationalité ; des traditions de vaillance militaire, d'amour du travail, de mœurs exemplaires, d'honnêteté chrétienne qui font les peuples grands et forts.

Un tel passé engage et lie ceux qui descendent de pareils ancêtres, et la leçon qui découle de ces pages, c'est que nous nous devons à nous-mêmes d'imiter le bon exemple donné, et de transmettre à ceux qui viendront après nous l'honneur du nom et la conservation des nobles traditions de la race.

Je viens de dire que notre famille ne compte pas de noms illustres dans l'Histoire.

Cependant, je ne veux pas fermer les pages de cette introduction sans remplir un devoir filial, sans consacrer quelques lignes à la mémoire d'un des nôtres, mort depuis assez d'années pour que le recul du temps permette d'en parler avec la rectitude du jugement de l'Histoire.

Cet homme, c'était mon grand-père. Il s'appelait Julien Chouinard, petit-fils de Pierre-le-Jeune, et arrière petit-fils de l'ancêtre Jacques. Il était le quatrième fils de Jean-Marie Chouinard et de Marie-Claire Leclerc-Francœur.

Né à St-Jean-Port-Joli, le 8 décembre 1793, sur la terre ancestrale, il reçut pendant quelques mois seulement les leçons de l'école du village. Souffrant d'une infirmité précoce à la jambe, il pouvait difficilement s'adonner aux travaux de la terre. Mais dès ses plus jeunes années, il manifesta un véritable talent pour le commerce, tout en aidant ses parents à la culture.

Il montrait tant de jugement et d'amour du travail que ses parents le choisirent entre tous leurs fils pour lui confier la conduite de la ferme.

Cela ne l'empêcha pas d'entreprendre un commerce qui devint
bientôt florissant. Ses affaires devenant de plus en plus importantes, il vint s'établir vers 1826 à Québec où il ne tarda pas à
conquérir l'estime et la confiance des chefs des plus grandes
Maisons de Commerce qui devinrent non seulement ses four-
nisseurs mais ses amis.

Sans pouvoir parler l'anglais, (la langue dominante du Commerce à Québec à cette époque), il le comprenait suffisamment
pour les besoins de son négoce. Il se vit bientôt à la tête d'une des
maisons de commerce les plus importantes parmi les négociants
canadiens-français Sa réputation de jugement sain et d'homme
aux principes d'ordre lui valut une commission de juge de Paix,
honneur conféré assez rarement alors à un canadien-français.

Il refusa toujours les honneurs municipaux et la députation
au Parlement. En politique, dans les temps les plus troublés,
il se montra bon patriote et bon canadien-français, mais il ne
donna jamais dans les idées avancées des rebelles de 1837.
Son commerce s'étendait alors sur les deux rives du St-Laurent
depuis la région des Trois-Rivières jusqu'à la Gaspésie. Il montra
toujours beaucoup d'énergie et d'initiative persévérante, en même
temps qu'une grande force de caractère En voici un exemple
qui m'a été raconté par un vieux citoyen, témoin des événements
de cette époque.

Après l'incendie du Parlement de Montréal, en 1848, et les
émeutes dans lesquelles le Gouverneur-Général Lord Elgin fut in-
sulté par la populace en fureur, il se fit un mouvement pour en-
lever à Montréal le siège du Gouvernement Provincial. Une députation fut envoyée de Québec à Montréal pour faire fixer dans
l'ancienne capitale le siège du Gouvernement. La députation partit
de Québec sur un bateau à vapeur nolisé à cette fin Julien
Chouinard était du nombre des délégués. Rendu à quelque
distance de Montréal, le bateau fit escale. On apprit là que la
populace de Montréal se préparait à faire un accueil hostile et
menaçant à la délégation. Les " sages " et les " prudents "
conseillaient de rebrousser chemin ou tout au moins d'entrer à

Montréal par une autre route. Julien Chouinard s'insurgea
contre une pareille faiblesse et dût-il être seul à se rendre à
Montréal sur le même bateau personne ne l'en empêcherait.

Quelques timides refusèrent d'aller plus loin. Mais la grande
majorité suivit le conseil du courage. Le bateau arriva sans
encombre et déposa sur les quais de Montréal les délégués qui
furent reçus avec courtoisie par les autorités locales.

Julien Chouinard prit part comme simple citoyen à tous les
mouvements publics de son temps. On le trouve parmi les fondateurs de la Société St-Jean-Baptiste dont il devint Premier
Vice-Président pour la Section Notre-Dame, — membre-fondateur de l'Institut Canadien, — membre-fondateur de la
Banque Nationale, — et l'un des promoteurs du premier projet
de chemin de fer entre Québec et Montréal.

De 1826 à 1848, comme la plupart des marchands canadiens-
français ses contemporains, il habita la Basse-Ville. Lors du
mariage de son fils unique, en 1848, il se construisit une superbe
résidence sur le Chemin de Ste-Foy, à cent pas de l'emplacement
du Moulin Dumont, illustré dans la glorieuse victoire de Lévis,
en avril 1760.

C'est là qu'il passa les douze dernières années de sa vie.

C'est sur la ligne de division entre son terrain et celui des
héritiers Tourangeau que furent trouvés les ossements des braves
de 1760. Cette découverte créa dans tout Québec une sensation
profonde. Des médecins éminents, sir Etienne-Paschal Taché
et le Docteur Robitaille constatèrent que c'étaient bien des ossements humains. Les historiens Garneau et Ferland, appelés
en témoignage, certifièrent qu'on était en présence des restes
des braves combattants des deux armées ennemies en 1760.

Les Autorités religieuses ayant constaté que ces morts étaient
pour un bon nombre des fidèles de l'Eglise Catholique Romaine,
permirent l'inhumation solennelle avec toutes les cérémonies de
l'Eglise. Une fête populaire magnifique qui attira une foule
immense et un grand déploiement militaire et civil, marqua le
5 juin 1854, l'inhumation des braves de 1760 dans le coin du

terrain de Julien Chouinard qui leur offrait l'hospitalité, et l'année suivante le 18 juillet, 1855, en présence d'un grand concours de peuple, rehaussé par la présence des marins de la corvette française " La Capricieuse " ces mêmes restes furent déposés sous la base de la colonne monumentale qui devait y être érigée plus tard, en 1863, et surmontée de la statue de Bellone, bronze donné par Son Altesse Impériale le Prince Napoléon, cousin de Napoléon III, Empereur des Français. C'est dans la cérémonie du 18 juillet 1855 que fut prononcé sur le terrain même de mon grand-père le célèbre discours de l'Hon. P. J. C Chauveau, qui est réputé la plus belle pièce d'éloquence française prononcée dans le Nouveau-Monde.

Julien Chouinard avait offert à la Société St-Jean-Baptiste sur sa propriété un morceau de terrain suffisant pour y ériger ce monument. La Société St-Jean-Baptiste ne crut pas devoir accepter dans la crainte de nuire à la vue d'ensemble de la magnifique résidence de M. Chouinard, et l'on acquit sur la propriété voisine des héritiers Tourangeau le terrain sur lequel s'élève le monument des Braves de 1760, maintenant inclus dans le Parc des Champs de Bataille Nationaux

* * *

O mânes de nos aieux dont les dépouilles mortelles reposent pour la plupart dans les modestes cimetières des campagnes dans lesquelles s'est écoulée votre vie, dormez en paix sous la garde de l'église dont vous avez été les enfants croyants et fidèles, — près du presbytère où vous êtes souvent allés chercher appui et conseil, — près de l'école dont vous avez fait le rempart et la forteresse de notre belle langue française !

Du fond de vos tombeaux, continuez par le souvenir de vos exemples, de votre amour du travail, de votre persévérance dans l'effort, à enseigner à vos descendants la fidélité à la Foi . religieuse, le respect des choses saintes, l'obéissance à la Loi et à l'Autorité légitime, l'inviolabilité de la foi conjugale, la pureté du foyer domestique, les mœurs simples et honnêtes des aïeux, la vaillance des mères de famille qui ne reculent pas devant les épreuves de la maternité, la sobriété et l'épargne, ces vertus indispensables au travailleur.

Inspirez-nous, les vivants, pour que nous nous efforcions d'être vos dignes enfants et nous inscrirons sur nos blasons :

Foi en Dieu — Fidélité à l'Eglise — Confiance dans l'Avenir — Respect et Obéissance aux Lois et à l'Autorité — Persévérance dans la Lutte pour conserver nos Libertés, conquises au prix de tant de sacrifices — Courage pour agrandir le patrimoine ancestral et les champs cultivés de la Patrie — et, pour finir — Fidélité à la Langue, aux Traditions apportées de France par nos Aïeux !..

FIN.

Notices biographiques

Prêtres, religieux et religieuses
de la famille Chouinard

Prêtres

1   **François-Xavier Chouinard**, Clerc de St Viateur, et premier prêtre canadien du nom de Chouinard, naquit à la Rivière du-Loup, le 18 janvier 1830, du mariage de Joseph-François Chouinard et de Solange Caron ; entré au collège de Ste-Anne de la Pocatière en septembre 1846, et au noviciat des Clercs de St-Viateur, à Joliette, le 14 août 1852 ; y prononce ses premiers vœux, le 23 août 1853, et ses vœux perpétuels le 3 août 1859 ; ordonné prêtre à Montréal, le 30 décembre 1860. Fut directeur du collège de Rigaud jusqu'au 9 août 1878 ; quelques mois professeur au collège Bourbonnais, Illinois ; curé d'Aurora, Ill., le 15 mars 1879 ; curé de Mantano, le 15 mars 1884 ; curé de St-Georges, Ill., le 14 octobre 1898. Le 25 août 1903, il se retire au collège Bourget à Rigaud ; au mois d'octobre 1905, il se rend à Ste-Marie de Beaverville où il mourut subitement le 4 décembre 1905, et y fut inhumé le surlendemain. 5e Br. Nº 14.

2   **Antoine Chouinard**, chanoine titulaire de la cathédrale de Rimouski ; né à St-Jean-Port-Joli, le 29 mars 1838, du mariage de Edouard Chouinard et de Julie Bourgault ; fait ses études au séminaire de Québec ; est ordonné prêtre à Québec, le 29 septembre 1861 ; fut vicaire à l'Islet, à la Baie St-Paul et à la Rivière-au-Renard, en Gaspésie ; premier curé de Ste-Félicité en 1864 ; premier curé de St-Mathieu en 1866 ; curé de Notre-Dame de Pasbébiac, Baie des Chaleurs, en 1871 ; de St-Octave de Métis, en 1894 ; de Ste-Cécile du Bic, en 1899. Décédé en ce dernier endroit, le 3 août 1901, âgé de 64 ans. Inhumé sous l'église de cette dernière paroisse. 1re Br. No 16.

III **Edouard-Pierre Chouinard**, baptisé à St-Jérome de Matane, le 1er août 1861 ; fils d'Olivier Chouinard et de Eléonore Ouellet ; fait ses études au séminaire de Rimouski et au collège de Memram-cook, N.-B. ; ordonné prêtre par Mgr Langevin, le 21 septembre 1889, et nommé aussitôt vicaire à l'Isle-Verte ; curé de St-Moïse en 1890 ; fonde la paroisse de Ste-Marie de Sayabec, en 1896 ; voyage en Louisiane, pour sa santé, en 1897 ; assistant-curé de Carleton, Baie des Chaleurs, en 1898 ; nommé curé de St-Paul de la Croix en 1899 ; en 1907, il y bâtit une église en pierre. Curé de Carleton en 1920. Vicaire forain pour Bonaventure. Auteur de la " Galerie des prêtres du diocèse de Rimouski; " de l'Histoire de St-Joseph de Carleton ; du Souvenir de Famille. 3e Br. No 71.

IV **Louis de Gonzague Chouinard**, baptisé à Rimouski, le 15 janvier 1875 ; fils de Jean-Baptiste Chouinard et de Vitaline Côté ; fait ses études au séminaire de Rimouski ; ordonné prêtre au même endroit, par Mgr Blais, le 1er mars 1903 ; vicaire à Margare, Guysborough et à Bridgeport, de 1903 à 1904 ; curé de la Rivière-Bourgeois, de 1904 à 1910 ; de Port-Félix, N.-E., de 1910 à 1911 ; de Petit-Grat, C.-B., de 1911 à 1916 ; du Sacré-Cœur de Rimouski, de 1916 à 1919 ; fait un voyage à Rome en 1919 ; assistant-curé de St-Godefroi en 1920. 3e Br. No 104.

V **Joseph-Hilaire Chouinard**, né à Ste-Claire, comté de Dorchester le 7 novembre 1879; fils de Joseph-Luc Chouinard et de Philomène Fradet ; fait ses études au collège de Lévis ; ordonné prêtre le 25 avril 1909 ; professeur à Lévis de 1909 à 1916 ; vicaire à St-Louis de Courville de 1916 à 1918 ; curé de St-Octave de Dosquet en 1918. 2e Br. No 12.

VI **Zotique-Joseph Chouinard**, Missionnaire de la Salette, né à St-Jean-Port-Joli, le 28 mai 1883 ; fils de Herménégilde Chouinard et de Marguerite Fortin; fait ses études à Ste-Anne de la Pocatière et à Rome ; ordonné prêtre à Rome, le 3 juillet 1910 ; mission-naire aux Etats-Unis. 5e Br. No 46.

VII   **Adélard Chouinard**, né à Bienville, (Lévis), le 28 septembre 1884 ; fils de Narcisse Chouinard et de Hélène Guay ; fait ses études au collège de Lévis ; ordonné à Bienville, le 14 avril 1912 ; vicaire à l'Ancienne Lorette de 1912 à 1916 ; vicaire à Beauport depuis 1916. 2e Br. Nº 16.

VIII   **Edgar Chouinard**, fils de Agésilas Chouinard et de Clarisse Bélanger ; baptisé le 27 janvier 1895 ; fait ses études théologiques au Grand Séminaire de Québec ; sous-diacre, le 12 septembre 1920 ; ordonné prêtre le 8 mai 1921. 1re Br. Nº 64.

Prêtres dont la mère est Chouinard

IX   **Philippe-Honoré-Jean**, né à St-Jean-Port-Joli, le 23 août 1821 ; fils de François Jean et de Madeleine Chouinard ; ordonné prêtre à Québec, le 1er otobre 1846 ; en 1848, il se rend à la Grosse-Ile et prodigue les secours de son ministère aux immigrants malades du typhus ; atteint lui-même de la contagion, il fut transporté à l'Hôpital-Général de Québec ; revenu à la santé, il est nommé vicaire à Notre-Dame de Lévis, le 20 novembre 1851 ; décédé le 30 juin 1853, des suites du typhus. Il est le premier prêtre inhumé dans l'église de Lévis. 3e Br. Nº 11 — 2e bap.

X   **Célestin Paquet**, né à Rimouski ; fils de Alexis Paquet et de Marie Chouinard ; ordonné prêtre à Marquette, Michigan, en 1889 ; curé de Terrebonne, E.-U., jusqu'en 1896 ; curé de Houma, Louisiane, depuis 1896. 3e Br. Nº 21 — 7e bap.

XI   **Alphonse Lemieux**, né à Ste-Anne de la Pocatière, en 1863 ; fils de Louis Lemieux et de Zoé Chouinard ; fait ses études classiques au collège de sa paroisse natale ; est ordonné prêtre, le 21 février 1892. Vicaire à Regina, Sask. de 1892 à 1893, attaché à l'archevêché de St-Boniface, de 1893 à 1895 ; curé du Lac-des-Chênes, de 1895 à 1899 ; curé de Cantal, Sask., de 1899 à 1905 ; curé de Willow-Bunch, Sask depuis. 1905. 5e Br. Nº 6, D. F.

XII   **Louis-Adélard Gagnon**, né à la Rivière-du-Loup, le 22 janvier 1877 ; fils de François Gagnon et de Madeleine Chouinard ;

fait ses études classiques au collège de Ste-Anne de la Pocatière et ses études théologiques au Grand Séminaire de Québec; ordonné prêtre, le 13 août 1899 ; nommé professeur de philosophie au collège de Ste-Anne de la Pocatière ; vicaire à St-Patrice de la Rivière-du-Loup en 1904 ; aumônier du couvent de Sillery, le 20 novembre 1907 ; curé de St-Elzéar de Beauce, le 27 avril 1914 ; curé du Cap St-Ignace depuis 1917. 5e Br. N⁰ 13, D. F.

xiii **Joseph-Onésime Rioux**, né à Rimouski, le 4 octobre 1881 ; fils de John Rioux et de Marie-Anna Chouinard ; fut ordonné prêtre à Rimouski, le 17 mai 1908; curé de St-Léandre, comté de Matane. Au diocèse de Régina en 1920. 3e Br. N⁰ 98 — 1er bap.

xiv **Jean-Baptiste Thibault**, baptisé à Notre-Dame du Portage, le 18 mai 1887 ; fils d'Edouard Thibault et de Georgiana Chouinard ; fait ses études classiques au collège de Ste-Anne de la Pocatière et ses études théologiques au Grand Séminaire de Québec ; ordonné prêtre par Mgr Bégin, le 25 mai 1913 ; vicaire à Blackville, N.-B., diocèse de Chatham ; curé de Kedgewick, en 1918. 5e Br. N⁰ 14, D. F.

xv **Père Pie-Marie Gaudrault**, Dominicain, né le 27 mai 1889, à St-Aubert ; fils de Lucien Gaudrault et de Ernestine-Elisa Chouinard ; baptisé sous le prénom de Elie; ordonné prêtre, le 25 mai 1918 ; à la mission de St-Hyacinthe en 1920 1re Br. N⁰ 4, D. F.

Ecclésiastiques

i **Aubert-Emile Chouinard**, bap. à St-Aubert, le 13 décembre 1898 ; fils de Joseph-Ferdinand Chouinard et de Aglaé Moreau; entré au collège de Ste-Anne de la Pocatière en 1912 ; revêt l'habit ecclésiastique en 1918. 5e Br. N⁰ 99.

ii **Joseph-Eugène-Renald Blanchet**, né à Ste-Anne de la Pocatière, le 11 septembre 1897 ; fils de David Blanchet et de Dorilda Chouinard ; fait ses études classiques au collège de sa paroisse natale ; tonsuré en 1918. 5e Br. N⁰ 27, D. F

iii **Antoine Miville-Deschênes**, fils de Alfred Miville-Deschênes et de Malvina Chouinard ; né à la Rivière-du-Loup, le 3 septembre 1896 ; fait ses études classiqu s à Joliette et ses études théologiques au Grand Séminaire de Québec ; tonsuré en 1918 ; ordres mineurs, le 10 septembre 1920. 5e Br. Nº 16, D. F.

IV   **Frère Flavien**, capucin, né à Québec, le 28 mars 1899 ; fils de Ernest Bédard et de Alma Chouinard (baptisé sous les prénoms et nom de Louis-Joseph Bédard) fait ses études théologiques en Espagne, 1920. 3e Br. Nº 14, D. F.

Religieux

I   **Frère Martinus-Alfred, Antoine Chouinard**, né à St-Jean-Port-Joli, le 7 juillet 1869 ; fils de Damase Chouinard et de Louise Fournier ; entre au noviciat des Frères des Ecoles Chrétiennes, à Montréal, le 17 août 1885 ; prononce ses vœux perpétuels, le 13 juillet 1898 ; fait un séjour en France, de 1898 à 1899 ; professeur au Mont-St-Louis, Montréal, depuis 1888. Auteur de "l'Art Ornemental ; " du "Beau, dans les Arts" et d'une méthode de dessin. 1re Br. Nº 33.

II   **Frère Nilus-Sigismond, Achille Chouinard**, né à St-Jean-Port-Joli, le 20 avril 1870 ; fils de Lazare Chouinard et de Virginie Leclerc; entre au noviciat des Frères des Ecoles Chrétiennes, le 10 août 1892 ; prononce ses vœux perpétuels, le 12 juillet 1900 ; professeur à Québec, Montréal, Hull, etc. 5e Br. Nº 20.

III   **Frère Modestin-Emile, Paul-Emile Chouinard**, fils de Arthur et de Blanche Paquin de Montréal ; né le 10 juin 1896 ; entre au noviciat des Frères des Ecoles Chrétiennes en 1913 ; professeur à Ottawa. 3e Br.

IV   **Frère Joseph-Jean-Baptiste Chouinard**, Clerc de St-Viateur, fils de Télesphore Chouinard et de Clémence Chouinard ; né le 31 mars 1895, à St-Modeste ; entré au Juvénat des Clercs de St-Viateur, le 15 août 1910 ; passe au noviciat, à Joliette le 21 juin 1913 ; prononce ses premiers vœux, le 6 janvier 1915, Professeur à l'Institution des Sourds-Muets, depuis 1914. 5e. Br. Nº 96.

v   **Frère Adélard, Adélard Robitaille,** fils de Pierre Robitaille
et de Célina Chouinard ; né à Québec, le 14 janvier 1901 ; entré
au noviciat des Frères Maristes en 1914 ; professeur à Lotbi-
nière, en 1920. 3e Br. N⁰ 11, D. F.

Religieuses

i   **Sœur St-François-Régis, Marie-Hélène Chouinard,** baptisée le 10 février 1849, à St-Georges de Cacouna ; fille de Pierre
Chouinard et de Hélène Thériault; fait ses études chez les Dames
Ursulines de Québec ; entre au noviciat des Religieuses de
Jésus-Marie, le 29 juin 1873 ; le 7 janvier 1874, elle reçoit le
saint habit et le nom de Marie-St-François-Régis. Professe,
le 4 juin 1875, en la fête du Sacré-Cœur ; supérieure à St-Gervais,
comté de Bellechasse ; secrétaire Générale de sa Congrégation ;
directrice des études au pensionnat de Lauzon, en 1916. 5e Br.
N⁰ 12.

ii   **Sœur Marie de la Trinité, Marie-Louise Chouinard,** fille
de François-Xavier Chouinard et de Louise Fluet ; baptisée,
à St-Ephrem de Beauce, le 10 novembre 1875 ; institutrice au
couvent de Jésus-Marie, à Lauzon, en 1913. 3e Br. N⁰ 118.

iii   **Sœur St-Honorat, Marie-Virginie Chouinard,** baptisée le
21 février 1863, à St-Jean-Port-Joli ; fille de François Chouinard
et de Virginie Roy ; fait ses études au couvent de St-Aubert ;
entre au noviciat des Dames de la Congrégation N.-D., à Montréal, vers 1883 ; supérieure à Kamouraska, de 1910 à 1913 ;
à Terrebonne, de 1913 à 1916 ; supérieure à Oka, depuis 1918.
3e Br. N⁰ 97.

iv   **Sœur St-Grégoire, Marie-Elisabeth Chouinard,** religieuse
de la Congrégation N.-D. ; fille de Joseph Chouinard et de Marguerite Fortier ; baptisée à Ste-Claire, le 7 février 1849 ; décédée
à Montréal. 2e Br. N⁰ 8.

v   **Sœur Marie de la Croix, Marie Anastasie Chouinard,** baptisée à St-Jean-Port-Joli, le 30 juillet 1846 ; fille de Charles
Chouinard, instituteur, et de Geneviève Leclerc ; entre au

noviciat des Sœurs Hospitalières de l'Hôpital du Sacré-Cœur, à Québec, en 1874 ; professe en 1875 ; auditrice de la communauté en 1912. 1re Br. Nº 19.

VI   **Sœur Marie de la Providence, Marie-Eugénie Dionne,** fille de Anselme Dionne et de Henriette Chouinard ; née le 13 février 1858, à Notre-Dame du Portage ; entre au noviciat, à l'Hôpital du Sacré-Cœur, à Québec, le 8 novembre 1877 ; y fait profession, le 13 février 1879 ; décédée en cette maison, le 23 octobre 1885. 5e Br. Nº 14.

VII   **Sœur Ste-Agathe de Jésus, Marie-Ange Gagnon,** fille de George Ubald Gagnon et de Dina Chouinard, de St-Raphaël ; née en 1881 ; entre en religion, à l'Hôtel-Dieu du Précieux-Sang, à Québec, le 8 mai 1905 ; professe de chœur, en 1907. Religieuse Hospitalière. Décédée le 13 déc. 1920, à l'Hôtel-Dieu. 2e Br. Nº 2, D. F.

VIII   **Sœur Madeleine de Pazzi, Marie-Rose-Anna Leclerc,** de Montmagny ; fille de Charles-François Leclerc et de Zoïle Chouinard ; entrée en religion, chez les Hospitalières de l'Hôtel-Dieu du Précieux-Sang, le 29 septembre 1910. 1re Br. Nº 42.

IX   **Sœur St-Vincent de Paul, Marie-Jeanne-Blanche-Yvonne Turcot** ; fille du Dr Edwin Turcot, professeur à l'Université Laval, et de Marie-Flore-Alice Chouinard, de Québec; entrée au noviciat des Sœurs Hospitalières de l'Hôtel-Dieu du Précieux-Sang, à Québec, le 25 octobre 1904 ; professe de chœur. 1re Br. Nº 3, D. F.

Sœurs de la Charité de Québec (Sœurs Grises)

X   **Sœur Marie du Carmel, Anysie Gagnon,** fille de Georges-Ubald Gagnon et de Marie-Dina Chouinard ; née à St-Raphaël en 1863 ; entrée en religion vers 1881 ; décédée religieuse professe, le 24 décembre 1885. 2e Br. Nº 2, D. F.

XI   **Sœur St-Evode, Marie-Ange Bédard,** fille de Ernest Bédard et de Alma Chouinard ; née à Québec, le 18 mars 1900 ; entrée en religion en 1918. 3e Br. Nº 14, D. F.

Sœur St-Nérée, Emma Dionne, fille d'Anselme Dionne et de Henriette Chouinard ; née à Notre-Dame du Portage, le 11 décembre 1860 ; entrée en religion, le 11 décembre 1883 ; professe, le 5 octobre 1885. 5e Br. No 14.

Sœur St-Zotique, Marie-Zérilda Leclerc, née à St-Aubert, comté de l'Islet ; fille de Nicolas Leclerc et de Virginie Chouinard 3e Br. No 33 — 8e bap.

Sœur St-Flavius, Sophronie Chouinard, fille de Eugène Chouinard et de Obéline Moreau ; née à St-Aubert, le 12 novembre 1868 ; entrée en religion vers 1888. 5e Br. No 32.

Sœur St-Léo, Marie-Joséphine Chouinard, fille de Pierre Chouinard et de Malvina Paradis ; née à St-Epiphane, comté de Témiscouata, le 26 septembre 1885 ; entrée en religion vers 1910 ; professe en 1912. 1re Br. No 75.

Sœur St-Alfréda, Marie-Alice Chouinard, fille de Pierre Chouinard et de Malvina Paradis ; née à St-Epiphane, le 25 juin 1882 ; vœux perpétuels en 1912. 1re Br. No 75.

Sœur Marguerite-Marie, Marie-Délia Chouinard, fille de Louis Chouinard et de Rose-de-Lima Caron ; baptisée à St-Pamphile, comté de l'Islet, le 25 février 1875 ; prononce ses vœux perpétuels chez les Ursulines de Louisiane et Texas, le 2 avril 1894. 5e Br. No 49.

Sœur Marie-Ange, Lucie Roy, fille de Joseph Roy dit Lauzier et de Emma Chouinard ; fait profession à Alger, chez les Religieuses de Notre-Dame d'Afrique, le 27 octobre 1912. 5e Br. V. No 34 — 3e bap.

Sœur Marie-Ange-Dominique, Marie-Rose-Anna Roy dit Lauzier, sœur de la précédente ; née en 1887 ; entrée au noviciat des Filles de Jésus, à Trois-Rivières, en 1904. 5e Br. V. No 34 — 3e bap.

Sœur Marie de St-Antoine de Padoue, Marie-Aglaé Chouinard, fille de Antoine Chouinard et de Exorée Gosselin, du Cap-Chat ; née le 1er mars 1876 ; entre chez les Sœurs du Saint-Rosaire, à Rimouski, le 19 juillet 1892 ; revêt le saint Habit, le 2 février 1893 ; prononce ses vœux perpétuels, le 15 août 1898.

Fut missionnaire à Ste-Anne de Beaupré et à Mec-Nider, de 1894 à 1896 ; assistante-Maîtresse des novices ; directrice des Sœurs converses en 1907. 3e Br. No 110.

Sœur Marie de St-Théodore, Marie-Anne Chouinard, fille de Félix Chouinard et de Séverine Roy ; née en 1880 au Cap-Chat ; revêt le saint Habit, chez les Religieuses du Saint-Rosaire, à Rimouski, le 27 avril 1896 ; décédée en cette communauté, le 28 avril 1899. 3e Br No 138.

Sœur Aimée de Jésus, Marie-Anna Chouinard, fille de Elzéar Chouinard et de Elia Giroux ; née à Québec en 1894 ; entre chez les Dominicaines de l'Enfant-Jésus, à Québec, en septembre 1913 ; prononce ses vœux perpétuels vers 1917. 3e Br. No 153

Régina St-Laurent, religieuse Dominicaine, à Fall-River ; fille de Alphonse St-Laurent et de Dorilda Chouinard , née le 26 août 1901 ; entrée en religion en 1919. 5e Br. No 20, D F.

Sœur Ste-Rose de Viterbe, Félonise Chouinard, fille de Samuel Chouinard et de Fleurine Bouchard ; baptisée le 12 avril 1875 ; entre chez les Sœurs du Bon-Pasteur, de Montréal, le 18 novembre 1885 ; prise d'habit, le 1er septembre 1886 ; profession le 6 septembre 1888 , décédée au Monastère provincial, le 9 avril 1916   1re Br No 41a.

Sœur St-Jean-de-Dieu, Marie-Anysie Chouinard, sœur de la précédente , née le 22 juin 1862, aux Eboulements ; entre au noviciat du Bon-Pasteur, à Montréal, le 12 octobre 1882 ; prise d'habit, le 3 avril 1883 ; profession le 5 mai 1885 ; décédée au monastère de Montréal, le 13 décembre 1893. 1re Br. No 41 a.

Sœur Ste-Marie de Ste-Elisabeth, Hélène Couillard, fille de Joseph Couillard et de Odile Chouinard ; religieuse au Bon-Pasteur, à Montréal, depuis 1916. 5e Br. No 26, D. F.

Sœur St-Vincent de Paul, Eva Bernard, fille de Elzéar Bernard et de Anna Chouinard ; née à Québec, le 30 juin 1877 ; entre au noviciat des Religieuses Hospitalières du Cœur Agonisant de Jésus, à Lévis, le 8 septembre 1907 ; profession en 1910. 2e Br. Nº 1, D. F.

Sœur Marie-Rose, Rose-Aimée Couillard, fille de Joseph Couillard et de Odile Chouinard, entre au noviciat des Religieuses de l'Hôpital-Général, à Montréal, en 1914. 5e Br. Nº 26, D. F.

Sœur Gamache, Rose-Aimée Gamache, fille de Clovis Gamache et de Delphine Chouinard ; entrée au noviciat des Sœurs Grises, Montréal, vers 1915. 5e Br. V. Nº 12 — 6e bap. ·

Sœur St-Antoine-Joseph, Caroline Chouinard, fille de Joseph-Antoine Chouinard et de Elisabeth Fauchon ; baptisée à Minnéapolis, le 17 juin 1897 ; entrée chez les Religieuses, Filles de Ste-Marie de la Présentation à Broons, France, Côte-Nord, en 1913. 3e Br. Nº 172.

Sœur Ste-Elisabeth-Marie, Myrtle Chouinard, sœur de la précédente, baptisée à Minnéapolis, le 17 mars 1899 ; entre en religion, en 1918, chez les Filles de Ste-Marie de la Présentation, à Broons, France. 3e Br. Nº 172.

Sœur St-Benoît, Maria Chouinard, fille de Philéas Chouinard et de Léontine Caron ; née à St-Jean-Port-Joli, le 12 septembre 1900 ; revêt le saint habit, le 24 août 1917 ; religieuse de St-Joseph de St-Valier. Entrée en religion, le 11 septembre 1916. 5e Br. Nº 58.

Sœur St-Ambrosine, religieuse de la Congrégation N.-D., **Juliette Chouinard,** fille de Agésilas Chouinard et de Clarisse Bélanger ; née le 28 mai 1899 ; entrée en religion en 1917, le 27 août. 1re Br. Nº 64.

Sœur Marie de Ste-Jeanne de Portugal, Marie Delmerise-Blanche Chouinard, fille de Ernest Philéas Chouinard et de Angélina Dupuis ; née à St-Venant de Hereford, le 10 avril 1895 ; entrée en religion au couvent de Marie-Réparatrice, à Montréal, vers 1915. 1re Br. Nº 69.

Sœur Ste-Perpétue, Marie Fortin, fille de Jean-Baptiste Fortin et de Marie Chouinard ; religieuse de la Présentation ; décédée en avril 1920. 5e Br. Nº 21 — 8e bap.

Prêtres français de la famille Choisnard

I **Monseigneur Jean-Honoré Sellier,** né à Paris, le 1er décembre 1828 ; fils de Jean Sellier et de Jeanne Chuisnard ; ordonné prêtre le 21 mai 1853 ; professeur à l'Institution St-Louis, de 1853 à 1858 ; secrétaire particulier de Mgr Guibert, de 1858 à 1871 ; nommé secrétaire Général en juillet 1871 ; vicaire Général le 4 octobre 1886 , doyen du Chapitre de l'Eglise Métropolitaine de Tours, le 10 février 1888 ; prélat de la Maison de Sa Sainteté, le 8 février 1898. Décédé le 28 avril 1913 à Tours ; funérailles solennelles à la cathédrale de cette ville.

II **Jean-Alphonse Choisnard,** chanoine titulaire de la cathédrale de LaRochelle, Charente-Inférieure ; né à Chinon, en Touraine, le 24 avril 1821 , ordonné prêtre vers 1846 ; fut directeur d'une maison d'éducation à Saintes ; devint chanoine et chancelier de l'évêché de LaRochelle ; décédé en ce dernier poste, le 11 janvier 1895.

III **Henri Choinard,** né à St-Martin, Ile de Ré, Charente-Inférieure, le 27 mars 1848 ; fils de Hippolyte-Jean Choinard et de Henriette Chatonnet ; a fait sa première communion en 1860, à St-Martin ; est parti pour le petit séminaire de Pons, en 1861 ; au grand séminaire de LaRochelle, en octobre 1866 ; ordonné prêtre par Mgr Thomas, évêque de LaRochelle, le 2 juillet 1871. Vicaire à St-Martin de Ré ; en octobre 1871, professeur au petit séminaire de Montlieu ; vicaire de St-Jean d'Angely, octobre 1874. Curé de Clion, en septembre 1878 ; de Sainte-Gemme, en juin 1883 ; curé de Dompierre-Sur-Mer, en juin 1887 ; décédé en ce dernier poste, le 9 septembre 1902.

Auteur de "l'historique de la paroisse de Dompierre-Sur-Mer, Ch.-Inf. ; " membre de la Société des Sciences et des Arts.

VI **Adrien Choinard,** Chanoine honoraire de la cathédrale de Joliette, Canada ; né à St-Martin, Ile de Ré, Charente-Inférieure, le 11 mars 1859 ; baptisé le 18 mars ; a fait sa première communion, le 21 mai 1871 , confirmé le 24 mai 1871 ; au petit séminaire de Montlieu, le 3 octobre 1871 ; au grand séminaire de LaRochelle, en octobre 1877 ; ordonné prêtre, le 3 juin 1882, par Mgr Thomas, évêque de LaRochelle. Vicaire d'Aubray, le 3 août 1882 ; vicaire de Tonnay, Charente-Inférieure, le 15 juillet 1885 ; vicaire de St-Jean d'Angely, le 25 avril 1887. Curé de Majeray, le 8 septembre 1889 ; de Dompierre-Sur-Mer, le 1er octobre 1902 ; nommé chanoine honoraire de la cathédrale de Joliette, Canada, le 15 décembre 1912 ; curé doyen de Saint-Savinien, le 20 décembre 1917.

M. le Chanoine Adrien Choinard est frère du précédent et fils de Hippolyte-Jean Choinard et de Henriette Chatonnet.

Il est probable, que cette famille Choinard a pour ancêtre François Choinard, frère de Jacques, et qu'elle a, par conséquent, une parenté assez rapprochée avec les Chouinard d'Amérique.

Religieuse en France

Sœur Marie-Ursule, religieuse Ursuline de la communauté de Blois ; née en Touraine de M. Gault, menuisier et de Marie Chuinard. Née en 1833 ; assistante de la cté de Blois en 1896 ; se réfugie à Rome en 1904.

Une parente de Mgr Sellier et des familles Bennevault.

Professions libérales

Avocats

1. **Honoré-Julien Chouinard**, fils de Julien et de Anastasie Mercier.

2. **H.-J.-J.-B. Chouinard**, fils du précédent, greffier de la cité de Québec.

3. **Mathias Chouinard**, fils de Charles et de Geneviève Leclerc.

4. **Ernest Chouinard**, fils de Pierre et d'Obéline Marquis.

5. **Adolphe Chouinard**, fils d'Horace et d'Olympe Dionne.

6. **Gustave Chouinard,** fils de Mathias et de Hortense Sylvestre, greffier de la Paix, à Québec.

7. **Alexandre Chouinard,** fils de John et de Elzire Lelièvre, Montmagny.

8. **François-Xavier Chouinard,** fils de H.-J.-J.-B. Chouinard, 2e assistant greffier, Québec.

Médecins

1. **Delphis Chouinard,** fils de Delphis et de Delphine Fortin, Montréal.

2 **Jules Chouinard,** fils d'Ephrem et d'Amanda Crépault.

3. **Jean-Baptiste Chouinard,** fils de Soter et de Catherine Miville. Décédé

4. **Philippe Chouinard,** fils de Mathias, décédé à Québec.

5 **Germain,** fils de Delphis et M DeBloia.

Ecrivains ou Auteurs

1. **H.-J.-J.-B. Chouinard,** greffier de la ville de Québec ; docteur ès-lettres, etc.

2. **Révd E.-P. Chouinard,** prêtre, curé de Carleton.

3. **Ephrem Chouinard** (feu) assistant-auditeur provincial.

4. **Ernest Chouinard,** journaliste et romancier.

5. **Mathias Chouinard,** aviseur légal, décédé à Québec en 1914.

6. **Antoine Chouinard, Frère Martinus-Alfred,** Mont-St-Louis, Montréal.

7. **Gustave Chouinard,** fils de Mathias, compilateur de la Charte et des règlements de la ville de Québec

Documents ou Pieces justificatives

I

Registres de Nouzilly (Indre et Loire)

Le vingsi^{esm} Jor de septembre l'an mil six cent Saize fut
baptisé Charles filz de Gatien Chuinard et de Catherine Venier
sa femme. le parrin fut Charles Morillon et la marrine fut
renée Bodier fille de deffunct Nicholas Bodier

(Signé) C. Morillon, Courdbuy pbre

Baptême
de
Charles
Chuisnard
26 septembr
1616

II

Registres de Beaumont-la-Ronce
(Indre et Loire) Feuillets 12 et 13

Le quatorsiesme Jour de septembre mil six cens Cinqte Cinq
a Esté fait les Espousailles, par moy Charles Deshayes pbre
curé de la paroisse de Beaumont de la Ronce de personne de
Charles Choisnard marchant Serger demeurant paroisse de
Nozully Et delizabet Vaslin veuve du feu Jean aucher et en
presance de pierre Valin frère de la dicte Espousée françois le
meignan aussi beau frère Urban barbereau frère André Verderier
Cousin Estienne bresnier (Venier) Et auchey de leurs amis.

(Signé) **Chuisnard, Vallin, E. Bresnier, Regnault, Dutertre,
C. Deshayes.**

Mariage
de
Charles
Chuisnard
et
Elisabeth
Vaslin
14 septembr
1655

III

Registres de Beaumont-la-Ronce

Baptême de Jacques Chuisnard 6 janvier 1663

Le siexiesme Jour de Janvier mil Six Cens soixante et trois a Esté baptizé Jacques fils de Charles Chuinar et Elisabeth valin ses père et mère. le parin Jacques Cochon fils dandré Cochon Sergent Royal Et la pareine Anne Valin lesqueles tous les deux nous ont dit ne scavoir signer.

C. Deshayes pbre

Extraits des Registres de l'Etat Civil, certifiés conformes, délivrés en Mairie de Beaumont-la-Ronce (Indre et Loire) le trente et un octobre mil neuf cent douze : Le Maire :

(Signé) E. Audbert.

IV

Registres de la Basilique de Québec

Mariage de Jacques Chuinard et Louise Jean 2 juin 1692

Le deuziesme jour du mois de Juin de l'an mil six cent quatre vingt douze après les Fiançailles et les publication de deux bans de marriage faits le 27es du mois de may dernier et le 2es le 1er du présent mois et an que dessus, ayant obtenu dispense du 3es de entre Jacques Chuinard charetier fils de Charles Chuynard drapier et de helizabeth Vallin ses père et mère de la paroisse de beaumont la ronse diocèse de Tours d'une part et Louise Jean fille de pierre Jean et de françoise Fauvelle (Favereau) ses père et mère de cette paroisse et evesché dautre part et ne sestant découvert aucun empeschement J'ay François dupré curé de québec les ay marié et leur ay donné la bénédiction nuptialle en presence des Sieurs Nicolas Rousseliot, et Joseph prieur Hylaire Sureau et Jean Du Breuil Lesdits époux épouse, père de la fille et hylaire Sureau lesquels ont declaré ne Scavoir signer

(Signé) **Rousselot, Prieur, Dubreuil, François Dupré.**

V

Registres de la Basilique de Québec

Le vingtiesme jour du mois d'avril de l'an gbj quatre-vingt-quinze, (1695) a esté baptisé par moy françois Dupré, curé de Québec : Pierre, né aujourd'huy, fils de Jacques Chuinard et de Louise Jean sa femme. Le parein a esté pierre Jean, et la marraine, Marie-Madeleine leMyre laquelle a signé, et le parein a déclaré ne scavoir signé : ainsy signé : **Marie-Madeleine leMyre et François Dupré** ptre.

Baptême de Pierre Chuinard 20 aout 1695

VI

Registres de L'Islet

Le premier janvier de l'an mil sept cent cinquante a été inhumé dans le cimetière de St-Jean Louise Chouinard (Louise Jean) veuve de feu Jacques Chouinard, âgée d'environ 75 ans, (1) ont assisté à cette inhumation, François Dupoleau dit Duval, Ambroise Rochefort dit Lurette (Hurette), Joseph Caron et plusieurs autres parents et amys lesquels ont déclaré ne savoir signer.

Dolbec ptre

Sépulture de Louise Jean 1 janvier 1750

VII

Un contrat de mariage au temps de Frontenac

Par devant Louis Chambalon Notaire Royal en la Ville et prévosté de Québec y résidant furent presens en leurs personnes Jacques Chuinard Chartier demeurant en cette Ville de Québec

Jacques Chuinard et Louise Jean 30 mai 1692

(1) Née le 19 mai 1678, Louise Jean n'était âgée que de 71 ans, 7 mois et 12 jours. Elle était la sœur de Vien Jean, ancêtre des familles Vien de Québec.

fils de Charles Chuinard, Drapier, et de Elisabeth (helizabeth)
Vallin sa femme demeurants a Beaumont La Ronse province
de la Touraine d'une part et Pierre Jean habitant et Françoise
Fauvelle sa femme qu'il a aurotisée pour l'effet des presentes
demeurans en cette ditte Ville stipulants pour Louise Jean leur
fille a ce presente et de son consentement pour elle et en son nom
d'autre part, Lesquelles parties en la presence et de l'avis et conseil
de leurs parents et amis sçavoir de la part du dit Chuinard de
Noble homme Maistre Charles Aubert Sieur de la Chenaye
marchand bourgeois de ce païs, de Nicolas Rousselot Sieur de
Laprairie, et des Sieurs Jacques et Jean Grouard frères ses amis,
et de la part de laditte Jean et de ses dits père et mère, de Mesire
Charles Denis Escuier Seigneur de Vitray Conseiller au Conseil
Souverain de ce pays et Maistre Joseph prieur huissier audiancier
en cette prévosté aussy Leurs amis, ont Reconneu et confessé
avoit fait les Traitté et Conventions de mariage qui suiven.
C'est à sçavoir que ledit Chuinard et Laditte Jean Se sont promis
et promettent prendre L'un l'autre par Loy et nom de mariage
pour Ycelluy faire Cellebrer et Solemniser en face de nostre
mère Sainte église Catholique apostolique et Romaine Les forma-
litez d'icelle duement gardées et observées dans les plus brefs
Tems que faire se pourra et quadvisé et déliberé sera entr'eux
et leurs dits amis ; pour estre comme Seront Lesdits futurs
Conjoints Uns et Communs en Tous biens-meubles acquests et
Conquests Immeubles quils auront et feront pandant Leur dit
futur mariage Suivant la Coutume de paris, En faveur et Con-
templation duquel futur mariage Les dits Pierre Jean et saditte
femme, solidairement En chacun d'eux Seul pour le Tout ô Les
Renonciations Requises ont promis et s'obligent envers ledit
futur époux de lui bailler et delivrer pour leur ditte fille la Veille
de leur benedictions Nuptialle en advancement d'hoirie Sur leurs
Successions futures deux chevaux de harnois L'un sous poil bé
et lautre soûs poil noir d'aage Inconneu avec Un poulain poil bé
brun d'un an, lesdits Chevaux harnachez d'un Collier seul et
d'une Sellette et dossière, Une paire Rouès avec Une avalouère

Les Chesnes et Chevilles de fer necessaire pour la Charette Tel
que ledit futur espoux les a Veûs et Visitez et desquels Il promet
se Contenter Une Vache de poil Caille de six a sept ans avec une
genise d'un an mesme poil, Et outre ce quatre Cens de foin que
ledit futur espoux Tenu de prendre l'automne prochain Chez
ledit pierre Jean Si mieux naiment Lesdits futurs aller hiverner
avec ledit Pierre Jean et Saditte femme en leur Maison auquel
Cas sera pareillement Tenu ledit pierre Jean et saditte femme de
leur fournir Lesdits quatre Cens de foin et outre ce de nourrir A
leur depans Lesdits futurs espoux pendant Leur dit hivernement
Sans leur en pouvoir rien demander Soûs pretexte de pantion
n'y autrement ; a la charge que ledit futur espoux sera Tenu et
S'oblige Soit quil aille hiverner et Laditte future espouze ou nom
avec ledit pierre Jean et Saditte femme d'employer L'Hiver
prochain Trois semaines de son Têms avec son harnois a leur
Service pour leur ayder a Tirer dubois de charpante pour bastir
ledit pierre Jean Sur sa Terre de la Canardière, ne seront néant
moins Lesdits futurs Espoux Tenus des dettes et hipotecques
L'un de lautre faites et Crées avant leurs espousailles Lesquelles
Sy auccuns ya feront payées et aquittées Sur les biens de Celluy
qui les aura faites Sans que lautre en soit Tenu en quelque manière
que LeSoit pourra laditte future espouse Syledit futur espoux La
prédecedé Renoncer Sy bon Luy semble a laditte Cômunauté
laquelle en ce Cas pourra emporter franchement et quittement
tout ce quelle aura mis et aporté en laditte Comunauté cydessus
specifié ou la Somme de six Cens Livres aquoy ils ont estimé
le tout a son Chois et encore Tout ce qui se trouvera avoir lors
esté mis en laditte Communauté qui Luy sera escheu Tant par
Succession, lege donation, quautrement avec ses douaire et
preciput cyapres Reglés le Tout franc et quitte Comme dit est
tant pour elle que pour ses enfans et dessandans, Sans quelle
n'y Ses dits enfans et dessandans, soient Tenus des dettes faites
et Crées pandant Laditte Communauté encore quelle y fut
obligé Condamnée qui en ces Cas Luy seront remboursé Sur les
biens dudit futur espoux qui y demeurent des apresent affectez

·et obligé ledit futur espoux adoué et doué laditte future espouze
de la Somme de Trois Cens livres pour une fois prise Sans Retours
aprendre Sur Touts et Chacuns les biens meubles et Inmeubles
presens et advenir dudit espoux duquel elle sera et demeurera
Saysie aujour de son Deceds Sans quil soit besoin de le demander
en Justice dérogeant pour ce Regard les dittes parties a Toutes
Coutumes qui y soient Contraires, ou du douaire Coutumier a
son Choix, le preciput sera egal de la Somme de deux Cens livres
qui sera pris par les survivants des dits futurs Conjoints en argent
monnoyé ou en meubles sur les plus Clairs effets de la ditte Communauté Suivant Laprisée de Linventaire qui en sera faite hors
part et Sans Creuè ; Tout ceque dessus a esté ainsy Réglé et accordé entre les dittes parties qui a l'exécution d'icelle ont chacun
endroit Soyobligé et hipotecqué Tous et chacuns leurs biens
meubles et Inmeubles presens et futurs Renonçant Vse dont Vsle
Jugé et Condamné Vse fait et passé Audit Québec En nostre estude
avant midy le Trentième jour de may mil Six Cens quatre Vingt
douze espresence des Sieurs Sébastien Hervé pothier destein et
de Charles-Pinguet praticien demeurants en cette ditte Ville
Tesmoins a ce Requis et appellez et ont les dits futurs espoux, et
ledit pierre Jean et Saditte femme déclaré ne scavoir Signer de
ce enquis ainsy Signé à la minutte des Presentes ;

Denis de Vitré, Charles-Aubert de la Chesnaye, J. prieur,
Rousselot, Grouard, Jean grouard, C. Pinguet, hervet etCham-
balon notaire royal soubzeSibgné SoubreSigné aprouvé en
Interligne Leur deux mots raturez ne vallent

CHAMBALON n^{ore} ROYAL

Sous minutte

VIII

Un acte de concession
du
Seigneur Charles Aubert de la Chenaye (de Gaspé)
du 27 octobre 1698,
en faveur de Jacques Chouinard.

Par devant Le notaire Royal.

En la Prevosté de Québec, Soussignez y Résidents et témoins
cy Bas nommez fut présent Me Me Charles Aubert Ecuyer
Seigneur de La Chenaye Conseiller au Conseil Souverain de ce
Pays Lequel de son Bongré et Volonté a Baillé délaissé et Concédé
par ces presentes à titre de Cens Rentes Seigneurialles proffit de
Lots et Ventes Saisine et amandes quand le Bai y Eschet ; à
Jacques Chouinard, habitant demeurant à l'Isle aux oyes de pre-
sent en cette ville a ce present et acceptant preneur et Retenant
pour Luy audit titre ses hoirs et ayant Cause C'est a scavoir
Environ neuf arpents de terre de frond plus ou Moins à prendre
En la Seigneurie du Port-Joly appartenants audit Sieur de La
Chenaye sur cinquante arpents de Proffondeur à Commencer
la Borne du Costé du Nord-Est a La Petite Rivière de Labitation
de deffunt Jean Langlois Laquelle Rivière Luy servira Seulle-
ment de Borne La propriété d'Icelle Restant audit Seigneur qui
Luy Permet de s'en servir pour tous ses besoins de Charge et de
décharge Entrée et Sortie et du costé Sud ouest aux terres qui
conduisent à Labitation de Pierre Franccœur sy tant y de terrain
pour par fournir à Laditte Largeur de terrain cy dessus Concédée
pour Laditte Concession de telle Largeur quelle puisse estre
encore quelle soit Moindre ou audela de Neuf arpents de Large
jouir faire et disposer par Ledit Chouinard ses 'hoirs et ayant
Cause en toute Propriété a Perpétuité en Vertu des Présentes et
du droit de pesche et de Chasse audevant et sur Létendue d'Icelle
aux Charges et Clauses et Conditions suivantes scavoir que Ledit

Chouinard payera par Chacun an depuis le jour et feste de Saint Michel jusqu'à la feste de Saint-Martin en suivant audit Sieur de La Chenaye en sa Maison en cette Ville de Québec, vingt sols et un Chappon vif ou vingt sols pour Chacun Chapon au choix dudit Seigneur et un Lot de cens et Rentes Seigneurialles pour Chacun arpent de front et au Prorata de la quantité qu'il sy en trouvera de Large et encore trois Livres d'autres rentes aussi Seigneurialles par Chaquun an payable audit terme tant pour tant pour raison du droit de pesche que du droit de Chasse audevant et sur Létendue de Laditte terre accordée audit Chouinard Lesdits cens et Rentes portant Lot et Vente Saisine et amande quand le bail Echera suivant la Coutume de Paris de tenue feu et lieu sur Laditte Concession de deffricher et Mettre en Valeur les terres d'Icelles de Porter les Grains moudre au Moullin de Laditte Seigneurie Lorqu'il y en aura un de Construit de souffrir et laisser les Chemains qui seront jugés nécessaires pour Lutilité Publique de conserver tous les bois de Chesne qui seront propres pour la Construction des Vaisseaux, Se Reserve Ledit Seigneur de La Chesnaye la Liberté de Chasse et de peche pour un usage et divertissement sur et audevant de Laditte Concession sans que Ledit Chouinard sy puisse opposer en Vertu du droit de Pesche et de Chasse qu'il Luy est accordé comme aussi La Liberté du Retrait en Cas de vente en Rembourssant par Luy le port Principal Loyeaux frais Coust et misse de Prendre sur Laditte Concession tout le bois qui Luy sera nécessaire tant pour la Construction du Moullin que des Batiments et Entretien du Manoir Seigneurialle de Laditte Seigneurie en Cas qu'il sy en trouve de Propres pour Lesdits Batiments et outre ce sera Ledit Chouinard tenu de fournir une Glose des Presentes en forme a ses frais incessament En Considération de Laquelle Concession Ledit Seigneur de La Chenaye cedde et delaisseGra tis audit Chouinard ce qu'il peut rester de bois et autres Choses aux batiments qui ont été cy devant sur Laditte Concession Bail ainsy & ont obligé & Renonçant & fait et passé audit Québec en Letude dudit Notaire après Midy Le Vingt Septième jour

NOUZILLY, (INDRE-ET-LOIRE).
PREMIER VILLAGE DE FRANCE OU NOUS RENCONTRONS LES ANCÊTRES DE LA FAMILLE CHOUINARD,
APRÈS LA GUERRE DES CENT ANS.   A DROITE, L'ANCIENNE ÉGLISE.

P. XVII

d'octobre Mil Six cent quatre Vingt dix huit. En presence du
Sieur Pierre François Fromage Marchand et de François Aubert
témoins demeurant audit Québec qui ont avec Ledit Seigneur
de La Chesnaye et Notaire Signé Ledit Chouinard ayant déclaré
ne scavoir signé de ce en qui ainsy signé — Sur La Minutte
**Charles Aubert de la Chesnaye: F. Aubert, P.-F. Fromage
et Chambalon, No 1.**

IX

Le mobilier d'une ferme canadienne en
1727
Inventaire des biens de feu Jacques Choinard

L'an mil sept Cent Vingt Sept et le vingt deuxième jour de
desambre après Midy à la Req^te de Louise Jean Veuve de deffunt
Jacques Choinard Vivant habitant de la Seigneurie du port
Jolie tutrisse des Enfens mineurs Issus delle et du dit deffunt
Choinard et pierre Choinard son fils Leurs Subrogé tuteur
Elle a par acte de Monsr le lieutenant Général Civil et Criminel
au Siège ordinaire de la prevosté de quebec en datte du Vingt
trois octobre dernier a Esté par devant Le notaire Soussigné
Vacqué a linventaire et descriptions de tous et chacuns les biens
meubles hustencille de menage papierre et Enseignement géné-
rallement toutte Chause dependent de laditte Communauté
trouvé en la maison du deffunt Choinard ou ledit no^re Sest
Esprais transporté assisté des Nommé allexandre gangnon Joseph
Caron et Charles fortin Choisis par les parties pour les témoins
fait le serment Sollanel en telle Ens Requis les meubles a pre-
sentez lesquels dit biens ont Esté mis en Vente par laditte
Veuve Choinard Sains aucuns en détourner ny faire détourner
Chacher ny faire Chacher Sur les paine de l'ordonnance ou
Introduite et donné a Entendre par ledit notaire lesquels dits

7

biens ont esté aprisié et mis a leur Juste Valeur par lesdits
gangnon, Caron Et fortin lesquels ont Jeuré (juré) Solannel
lement tous lesdits biens aprisié a leurs Jeuste Valleure en
argent Egard aux Conditions du tant presant En sommes de
deniers ainsy qu'il en suit

Premièrement :

Une chaîne de Charet et trois peti Crochet le tout servant
l'amailtier (ou l'amaillier) Estimé a Six frant   6 francs

Une Chaudierre Cuivre Rouge d'environ quatre Siaux a dix Ecus	30	"	
Deux vieilles Chaudière Cuivre rouge a 4 fr	4	"	
Une vieille poille (poêle) a quarante sols	2	"	
Une autre poille trois livres	3	"	
Deux Cuillier a pot (cuillère) trente sols	1	"	
Une marmite qui a un Sercle a cent Sols	5	"	
Une autre Marmite Sept frant	7	"	
Trente-six livres destin (d'étain) le tout a vingt écus	60	"	
Neuf fouchet dassiet (d'acier) a deux livres	2	"	
Deux Chandelier de Cuivre a quatre frant piesse le tout fait huit frant	8	"	
Deux Siaux ferré a Six livres	6	"	
Une autre dix Sols	0	"	10
Une tasse de ferre bland Cinq Sols	0	"	5
Une Vieille ache a doller trois livres	3	"	
Une plaine deux livres (une plane)	2	"	
Une ache quatre frant	4	"	
Une autre trente Sols	1	"	10
Une ache a feraille quinze sols	0	"	15
Une pioche trente sols	1	"	10
Une arminete deux livres	2	"	
Un terrier a dix sols	0	"	10

	l.	s.	d.
Une boîte de Roux a Vingt Cinq sols	1	"	5
Une pioche trante Cinq sols	1	"	15
Un gris (gril) deux livres	2	"	
Un gros terrier a cinquante sols (houe ou binette)	2	"	10
Un marteau quinze sols	0	"	15
Une broche a Rotire trois livres	3	"	
Deux ferre a flusquer Cent sols	5	"	
Un selex (Silex, meule de pierre, à aiguiser)			
avec la monture vingt cinq sols	.1	"	5
Une pelle a feux quatre front	4	"	
Un métier a toîle tous garnie a Vingt franc	20	"	
Un socque trois livres	3	"	
Un Crocque a Cinquante sols	2	"	10
Dix fausille tant bonnes que mauvaises six livres	6	"	
Une lame d'asier (d'acier) de tr france à quatre fr	4	"	
Un demy Minot ferré a Cent Sols	5	"	
Un Compas dix sols	0	"	10
Une liche frite de terre a quatorze sols	0	"	14
Deux bouteilles de gros Verre a Vingt sols	1	"	
Deux pots de ferbland a trente sols	1	"	10
Une Chareu, le joug, Coudre, une Cheville, une			
petite Chaîne, le toute a trente une livres	31	"	
Quatre terrines, et un Coquemard a vingt sols	1	"	
Une autre Cocquemard (coquemar) quinze sols .		"	15
Une tinete (tinette) trente sols	1	"	10
Une urne vingt sols	1	"	
Une Carabine Cent Sols	5	"	
Un fusil dix frant	10	"	
Une vieille perre de Roux et les frete dix frant	10	"	
Un salouerd (saloir) six frant	6	"	
Un Carre (baril) Vingt sols	1	"	

Un moule a cuillier (cuillères) lequels est Resté
entre les mains de pierre Choinard et il s'oblige de
fondre les Cuillier de tous ses fraires et sœurs tant
qu'il durera

Secondement: en l'estable s'est trouvé

Une perre de beuf sous poille baré et Caille de quatre a Cinq ans estimé a Suixante et cinq livres	65	livres
Une vache noire a Vingt Cinq frant	25	francs
Une autre vache barré a vingt cinq frant	25	"
Une autre a poille blafard vingt frant	20	"
Une autre vache Rouge quinze frant	15	"
Trois torres (génisses) de dix-sept frant piesse cinquante et une livres	51	"
Trois veau Caille et noire a quatorze frant	14	"
Un cheval de quatre ans poille Rouge	25	"
Une autre cheval sous poille noire quinze frant	15	"
Quinze mouton a trois livres piesse fait quarante cinq livres	45	"
Cinq peti Chochon (cochons) à quinze frant	15	"
Une truie suranné neuf frant	9	"
Deux autres Chochon (cochon) de quatre frant piesse fait huit fr	8	"
Deux chaînes de traîne a cent dix sols	5	" 10 s
Une attelage de cuir Collier dossière avallouère (avaloire) avec les brasselet et la bride a douze frant	12	"
Une autre atelage douze frant	12	"
Un pot de bourdau (ou brdai) dix sols	0	" 10 s

Troisièmement: des terres

Une concession de neuf arpents de front sur cinquante de proffondeur sur laquel il y a de terre en culture trante arpents sur laquelle il y a une maison en Collombage de vingt pied sur dix huit Couverte de planche Cheminée de pierre et une alonge de pierre maisme largeur sur Saize de long Couverte de planche, Une grange de quarante pied sur vingt de Charpante couverte de paille, Une estable de piesse sur piesse de dix-huit de long tenant la grange Couverte de paille, Une Bergerie de piesse sur piesse de dix-huit en Carré Couverte de paille un fourny de piesse sur piesse de douze Sur dix Couvert de planches, Un métier a toillede piesse sur piesse de quinze sur onze Couvert de planche Lesquels Baptiment sont demeuré en Commun entre tous les Héritiers

Quatrièmement : des papiers et Enseignement

Un contrat de Mariage desdits Choinard Cotté pour première piesse sous la Cotte — A

Un contrat de Concession en datte du 27 octobre 1698 Cotté pour Deux^{em} piesse sous la Cotte B—

Un procès Verbal de la ditte terre signé le Rouge Cotté pour trois^{em} piesse sous la Cotte C —

Une quittance des Sans et Rente de 1722 Cotté pour quatrième piesse sous la Cotte D—

Cinquièmement: des dettes passives

Par Monsr prate Marchand a quebec la somme de soixante trois livres   63 livres.

Sixièmement : des dettes actives

Par Monsr de gaspée Cy present Mémoire

Et attendu qu'il n'y a plus Rien a Inventorier ledit Inventaire est finis et les effais en dessus sont demeuré a la Charge et garde de la ditte louise Jean pour les Represseter toute foy et quante que Bessoins Sera en presance desdits arbitres desquels ont signé ledit Joseph Caron et ont laditte Louise Jean et ledit pierre Choinard tuteur et Subrogé tuteur aussi bien que lesdits gangnon et fortin déclaré ne scavoir Ecrire ni signer dice Enquis suivant lord^{ec}

Michon No^{re}

Close et âreté le pressent Inventaire suivant l'acte de ce jour fait à Québec, le 16 marse 1728.

Clef et divisions de la généalogie

Les explications suivantes nous ont paru utiles pour faciliter au lecteur l'intelligence de ce travail.

Nous parlons d'abord de l'origine de la famille Chouinard en France, des premières générations connues.

Vient ensuite la souche au Canada que nous divisons en autant de branches qu'il y a d'enfants de Jacques Chouinard engagés dans le mariage et qui ont laissé une postérité.

La descendance des six garçons constitue les six premières branches, c'est-à-dire : la descendance masculine

Celle des quatre filles constitue les quatre autres branches que nous désignons sous le nom de descendance féminine, dans lesquelles le nom patronymique disparaît de plus en plus.

Les notes sur ces quatre dernières branches sont incomplètes et s'arrêtent à la deuxième et troisième génération canadiennes. Impossible de les suivre plus loin, à cause de la dispersion des familles dans tout le Canada et aux Etats-Unis

Dans chacune de ces divisions, les familles sont rangées par générations et placées d'après l'ordre chronologique des mariages.

En tête de chaque famille, ou groupe, se trouvent indiqués :

1 — A gauche, la branche par les **numéros 1, 2, 3, 4, 5, 6, 7, 8, 9, 10** et les lettres **Br.** ;

2 — Au milieu, le degré de filiation au Canada, par les **chiffres romains II, III, IV, V, VI,** etc... et ce chiffre indique la 2ème **ou** 3ème génération, etc. ;

3 — A droite, un numéro donne le rang qu'occupe chaque famille dans sa branche respective ; puis la lettre **V. N⁰** et les nu-

méros etc. qui suivent la date du mariage renvoient le lecteur à la génération précédente, aux noms des père et mère, frères et sœurs de celui ou de celle qui figure comme chef dans l'entête du groupe.

Exemple : Prenons le **N⁰ 63** de la première branche, qui se lit comme suit :——

HONORÉ-JULIEN-JEAN-BAPTISTE CHOUINARD, avocat, fils de Honoré Julien **V** et de Célina Pelletier.
MARIE-LOUISE-ISABELLE JUCHEREAU DUCHESNAY, son épouse.
  Mariage : à Ste-Marie de la Beauce, le 23 sept. 1884. V. N⁰ 32.

Ceci renvoie le lecteur au N⁰ 32 de la première branche où l'on trouve que **HONORÉ JULIEN V**, avocat, descend de **Julien IV et d'Anastasie Mercier.**

Le N⁰ 32 renvoie au N⁰ 15 où on lit : **JULIEN CHOUINARD**, marchand, fils de **Jean-Marie III** et de **Claire Leclerc, dit Francœur**, N⁰ 7 :

Du N⁰ 7 on remonte au N⁰ 1 : à **PIERRE CHOUINARD, le Jeune**, (2ᵉ Epouse, **MARIE-ANNE PELLETIER**) et, de là, le lecteur est conduit à la souche canadienne, à **JACQUES CHOUINARD**, époux de Louise Jean.

Les ancêtres de
HONORÉ-JULIEN-JEAN-BAPTISTE sont donc, 1ᵉʳᵉ Br.:

N⁰ 32. **HONORÉ-JULIEN V**, Marie-Elisabeth-Célina Pelletier.
N⁰ 15. **JULIEN IV, et Anastasie Mercier.**
N⁰ 7. **JEAN-MARIE III, et Claire Leclerc dit Francœur.**
N⁰ 1. **PIERRE le JEUNE II**, Marie-Anne Pelletier, 2ᵉ épouse.
   JACQUES 1ᵉʳ, la souche canadienne, **et Louise Jean.**

JACQUES DE GASPÉ.

Principales abréviations
employées dans cet ouvrage

Bap. ou b.	Baptisé, e
Br.	Branche
Déc	Décédé, e, décès, décembre
D F.	Descendance féminine
Fév.	Février
Frs	François
Inh.	Inhumé, e
Janv.	Janvier
M.	Marié, e
Ms	Mois
Nov.	Novembre
P.-J.	Port-Joli
Riv.-du-Loup, du Sud, etc.	Rivière-du-Loup, du Sud
Sép.	Sépulture
Sept.	Septembre
St-Jean	St-Jean-Port-Joli
St-Roch	St-Roch-des-Aulnaies
V. Nº	Voir numéro

ANCIEN BEAUMONT-LA-RONCE.

ASPECT DE CE VILLAGE AU SIÈCLE DERNIER ET UN PEU DE CE QU'IL ÉTAIT AU TEMPS DES CHOUINARD.

P. XVIX

GÉNÉALOGIE

LA FAMILLE CHOISNARD

En France

Souche et première génération connue

(1) **GATIEN CHUISNARD ou CHOISNARD.**
CATHERINE VENIER.
> Mariage vers 1610, à Nouzilly probablement.

ENFANTS CONNUS :

1. **Marguerite,** baptisée à Nouzilly, le 4 mai 1612.
2. **Gatien,** bap. à Nouzilly, le 28 fév. 1614 ; marié.
3. **Charles,** bap. à Nouzilly, le 26 sept. 1616 ; le parrain fut Charles Morillon et la marraine Rénée Bodier, fille de défunt Nicholas Bodier ; se marie le 14 sept. 1655, à Beaumont-la-Ronce, à Dame Elisabeth Valin, veuve de feu Jean Aucher, marchand drapier ; inhumé à Beaumont-la-Ronce, le 21 juin 1691, âgé de 74 ans et 9 mois. Paralysé à la fin de sa vie.
4. **Jehan,** bap. le 22 avril 1620, à Nouzilly.

(1) Chuisnard ou Choisnard vient de choisne, un pain d'épice, et signifie "pain blanc, pain savoureux, pain d'un goût exquis ou d'une odeur alléchante."

D'après l'étymologie ci-mentionnée, la véritable orthographe de ce nom serait Choisnard, avec une s entre l'i et l'n. Au Canada, l'abbé Pierre de Francheville a été le premier à écrire Chouinard. (Voir les registres du Cap St-Ignace à la date du 10 août 1697.)

— En France, les descendants de Gatien ont orthographié Chuisnard et Choisnard.

Deuxième génération en France

CHARLES CHUISNARD, fils de Gatien et de Catherine
Venier.
ÉLISABETH VALIN, veuve de Jean Aucher, drapier.

Mariage à Beaumont-la-Ronce, le 14 sept 1655.
ENFANTS :
1. **François**, né à Beaumont-la-Ronce en 1657 ; ancêtre
présumé de M. le Chanoine Adrien Choinard, curé
doyen de St-Savinien, Charente-Inférieure.
2. **Ysabelle**, bap. à Beaumont-la-Ronce, le 23 fév. 1659 ; se
marie le 22 fév 1686, à M Guyot ou Diot, marchand
de Neuvy.
       · Elle reçut en dot le magasin de son père.
3. **Pierre**, bap. le 6 mars 1661, à Beaumont-la-Ronce.
4. **Jacques Chuisnard**, bap. à Beaumont-la-Ronce le 6 janv.
1663 , vient au Canada en 1685 , se marie à la cathédrale de Québec, le 2 juin 1692, avec Louise Jean
(âgée de 14 ans et 3 semaines), fille de Pierre ; décédé
en 1721. On ignore le lieu de sa sépulture.
   Selon une légende conservée dans une famille Chouinard de Kamouraska, Jacques se serait embarqué pour
la France afin d'y régler une question d'héritage, et à
son retour, il serait devenu la victime de l'onde

Elisabeth Valin fut inhumée à Beaumont-la-Ronce, le 7
déc. 1688, âgée de 60 ans environ.

Note : Tous les documents que nous possédons, sur le
séjour des Chouinard en France, nous ont été gracieusement et
gratuitement fournis par notre savant et distingué généalogiste
de Tours, M Louis Chauvin, ex-maire. et ancien conseiller
municipal de Beaumont-la-Ronce
   A Monsieur **LOUIS CHAUVIN**: la famille Chouinard
reconnaissante.

LA FAMILLE CHOUINARD

Au Canada

Souche et première génération

JACQUES CHUISNARD, fils de Charles et d'Elisabeth Valin.
LOUISE JEAN, fille de Pierre et de Fse Favelle ou Favreau
  Mariage à Notre-Dame de Québec, le 2 juin 1692.
ENFANTS :
1. **Pierre**, bap. le 20 avril 1695, à Québec ; se marie 1º à
  Geneviève Lizotte, le 18 nov. 1727 ; 2º à Marie-Anne
  Pelletier, le 4 déc. 1743; déc. subitement le 4 janv. 1790,
  inh. le 7, à St-Jean-Port-Joli. Né à Québec.
  Ses descendants constituent la 1re branche.
2. **Jacques**, bap. le 10 août 1697, au Cap St-Ignace ; inh. le
  14 août suivant. Né à l'Ile-aux-Oies.
3. **Joseph**, bap. le 9 août 1698 ; sép. le 2 déc. 1699.
4. **Jacques-Eustache**, bap. le 20 sept. 1700 ; m. à Madeleine
  Bérubé, fille de Robert, le 8 juillet 1725 ; sép. à
  Montmagny, le 10 mars 1763. Né à l'Ile-aux-Oies.
  Ses descendants constituent la 2e branche.
5. **Pierre**, bap. le 1er mars 1702, au Cap St-Ignace ; le
  14 fév. 1724, il épouse Ursule Martin ; inh. à L'Islet,
  le 20 juin 1767. Né à l'Ile-aux-Oies.
  Ses descendants constituent la 3e branche.
6. **Marie-Louise**, bap. le 10 fév. 1704, à L'Islet ; elle épouse
  Charles Pelletier, le 25 nov. 1726; sép. à St-Roch-des-
  Aulnaies, le 9 janv. 1783. Née au Port-Joly.
  Ses descendants forment la 7e branche.
7. **Jean-Baptiste**, bap. le 17 mai 1705; sép. le 15 avril 1707,

à L'Islet. Brûlé dans le feu et noyé dans l'eau froide dit le registre de L'Islet.

— L'enfant, sans doute, voulut jouer avec les tisons de la cheminée ; le feu prit alors à ses habits et, pour l'éteindre, sa mère crut bon de le plonger dans un baril d'eau froide ; mais l'enfant lui échappa des mains et se noya au fond du vaisseau.

8. **Marguerite,** bap. le 1er avril 1707 ; se marie à Pierre Fortin, le 19 nov. 1730, à L'Islet; sép. à St-Ours, le 27 janv. 1751.

     Ses descendants constituent la 8e branche.

9. **Marie-Anne,** bap. le 2 juillet 1708, à L'Islet ; elle se marie 1º à Alexandre Dessaint dit St-Pierre, le 15 nov. 1728 ; 2º à Jean Mignot dit Labrie, le 10 nov. 1766 ; sép. à St-Roch-des-Aulnaies, le 21 avril 1794.

     Ses descendants constituent la 9e branche de notre arbre généalogique.

10. **Marie-Ursule,** bap. le 14 août 1710; se marie le 15 mai 1729, à Henri Parent ; sép. le 26 mars 1735, à L'Islet.

     Ses descendants constituent la 10e branche.

11. **François,** bap. le 20 fév. 1712 ; épouse Marguerite Hurette dit Rochefort ; sép. le 3 sept. 1792, à St-Jean-Port-Joli.

     Ses descendants constituent la 4e branche.

12. **Elisabeth,** bap le 6 fév 1714 ; inh. le 6 août 1714.

13. **Jacques,** bap. le 23 fév. 1715.

14. **Julien,** bap le 21 nov 1716 ; le 16 janv. 1741, il épouse Reine Fortin à L'Islet ; inh. le 12 nov 1791, à St-Jean-Port-Joli Fut officier militaire.

     Ses descendants constituent la 5e branche.

15. **Anonyme,** un garçon, sép. le 18 déc. 1718. Ondoyé à la maison ; inh. un dimanche et tous les paroissiens assistèrent à ses funérailles.

16. **Charles,** bap le 12 août 1720; se marie le 11 janv 1745, à Marie-Dorothée Fortin ; inh. à St-Jean-Port-Joli, le 18 fév 1797 ; âgé 76½ ans.

     Ses descendants constituent la 6e branche.

Première branche

1re Br.   **II**   **N° 1.**

PIERRE-LE-JEUNE CHOUINARD, fils de Jacques I et de
Louise Jean.

GENEVIÈVE LIZOTTE, fille de Noel et de Catherine
Meneux.

Mariage à Ste-Anne de la Pocatière, le 18 nov. 1727.
Voir Souche.

ENFANTS :

1. **Louis**, bap. le 5 fév. 1729 ; marié à Rosalie Bouchard, à
   Ste-Anne de la Pocatière, le 26 fév. 1753 ; sép. à la
   Pointe aux Trembles, le 5 oct. 1759, pendant la guerre.
   A cette époque Louis Chouinard était, dit-on, pour-
   voyeur des vivres du bataillon de Gaspé.

2. **Marie-Angélique**, bap. le 10 juin 1731 ; sép. le 1er juillet
   suivant.

3. **Pierre-François**, bap. le 3 juin 1732 ; m. le 27 juillet 1752,
   à Françoise Pelletier, à St-Roch-des-Aulnaies ; sép. le
   2 octobre 1793.

4. **Marie-Geneviève**, bap. le 18 octobre 1733 ; sép. le 5 janv.
   1737.

5. **Marie-Reine**, bap. le 17 mai 1735 ; sép. le 5 nov. 1737.

6. **Elisabeth-Ursule**, bap. le 8 sept. 1736 ; sép. le 28 octobre
   1737, à L'Islet.   Trois morts en dix mois.

2e *Epouse*

MARIE-ANNE PELLETIER.

Mariage le 4 déc. 1743, à St-Roch-des-Aulnaies.

7. **Marie-Anne**, bap. le 17 août 1744 ; décédée jeune.

8. **Marie-Geneviève**, bap. le 19 juillet 1745 ; m. à Joachim
   Gamache, le 27 octobre 1766; sép. à L'Islet, le 28 mai
   1804.

9. **Romain**, bap. le 9 juin 1748 ; m. 1° à Marie Thibault,

le 20 juin 1774 ; 2⁰ à Modeste Vaillancourt, le 11 janv.
1779 ; inh. à St-Jean-Port-Joli, le 18 janv. 1828.

10. **Marie-Anne,** bap. le 7 juin 1750 ; m. à Simon Dubé ; sép.
à St-Jean-Port-Joli.

11. **Amable,** bap. le 17 octobre 1751.

12. **Joseph,** bap. le 12 nov. 1753 ; se marie le 23 janv. 1775,
à Angelique Aubé ; inh. à St-Jean-Port-Joli, le 17 avril
1840.

13. **Julien,** bap. le 14 avril ou août 1755 ; marié 1⁰ à Angelique
Asselin, le 26 janv. 1779 ; 2⁰ à Archange Gagnon, en
octobre 1805 ; sép. à St-Jean-Port-Joli, le 31 déc. 1816.

14. **Jean-Marie,** bap. le 26 déc. 1756 ; m. à Marie-Claire
Leclerc, le 8 fév. 1780 ; inh. à St-Jean-Port-Joli, le
4 juillet 1826.

15. **Marie-Louise,** bap. en 1758 ; m. à Jean Aubé, le 10 fév.
1777 ; sép. à St-Roch-des-Aulnaies, le 20 juillet 1792.

16. **Marie-Geneviève,** bap. le 13 mars 1761; m. à Jean-Baptiste
d'Amours de Courbron, écuyer ; sép. le 12 juillet
1829, à Ste-Anne.

17. **Anonyme,** baptême et sép. le 29 août 1762.

18. **Andrée** (elle porta le nom de Modeste), bap. le 29 octobre
1763 ; mariée à Pierre Thiboutot, le 2 octobre 1786,
à Ste-Anne de la Pocatière.

Le 8 mai 1773, fut inhumée à St-Jean-Port-Joli, Marie-Anne
Pelletier, épouse de Pierre Chouinard le Jeune, décédée avant
hier, munie de tous les sacrements. Ont assisté à sa sépulture un
grand nombre d'habitants du lieu (Registres de St-Jean-P.-J.).

1ʳᵉ **Br.**   **III**   **Nᵒ 2.**

LOUIS CHOUINARD, fils de Pierre II le Jeune, et de Geneviève **Lizotte.**

ROSALIE BOUCHARD, fille de Jos., lieut. de **Milice.**

(1)   Mariage à Ste-Anne de la Pocatière, le 26 fév. 1753
V. Nᵒ 1.

ENFANTS :

1. **Rosalie**, bap. le 28 nov. et sép. le 8 déc. 1753, à Ste-Anne.
2. **Pierre-Antoine**, bap. le 3 déc. 1754 ; m. le 19 janv. 1784,
     à Geneviève Roy dit Lauzier ; sép. le 28 juin 1830,
     à Ste-Anne de la Pocatière.
3. **Marie-Rosalie**, née vers 1756 ; se marie le 13 janv. 1783,
     à Joseph Miville dit Deschênes de la Rivière-Ouelle.
4. **Marie-Reine** (posthume), bap. le 12 janv. 1760 ; m. le
     6 nov. 1780, à Armand Beaulieu dit Hudon ; sép. à
     la Riv.-Ouelle, le 18 mars 1799.
   (1) Dispense du 3e au 3e degré.

Rosalie Bouchard épousa, en 2e noces, Joseph-Augustin
Miville, à Ste-Anne de la Pocatière, le 21 juillet 1760 ; elle fut
inh. le 7 octobre 1791, au même lieu.

Ce deuxième mariage fut réhabilité le 20 mai 1777. En 1756,
Joseph-Augustin Miville avait tenu sur les fonts baptismaux
Marie-Rosalie Chouinard fille de Louis et de Rosalie Bouchard.

1re Br.   **III**   **N° 3.**

PIERRE CHOUINARD, fils de Pierre II et de Geneviève
                                                     Lizotte.

FRANÇOISE PELLETIER.
     Mariage le 26 fév. 1753, à St-Roch-des-Aulnaies. V. N° 1.
ENFANTS :

1. **Marie-Anne**, bap. le 25 fév. 1754.
2. **Jean-Baptiste**, bap. vers 1757 ; inh. à St-Jean-Port-Joli,
     le 8 octobre 1775, âgé de 18 ans.
3. **Pierre-Basile**, né en 1761 ; m. à Françoise Jean, le 27
     fév. 1786 ; sép. à St-Jean-Port-Joli, le 4 mai 1846.
4. **Geneviève**, bap. le 1er nov. 1764 ; mariée 1° à Jean-Bap-
     tiste Bélanger, le 11 octobre 1784 ; 2° à Félix Thé-
     berge, le 23 fév. 1813.
5. **Marie-Victoire**, bap. le 23 juin 1767 ; m. à Alexis Gamache,
     le 26 janv. 1789 ; inh. à L'Islet, le 26 nov. 1828.

6. **Françoise**, bap. vers 1770 ; m. le 4 fév. 1793, à Alexis Dubé ;
    inh. le 11 octobre 1840, âgée de 70 ans.
7. **Marie-Eve**, bap. le 22 janv. 1772.
8. **Marie-Thérèse**, bap. à St-Roch, le 11 août 1779.
    Le 9 sept. 1816, sép de Françoise Pelletier, 89 ans.

1ʳᵉ Br.   **III**   **Nᵒ 4.**

(1) **ROMAIN CHOUINARD**, fils de **Pierre II** dit le **Jeune** et
                              de **Marie-Anne Pelletier.**
MARIE THIBAULT, fille de **Louis** et de **Ursule Cloutier.**
     Mariage le 20 juin 1774, à L'Islet. V. Nᵒ 1.
ENFANTS :
1. **Marie-Archange**, bap. le 7 mai 1775 ; m. le 23 janv. 1798,
    à Pierre-François Fournier.

2ᵉ *Epouse*

M. MODESTE VAILLANCOURT, fille de J.-Bte et de Félicité
                              •   **Thibault.**
     Mariage le 11 janvier 1779.
2 **Romain**, bap. à St-Roch, le 21 nov. 1779 ; m. à Françoise
    Gervais dit Talbot, le 4 fév. 1799, à L'Islet ; inh. à
    St-Jean-Port-Joli, le 17 janv 1857.
3. **Louis-Abraham**, bap. le 10 déc. 1781 ; m. à Françoise Pelle-
    tier, le 10 fév. 1806.
4. **Marie-Modeste**, bap. le 19 nov. 1783 ; m. à Joseph-Marie
    Ouellet, le 11 janv. 1801.
5. **Marie-Thérèse**, bap. le 23 juillet 1785 , m. à Frs-Roger
    Caron, le 6 juin 1804 ; sép. le 1ᵉʳ août 1851.
6 **Marie-Catherine**, bap. le 5 mai 1787 ; m. le 18 août 1812,
    à Pierre Thibault.

(1) Dans ses *Mémoires*, P.-A. de Gaspé consacre tout un
chapitre à la mémoire du père Romain Chouinard. En parlant
du caractère de son épouse, l'auteur est moins élogieux.

7. **Jean-Baptiste**, bap. le 4 octobre 1791 ; m. le 7 octobre 1817,
     à Céleste Fournier ; sép. le 2 août 1819.

8. **Louise**, m. à Louis Labranche en 1809, à Ste-Marie de Beauce.

1re Br.   **III**   **N° 5.**

JOSEPH FRANÇOIS CHOUINARD, fils de Pierre II Le Jeune
                            et de Marie-Anne Pelletier.

ANGÉLIQUE AUBÉ, fille de François et de Frse Bérubé.
     Mariage à Ste-Anne de la Pocatière, le 23 janv. 1775.
     V. N° 1.

ENFANTS :

1. **Marie-Angélique**, bap. vers 1777 ; m. le 29 janv. 1799, à
     Jean-Baptiste Dubé ; sép. le 3 mai 1862, âgée de 85 ans.

2. **Marie-Archange**, bap. en 1778 ; m. le 15 fév. 1814, à Jean-
     François-Régis Caron, veuf de Théotiste Cloutier ;
     inh. le 25 sept. 1854, à St-Jean-Port-Joli.

3. **Joseph-François**, bap. le 8 octobre 1780 ; déc. célibataire
     à l'âge de 82 ans et trois mois, le 19 janv. 1863. Connu
     sous le nom de Josom.

4. **Marie-Théotiste**, bap. le 11 août 1782 ; m. à Juste Miville,
     le 13 fév. 1798 ; sép. le 17 avril 1848, à St-Jean-Port-Joli.

5. **Marie-Catherine**, bap. le 20 fév. 1784 ; m. le 21 nov. 1808,
     à François Fournier ; sép. le 18 mars 1867.

6. **Marie-Modeste,** bap. le 20 octobre 1785; m. le 4 sept. 1832
     à Isaac Robin, veuf de Thérèse Dessaint ; sép. le 29
     déc. 1870.

7. **Marie-Charlotte**, bap. le 25 août 1787 ; m. 1° à François
     Jean, le 15 sept. 1806 ; 2° à Michel Bélanger, le 17
     août 1812.

8. **Monique**, bap. le 4 mai 1790 ; m. le 3 fév. 1835, à Jean-
     Baptiste Fortin.

9. **Marie-Elisabeth**, bap. le 23 octobre 1792 ; m. le 13 fév. 1827,
     à Jean-Baptiste Dessaint dit St-Pierre, veuf de Thérèse
     Chouinard ; sép. à Rimouski, le 30 avril 1853.

10. **Augustin-Amable**, bap. le 17 janv. 1795.

11. **François-Edouard**, bap. le 15 fév. 1798 ; inh. le 18 nov.
    1812, à St-Jean-Port-Joli.
    Le 17 déc. 1832, sép. d'Angélique Aubé.

1re **Br.**   **III**   N⁰ **6.**

JULIEN CHOUINARD, fils de Pierre **II** Le Jeune et de Marie-
                                        Anne Pelletier.
ANGÉLIQUE ASSELIN.
    Mariage le 26 janv. 1778, réhabilité le 15 octobre
    1781. V. N⁰ 1. — Dispense du 3e au 3e.

ENFANTS :

1. **Marie-Angélique**, bap. le 20 octobre 1779 ; déc. jeune.
2. **Julien**, bap. le 25 nov. 1780 ; déc. jeune.
3. **Julien**, bap. le 19 fév. 1782 ; déc. jeune.
4. **Julien**, bap. le 21 juillet 1783 ; déc. jeune.
5. **Marie-Angélique**, bap. le 24 avril 1785 ; déc. jeune.
6. **Joseph-François**, bap. le 31 déc. 1786 ; soldat, déc. aux
    fusilliers canadiens, à la citadelle de Québec, le 5 mai
    1812 ; inh. le lendemain, 6 mai, dans le cimetière des
    Picotés, à Québec.
7. **Joseph**, bap. le 6 avril 1788 ; m. à Véronique Gervais dit
    Talbot, le 9 janv. 1816.
8. **Julien**, bap. le 21 janv. 1790.
9. **Jean-Marie**, bap. le 17 juillet 1792 ; m. le 17 fév. 1852, à
    Lucie Labonté ; sép. à St-Jean-Port-Joli, le 18 déc. 1877.
10. **Rosalie**, bap. le 30 avril 1794 ; m. à André Larue ; sép. le
    20 juillet 1829.
11. **Marguerite-Hermine**, bap. le 20 juillet 1795 ; se marie à
    Hyacinthe Caron, le 11 août 1812.
12. **Antoine**, bap. le 3 sept. 1797.
    Angélique Asselin, inh. le 6 octobre 1802, âgée de 49 ans.

2e *Epouse*

ARCHANGE GAGNON, mariage après le 10 octobre 1805.

ENFANTS :

13. **Julien**, bap. le 26 mai 1808 ; m. le 24 août 1830, à Julienne
Fournier, fille de Michel ; sép. le 18 mars 1878, à St-Jean.
14. **François-Gaspard**, bap. le 13 juin 1810, se marie avec Julie
Fournier. Périt dans un naufrage, sép. à St-Jean-Port-
Joli, le 10 déc. 1845.
15. **Pierre**, bap. le 29 juin 1811.
16. **Charles**, bap. le 16 fév. 1813 ; m. le 6 fév. 1837, à Geneviève
Leclerc ; sép. vers Plessiville.

1re **Br.**   **III**   **N° 7.**

JEAN-MARIE CHOUINARD, fils de Pierre II Le Jeune et
de Marie-Anne Pelletier.
MARIE-CLAIRE LECLERC dit FRANCŒUR, fille de J.-Bte
et de Claire Thibault.
Mariage à St-Roch-des-Aulnaies, le 8 fév. 1780. V. N° 1.

ENFANTS :

1. **Marie-Ursule**, bap. le 4 déc. 1780 ; m. à Jean-Baptiste
Lagacé, le 12 juillet 1802 ; sép. le 31 déc. 1859.
2. **Jean-Marie**, bap. le 1er avril 1782 ; déc. jeune.
3. **Jean-Marie**, bap. le 28 août 1783 ; m. à Marie Ouellet,
le 26 sept. 1803; sép. le 20 déc. 1834.
4. **Marie-Reine**, bap. le 26 sept. 1785 ; m. à Jean-Marie
Chouinard, fils de Charles, le 21 nov. 1809 ; sép. le
22 juillet 1865. (Surnommée " La Bleue ".)
5. **Marie-Claire**, bap. le 22 octobre 1787 ; m. à Joseph Chouinard. ("La Claire".)
6. **Joseph**, bap. le 14 déc. 1789 ; sép. le 14 mai 1791.
7. **Marie-Victoire**, bap. le 15 sept. 1791 ; m. 1° le 18 octobre 1814,
à Augustin Jean, veuf de M.-Louise Caron; 2° à Jean-
Bte Jean, le 22 nov. 1825; 3° à Joseph Mercier, le 19
avril 1830 ; sép. le 19 mai 1841.
8. **Julien**, bap. le 8 déc. 1793 ; m. le 26 octobre 1824, à Anastasie Mercier ; sép. à Québec, à la Basilique. Grand-

père du Greffier de la ville de Québec, M. H.-J.-J.-R. Chouinard.

9. **Germain,** bap. le 24 août 1797 ; m. le 25 mai 1818, à Charlotte Dessaint dit St-Pierre ; sép. le 29 mai 1860.

10. **Edouard,** bap. le 11 janv. 1801 (sous le nom de Donat) ; m. le 29 mai 1827, à Marie-Julie Bourgault ; sép. le 23 juillet 1870.

11. **Firmin,** bap. le 26 fév. 1803 ; m. à une anglaise ; sép. aux Etats-Unis.

Marie-Claire Leclerc fut inh. le 25 octobre 1834, âgée de 76 ans.

1re **Br.**   **IV**   **N⁰ 8.**

PIERRE CHOUINARD, fils de Louis III et de Rosalie Bouchard
GENEVIÈVE ROY, fille de Louis.

Mariage à Ste-Anne de la Pocatière, le 19 janv. 1784.
V. N⁰ 2

ENFANTS :

1. **Geneviève,** bap. le 22 sept. 1786, à Ste-Anne de la Pocatière.

2. **François-Pierre,** bap. le 11 mai 1789, à Ste-Anne de la Pocatière ; il épouse Archange Miville, le 20 nov. 1814.

3. **Marie-Geneviève,** bap. le 16 juin 1791.

4. **Marie-Angélique,** bap. le 3 juillet 1793 ; m. à Jean Miville, le 24 nov. 1818 ; inh. à Ste-Anne de la Pocatière.

5. **Michel,** bap. le 28 sept. 1794 ; m. à Marie-Anne Grondin, le 12 juillet 1825 ; mort sans laisser d'enfants ; sép. à St-Arsène.

6. **Fabien,** bap. le 1er avril 1796 ; se marie à Marie-Louise Miville, le 9 fév. 1819 ; inh. le 25 juin 1852, à Ste-Anne de la Pocatière.

7. **Pascal,** bap. le 24 juin 1797 ; m. à Françoise Lizotte, le 26 sept. 1825 ; inh. à Ste-Anne de la Pocatière, le 9 août 1879.

8. **Jean-Baptiste,** bap. le 7 nov. 1798 ; déc. jeune.

9. **Jean-Baptiste**, bap. le 14 avril 1800 ; m. à Scholastique
      Gauvin, le 22 janv. 1833.
10. **Louis,** bap. le 15 mai 1802; inh. à Ste-Anne, le 13 janv. 1852.
11. **Séverin,** bap. le 24 avril 1804 ; déc. célibataire, inh. à
      St-Arsène, Témiscouata.
12. **Casimir** (en marge Joseph), bap. le 22 janv. 1806 ; déc.
      du choléra, le 17 juillet 1854 ; inh. le même jour,
      3 heures après son décès.
13. **Emélie,** bap. le 14 janv. 1807 ; elle épouse Charles Miville ;
      inh. le 31 déc. 1855.

1ʳᵉ Br.   **IV**   **Nᵒ 9.**

PIERRE-BASILE CHOUINARD, fils de Pierre **III** et de
                              . **Françoise Pelletier.**
FRANÇOISE JEAN.
      Mariage le 27 fév. 1786, à St-Jean-Port-Joli. V. Nᵒ 3.
ENFANTS :
 1. **Pierre-Basile,** bap. le 27 nov. 1786 ; m. le 14 août 1812, à
      Marie-Véronique St-Pierre.
 2. **Jean-Baptiste,** bap. le 27 juillet 1789 ; m. le 15 juillet 1817,
      avec Luce Dessaint dit St-Pierre ; sép. le 15 mars 1856.
 3. **Marie-Archange,** bap. le 24 mars 1791.
 4. **Marie-Françoise,** bap. le 12 juin 1792 ; se marie à Louis
      Jean ; sép. le 30 déc. 1873.
 5. **Julien,** bap. le 20 déc. 1793 ; déc. le 22 du même mois.

2ᵉ *Epouse*

ROSALIE CARON.
      Mariage le 14 fév. 1797.
 6. **Eloi,** bap. le 29 nov. 1797 ; m. le 24 fév. 1824, à Rosalie
      Bélanger.
 7. **Marie-Rosalie,** bap. le 10 janv. 1799 ; m. le 30 octobre 1821,
      à Alexis Bard ; inh. le 2 août 1880, à St-Jean-Port-Joli.
 8. **Marie-Euphrosine,** bap. le 8 avril 1800.

9. **Louis-Marie**, jumeau de Marie-Euphrosine, bap. le 8 avril
    1800. Rosalie Caron fut inh. le 23 juin 1840.
10. **Marie-Claire**, bap. le 20 juin 1801.
11. **Marie-Marcelline**, bap. le 17 mai 1803 ; se marie avec
    Joseph Dupoleau dit Duval, le 24 nov. 1835 ; sép. le
    27 juillet 1889, à St-Jean-Port-Joli.
12. **Louis-Thaddée**, bap. le 17 août 1804.
13. **Marie-Hubert**, (fils) bap. le 29 juillet 1806.

1ʳᵉ **Br.**   **IV**   **Nᵒ 10.**

ROMAIN CHOUINARD, fils de Romain III et de Modeste
Vaillancourt.

FRANÇOISE GERVAIS dit TALBOT.
Mariage à L'Islet, le 4 fév. 1799. V. Nᵒ 4.
ENFANTS :
1. **Romain**, bap. le 28 avril 1800 ; inh. le 18 avril 1832.
2. **Marie-Françoise**, bap. le 23 août 1801 ; le 11 nov. 1834,
    elle épouse Olivier Anctil.
3. **Basile-Casimir**, bap. le 6 fév. 1803 ; se marie à Lucie Des-
    troismaisons dit Picard ; connu sous le nom de Basile
    Romiche.
4. **Marie-Modeste**, bap. le 6 fév. 1803 ; jumelle de Basile-
    Casimir.
5. **François-Michel**, bap. le 30 sept. 1805.
6. **Marie-Luce**, bap. vers 1808 ; se marie le 25 fév. 1840, à
    Bénoni Pelletier, fils d'Isidore ; sép. à St-Aubert, le
    8 sept. 1879.
7. **Jean-Baptiste**, bap. le 12 mars 1809.
8. **Joseph**, bap. le 1ᵉʳ mars 1815.

1ʳᵉ **Br.**   **IV**   **Nᵒ 11.**

ABRAHAM CHOUINARD, fils de Romain III et de Modeste
Vaillancourt.

FRANÇOISE PELLETIER
Mariage à St-Roch-des-Aulnaies, le 10 fév. 1806. V. Nᵒ 4.

ENFANTS :

1. **Marie-Françoise**, bap. le 12 déc. 1806 ; m. 1º le 20 août
    1828, à Julien Chouinard, fils de Pierre-Frs ; 2º à
    Clément Morneau.
2. **Marie-Olive**, bap. le 10 avril 1808 ; m. le 14 juillet 1840, à
    Edouard Pellerin.
3. **Fréderic**, bap. le 9 avril 1810.
4. **Marie-Emérence**, bap. le 18 fév. 1814 ; m. le 28 janv. 1840,
    à Louis-Nazaire Ouellet ; sép. à St-Jean, le 29 sept. 1903.
5. **Marie-Angèle**, bap. le 20 mars 1816.
6. **Marie-Marcelline**, bap. le 9 mai 1818 ; m. le 1er fév. 1848,
    à Cyprien Pellerin.
7. **Jean-Marie**, bap. le 6 sept. 1820.
8. **Edouard**, bap. le 16 mars 1824 ; m. le 27 janv. 1846, à
    Euphrosine Chouinard, fille d'Henri.
9. **Amable**, bap. le 22 avril 1826.
10. **Adéline**, bap. vers 1828 ; m. le 28 nov. 1848, à Captise-
    Léon Frigault ; inh. à St-Sauveur, le 14 août 1905.
    Le 2 déc. 1863, sép. de Françoise Pelletier.

1re Br.   **IV**   **Nº 12.**

JOSEPH CHOUINARD, fils de Julien III et de Angélique
Asselin.
VÉRONIQUE GERVAIS dit TALBOT, fille de J.-Bte et de
Thérèse Cloutier.
Mariage à L'Islet, le 9 janv. 1816. V. Nº 6.

ENFANTS :

1. **Joseph-Jean-Baptiste**, bap. en 1816 ; sép. le 3 fév. 1817.
2. **M.-Marcelline**, bap. le 26 déc. 1817.
3. **Bénoni**, bap. le 21 sept. 1819.
4. **Jacques**, bap. le 9 sept. 1821.
5. **Etienne**, bap. le 9 déc. 1823.
6. **Nicolas**, bap. le 10 sept. 1831.

1re Br.   **IV**   **N⁰ 13.**

JEAN-BAPTISTE CHOUINARD, fils de Romain III et de
                              Modeste Vaillancourt.
MARIE-CÉLESTE FOURNIER.
        Mariage le 27 octobre 1817, à St-Jean-Port-Joli V. N⁰ 4.
ENFANT :
  1 **Jean-Baptiste**, bap. le 28 juin 1818 ; se marie le 14 juin
        1842, avec Marie-Julie Castonguay.
     Le 2 août 1819, sép de J -Bte Chouinard

1re Br.   **IV**   **N⁰ 14.**

GERMAIN CHOUINARD, fils de Jean-Marie III et de **M.-**
                              Claire Leclerc dit Francœur.
CHARLOTTE DESSAINT dit ST-PIERRE.
        Mariage le 25 mai 1818, à St-Jean-Port-Joli. V N⁰ 7.
ENFANTS :
  1. **Germain**, bap. le 14 mai 1819 ; se marie le 14 janv. 1840,
        avec Marie-Eve Tremblay ; sép. le 27 mai 1882,
        à St-Jean-Port-Joli.
  2 **Augustin-Amable**, bap. le 24 mai 1820 ; sép. le 3 mai 1847.
  3. **Marie-Olive**, bap. le 18 déc 1821 ; m à Louis Tremblay,
        le 27 avril 1841 ; sép. le 18 août 1881.
  4. **Lucie**, bap. le 2 fév 1823
  5. **Marie-Léopold**, bap. le 22 juin 1824 ; déc jeune.
  6. **M.-Léopold**, bap. le 26 fév. 1826 ; sép à Québec en 1851.
  7. **Marie-Louise**, bap. le 6 avril 1827.
  8. **Marie-Edesse**, bap. le 1er octobre 1828.
  9. **Marie-Delima**, bap. le 20 juin 1830.
  10. **Marie-Azeline**, bap. le 31 octobre 1831.

2e *Epouse*

HÉLÈNE FOURNIER.
        Mariage le 16 mai 1843.
  11 **Hélène**, bap. le 5 mars 1844
  12. **Pauline**, bap. vers 1840 ; inh à Québec en 1863.

1ʳᵉ Br.   **IV**   **N⁰ 15.**

JULIEN CHOUINARD, marchand, fils de Jean-Marie III et
de Claire Leclerc dit Francœur.
ANASTASIE MERCIER.
Mariage à St-Jean-Port-Joli, le 26 octobre 1824.
V. N⁰ 7.
ENFANTS :
1. **Honoré-Julien**, bap. le 5 nov. 1825, à St-Jean-Port-Joli ;
se marie à Elisabeth-Célina Pelletier, le 2 juillet 1848 ;
sép. le 5 août 1880, à Québec. Avocat.
2. **Joseph-Théodore**, bap. le 26 avril 1826 ; sép. le 2 juin 1826.
3. **François-Edouard**, bap. à Québec le 26 avril 1828 ; déc.
le 11 mai 1828.
Anastasie Mercier fut inh. dans l'église de St-Jean-Port-
Joli, le 2 sept. 1828. Elle était âgée de 20 ans et 10 mois.

1ʳᵉ Br.   **IV**   **N⁰ 16.**

ÉDOUARD CHOUINARD, fils de Jean-Marie III et de Claire
Leclerc dit Francœur.
JULIE BOURGAULT, fille J.-Bte et de Hélène Méthot.
Mariage, le 29 mai 1827, à St-Jean-Port-Joli. V. N⁰ 7.
ENFANTS :
1. **Edouard**, bap. le 2 avril 1828 ; déc. le 17 août 1830.
2. **Jean-Marie**, bap. le 21 août 1829 ; déc. le 9 août 1830.
3. **Elie**, bap. le 5 déc. 1830 ; se marie avec Caroline Dumas,
le 13 avril 1858 ; sép. le 23 déc. 1896, à St-Aubert.
4. **Julie-Clarisse**, bap. le 8 fév. 1832.
5. **Damase**, bap. le 15 juillet 1833 ; il épouse Marie-Louise
Fournier, le 6 fév. 1855 ; déc. le 17 sept. 1906, à Québec.
6. **Joseph**, bap. le 6 nov. 1834 ; se marie avec Vitaline Duval,
le 15 août 1871 ; sép. le 9 mai 1895, à St-Jean-Port-Joli.
7. **Pierre-Edouard**, bap. le 5 avril 1836 ; se marie avec Zoé
Bourgault, le 8 janv. 1878 ; Sép. le 20 avril 1910, à
St-Jean-Port-Joli.

8. **Antoine,** bap. le 29 mars 1838 ; ordonné prêtre à Québec, le 29 sept. 1861 ; chanoine titulaire de la cathédrale de Rimouski ; déc. le 3 août 1901, curé du Bic.
9. **Clarisse,** bap. le 28 janv. 1840 ; m. à Pierre-Jean, de St-Simon, le 18 sept. 1871 ; déc. le 28 avril 1880.
10. **Elzéar,** bap. le 23 août 1841 ; déc. le 7 sept. 1841.
11. **Marie-Alphonsine,** bap. le 23 janv. 1843 ; déc. le 14 janv. 1906.
12. **Alfred,** bap. le 9 mars 1844 ; se marie 1º à Georgiana Donaldson ; 2º à Laure Roy ; déc. le 27 juin 1916, à Québec.
13. **Armand,** bap. le 26 mars 1846 ; déc. vers l'âge de vingt ans.
14. **Marie-Diana,** bap. le 9 avril 1849 ; elle épouse Révocat Bélanger, de St-Simon, le 20 juillet 1869.

Le 27 juillet 1874, sép. de Julie Bourgault, âgée de 67 ans.

1re **Br.**   **IV**   Nº **17.**

JULIEN CHOUINARD, fils de Julien III et de Archange Gagnon.

JULIENNE FOURNIER, fille de Michel et de Françoise Fortin.
Mariage le 24 août 1830, à St-Jean-Port-Joli. V. Nº 6.

ENFANTS :

1. **Julien,** bap. le 13 octobre 1831.
2. **Marie-Athalie,** bap. le 20 nov. 1833.
3. **Marie-Olympe,** bap. le 8 juin 1840 ; m. le 7 juillet 1863, avec François Cloutier.
4. **Joseph-Octave,** bap. le 11 sept. 1842 ; se marie avec Clémentine Thibault, le 28 octobre 1873.
5. **M.-Elisabeth,** bap. le 25 octobre 1844 ; déc. le 21 mai 1859.
6. **Louis-Auguste,** bap. le 8 mars 1847.
7. **Jacob,** bap. le 3 juin 1850 ; sép. à L'Islet, le 1er avril 1873.
8. **Marie-Joséphine,** bap. le 20 mars 1853.
9. **Louis-Télesphore,** bap. le 29 mars 1856.

1re Br.   **IV**   **No 18.**

FRANÇOIS GASPARD CHOUINARD, fils de Julien III et
                                      de Archange Gagnon.
JULIE FOURNIER, fille de Stanislas et de Rose Fournier.
        Mariage au Cap St-Ignace, le 12 avril 1831. V. No 6.
ENFANTS :

1. **Julie,** bap. le 2 mars 1832.
2. **Marie,** bap. le 1er octobre 1833 ; inh. à Québec en 1857.
3. **Marie,** née vers 1834.
4. **Julie-Amédée,** bap. le 10 janv. 1836.
5. **Julien-Alfred,** bap. le 25 avril 1838.

   François Chouinard, époux de Julie Fournier, périt dans
un naufrage et fut trouvé mort, sur le rivage de l'Ile-aux-Grues,
par suite de misère extrême. Il était âgé de 35 ans. Sa sépulture
eut lieu à St-Jean-Port-Joli, le 10 déc. 1845.

1re Br.   **IV**   **No 19.**

CHARLES CHOUINARD, fils de Julien III et de Archange
                                                    Gagnon.
GENEVIÈVE LECLERC, fille d'Ambroise.
        Mariage le 6 fév 1837 à St-Jean-Port-Joli. V. No 6.
ENFANTS :

1. **Marie-Philomène,** bap. le 27 déc. 1837 ; elle épouse Calixte
     Desbiens, de l'Ile-aux-Coudres.
2. **Samuel,** bap. le 10 fév. 1839 ; se marie 1º avec Frébonie
     Bouchard ; 2º à M. Tremblay ; déc. en 1914.
3. **Télesphore,** bap. le 31 juillet 1840 ; m. 1º à Philomène
     Renaud ; 2º à Délina Pilote, à St-Hilarion.
4. **Joseph,** bap. le 20 fév. 1842.
5. **Philippe,** né vers 1842.
6. **Mathias,** avocat, bap. le 25 fév. 1843 ; il épouse Hortense
     Sylvestre, le 26 novembre 1872 ; déc. subitement le
     26 avril 1914 ; inh. à Québec.

7. **Marie-Elise,** bap. le 23 déc. 1844 ; elle épousa Jean Taillon.
8. **Marie-Anastasie,** bap. le 30 juillet 1846 ; Sœur Marie de
     la Croix, Hospitalière à l'Hôpital du Sacré-Cœur, Québec.
9. **Joseph-Athanase,** bap. le 2 mai 1848 ; inh. à St-Sauveur,
     le 6 janv. 1875.
10. **Marie-Césari,** bap. le 20 mars 1850 ; déc. à l'Hôpital du
     Sacré-Cœur, le 18 août 1888; inh. à St-Sauveur.
11. **Alphonsine,** née vers 1855.

1ʳᵉ Br.   **V**   **Nᵒ 20.**

PIERRE-BASILE CHOUINARD, fils de Pierre-Basile **IV** et
                              de Françoise Jean.
MARIE-VÉRONIQUE ST-PIERRE, fille de Joseph.
     Mariage le 14 août 1810, à St-Jean-Port-Joli. V. Nᵒ 9.
ENFANTS :
  1. **Marie-Véronique,** bap. le   1811 ; déc. jeune.
  2. **Marie-Véronique,** bap. le 21 sept. 1812 ; m. le 30 juin 1835,
       à Célestin Caron ; sép. à Québec, le 14 juin 1847.
  3. **Marie-Angèle,** bap. le 4 juin 1814.
  4. **Pierre-Basile,** bap. le 26 juin 1815.
  5. **Marie-Victoire,** bap. le 25 août 1817.
     Le 17 juillet 1819, décès de Véronique St-Pierre, âgée de
30 ans.

2ᵉ Epouse

ROSALIE DUBÉ.
     Mariage le 27 nov. 1821, à St-Jean-Port-Joli.
  6. **Pierre-Basile,** bap. le 1ᵉʳ sept. 1822.
  7. **Jean-Baptiste,** bap. le 8 sept. 1823 ; déc. célibataire, le
       8 sept. 1874. (Evariste.)
  8. **Eloi,** bap. le 25 sept. 1824.
  9. **Marie-Rosalie,** bap. le 30 mars 1826 ; m. à Olivier Fortin,
       le 21 nov. 1848 ; sép. le 17 fév. 1855.
10. **Marie-Sophie,** bap. le 4 avril 1828 ; elle épouse Joseph-

Octave Couillard, le 16 nov. 1847 ; sép. à St-Jean-Port-
Joli, en juin 1918.

11. **Joseph-Honoré**, bap. le 20 fév. 1830 ; se marie à Rosalie
Poitras, le 8 fév. 1864, au Cap St-Ignace.

Le 27 fév. 1830, sép. de Rosalie Dubé.

3e *Epouse*

MARIE-CLARISSE ROBINSON.
Mariage le 16 août 1831.

12. **Louis**, bap. le 14 juin 1832.

13. **Joseph**, bap. le 1er sept. 1834 ; déc. le 13 avril 1880.

1re Br.   **V**   **Nº 21.**

PIERRE CHOUINARD, fils de **PIERRE IV et de Geneviève
Roy.**

ARCHANGE MIVILLE, fille de **Jean et de Archange Després.**
Mariage à Ste-Anne de la Pocatière, le 20 nov. 1814.
V. Nº 8.

ENFANTS :

1. **Anonyme**, une fille, inh. le 28 juin 1816.

2. **Angèle**, bap. le 28 mai 1817 ; sép. le 18 mars 1824.

3. **Pierre**, bap. le 18 sept. 1818 ; se marie à Hermine Roy, le
3 octobre 1843, à Cacouna.

4. **Priscille**, bap. le 25 mai 1820, à St-Roch-des-Aulnaies ;
m. à Prudent St-Amant ; inh. à St-Arsène.

5. **Marie-Sophie**, bap. le 30 août 1821.

6. **Marie-Basilisse**, bap. le 13 fév. 1823 ; inh. le 22 nov. 1825.

7. **Michel**, bap. le 9 mars 1824 ; m. à Elisabeth Chalifour.

8. **Virginie**, bap. le 8 juillet 1825 ; inh. le 2 août suivant.

9. **Louis-Thomas**, bap. le 11 juillet 1826 ; célibataire, déc. et
inh. à Montréal.

10. **Jean-Baptiste**, bap. le 25 déc. 1827 ; inh. le 14 fév. 1828.

11. **Charles**, bap. le 22 avril 1829 ; m. à Thècle Pruneau, à
St-Roch-des-Aulnaies.

12. **Agnès,** bap. le 21 fév. 1830.
13. **Philippe,** bap. le 13 juin 1831 , ınh. le 26 nov. 1831.
14. **Clovis,** bap. le 7 août 1833 ; m le 8 avril 1861, à Mathilde
     Plante, à St-Arsène, le 8 avrıl 1861.
15. **Jean-Baptiste,** bap. le 12 sept. 1834 ; m le 13 juillet 1868,
     à Agnès Caron, à St-Epiphane.
16. **Angèle,** bap le 22 déc 1835

1re Br.   **V**   **No 22.**

JEAN-BAPTISTE CHOUINARD, fils de Pierre-Basile **IV** et
     de Françoıse Jean.
MARIE-LUCE DESSAINT dit **ST-PIERRE.** fille de Joseph
     et de Madeleine Gagnon.
     Mariage le 15 juıllet 1817, à St-Jean-Port-Jolı. V. No 9.
ENFANTS :
  1. **Joseph,** bap. le 30 octobre 1818 ; inh. le 2 fév. 1848 ; âgé
     de 30 ans.
  2. **Marie-Luce,** bap le 5 avril 1820 ; se marıe le 31 mars 1845,
     avec Guıllaume Tremblay
  3. **Clément,** bap. le 22 mars 1822 ; ınh. le 16 fév. 1850, âgé de
     28 ans
  4. **Marie-Vitaline,** bap. le 6 avrıl 1825.
  5 **Alexis,** bap le 25 mars 1828.
  6. **Jean-Marie,** bap. le 10 mars 1832.
  7. **Marie-Cyprienne,** bap. le 1er octobre 1833.

1re Br.   **V**   **No 23.**

FABIEN CHOUINARD, fils de Pierre **IV** et de Geneviève **Roy.**
MARIE-LOUISE MIVILLE, fille de Jean et de Archange Després.
     Mariage à Ste-Anne de la Pocatière, le 9 fév. 1819. V
     No 8.
ENFANTS ·
  1. **Anonyme,** une fille, inh. le 16 mars 1821.
  2. **Fabien,** bap le 25 mars 1822 ; ınh. le 15 mai 1822.

3. **Augustin,** bap. le 19 mars 1823 ; déc. le 1er août 1854, (du typhus, choléra), inh. le même jour. (3½ heures après le décès). Cercueil en bois brut, simple boîte.
4. **Justine,** bap. vers le 13 juillet 1824 ; inh. le 10 nov. suivant.
5. **François-Pépin,** bap. le 14 sept. 1825 ; inh. le 4 juillet 1826.
6. **Louis-Thomas,** bap. le 3 juin 1827 ; m. le 20 avril 1852, à Solanges Bérubé ; inh. à Lévis, le 18 août 1879.
7. **Georges,** bap. le 28 sept. 1828 ; m. à Eug. Michaud.
8. **Charles,** bap. le 11 déc. 1830 ; m. le 29 janv. 1856, à Rébecca Bérubé ; inh. à St-Roch de Québec, le 17 août 1912.
9. **Malédite,** bap. vers 1830 ; m. à François Caron ; déc. durant l'épidémie de typhus, le 13 juillet 1854 ; inh. quelques heures après son décès, à cause des terreurs de la population.
   Les enfants issus de son mariage sont : François, Nazaire, Georges, Marie et Virginie Caron.
10. **Jean-Baptiste,** bap. le 7 juin 1833.
11. **Lazare,** bap. le 4 juillet 1834 ; se marie le 15 fév. 1858, à Adèle Ouellet ; inh. à Montréal.
12. **François-Xavier,** bap. le 9 déc. 1835 ; m. à Mary Wilson, à Islets Caribou, en 1866 ; inh. à Rivière-Pentecôte, le 1er fév. 1901.
13. **Alexis,** m. à M.-Aglaé Michaud, le 16 juin 1857.

1re **Br.**   **V**   N⁰ **24.**

LS-ELOI CHOUINARD, fils de Pierre-Basile IV et de Rosalie Caron.
ROSALIE BÉLANGER, fille d'André.
   Mariage le 24 fév. 1824, à St-Jean-Port-Joli. V. N⁰ 9.
ENFANTS :
1. **Eloi,** bap. le 22 nov. 1824.
2. **Pierre-Basile,** bap. le 1er janv. 1826.
3. **Marie-Clémentine,** bap. le 31 mars 1827 ; sép. à St-Roch de Québec, le 12 déc. 1862.

4. **Marie-Gorgonie,** bap le 1er nov. 1828 ; servante à l'Hôtel-
        Dieu en 1864 ; déc. au même endroit, le 10 juillet 1909,
        âgée de 81 ans
5. **Louis-Eloi,** bap le 27 nov 1829.
6. **Marie-Dorothée,** bap. le 4 juin 1831.
7. **Evariste,** (fille) bap. le 2 octobre 1832
9. **Elzéar,** bap. le 27 avril 1837 ; sép. à Québec, le 14 avril 1860.
10. **Marie-Clémentine,** bap. le 27 déc. 1833
11. **Pierre-Léon,** bap. le 6 juillet 1835, à St-Roch.
12. **Marie-Arthémise,** bap. le 6 sept. 1839 ; inh. au cimetière
        St-Charles, le 27 nov. 1893.
13. **Cyprien,** (fils posthume) bap. le 16 janv. 1842 ; m. à Marie
        Cloutier, le 9 août 1869, à St-Sauveur.
    Rosalie Bélanger fut inh. à St-Roch de Québec, le 25 juin
1894. Elle était âgée de 89 ans.

1re Br.   V   No 25.

PASCAL CHOUINARD, fils de Pierre IV et de Geneviève Roy.
FRANÇOISE LIZOTTE, fille de Noël.
        Mariage à Ste-Anne de la Pocatière, le 26 sept 1825.
        V. No 8

ENFANTS :
1. **Sophie,** bap. le 23 nov. 1828.
2. **Honoré,** bap. le 16 octobre 1831 ; se marie à Zoé Lebel,
        le 28 août 1855, à Rivière-Ouelle.
3. **Héloïse,** bap le 2 avril 1833.
4. **Charles,** bap le 19 juin 1834 ; m. à Marie Leblond, le 14
        juin 1865, à St-Roch de Québec.
5. **Angèle,** bap. le 12 avril 1836.
6. **Pierre,** bap le 24 juillet 1837.
7. **François-Xavier,** bap. le 25 avril 1838.
8. **Alexandre,** bap. le 2 déc 1840 : inh. le 9 mai 1842.
9. **Angèle,** bap. en 1842 ; inh à Québec ; funérailles à la Basi-
        lique, le 18 juillet 1877.

10. **Emerance**, bap. le 29 octobre 1843.
11. **Georges**, bap. le 29 sept. 1845 ; m. à Philomène Bouchard.

1re **Br.**   **V**   N⁰ 26.

PIERRE-BASILE-CASIMIR CHOUINARD, fils de Romain **IV**
                                  et de Françoise Talbot.
M-.LUCIE DESTROISMAISONS dit PICARD.
      Mariage à Montmagny, le 26 sept. 1826. V. N⁰ 10.
ENFANTS :
1. **Pierre-Basile**, bap. le 12 nov. 1827 ; se marie à Angélique
     Morin.
2. **Marie-Lucie**, bap. le 18 mai 1829.
3. **Hubert**, bap. le 2 août 1830.
4. **Marie-Eléonore**, bap. le 13 octobre 1831 ; m. à Pierre
     Thibault, le 17 octobre 1848.
5. **Pierre**, bap. le 30 juin 1834 ; se marie avec Justine Tous-
     saint, le 30 octobre 1854.
6. **Edouard**, bap. le 26 janv. 1837.
7. **Eloi**, bap. le 3 juin 1838 ; noyé accidentellement, le 28 juin
     1844 ; inh. le 1er juillet.
8. **Calixte**, bap. le   ; se marie le 9 août 1858, avec Clarisse
     Chouinard, fille d'Amable.
9. **Nazaire**, bap. le   ; m. avec Evangéliste Fortin, le
     17 octobre 1848.
10. **Léocadie**, bap. le   ; se marie avec Pierre Ouellet, le
     4 juin 1850.

2e *Epouse*

ADÈLE OUELLET.
      Mariage le 21 juillet 1857.

1re **Br.**   **V**   N⁰ 27.

JEAN-BAPTISTE CHOUINARD, fils de Pierre **IV** et de
                                        Gen. Roy.
SCHOLASTIQUE GAUVIN, fille d'Amable.

Mariage à Ste-Anne de la Pocatière, le 22 janv. 1833.
V. N° 8.

ENFANTS :

1. **Jean**, bap. le   1833.
2. **Louis**, bap. le 5 octobre 1834 ; m. à Arthémise Deschamp,
   le 24 fév. 1862.
3. **Guillaume**, bap. le 2 juin 1836.
4. **Virginie**, bap. le 7 juillet 1840, à Trois-Pistoles ; m. à Olivier Levasseur, le 26 octobre 1875, à St-Arsène.
5. **Félix**, m. à Delvina Roy, le 10 août 1868.
6. **Célina**, m. à Napoléon Laforest, le 12 janv. 1875, à St-Arsène.
7. **Michel**, m. à A. Roy, le 6 nov. 1871.

1re **Br.**   **V**   **N° 28.**

**GERMAIN CHOUINARD, fils de Germain IV et de Charlotte
Dessaint.**

**MARIE-EVE TREMBLAY, fille de Louis et de Modeste Des-
chênes.**

Mariage le 14 janv. 1840 ; à St-Jean. V. N° 14.

ENFANTS :

1. **Elisabeth**, bap. le 7 fév. 1853.
2. **Clarisse**, bap. le 13 sept. 1854.
3. **Germain**, bap. le 27 avril 1856 ; se marie avec Reine Bourgault ; sép. à St-Jean, le 19 août 1908.
4. **Théophile**, bap. le 27 janv. 1861.

1re **Br.**   **V**   **N° 29.**

JOSEPH CHOUINARD, fils de Romain IV et de Frse Talbot.
CHRISTINE ANCTIL.

Mariage vers 1840. V. N° 10.

ENFANTS :

1. **Octave**, bap. le 17 juin 1842.
2. **Télesphore**, bap. le 26 mai 1850 ; m. à Marie Dallaire, le
   6 nov. 1877.

3. **Marie-Hermine**, bap. le 14 fév. 1861 ; m. à Paul Pouliot,
   le 2 janv. 1879, à Ste-Angèle, Témiscouata.
4. **Clairence**, m. à Louis-Ephrem Banville, le 29 sept. 1863,
   à St-Octave de Métis
5. **Joseph**, m. à Eléonore Parent, le 6 fév. 1871, à Ste-Angèle.

2e Epouse

ODILE PERRAULT.
>   Mariage à Ste-Angèle, le 20 fév. 1878.

1re **Br.**   **V**   **N° 30.**

JEAN-BAPTISTE CHOUINARD, fils de Jean-Baptiste **IV** et
                              de Céleste Fournier.
JULIE CASTONGUAY.
>   Mariage le 14 juin 1842, à St-Jean. P.-J. V. N° 13.

ENFANTS :
1. **Marie-Julie**, bap. le 23 fév. 1843.
2. **Marie-Marcelline**, bap. le 25 fév. 1844.
3. **Jean-Baptiste**, bap. le   ; se marie le 15 sept. 1874,
   avec Emma Vaillancourt.
4. **Michel**, bap.   ; se marie à Clara Robichaud, le 17 fév.
   1885, à Ste-Louise.
5. **Alfred**, marié à Arthémise Nadeau.
6. **Pierre**, marié à Eva Gaudreau.

1re **Br.**   **V**   **N° 31.**

ÉDOUARD CHOUINARD, fils de Abraham **IV** et de Fran-
                              çoise Pelletier.
EUPHROSINE CHOUINARD (Henri).
>   Mariage le 27 janvier 1847, à St-Jean-Port-Joli. V. N° 11.

ENFANTS :
1. **Adèle**, bap. le 26 octobre 1847 ; sép. le 31 janv. 1848.
2. **Euphrosine**, bap. le 26 octobre 1847 (jumelle de Adèle).
3. **Marie-Virginie**, bap. le 20 sept. 1849.
4. **Marie-Adelphine**, bap. le 28 juillet 1852.

5. **Elisabeth,** bap. le 28 juillet 1852 (jumelle de M-Adelphine).
6. **Edouard,** bap. le 20 nov. 1854 ; m. 1⁰ à Mary Bard ; 2⁰ à Priscille Poitras. Enfants : Edouard, né en 1878 ; Marcel, né en 1880.

1re Br.   V   N⁰ 32.

HONORÉ-JULIEN CHOUINARD, avocat, fils de Julien IV et de Anastasie Mercier.
ÉLISABETH-CÉLINA PELLETIER, fille de Pierre et de Elisabeth Moreau.

Mariage le 2 juillet 1848, à Québec. V. N⁰ 15.

ENFANTS :

1. **Elisabeth,** bap. le 7 avril 1849 ; déc. le 10 août 1849.
2. **Honoré-Julien-Jean-Baptiste,** né le 18 juin 1850 et bap. le 24 juin ; se marie à Mlle Marie-Louise-Ysabelle Juchereau-Duchesnay, le 23 sept. 1884 ; avocat, greffier de la cité de Québec, Compagnon de l'ordre de St-Michel et de St-Georges (C. M. G.) ; Membre de la Société Royale du Canada ; ancien député de Dorchester, Docteur ès-lettres M.-L ; ancien président de la Société St-Jean-Baptiste, de l'Institut Canadien.
3. **Joséphine-Alvine,** bap. le 17 mars 1852 ; déc. le 28 janv. 1861.
4. **Charles-Joseph-Etienne,** bap. le 26 déc. 1854 ; déc. le 23 mai 1874, âgé de 19 ans et 5 mois.
5. **Joseph-Emile-Alfred,** avocat, bap. le 20 août 1857 ; déc. en nov. 1885.
6. **Marie-Flore-Alice,** bap. le 8 juin 1858 ; m. au Dr Edwin Turcot, professeur à l'Université Laval.
7. **Isabelle,** bap. le 28 juin 1862 ; déc. le 9 juillet 1863.
8. **Marie-Honorine-Alphonsine,** bap. le 6 mai 1864 ; se marie à Johan Schwartz, fils du consul de Norvège pour le Canada, réside à Drammen, Norvège.

Elisabeth-Célina Pelletier est décédée le 15 nov. 1890, à l'âge de 64 ans et 4 mois.

1ʳᵉ Br.   **V**   **Nᵒ 33.**

DAMASE CHOUINARD, fils de Edouard IV et de Julie
Bourgault.

MARIE-LOUISE FOURNIER, fille de Antoine.
        Mariage à St-Jean-Port-Joli, le 6 fév. 1855. V. Nᵒ 16.
ENFANTS :
1. **Edouard,** bap. le 18 nov. 1855 ; déc. jeune.
2. **Jos-Alfred,** bap. le 28 mars 1858 ; déc. le 12 août 1862.
3. **Marie-Célina,** bap. le 18 juillet 1860 ; m. à Jean-Baptiste
        Lebel.
4. **Marie-Emma,** bap. le 16 octobre 1861 ; décédée le 19 mars
        1921 et inhumée au cimetière St-Charles, à Québec,
        le 22 mars.
5. **Elie-Ernest-Philéas,** bap. le 24 octobre 1862 ; m. à Lumina
        Beaulieu, à Montréal.
6. **Joséphine,** bap. le 18 avril 1864.
7. **Henri-Damase,** bap. le 23 fév. 1867 ; déc. jeune.
8. **Antoine,** bap. le 9 juillet 1869 ; **Frère Martinus,** des Frères
        des Ecoles Chrétiennes, Mont-St-Louis, Montréal.
9 . **Joseph-Servule,** bap. le 7 janv. 1872 ; m. à Marie-Agnès
        Casavant, le 5 janv. 1901.

1ʳᵉ Br.   **V**   **Nᵒ 34.**

EDOUARD CHOUINARD, fils de Edouard IV et de Julie
Bourgault.

MARIE-ZOÉ BOURGAULT.
        Mariage le 8 janv. 1878, à St-Jean-Port-Joli. V. Nᵒ 16.
ENFANTS :
1. **Marie-Emma,** bap. le 28 octobre 1878 ; se marie avec Ar-
        thur Thibault, le 8 sept. 1903 ; sép. le 5 juin 1906.
2. **Marie-Zelma,** bap. le 14 mars 1880 ; se marie avec Odilon
        Robichaud, le 28 nov. 1905 ; sép. le 8 mars 1911.
3. **Marie-Diana,** bap. le 12 déc. 1881 ; déc. à 3 mois.
4. **Marie-Louise,** bap. le 4 mai 1889.

5. **Joseph-Pierre-Edouard,** bap. le 10 mars 1891.

6. **Joseph-Servule,** bap. le 11 août 1893.

Marie-Zoé Bourgault est déc. durant l'épidémie de grippe Espagnole, le 30 octobre 1918.

1re **Br.**   **V̇**   **N° 35.**

ÉLIE CHOUINARD, fils de Edouard IV et de Julie Bourgault. **CAROLINE DUMAS.**

Mariage le 13 avril 1858, à St-Jean-Port-Joli. V. N° 16.

ENFANTS :

1. **Pierre-Elie-Arthur,** bap. le 4 mars 1859 ; déc. le 9 nov. 1862.

2. **M.-Ernestine-Elisa,** bap. le 28 sept. 1860 ; se marie avec Lucien Gaudreau, le 9 nov. 1886.

3. **M.-Caroline-Emma,** bap. le 10 mars 1862 ; déc. le 24 mars 1863.

4. **Anonyme,** une fille, née en 1869.

5. **Louise-Emma,** bap. le 5 nov. 1864 ; elle épouse Joseph Bélanger, le 20 fév. 1894.

6. **Gaspard-Philéas,** bap. le 22 janv. 1866 ; m. à Angélina Dupuis, le 10 juin 1894.

7. **Alexis-Erasme-Agésilas,** bap. le 12 août 1867 ; se marie à Clarisse Bélanger, le 26 fév. 1889.

8. **Charles-Jos.-Pamphile,** bap. le 16 octobre 1868 ; se marie le 17 nov. 1891, à Clara Morneau.

9. **Gustave,** bap. le   ; se marie à Amanda Langlois, le 24 mai 1892, à Québec.

10. **Joseph-Elie-Arthur,** né le 23 juin 1863 ; déc. le 7 nov. 1876.

1re **Br.**   **V**   **N° 36.**

TÉLESPHORE CHOUINARD, fils de Charles IV et de Geneviève Leclerc.

PHILOMÈNE RENAUD.

Mariage à la Baie St-Paul, vers 1860. V. N 19.

ENFANTS :

1. **Marie**, née en 1861 ; m. à Barthélemi Tremblay.
2. **Joseph**, né en 1863 ; il épouse à St-Hilarion, Marie Coulombe.
3. **Marilda**, née en 1872 ; m. à Zoël Dégagné.
4. **Arthur**, né en 1873 ; m.
5. **Célina**, née en 1875 ; m. à Joseph Lajoie.
6. **Alexina**, née en 1877 ; m. à Joseph Villeneuve.

2e Epouse

DÉLINA PILOTE

    Mariage à St-Hilarion, vers 1882.

 7. **Philippe**, né en 1883 ; m.
 8. **Athanase**, né en 1885 ; m.
 9. **Corinne**, née en 1887 ; déc. jeune.
10. **Anna**, née vers 1889 ; déc. jeune.
11. **Eugénie**, née vers 1891 ; m. à Ellife Girard.
12. **Cyrille**, né vers 1893 ; m. à Louisa Tremblay.
13. **Eva**, née en 1899.
14. **Azilda**, née en 1902.
15. **Emma**, m. à Louis Gauthier.

1re Br.   **V**   **N° 37.**

ALFRED CHOUINARD, fils de Edouard IV et de Julie Bourgault.

GEORGIANA DONALDSON.

    Mariage à la Basilique de Québec, le 17 nov. 1863.
    V. N° 16.

ENFANTS :

1. **Alfred-Théophile**, né le 24 août 1864 ; m. à Annie-Francis Driscoll.
2. **Guil-Agilas**, bap. le 14 août 1866 ; m. à Scholastique Allard.
3. **Clara**, née le 5 juin 1868.
4. **Jules-Raoul**, bap. le 10 mars 1870 ; déc. à l'âge de 6 mois.
5. **Alvine-Marie-Anne**, bap. le 10 mars 1871.
6. **Emile-Alphonse**, bap. le 16 mars 1873 ; m. 1° à Emily Johnson ; 2° à Paule-Lucie Hagenstein.
7. **Edouard-Jacques**, bap. le 2 fév. 1875, à St-Roch de Québec ;

    m. à Rosanna Martel

8. **Jos.-Charles-Oscar**, bap. le 6 janv. 1877 ; m. à une Irlandaise.
9. **Jos.-Arthur**, bap. le 16 janv. 1879 ; m.
10. **Victor-Henri**, bap. le 24 octobre 1880 ; m. à Yvonne-Ber-
     nadette Duquette.
11. **Georges-Rodolph**, bap. le 8 juin 1884, à St-Jacques de
     Montréal ; m. à Evaristine-Marguerite-Cécile Dinel,
     le 2 juin 1908, à St-Jean-Baptiste de Montréal.

2e *Epouse*

LAURE ROY, cousine de Mgr P. E. Roy, Québec.
    Mariage à Québec.

1re Br.   **V**   **N° 38.**

JOSEPH CHOUINARD, fils de Edouard IV et de Julie Bour-
                                   gault.
VITALINE DUVAL.
    Mariage le 15 août 1871, à St-Jean. V. N° 16.
ENFANTS :
1. **Joseph**, bap. le 7 mai 1872 ; se marie avec Léda Robichaud,
    le 13 fév. 1893.
2. **Jos.-Desphis**, bap. le 9 fév. 1875 ; déc le 24 mars 1878.
3. **Vitaline-Dorilda**, bap. le 4 août 1880 ; se marie avec Alfred
    Robichaud, le 23 janv. 1900.
4. **David**, né vers 1882 ; m. à Angélina Chrétien, à Ste-Louise,
    le 26 janv. 1897.

1re Br.   **V**   **N° 39.**

(1) **MATHIAS CHOUINARD**, avocat, fils de Charles IV et de
                           Geneviève Leclerc.
HORTENSE SYLVESTRE. fille de Yves et de Cécile-Adélaïde
                                  Myrand.
    Mariage à la Basilique de Québec, le 26 nov. 1872.
    V. N° 19.
ENFANTS :

1. **Eudore**, bap. le 28 août 1873 ; inh. à Québec, le 17 sept. 1900, avocat.
2. **Cécile-Héloïse**, bap. le 29 mai 1875 ; inh. le 24 avril 1876.
3. **Laure-Antoinette**, bap. le 13 mai 1876 ; inh. le 26 juillet suivant.
4. **Achille-Laurent-Gustave**, bap. le 12 août 1877 ; sép. le 23.
5. **Jos.-Dominique-Achille,** bap. le 15 août 1878, médecin; inh. au cimetière Belmont, le 15 octobre 1905.
6. **Renée-Emile**, bap. le 4 avril 1880 ; déc. élève de physique, le 21 mai 1900.
7. **Cécile-Emilie,** bap. le 4 août 1884.
8. **Gustave**, bap. le 10 juin 1887 ; avocat, greffier de la Paix, Québec.
9. **Laure-Attala,** bap. le 3 juillet 1889.
10. **Louise-Antoinette,** bap. le 31 octobre 1890 ; sép. le 17 juillet 1891.
11. **Philippe,** né le 31 mars 1891, à Québec.
(1) Aviseur légal de la cité de Québec pendant 35 ans.

1ʳᵉ **Br.**   **V**   **N**⁰ **40.**

JOSEPH-OCTAVE CHOUINARD, fils de **Julien IV** et de **Julienne Fournier.**
CLÉMENTINE THIBAULT.
    Mariage le 28 octobre 1873, à St-Aubert. V. N⁰ 17.
ENFANTS :
1. **Angèle,** bap.
2. **Joseph,** bap. le 4 avril 1875 ; m.
3. **François-Xavier,** bap. le 9 déc. 1876.
4. **Théodule,** se marie le 27 fév. 1900, avec Odina Chrismann.

1ʳᵉ **Br.**   **V**   **N**⁰ **41.**

CHARLES CHOUINARD, fils de **Pierre V** et de **Archange Miville.**
THÈCLE PRUNEAU.

Mariage à St-Roch-des-Aulnaies.　V. Nᵒ 8.

ENFANTS :

1. **Napoléon**, bap. le 2 fév. 1858 ; m. à Victoire Carroll.
2. **Marguerite**, bap. le 31 mai 1859 ; inh. le 5 août 1875.
3. **Marie-Denise**, bap. le 27 juin 1863.
4. **Béatrice**, bap. le 30 août 1864.
5. **Noël**, bap. le 25 déc. 1865.
6. **Clara**, bap. le 27 mai 1867.
7. **Marie-Louise**, bap. le 11 janv. 1869 ; inh. sous le prénom de Georgiana, le 16 avril 1872, âgée de 3 ans.
8. **Marie-Tharsile-Alma**, bap. le 16 avril 1870 ; m. à Arthur Roy, le 27 octobre 1891, à St-Arsène.
9. **Arthur-Ernest**, bap. le 14 déc. 1871.
10. **Marie-Agnès**, bap. le 8 mai 1873.
11. **Marie-Délia**, bap. le 22 janv. 1875.
12. **Rosanna-Emilda**, bap. le 5 août 1876.
13. **Rose-Anna-Florida**, bap. le 14 nov. 1877.
14. **Louise-Ernestine**, bap. le 28 janv. 1879 ; inh. le 3 mai.
15. **Louise-Albertine**, bap. le 27 juillet 1880 ; déc. en 1886.
16. **Marie-Anna**, bap. le 5 sept. 1881 ; inh. le 13.

1ʳᵉ Br　　　　　V　　　　　Nᵒ 41a

SAMUEL CHOUINARD, fils de Charles IV et de Geneviève Leclerc.

FLEURINE BOUCHARD.

Mariage aux Eboulements, vers 1860.

ENFANTS :

1. **Marie-Anysie**, bap. le 22 juin 1862 ; entrée chez les Religieuses du Bon-Pasteur, Montréal, le 12 octobre 1882 ; déc. au même monastère le 13 déc. 1893. Sœur St-Jean de Dieu.
2. **Marie-Félonise**, Sœur Ste-Rose de Viterbe, Bon-Pasteur, Montréal ; bap. le 12 avril 1875 ; entrée en religion le 18 nov. 1885 ; déc. au monastère, le 9 avril 1916. Née en 1865 probablement.

1ʳᵉ Br.   **VI**   **Nᵒ 42.**

PIERRE-BASILE CHOUINARD, fils de Pierre-Basile-Casimir
V et de Lucie Picard Destroismaisons.
MARIE-ANGÉLIQUE MORIN.

Mariage à L'Islet, vers 1855. V. Nᵒ 26.

ENFANTS :

1. **M.-Angélique-Malvina,** bap. le 5 août 1856.
2. **Zoïle,** née vers 1858 ; se marie avec Charles-François
  Leclerc, arpenteur ; sép. à St-Jean, le 14 janv. 1905.

1ʳᵉ Br.   **VI**   **Nᵒ 43.**

PIERRE CHOUINARD, fils de Pierre **V** et de Archange
Miville.
HERMINE ROY.

Mariage à Cacouna, le 3 octobre 1843. V. Nᵒ 21.

ENFANTS :

1. **Pierre,** bap. le 10 août 1844 ; m. à Malvina Paradis, le 11
  janv. 1869, à St-Arsène.
2. **Marie-Hermine,** bap. le 31 mai 1846 ; m. à Chrysostôme
  Dumont, le 12 fév. 1866.
3. **Philomène,** bap. le 23 avril 1848 ; m. à Auguste Bossé,
  le 10 fév. 1880.
4. **Alfred,** m. à Philomène Lemieux.
5. **Emma,** m. à Jean-Raymond, le 1ᵉʳ fév. 1875, à St-Arsène.
6. **Augustin,** m. à Marie-Antoinette Dumont, à St-Epiphane,
  le 6 avril 1875.
7. **Joséphine,** m. à Jean Michaud, le 18 janv. 1876.
8. **Narcisse,** m. à Philomène Deschamps, le 5 fév. 1878.
9. **Séverine,** m. à Jérome Litalien, le 7 fév. 1882.
10. **Zoïle,** m. à Jean-Baptiste Bernier, le 3 fév. 1885.
11. **Georges,** marié à Clémentine LeBel, le 3 nov. 1885.
12. **Arsène,** marié à Marie Lapierre, le 14 avril 1891.

1ʳᵉ Br.   **VI**   **Nº 44.**

MICHEL CHOUINARD, fils de Pierre V et de Archange
Miville.

ÉLISABETH CHALIFOUR.
        Mariage vers 1845. V. Nº 21.
ENFANTS :
  1. **Frédéric**, bap. le 3 sept. 1849.
  2. **Philomène**, bap. le 20 juillet 1851.
  3. **Marie-Poméla**, bap. le 2 déc. 1852 ; m. à Alfred Pelletier,
        le 19 nov. 1895.
  4. **Marie-Eulalie**, bap. le 8 août 1855 ; inh. le 11 mai 1856.
  5. **Louis**, bap. le 20 ou 28 juin 1857 ; inh. le 23 août suivant.

1ʳᵉ Br.   **VI**   **Nº 45.**

NAZAIRE CHOUINARD, fils de Pierre-Basile V et de Luce
Picard Destroismaisons.

ÉVANGELISTE FORTIN.
        Mariage le 17 octobre 1848, à St-Jean-Port-Joli V. Nº 26.
ENFANTS :
  1. **Alfred**, bap. le 25 juillet 1849 ; m. à Joséphine Bélanger,
        le 3 fév. 1874.
  2. **Marie-Dorille**, bap. le 4 fév. 1851 ; se marie avec Firmin
        Deschênes, le 9 juin 1874.
  3. **Marie-Célina**, bap. le 2 avril 1852 ; m. à Jean Banville,
        le 20 juin 1870, à St-Angèle. Témiscouata.
  4. **Camille**, bap. le 16 déc. 1853.
  5. **Marie-Emélie**, bap. à St-Roch de Québec, le 21 sept. 1857 ;
        déc. le 22.
  6. **Marie-Georgina**, bap. le 9 nov. 1858 ; m. à Guillaume Lé-
        vesque, à St-Angèle, le 29 fév. 1876.

1ʳᵉ Br.   **VI**   **Nº 46.**

THOMAS CHOUINARD, fils de Fabien et de M.-Louise Miville.
SOLANGE BÉRUBÉ, fille d'Edouard.

Mariage à Ste-Anne de la Pocatière, le 20 avril 1852.
V. N° 23.
ENFANTS :
1. **Marie-Emérentienne**, bap. le 2 mars 1853.
2. **Thomas**, bap. le 7 déc. 1854 ; inh. le 7 fév. 1855.
3. **Pierre**, bap. le 2 déc. 1855.
4. **Joseph-Edmond**, bap. le 22 fév. 1858 ; inh. le 22 nov. 1867.
5. **Marie-Louise**, bap. le 26 mai 1860.
6. **Arthur**, bap. vers 1862.
7. **Gilles**, bap. le 29 mai 1864.
8. **Augustin**, bap. le 1er sept. 1866 ; m.
9. **Emile**, bap. en 1863 ; inh. le 5 fév. 1868, âgé de 5 ans.
10. **Thomas**, bap. le 31 janv. 1870 ; sép. le 28 mars suivant.
11. **M.-Rose-Anna-Antonia**, bap. le 16 mars 1872 ; déc.

1re **Br.** VI N° 47.

PIERRE CHOUINARD, fils de Pierre-Basile-Casimir **V** et de
Lucie Picard dit Destroismaisons.
JUSTINE TOUSSAINT.
Mariage le 30 octobre 1854, à St-Jean. V. N° 26.
ENFANTS :
1. **Justine**, bap. le 24 janv. 1857.
2. **Marie-Virginie**, bap. le 21 nov. 1858.
3. **Clérance**, bap. le 28 janv. 1861.

1re **Br.** VI N° 48.

HONORÉ CHOUINARD, fils de Pascal **V** et de Françoise
Lizotte.
ZOÉ LEBEL, fille de Jean-Baptiste.
Mariage à la Rivière-Ouelle, le 28 août 1855. V. N° 25.
ENFANTS :
1. **Marie**, bap. vers 1860 ; m. à Louis-Godefroi Blais, le 25
avril 1881.
2. **Gaudélie**, m. à Edouard Ouellet, le 1er juin 1880.

3. **Rose de Lima,** m. à Napoléon Fournier, le 24 avril 1888, à
    St-Mathieu

4. **Aimée,** m. à Auguste Théberge, le 27 nov. 1888, à St-Mathieu.

5. **Honoré,** m. à Caroline Lagacé, le 19 nov. 1889, à St-Mathieu.

1re Br.   VI   No 49.

CHARLES CHOUINARD, fils de Fabien **V** et de **M.-Louise
Miville.**

RÉBECCA BÉRUBÉ, fille de Joseph.

>   Mariage à Ste-Anne de la Pocatière, le 29 janv. 1856.
>   V. No 23.

ENFANTS :

1. **Charles,** bap. le 30 déc. 1856 ; m. 1º à Caroline Giguère ;
    2º à Marie Goulet, à l'Ange Gardien.

2. **Arthur,** bap. le 16 déc 1860 ; m. à Mathilda Tremblay.

3 **Marie-Louise,** bap. le 5 sept. 1863 ; m. à François-Xavier
    Vallérand

4. **François,** bap. le 2 mai 1866.

1re Br.   VI   No 50.

(1) **LAZARE CHOUINARD,** fils de Fabien **V** et de Marie-Lse
Miville.

ADÈLE OUELLET.

>   Mariage à Ste-Anne de la Pocatière, le 15 fév. 1858.
>   V. No 23.

ENFANTS :

1. **Clara,** bap. le 2 mars 1859 ; m. à William Drapeau ; sép.
    à Lévis, le 1er mai 1885.

2. **Louis-Horace-Ludger,** bap. à Ste-Anne, le 14 août 1860.

3. **Jean-Emile,** bap. le 8 juillet 1861.

4. **Joseph-Godérick-Victor (Albéric),** bap. le 29 déc. 1863.

5. **Joséphine,** bap. le 7 juin 1866, à Lévis.

6. **Marie-Valentine,** bap. le   janv. 1867 ; inh. le 31 déc. 1868.

7. **Joseph-Alphonse,** bap. le 3 octobre 1871 ; inh. le 11 fév. 1878.

    (1) Menuisier : réside à Lévis; déc. à Montréal.

1ʳᵉ Br.   **VI**   **Nᵒ 51.**

CALIXTE CHOUINARD, fils de Pierre-Basile-Casimir **V** et de
Lucie Destroismaisons dit Picard.
CLARISSE CHOUINARD.
Mariage le 9 août 1858, à St-Jean. V. Nᵒ 26.
ENFANTS :
1. **Caroline**, bap. le 1859   ; se marie le 12 janv. 1875, avec
Antoine Caron.
2. **Marie-Alice**, bap. le 1860 ;   se marie avec Joseph Paradis,
le 16 nov. 1880.
3. **Calixte**, bap. vers 1863 ; m. à Odile Labonté, le 24 juillet
1883, à St-Sauveur.
4. **Joseph-Arthur**, bap. le 20 août 1869.
5. **Arsène**, bap. le 7 octobre 1874 ; déc. le 18.
6 **Alfred**, bap. le   ; se marie avec Cécile Fortin.
7. **Maxime**, m. à Délima Morneau.

1ʳᵉ Br.   **VI**   **Nᵒ 52.**

CLOVIS CHOUINARD, fils de Pierre **V** et de Archange
Miville-Deschênes.
MATHILDE PLANTE.
Mariage à St-Arsène, le 8 avril 1861. V. Nᵒ 21.
ENFANTS :
1. **Joseph**, m. le 19 fév. 1895, à Amanda Lebel, à St-Arsène.
2. **Emma**, m. à Jos.-Gédéon Frève, le 1ᵉʳ juillet 1902.

1ʳᵉ Br.   **VI**   **Nᵒ 53.**

LOUIS CHOUINARD, fils de Jean-Bte **V** et de Scholastique
Gauvin.
ARTHÉMISE DESCHAMPS.
Mariage le 24 fév. 1862, à St-Arsène. V. Nᵒ 27.
ENFANTS :
1. **Lazare**, m. à Emilia Turcotte, le 30 octobre 1899, à Notre-
Dame du Lac.

2. **Alfred**, m. à Aurélia Tremblay, à St-Eusèbe, le 4 fév. 1902.

1re Br.   **VI**   **No 54.**

HONORÉ CHOUINARD, fils de Pierre-Basile **V** et de Rosalie
                                                        Dubé.
ROSALIE POITRAS.
          Mariage au Cap St-Ignace, le 8 fév. 1864. V. No 20.
ENFANTS :
  1. **Marie-Alphonsine**, bap. le 13 fév. 1866, à Ste-Anne des Monts.
  2 **Joseph-Honoré**, bap. le 6 mai 1867, à Ste-Anne des Monts.

1re Br.   **VI**   **No 55.**

GEORGES CHOUINARD, fils de Fabien **V** et de Louise
                                                        Miville.
M.-EUGÉNIE MICHAUD.
          Mariage à Québec, vers 1864. V. No 23.
ENFANTS :
  1. **Joseph**, né vers 1865 ; se marie, le 19 juillet 1898, à Eugénie
          Tardif, à St-Arsène.
  2. **Octave**, m. à Marie Lévesque, le 30 juillet 1901.
  3. **Arsène**, né vers 1868.

1re Br.   **VI**   **No 56.**

FRANÇOIS-XAVIER CHOUINARD, fils de Fabien **V** et de
                                                        Louise Miville.
MARY WILSON, écossaise.
          Mariage aux Ilets Caribou, en 1866. V. No 23.
ENFANTS :
  1. **Elzéar**, bap. le 8 juin 1867 ; m. à Elisa Fraser, le 26 janv.
          1893.
  2. **Anna**, née le 11 fév. 1869 ; noyée aux Ilets Caribou en 1878.
  3 **Charles**, bap. le 5 nov. 1870 ; se marie le 29 juillet 1902,
          à Clara Soucy, de Cap-Chat.

4. **Elmire**, née le 18 sept. 1872 ; déc. en 1876.
5. **Joseph**, né en 1874 ; se noie au printemps de 1882, en
      compagnie d'un oncle, dans la riv. Pentecôte.
6. **Joseph-Hermas**, bap. le 19 juillet 1874.
7. **Marie-Cécilia**, bap. le 11 nov. 1876 ; m. à Peter Fraser,
      le 26 janv. 1893.
8. **Rose-Anna**, bap. le 6 juillet 1878 ; m. à Ulric Gagné, le
      16 sept. 1898.
9. **Mathilda**, bap. le 29 mai 1880 ; m. à Zénon Jourdain.
10. **Joseph-Benoît**, né le 27 mai 1882 ; bap. le 27 juillet ; m.
      le 9 sept. 1919, à Ernestine Miville, à Cap-Chat.

1re **Br.**   VI   N⁰ **57.**

**JEAN-BAPTISTE CHOUINARD, fils de Pierre V et de Archange
Miville.**

AGNÈS CARON.

Mariage à St-Epiphane, le 13 juillet 1868. V. N⁰ 21.
ENFANTS :
  1. **Eugénie,** m. à François St-Pierre, le 4 sept. 1888, à St-François
      Xavier.
  2. **Claudia,** m. à Joseph Martin, le 5 nov. 1888, à St-François-X.
  3. **Agnès,** m. à Ovide Castonguay, le 29 janv. 1895, à St-
      Epiphane.
  4. **Jean-Baptiste,** m. à Domitilde Boucher, le 29 janv. 1895.
  5. **François-Xavier**, m. à Alexandrine Deschamps, le 13 octobre
      1896.
  6. **Alfred,** m. à Elisabeth Boucher, le 5 octobre 1897.
  7. **Béatrice,** m. à Médéric Desbiens, le 11 juillet 1899.
  8. **Marie,** m. à Eugéne Nadeau, le 29 juillet 1902.

1re **Br.**   VI   N⁰ **58.**

**FÉLIX CHOUINARD, fils de Jean-Bte V et de Scholastique
Gauvin.**

DELVINA ROY.

Mariage à St-Arsène, le 10 août 1868. V. N° 27.

ENFANT :

1. **Alexandrine,** mariée à Georges Casista, le 29 nov. 1900.

1re Br.   **VI**   **N° 59.**

GEORGES CHOUINARD, fils de **Pascal V** et de **Françoise
Lizotte.**

PHILOMÈNE BOUCHARD.
Mariage vers 1868.   V. N° 25.

ENFANTS :

1. **Philomène,** bap. le 28 mai 1869.
2. **Marie-Joséphine,** bap. le 21 avril 1871.
3. **Marie-Eléonore,** bap. le 21 sept. 1877.

1re Br.   **VI**   **N° 60.**

JEAN-BAPTISTE CHOUINARD, fils de Jean-Baptiste **V** et de
Julie Castonguay.

M.-EMMA VAILLANCOURT.
Mariage le 15 sept. 1874, à St-Jean. V. N° 30.

ENFANTS :

1. **Rose de Lima,** bap. le   ; elle se marie avec Marcel
   Chouinard, le 11 janv. 1898.
2. **Attala,** bap. le 9 mai 1891.
3. **Rose-Anna,** bap. le 4 sept. 1892.
4. **Jos.-Emile-J.-Baptiste,** bap. le 2 déc. 1896.
5. **Marie-Anne,** bap. le   ; elle épouse Joseph Chouinard,
   le 10 janv. 1899.
6. **M.-Albina-Arthémise,** bap. le 5 nov. 1899.
7. **Yvonne,** bap. le   ; déc. le 21 avril 1901.
8. **Aurore,** bap. le   ; elle se marie à Jules Bernier, le
   8 juin 1903.
9. **Marie-Anna,** bap. le   ; elle se marie à Thomas
   Gamache, le 24 juillet 1905.

10. **Rose-Anne**, bap. le   ; elle se marie à Adélard
St-Pierre, le 9 janv. 1912.

1re **Br.**   **VI**   **N°** 61.

GERMAIN CHOUINARD, fils de Germain V et de Eve
Tremblay.
REINE BOURGAULT.
          Mariage vers 1876. V. N° 28.
ENFANTS :
  1. **Reine**, bap. le 16 nov. 1877 ; elle se marie le 9 janv. 1894,
      avec Delphis Bourgault.
  2. **Joseph-Wilfrid**, bap. le 3 fév. 1879 ; sép. le 3 juillet 1881.
  3. **Jean-Baptiste**, bap. le 25 juin 1880 ; sép. le 7 juillet 1881,
      à St-Jean-Port-Joli.

1re **Br.**   **VI**   **N°** 62.

ALFRED CHOUINARD, fils de Jean-Bte V et de Julie Castonguay.
ARTHÉMISE NADEAU.
          Mariage à St-Alexandre. V. N° 30.
ENFANTS :
  1. **Joseph**, m. 1° à Mélanie Bouchard ; 2° à Maria Bouchard.
  2. **Arthémise**, m. à François Tardif ; décédée.
  3. **Anna**, m. à Victor Soucy.
  4. **Pierre**, m. à Eugénie Lavoie.
  5. **Délima**, m. à Félix Labrie.
  6. **Xavier**, m. à Eugénie Paradis.
  7. **Octave**, déc. jeune.

1re **Br.**   **VI**   **N°** 63.

HONORÉ-JULIEN-JEAN-BAPTISTE CHOUINARD, avocat,
      fils de Honoré-Julien V et de Elisabeth-Célina Pelletier.
MARIE - LOUISE - ISABELLE JUCHEREAU - DUCHESNAY,

fille de l'honorable E.-H., sénateur, et de Suzanne-
Elisabeth Taschereau. (1)
Mariage à Ste-Marie de Beauce, le 23 sept. 1884. V. Nº 32.

ENFANTS :

1. **Marie-Joseph-Elz.-Henri-Julien,** bap. le 8 juin 1885; déc.
le 6 août 1885.

2. **Suzanne-Eliz.-Célina,** née le 3 juin 1886 , déc. le 10 juillet
1886.

3. **Anne-Marie-Marguerite,** bap. en 1888 ; déc. le 20 déc. 1888.

4. **Anonyme,** née à Ottawa, en 1889.

5. **Anonyme,** né le 17 nov. 1890 ; déc. le 18 nov. 1890.

6. **Anonyme,** né le 2 janv. 1892 ; déc. le 6 janv. 1892.

7. **Charles-François-Xavier,** né le 4 nov. 1893 ; avocat, licen-
cié en droit, 2ème assist. greffier de la cité, secrétaire
privé de son Honneur le Maire de Québec.

8. **Joseph-Julien,** né le 18 mars 1896 ; lieutenant de l'armée
canadienne; suivit son bataillon en Sibérie, en nov. 1918;
de retour en 1919.

9. **Louise-Marie-Marguerite,** née le 29 mars 1902.

(1) Sœur du Cardinal Taschereau.

1re Br.   **VI**   **Nº 64.**

AGÉSILAS CHOUINARD, fils de Elie **V** et de Caroline Dumas.
CLARISSE BÉLANGER.
Mariage à St-Aubert, le 26 fév. 1889. V. Nº 35.

ENFANTS :

1. **Rose-Alma,** bap. le 22 janv. 1890 ; m. à Ubald Proulx.

2. **Elie,** né le 10 juin 1891 ; m. à Marie Auger.

3. **Georgienne,** née le 7 mai 1893.

4. **Edgar,** né le 27 janv. 1895 ; ecclésiastique, sous-diacre le
12 sept. 1920; prêtre, le 8 mai 1921

5. **Joseph-Henri,** né le 19 déc 1897.

6. **Juliette,** née le 28 mai 1899 ; Sœur Ste Ambrosine, religieuse
de la Congrégation Notre-Dame, St-Sauveur.

7. **Noëla,** née le 1er fév, 1901.
8. **Salluste,** né le 3 mars 1903.
9. **Clarisse,** née le 9 mai 1908.

1re Br.   **VI**   **N° 65.**

CHARLES CHOUINARD, fils de Elie **V** et de Caroline Dumas.
CLARA MORNEAU.
   Mariage le 17 nov. 1891, à St-Aubert. V. N° 35.
ENFANTS :
1. **M.-Anne-Blanche,** bap. le 11 sept. 1892.
2. **Jos.-Chas.-Ant.-Elie,** bap. le 12 sept. 1894.
3. **Marie-Georgina,** bap. le 30 mai 1896.
4. **Marie-Rose-Anna-Adélosa,** bap. le 27 fév. 1898.
5. **Joseph-Alfred,** bap. le 18 fév. 1900.
6. **Marie-Laure-Elisabeth,** bap. le 9 juillet 1901.
7. **Jos.-Edmond-Edouard,** bap. le 1er nov. 1902.
8. **Marie-Jeanne,** bap. le 28 nov. 1903.
9. **Marie-Rosalie-Gertrude,** bap. le 4 déc. 1904.

1re Br.   **VI**   **N° 66.**

GUSTAVE CHOUINARD, fils de Elie **V** et de Caroline Dumas.
AMANDA LANGLOIS, fille de Clovis et de Mathilde Chouinard.
   Mariage le 24 mai 1892, à Québec. V. N° 35.
ENFÁNTS :
1. **Marie-Blanche-Amanda,** bap. le 25 mars 1893 ; inh. le
  18 janv. 1899.
2. **Gustave-Raoul,** bap. le 6 juin 1894.
3. **Jos.-Clovis-Adrien,** bap. le 9 octobre 1895 ; déc. le 11 mars
  1896.
4. **Jos.-Arthur-Elie,** bap. le 9 octobre 1895 ; jumeau de Jos.-
  Clovis-Adrien ; déc. le 22 sept. 1913.
5. **Emma-Adrienne-Valérie,** bap. le 7 mars 1897 ; déc. le
  5 mars 1910.
6. **Jos.-Charles-Théophile,** bap. le 27 mai 1898.

7. **M.-Blanche-Florida,** bap. le 29 juin 1899.

8. **M.-Rose-Irène,** bap. le 20 sept. 1900.

9. **Jos.-Adrien-Antoine,** bap. le 16 sept. 1901 ; déc. le 15 août 1902.

10. **Marie-Thérèse-Fernande,** bap. le 4 nov. 1902 ; déc. le 19 juin 1903.

11. **Marie-Antoinette-Ida,** bap. le 2 nov. 1903.

12. **Marie-Carmelle-Aglaé,** bap. le 6 nov. 1904 ; déc. le 15 juillet 1905.

13. **Jos.-Alfred-Anthyme-Gérard,** né le 30 mai 1906.

14. **M.-Ange-Fernande-Amanda,** née le 16 janv. 1908 ; déc. le 2 nov. 1908.

15. **Marie-Bernadette-Amande,** née le 26 août 1909.

16. **Joseph-Albert-Sylvio,** né à Concord, le 28 mai 1911.

17. **Jos.-Lionel-Gaston,** né à Concord, le 24 fév. 1913.

1ʳᵉ Br.   **VI**   **Nᵒ 67.**

ERNEST-PHILÉAS CHOUINARD, fils de Damase V et de M.-Louise Fournier.

LUMINA BEAULIEU.

Mariage à Montréal, à St-Vincent de Paul. V. Nᵒ 33.

ENFANTS :

1. **Léda,** née vers 1892.

2. **Agilas,** né en 1894.

3. **Blanche,** née en 1895.

1ʳᵉ Br.   **VI**   **Nᵒ 68.**

JOSEPH CHOUINARD, fils de Joseph V et de Vitaline Duval.

LÉDA ROBICHAUD, fille de Edouard.

Mariage le 13 fév. 1893, à St-Jean. V. Nᵒ 38.

ENFANTS :

1. **Joseph-Gérard,** bap. le 15 juin 1909.

2. **Marie-Paule-Alexandrine,** bap. le 30 juillet 1911.

3. **Joseph-Arthur-Ernest,** bap. le 12 juin 1894 ; m. à

4. **Marie-Anne**, bap. le 14 avril 1898.
5. **Marie-Germaine**, bap. le 11 juillet 1899.
6. **Joseph-David**, bap. le 20 mai 1901.
7. **Marie-Jeanne-Gabrielle**, bap. le 15 mai 1905.
8. **Marie-Albertine**, bap. le 23 nov. 1906.

1ʳᵉ **Br.**   **VI**   **N⁰ 69.**

ERNEST-PHILÉAS CHOUINARD, fils de Elie V et de Caroline Dumas.

MARIE-ANGÉLINA DUPUIS.
   Mariage le 10 juin 1894, à St-Herménégilde, Barford.
   V. N⁰ 35.

ENFANTS :

1. **Marie-Julienne-Jeanne**, née le 10 avril 1895, à St-Venant
   de Hereford.

2. **Marie-Delmerise-Blanche**, née le 15 juillet 1896 ; religieuse,
   Sœur Marie de Ste-Jeanne de Portugal. Professe le 19
   mars 1921.

3. **Marie-Anna-Antoinette**, née le 23 août 1897 ; déc. le 8
   déc. 1902.

4. **Jos.-François-Elie**, né le 10 janv. 1899, à St-Herménégilde de
   Barford ; déc. le 7 juillet 1899.

5. **M.-Gertrude-Juliette**, née le 4 juin 1900.

6. **Jos.-Henri-Arthur**, né le 17 octobre 1901.

7. **Joseph-Grégoire-Edouard**, né le 10 mai 1903.

8. **Jos.-Antoine-Sylvio**, né à St-Edmond, Coaticook, le 14
   déc. 1905.

9. **Marie-Anna-Antoinette**, née à St-Henri de Hereford, le 18
   avril 1907.

10. **Marie-Emma-Bernadette**, née le 23 mai 1908.

11. **Jos.-Léopold-Adalbert**, né le 27 avril 1910.

12. **Marie-Angélina-Cécile**, née le 29 mars 1914.

1re Br.   **VI**   **N° 70.**

PIERRE CHOUINARD, fils de Jean-Baptiste et de Julie Castonguay

EVA GAUDREAU.

       Mariage à St-Alexandre   V. N° 30.

ENFANTS :

1. **Georges.**
2. **Hormidas.**
3. **Joseph.**
4. **Pierre,** déc.
5. **Emile.**

1re Br.   **VI**   **N° 71.**

JOSEPH-SERVULE CHOUINARD, fils de Damase V et de Marie-Louise Fournier.

MARIE-AGNÈS CASAVANT.

       Mariage à Southbridge, le 5 janv. 1901. V N° 33.

ENFANT :

1. **Rose-Agnès,** bap le 23 janv. 1902

1re Br.   **VI**   **N° 72.**

(1) GEORGES-RODOLPHE CHOUINARD, fils de Alfred V et de Georgiana Donaldson.

EVARISTINE-MARGUERITE-CÉCILE DINEL.

       Mariage à St-Jean-Baptiste de Montréal, le 2 juin 1908. V. N° 37.

ENFANTS :

1. **Paul-Joseph-Roch,** bap. le 28 sept. 1909, à St-Jean-Baptiste de Montréal.

(1) Agent chef de la Cie Burroughs-Adding Machine of Canada

1ʳᵉ Br.   **VI**   **Nᵒ 73.**

THÉOPHILE CHOUINARD, fils de Alfred **V** et de Georgiana Donaldson.

ANNIE-FRANCIS DRISCOLL.
          Mariage à New-York en 1891.
ENFANT :
  1. **Marie**, née vers 1893, à Paris.

1ʳᵉ Br.   **VI**   **Nᵒ 74.**

(1) **JOS.-ALPHONSE CHOUINARD**, fils de Alfred **V** et de
Georgiana Donaldson.

PAULE-LUCIE HAGENSTEIN.
          Mariage le 26 juin 1906.
ENFANTS :
  1. **Mildred-Maud**, née à Paris, le 11 mai 1907.
  2. **Harold**, né à Paris, le 1ᵉʳ mai 1908.

  (1)   Représentant à Paris.

1ʳᵉ Br.   **VI**   **Nᵒ 74a.**

VICTOR-HENRI CHOUINARD, fils de Alfred **V** et de Georgiana Donaldson.

YVONNE BERNADETTE DUQUETTE.
          Mariage à l'Immaculée-Conception, le 12 sept. 1905.
ENFANTS :
  1. **Alfred-Joseph-Henri**, né le 16 juin 1906, à Montréal.
  2. **Georges-Emile-Joseph**, né le 4 juin 1908.
  3. **Joseph-Victor**, né le 25 nov. 1909, à Montréal.

1ʳᵉ Br.   **VII**   **Nᵒ 75.**

PIERRE CHOUINARD, fils de Pierre VI et de Hermine Roy.
MALVINA PARADIS.
          Mariage à St-Arsène, le 11 janv. 1869. V. Nᵒ 43.

ENFANTS :
1. **Marie-Joséphine**, *Sœur St-Flavius*, bap à St-Epiphane, le
        26 sept. 1885 ; entrée en religion, chez les Sœurs de
        la Charité de Québec, vers 1902.
2. **Marie-Alice**, *Sœur Ste-Alfreda*, bap à St-Epiphane, le
        25 juin 1882 ; religieuse de la Charité. (Srs Grises.)
3. **Joseph,** m 1° à Eugénie Boulet, le 8 fév. 1897, à St-Epiphane;
        2° à Malvina Gagnon, le 22 fév. 1909, à l'Isle-Verte.
4. **Marie**, m. à Epiphane Lemieux, le 7 janv. 1902.
5. **Georges**, m. à Joséphine St-Pierre, le 20 fév. 1906

1ʳᵉ Br.   **VII**   **Nᵒ 76.**

ALFRED CHOUINARD, fils de **Nazaire** et de **Evangéliste
                                                Fortin.**
JOSÉPHINE BÉLANGER.
        Mariage à St-Octave de Métis, le 3 fév. 1874. V. Nᵒ 45.
ENFANTS :
1. **Jean-Baptiste**, né vers 1879.
2. **Léon**, né vers 1883.
3. **Arthur**, né en 1886 ; déc. à l'âge de 3 ans.
4. **Marie**, née vers 1887 ; déc. à l'âge de 2 ans.
5. **Anna-Marie**, née vers 1892.
6. **Joséphine**, m. à Léon Pelletier, le 17 octobre 1893, à St-Angèle.
7. **Marie-Louise**, née vers 1895
8. **Joseph**, m. 1° à Marie Bérubé, le 15 fév. 1898, St-Donat ;
        2° à Julie Charest, le 10 janv. 1901.
9. **Emile**, m. à Victoria Bérubé, le 7 mai 1901 ; St-Donat.
10. **Pierre**, m. à Flavie Guimond, le 13 nov. 1903.

1ʳᵉ Br.   **VII**   **Nᵒ 77.**

NARCISSE CHOUINARD, fils de Pierre VI et de Hermine Roy.
PHILOMÈNE DESCHAMPS.
        Mariage à St-Epiphane, le 5 fév. 1878. V. Nᵒ 43.
ENFANTS :

1. **Aurélie,** m. à Eusèbe Caron, le 17 sept. 1901, St-Epiphane.
2. **Alexandrine,** m. à Ludger Lavoie, le 4 fév. 1902.

1ʳᵉ Br.   **VII**   **Nᵒ 78.**

CALIXTE CHOUINARD, fils de Calixte VI et de Clarisse
Chouinard.
ODILE LABONTÉ.
> Mariage à St-Sauveur de Québec, le 24 juillet 1883. V.
> Nᵒ 51.

ENFANT :

1. **Joseph-Albert,** bap. le 30 juin 1884, St-Aubert.

1ʳᵉ Br.   **VII**   **Nᵒ 79.**

CHARLES CHOUINARD, fils de Charles VI et de Rébecca
Bérubé.
CAROLINE GIGUÈRE.
> Mariage à St-Roch de Québec, le 15 sept. 1884. V. Nᵒ 49.

ENFANTS :

1. **Alice,** bap. le 19 mars 1886.
2. **Arthur,** bap. le 9 mars 1887 ; déc. à l'âge de trois mois, le
18 juillet 1887.
3. **Alfred,** bap. le 21 sept. 1888 ; soldat sur les champs de bataille, outre-mer, de 1916 à 1918.
4. **Xavier-Joseph,** bap. le 3 mars 1890 ; déc. jeune.

2ᵉ *Epouse*

MARIE GOULET.
> Mariage à l'Ange-Gardien.

5. **Florida,** bap. le 29 mai 1893 ; m. à Edouard Morin.
6. **François-Xavier,** bap. le 8 sept. 1895.
7. **Léo,** bap. en 1897 ; militaire, fait du service en Angleterre en
1918.
8. **Alphonse,** bap. le 30 mai 1898
9. **Marie-Anne,** bap. en 1901.

10. **Albertine,** bap. le 30 déc. 1904.
11. **Marie-Laure,** bap. le 30 déc. 1906.

1ʳᵉ Br.   **VII**   **N• 80.**

ELZÉAR CHOUINARD, fils de Frs-Xavier VI et de Mary
Wilson.

ÉLISA FRASER.

Mariage à l'Isle-Verte, le 26 janv. 1893. V. Nº 56.

ENFANTS :

1. **Mary-Elise,** née le 10 nov. 1893 ; m . le 17 août 1916, à
Wilfrid Jourdain, à Islets Caribou.
2. **Auguste-Albini,** né le 6 sept. 1895 ; m. le 30 juin 1919, à
Emilia Paquet, à Rivière Pentecôte.
3. **Julie-Anna,** née le 26 mai 1899 ; bap. le 14 juin.
4. **Emile,** né le 26 avril 1903 ; bap. le 13 juin.
5. **Irène,** née le 8 octobre 1904 ; bap. le 6 nov.
6. **Germaine,** née le 19 juillet 1908.
7. **Yolande,** née le 26 fév. 1910.
8. **Gabrielle,** née le 29 sept. 1913.
9. **Rose-Aimée,** déc. à l'âge de deux mois.

1ʳᵉ Br.   **VII**   **Nº 81.**

MAXIME CHOUINARD, fils de Calixte VI et de Clarisse
Chouinard.

DÉLIMA MORNEAU.

Mariage vers 1895. V Nº 51.

ENFANTS :

1. **Jos.-Adélard,** bap. à St-Pamphile, le 4 fév. 1897.
2. **Camille,** bap. le 12 août 1901.
3. **Joseph-Ernest,** bap. le 21 juin 1904.
4. **Marie-Alice,** bap. le 21 juin 1904, jumelle de Joseph-Ernest.
5. **Joseph-Louis-Napoléon,** bap. le 26 juin 1906.

1ʳᵉ Br.   **VII**   **Nᵒ 82.**

ALFRED CHOUINARD, fils de Calixte VI et de Clarisse
Chouinard.
CÉCILE FORTIN.
>Mariage vers 1898. V. Nᵒ 51.

ENFANTS :

1. **Jos.-Raoul-Roméo,** bap. le 29 octobre 1899 ; déc. le 27 déc.
2. **Marie-Hélène,** bap. le 30 mars 1901.
3. **Joseph-Alphée-Bonaldo,** bap. le 19 janv. 1904, à St-Pamphile.
4. **Jos.-Calixte-Edouard,** bap. le 10 avril 1905.
5. **Marie-Lucienne,** bap. le 27 mai 1907.

1ʳᵉ Br.   **VII**   **Nᵒ 83.**

ALFRED CHOUINARD, fils de Pierre VI et de Hermine Roy.
PHILOMÈNE LEMIEUX.
>Mariage vers 1896. V. Nᵒ 43.

ENFANTS :

1. **Albert,** né à St-Epiphane vers 1898.
2. **Noël,** né vers 1900.
3. **Camille,** né vers 1905.
4. **Armand,** né en 1907.
5. **Léo,** né en 1909.

1ʳᵉ Br.   **VII**   **Nᵒ 84.**

CHARLES CHOUINARD, fils de Frs-Xavier VI et de Mary
Wilson.
CLARA SOUCY.
>Mariage à Cap-Chat, en août 1902. V. Nᵒ 56.

ENFANTS :

1. **François-Xavier,** né le 23 sept. 1903.
2. **Charles-Yvon,** né le 18 avril 1905 ; bap. le 5 mai.
3. **Alphonse-Antonio,** né le 16 juillet 1906.

    4. **Adrienne,** née le 4 sept. 1908.
    5. **Ida,** née en sept. 1910
    6. **Roland,** né le 4 octobre 1913.
    7. **Noël,** né le 10 déc. 1915.

1re Br.   **VII**   **N⁰ 85.**

JOSEPH CHOUINARD, fils de Alfred VI et de Arthémise
                                  Nadeau.
MARIA BOUCHARD.
        Mariage à St-Alexandre vers 1908. V. N⁰ 62
ENFANTS :
    1. **Jean-Baptiste,** bap le 5 avril 1909 (1).
    2. **Camille,** né en sept. 1910.
    3. **Alphonsine,** née le 25 sept. 1911.
    4. **Gérard,** né en 1913.

2ᵉ *Epouse*

MÉLANIE BOUCHARD, sœur de la précédente.
    5. **Armand,** né en octobre 1916.

    (1) Les 12 et 13 juin 1918, cet enfant eut une vision qui eut
quelque retentissement dans St-Alexandre et les environs.

1re Br.   **VII**   **N⁰ 86.**

PIERRE CHOUINARD, fils de Alfred VI et de Arthémise
                                  Nadeau.
EUGÉNIE LAVOIE.
        Mariage à St-Alexandre   V N⁰ 62.
ENFANTS :
    1. **Eugénie,** née vers 1907.
    2. **Wilfrid,** né en 1908.
    3. **Marie-Ange,** née vers 1910.
    4. **Léo,** né vers 1912.
    5. **Thérèse,** née vers 1915.

Descendance féminine

1ʳᵉ Br.   **IV**   **Nᵒ 1.**

MARIE-THÉOTISTE CHOUINARD, fille de Joseph-Frs III et
de Angélique Aubé.
JUSTE MIVILLE dit **DESCHÊNES**, fils de J.-Bte et de Barbe
Chouinard.

Mariage à St-Jean-Port-Joli, le 13 fév. 1798. V. Nᵒ 5.

ENFANTS :

1. **Juste-Miville, dit Deschênes,** bap. à St-Jean-Port-Joli, le
17 octobre 1799 ; m. à Léopold Thériault. Enfants :
Zéphir, m. à Henriette Fournier ; Joseph, m. à M. Dubé.

2. **Marguerite,** bap. le 2 nov. 1805 ; m. à M. Paquet.

3. **Fabien,** bap. le 5 mars 1809 ; déc.

4. **Emérence,** bap. le 10 déc. 1812 ; m. à Johnny St-Pierre.

5. **Judith ou Julie,** bap. le 14 fév. 1818 ; m. à Nazaire Chouinard.

6. **Charles Deschênes,** bap. le 6 janv. 1820 ; m. à Geneviève
Jean. Enfants : Sévère, Cyprien, Théophile m. à C.
Pelletier.

7. **François ou France Miville dit Deschênes,** bap. à St-Jean-
Port-Joli, le 16 sept. 1821 ; se marie le 31 mars 1845,
à Josephte Moreau ; sép. à St-Jean-Port-Joli, le 20
juillet 1899. — Enfants : Célanire, m. à Jean-Marie
Dubé ; Xavier, m. 1ᵒ à Eugénie Thériault et 2ᵒ à
Clarisse Bois ; Léocadie, m. à François Leclerc ;
Hospice, célibataire ; Joseph, m. à Aimée Caron ; Hen-
riette, déc. jeune ; Clara, Sœur Marie-Ange, religieuse
du Bon-Pasteur de Québec ; Assistante et Secrétaire
Générale de sa Congrégation, en 1920 ; Salluste, m. à
Amanda Dupont, maire de St-Jean-Port-Joli.

Les ancêtres de cette famille Miville dit Deschênes
sont : Jean-Baptiste, m. à Barbe Chouinard, vers 1767 ;
Joseph, m. à Charlotte Morin, le 19 nov. 1741 ; Jean-

Charles, m. à Marthe Lavallée, le 28 août 1702 ; Jacques, m. à Catherine Baillon, le 12 nov. 1669 ; Pierre dit le Suisse, de La Rochelle, m. à Charlotte Maugis. Venu au Canada avant 1650.

1re Br.   **VI**   **No 2.**

MARIE-HONORINE-ALPHONSINE CHOUINARD, fille de Julien-Honoré **V** et de Eliz.-Célina Pelletier.
JOHAN SCHWARTZ, fils du consul de Norvège à Québec.
Mariage à Québec, le 22 avril 1892. V. No 32.

ENFANTS :

1. **Marie Schwartz,** née le 8 avril 1893 ; déc. le 16 juillet 1893.
2. **Anton's Schwartz,** bap. à St-Jean-Baptiste de Québec, le 8 mars 1896. Né le 5 mars.
3. **Alfonse-Eric Schwartz,** né le 22 janv. 1898 ; se noie le 11 avril 1915, à Drammen, Norvège.

1re Br.   **VI**   **No 3.**

MARIE-FLORE-ALICE CHOUINARD, fille de Honoré-Julien **V** et de Célina Pelletier.
Dr EDWIN TURCOT, professeur à l'Université Laval.
(1) Mariage à l'Hôpital Général de Québec, le 21 août 1877. V. No 32.

ENFANTS :

1. **Joseph-Allyre Turcot,** né le 24 octobre 1878 ; déc. le 7 juillet 1879.
2. **Louis-Henri-Charles-Edouard Turcot,** né le 29 sept. 1879 ; médecin à Edmonton (Alta) ; m. le 7 juin 1916, à Clorinde Lemieux, fille de Sir Frs Lemieux. Mariage célébré à la chapelle St-Louis, par son Eminence le Cardinal Bégin.
3. **Marie-Jeanne-Blanche-Yvonne Turcot,** née le 3 fév. 1881 ;

entrée au noviciat à l'Hôtel-Dieu du Précieux-Sang
  Québec, le 25 octobre 1904 ; prononce ses vœux perpétuels entre les mains de son Em. le Cardinal Bégin.

4. **M.-Mathilde-Estelle-Béatrice,** née le 2 avril 1882 ; m. à
  René LeMoine, le 8 sept. 1903, à la chapelle St-Louis
  par son Eminence le Cardinal Bégin ; Enfants :
  Le Moine : Henriette, née le 26 mai 1905. Yvonne,
  née le 8 sept. 1908 ; Pierre, né le 9 octobre 1909 ; Pauline, née le 11 juin 1912 ; Suzanne, née le 6 déc. 1914.

5. **Joseph-Edwin Turcot,** né le 12 octobre 1883 ; m. à Mary
  Bussière, de St-Patrice de Montréal. Enfants : Edwin,
  né le 22 avril 1913 ; Frank-Anthony, né le 19 octobre;
  1914 ; Jos.-Robert, né le 11 nov. 1915 ; Geneviève-
  Marguerite, née le 9 avril 1919.

6. **Marie-Gabrielle-Alice,** née le 25 nov. 1884 ; m. à J.-C.-B.
  Walsh, notaire, le 8 janv. 1912, à la chapelle St-Louis,
  par son Em. le Cardinal Bégin.

7. **Joseph-Albert-Jules,** né le 17 fév. 1886, m. le 9 juin 1913,
  avec Alice Lespinay, à l'église St-Jean-Baptiste. Enfants : Roland, né le 18 sept. 1915 : Vincent de Paul, né
  en avril 1917.

8. **René-Antoine,** né le 19 août 1887 ; médecin oculiste ; m. à
  Yvonne Légaré, de Montréal, St-Jacques, le 20 janv.
  1913. Enfants : Jacques, né le 26 octobre 1914; Marc,
  né le 22 juillet 1916 ; Gilles, né le 9 déc. 1917.

9. **Cyrille-Alfred,** né le 7 juillet 1889 ; déc. le 27 juillet 1889.

10. **Stanislas-de-Koska-Bruno,** né en mars 1891 ; déc. le 24
  juillet 1891.

11. **Marguerite,** née le 12 juin 1892 ; m. le 14 avril 1919, à
  Joseph-Rodolphe-Elzébert MacKay, notaire, par son
  Eminence le Cardinal Bégin, à la chapelle St Louis.

12. **Charles-Allyre,** né le 24 octobre 1893 ; déc. le 30 octobre

13. **Remi-André Turcot,** né le 9 juin 1894.

14. **Marie-Priscilla-Myrtha,** née le 17 juillet 1895.

15. **Joseph-Réal-Adrien,** né le 23 nov. 1898.

(1) Mariage célébré par Louis-Nazaire Bégin, ptre, aujour-
d'hui cardinal et arch. de Québec.

1re Br.   VI   Nº 4.

M.-ERNESTINE-ELISA CHOUINARD, fille de Elie V et de
Caroline Dumas.
LUCIEN GAUDRAULT.
Mariage à St-Aubert, le 9 nov 1886. V. Nº 35.
ENFANTS :
1. **Joseph-Lucien-Elie**, né le 26 août 1887, à Holyoke; déc.
le 30 août suivant
2. **Elie**, né le 27 mai 1889, à St-Aubert ; entre chez les Domini-
cains et porte le nom de Père Pie-Marie Gaudrault.
3. **Caroline**, née le 10 déc. 1890, à St-Aubert.
4. **Arthur**, né le 13 avril 1892 ; se marie le 30 mai 1915, à
Bernadette Lamontagne, à Concord N.-H.
5. **Joseph**, né le 27 fév. 1894 ; noyé accidentellement, à Concord,
le 30 juin 1912.
6. **Lucien**, né le 19 août 1895, à St-Aubert.
7 **Adrien**, né le 14 juin 1897.
8 **Antoinette**, née le 8 octobre 1899.
9. **Gérard**, né le 14 juin 1901.

1re Br.   VI   Nº 5.

EMMA CHOUINARD, fille de Elie V et de Caroline Dumas·
JOSEPH BÉLANGER.
Mariage à St-Aubert, le 20 février 1894. V. Nº 35.
ENFANTS :
1. **Joseph-Elie Bélanger**, né le 20 mai 1895 ; déc le 22 mai.
2. **Alfred**, né le 24 août 1896, à St-Aubert ; m. le 27 octobre
1919, à Emeg. Long, à St-Léonard, N.-B.
3. **Praxède**, née le 30 janvier 1898, à St-Aubert.
4. **Joseph**, né le 16 avril 1899.
5. **Thomas Bélanger**, né le 30 sept. 1900.

6. **Philippe Bélanger,** né le 19 février 1901 ; élève en Rhéto-
   rique en 1920.
7 **Reine,** née le 12 sept. 1903, à St-Aubert.
8. **Salluste,** né le 20 janvier 1905.
9. **Gérard,** né le 27 juin 1907.
10. **Alphonse,** né le 12 janvier 1908 ; déc. le 2 août suivant.

Deuxième branche

2e Br.   **II**   '   **N• 1,**

JACQUES-EUSTACHE CHOUINARD, fils de Jacques I et
de Louise Jean.
MADELEINE BÉRUBÉ, fille de de Pierre et de Gen.
Dancasse.

(1) Mariage le 8 juillet 1725. Voir Souche.
ENFANTS :

1. **Marie-Ursule**, bap le 4 août 1726, à l'Islet ; m. le 15 juillet
1748, à Joseph Gaudreau ; sép le 8 mai 1761

2. **Louise-Françoise**, bap. le 25 août 1727 ; m le 12 juillet
1756, à Jacques Alexandre ; sép le 20 octobre 1762, à
St-François, Rivière du Sud.

3. **Eustache**, bap. le 28 octobre 1728 ; m le 30 juin 1751, à
Geneviève Fournier ; inh. le 4 octobre 1796, à St-Fran‑
çois, Riv. du Sud. Infirme ou paralysé les dernières
années de sa vie

4. **Marie-Geneviève**, bap. le 12 mars 1730 ; m le 20 nov.
1747, à Louis Théberge ; sép le 22 nov. 1804, à St‑
François, Riv. du Sud

5 **Alexandre**, bap le 23 octobre 1731.

6 **Marie-Madeleine**, bap. le 16 juin 1733 ; m. le 14 février
1763, à Joseph Dandurand, à St-Thomas.

7 **Joseph-Marie**, bap. le 6 janvier 1735.

8. **Marguerite**, bap. le 17 juin 1736 ; sép le 9 déc. 1739, à St-
Jean-Port-Joli.

9 **Noël**, bap le 25 déc 1738.

10 **Marie-Ludivine**, bap le 30 mai 1740.

11 **Charles**, bap le 18 nov. 1741.

12 **Pierre-François**, bap le 10 mars 1743 ; m le 18 fév. 1765,
à Marie-Cécile Cormier ; sép le 8 juin 1808, à St-Jean-
Port-Joli

13 **Marie-Elisabeth**, bap. le 10 nov. 1744 ; m. 1º le 23 nov.

1761, à Joseph Charnerre, 2º à Denis Coquillier, le
23 janvier 1764 ; sép. le 23 fév. 1771.

14. **Anonyme,** bap. et sép. le 21 octobre 1746.

15. **Charles,** bap. le 12 fév. 1748 ; sép. le 2 juin suivant.

16. **Roger,** bap. le 11 avril 1749 ; sép. le 4 janvier 1750.

17. **Marie-Claire,** bap. le 8 octobre 1750 ; m. à Jean-Noël
Dupont, le 15 fév 1768, à Montmagny ; sép. à St-
François, le 7 avril 1778.

18 **Ignace,** bap. le 12 janvier 1754, déc. célibataire, le 24 mars
1796, à St-François, Riv. du Sud. Pieux mais maladif

(1) Date du contrat de mariage. Eustache Chouinard, maître-
cordonnier.

2ᵉ Br.   III   Nº 2.

**EUSTACHE CHOUINARD, fils de Eustache II et de Made-
leine Bérubé.**

GENEVIÈVE FOURNIER.

Mariage à Montmagny, le 30 juin 1751 V. Nº 1.

ENFANTS ·

1 **Marie-Geneviève,** bap. le 2 mai 1752 ; m. à Guillaume Roy,
veuf de Madeleine Gravel, le 6 juillet 1778 ; sép. à
Beaumont, le 21 déc. 1811.

2 **Marie-Joseph,** bap le 15 juillet 1753 ; sép à St-François,
le 9 juin 1790.

3 **Eustache,** bap à St-François, Riv du Sud, le 8 fév. 1755.

4. **Joseph-Marie,** bap le 15 mars 1757 ; se marie le 9 octobre
1780, à Marie-Joseph Fauchon, à St-François ; décès
avant le 1ᵉʳ fév. 1792.

5. **Marie-Reine,** bap. le 15 mai 1759 ; sép. à Beaumont, le
23 fév. 1833.

6. **Victoire,** bap. le 7 nov. 1761 ; se marie le 24 nov. 1795, à
Joseph Fradette, veuf de Marie-Anne Canac dit Marquis ; sép. le 3 avril 1797, à St-François, Riv. du Sud.

7. **Augustin,** né en 1761 ; il est parrain à Beaumont, le 16 juin
1779.

8. **Rose**, née en 1763 le 16 août ; m. le 16 nov 1790, à Jean-Baptiste Cayouet ; sép. à Beaumont. le 16 juin 1818. Grand'mère de feu l'abbé J -A -R. Cayouette, curé de St-Mathieu, Rimouski.
9. **Jean-François**, bap. le 16 août 1763 ; jumeau de Rose ; m. à Charlotte Coache.
10. **Antoine**, né en août 1766 ; sép. le 10 déc 1767, agé de 16 m.
11. **Ambroise**, né le 4 avril 1772 ; sép à St-François, le 26 août 1792.

2e Br.   III   N° 3.

PIERRE-FRANÇOIS CHOUINARD, fils de Eustache II et de
Madeleine Bérubé.

CÉCILE CORMIER.
     Mariage le 18 fév. 1765, à Montmagny. V. N° 1
ENFANTS .
1. **Pierre**, bap. le 21 sept 1768 ; sép le 28 mai 1836, à St-Jean.
2. **Marie-Véronique**, bap le 1er avril 1776.
3. **Thérèse**, bap. le 11 août 1779 ; sép. le 11 mars 1780
4. **Louis-Marcel**, bap. le 1er nov. 1782
5. **Marie-Cécile**, bap. le 5 sept. 1784.
6. **Marie-Marguerite**, bap en 1787 ; se marie le 8 fév. 1825 à Pierre Thibault ; 2° à Jos. Caron, le 28 nov. 1848, à L'Islet.
7. **Julien**, bap. vers 1785 ; m. à Françoise Chouinard, le 20 août 1828 ; sép. le 17 octobre 1844.
8. **Marie-Geneviève**, bap. le 21 fév. 1790 ; m. à Louis Godin, le 22 juin 1813.

2e Br.   IV   N° 4.

JOSEPH-MARIE CHOUINARD, fils de Eustache III et de
Geneviève Fournier.

MARIE-JOSEPH FAUCHON, fille d'Alexis et de Marie-Joseph
Dodier(1).

Mariage à St-François, Riv. du Sud, le 9 octobre 1780.
V. Nº 2.

ENFANTS :

1. **Marie-Joseph,** née à St-François, le 17 août 1781.
2. **Marie-Victoire,** bap le 16 fév. 1784 ; inh. le 23 mars 1785.
3. **Marguerite,** bap. le 20 juin 1785 ; inh. le 2 mars 1787.   .
4. **Joseph,** bap. le 9 janv. 1787 ; assiste comme témoin au mariage de son frère François-Ambroise, le 19 août 1806.
5. **François-Ambroise,** bap. le 4 octobre 1788; m. 1º à M.-Madeleine Langlois ; 2º à Marguerite Béchard ; sép. à Ste-Claire, le 4 nov. 1866.
6. **Jean-Baptiste,** bap. le 20 avril 1792 ; sép le 1er fév. 1793
    (1) Sœur de Louis Dodier, 1er époux et 1ère victime de la Corriveau.

Alexis Fauchon naquit en France vers 1730.

2e Br.   **IV**   **Nº 5.**

JULIEN CHOUINARD, fils de Pierre-François III et de Cécile Cormier.

FRANÇOISE CHOUINARD, fille d'Abraham et de Françoise Pelletier.

Mariage à St-Jean-Port-Joli, le 20 août 1828. V. Nº 3.

ENFANTS :

1. **Marie,** bap le 24 octobre 1830.
2. **M.-Clarence,** bap. le 9 mars 1832 ; m. à Léon Fricot ou Frigault, le 19 avril 1853 ; sép le 14 août 1905.
3. **M.-Adélaïde,** bap. le 28 juillet 1835.
4. **Marie-Reine,** bap. le 20 mars 1837.
5. **Prime,** bap. le 20 mars 1837; jumeau de Marie-Reine.
6. **Marie-Esther,** bap. le 10 mars 1839 ; m. à François-Xavier Lafrance dit Lévesque ; sép. le 31 mars 1915, à St-Sauveur.
.7. **Joseph-Alfred,** bap. le 22 mars 1842

12

2e Br.   **V**   **No 6.**

FRANÇOIS-AMB. CHOUINARD, fils de Joseph-Marie IV et
de Marie-Joseph Fauchon.
MARIE-MADELEINE LANGLOIS.
Mariage à St-François, Riv du Sud, le 19 août 1806.
V. No 4.

ENFANTS :

1. **Marguerite**, bap. le 11 mai 1807 ; sép. le 26 juillet suivant.
2. **Marie**, née en 1808 ; elle épouse Pierre Richard ; sép. à
Ste-Claire, le 8 août 1887.

2e Epouse

MARGUERITE BÉCHARD.
Mariage à St-Gervais, le 22 fév. 1813.

3. **François**, bap le 17 août 1814, à St-Gervais ; se marie à
Marie Anne Cinq-Mars, le 26 nov 1839 ; déc. le 11
avril 1858.
4 **Adélaïde**, bap le 9 mai 1816 ; déc. le 8 déc. 1902.
5. **Angèle**, bap le 4 juin 1818 , se marie avec Louis Tessier
dit Laplante ; inhumée aux Etats-Unis.
6. **Pierre**, bap en 1822 ; se marie 1o à Euphémie Coulombe ;
2o à Euphrosine Rousseau ; déc. le 2 sept, 1900.
7. **Joseph**, bap. en 1824 ; se marie à Marguerite Fortier ;
sép. en 1899.
8 **Camille**, bap. à Ste-Claire, le 19 août 1826 ; m. à Mathilde
Labbé, le 12 nov. 1850 ; déc. le 4 mars 1877.

2e Br.   **VI**   **No 7.**

FRANÇOIS CHOUINARD, fils de François V et de Marguerite
Béchard.
MARIE-ANNE CINQ-MARS.
Mariage à Ste-Claire, le 26 nov. 1839   V. No 6

ENFANTS :

1. **M.-Angélina,** bap. le 8 nov. 1840 ; m. à Jean-Baptiste Drouin

2. **Marie-Dina**, bap. le 12 avril 1843 ;   m. à Georges-Ubald
   Gagnon ;   décédée aux environs de 1900.
3. **Marie-Anna,** bap. le 28 fév. 1847 ;   m. à Elzéar Bernard ;
   déc. le 23 déc. 1915, à St-Roch de Québec.
4. **Narcisse,** bap. le 15 octobre 1849 ; m. à Hélène Guay ; sep.
   à Lévis.

2ᵉ **Br.**   **VI**   **Nᵒ 8.**

**JOSEPH CHOUINARD, fils de François V et de Marguerite
Béchard.**
MARGUERITE FORTIER.
   Mariage à Ste-Claire, le 10 nov. 1846. V. Nᵒ 6.
ENFANTS :

1. **Adèle,** bap. à St-Gervais, en 1847 ;   m. à Joseph Fortier.
2. **Marie-Elisabeth,** bap. le 7 fév. 1849 ;   Sœur St-Grégoire,
   de la Congrégation Notre-Dame ; déc. à Montréal.
3. **Joseph-Luc,** bap. à Ste-Claire, le 18 octobre 1850 ; m. à
   Philomène Fradet, le 13 juillet 1874.
4. **Rose-de-Lima,** bap. le 29 août 1852 ; m. à Pierre Lapointe ;
   déc. le 28 déc. 1907.
5. **Pierre-Alfred,** bap. le 28 mars 1854 ; déc. célibataire, le
   17 nov. 1909.
6. **Samuel,** bap. en 1856 ; m. avec Adèle Lapointe.
7. **Marie-Emilie,** bap. le 18 janv. 1858 ; déc. le 4 mai 1911.
8. **Marie-Justine,** bap. le 21 nov. 1859 ; m. à Joseph Morin ;
   déc. le 30 sept. 1904.
9. **M.-Angélina,** bap. le 18 juin 1861 ; m. à Jules Larochelle ;
   déc. le 27 juillet 1891.
10. **François-Edouard,** bap. le 6 octobre 1862 ; déc. le 3 fév.
   1866.
11. **Joseph-Edmond,** bap. le 19 octobre 1867 ; sép. le 26 mai 1868.
12. **Valérie,** bap. le 26 nov. 1864 ; déc. le 13 déc. 1904.
13. **Adélina,** bap. le 22 mars 1866.

2e Br.   **VI**   **No 9.**

PIERRE CHOUINARD, fils de François-Amb. V et de Margue-
rite Béchard.

EUPHÉMIE COULOMBE.
Mariage à Québec, le 7 juillet 1846. V. No 6.

ENFANTS :

1. **Angélina,** bap le 12 juillet 1847 ; m. avec Elzéar St-Pierre ;
déc. le 3 mai 1904

2 **Pierre-Zéphirin,** bap. en 1850.

3. **François-Xavier,** bap. vers 1852; m. à Délima Fortune.

4. **Joseph-Hector,** bap. en 1855 ; m. à Joséphine Latouche ;
musicien, chef d'orchestre, président de l'Union Pales-
trina de Québec.

5. **Adéline,** bap. vers 1860 ; m. à Bénoni Guérin.

2e *Epouse*

EUPHROSINE ROUSSEAU.
Mariage à Québec.

6 **Zelphida,** bap.   ; m. à Frs-Xavier Gagné ; déc. à 23 ans.

7. **Octavie,** déc. jeune.

2e Br.   **VI**   **No 10.**

CAMILLE CHOUINARD, fils de François-Amb. V et de Mar-
guerite Béchard.

MATHILDE LABBÉ.
Mariage à Québec, le 12 nov. 1850. V. No 6.

ENFANTS :

1. **Camille,** bap. le 2 janv. 1852 ; se marie avec Adélaïde
Paradis, le 22 sept. 1873

2. **Mathilde,** bap. le 8 fév. 1854 ; se marie à Georges Fiset,
le 24 nov. 1890.

3. **Nicostrade, (Frs-Xavier),** né le 5 octobre 1855; m. à Adéline
Garneau, le 29 octobre 1877.

4. **Joseph-Ambroise,** bap. le 19 juillet 1857 ; m. 1⁰ avec
    Rébecca Frédérique ; 2⁰ à Rosalie Mercier, le 4 juillet
    1898.
5. **Victor,** bap. le 10 mars 1859 ; se marie à Henriette Garneau,
    le 8 nov. 1886.
6. **Ferdinand,** né le 23 déc. 1861 ; sép. le 7 fév. 1866, à St-Jean-
    Baptiste de Québec.
7. **Octave,** bap. le 5 octobre 1863 ; m. à Adèle Giroux, le 8
    sept. 1890.
8. **Julie-Léa,** bap. le 18 janv. 1867; le 5 juin 1894, elle épouse
    Ernest Gingras.
9. **Delphis-Arthur,** né le 10 nov. 1869 ; sép. le 27 janv. 1873.

2ᵉ **Br.**   **VII**   **Nᵒ 11.**

CAMILLE CHOUINARD, fils de Camille **VI** et de Mathilde
Labbé.
ADÉLAÏDE PARADIS.

Mariage à St-Roch de Québec, le 22 sept. 1873. V. Nᵒ 10.

ENFANTS :

1. **Charles-Camille,** bap. le 19 août 1874 ; déc. le 22 juin 1881.
2. **Adélaïde-Emma,** bap. le 6 juillet 1876 ; sép. le 21 fév. 1881.
3. **Valérie-Albertine,** bap. le 9 mai 1879 ; m. à Moïse Drolet.
4. **Mathilda-Laura,** bap. le 13 mars 1881 ; déc. le 13 sept. 1882.
5. **Narcisse-Arthur,** bap. le 1ᵉʳ mai 1883 ; déc. le 18 fév. 1888.
6. **Octave-Wilfrid-Odilon,** bap. le 29 mars 1885 ; déc. le 26
    juillet 1886.
7. **Delvina-Eva,** bap. le 5 fév. 1887 ; déc. le 30 mars 1891.
8. **Marie-Délia,** bap. le 5 mai 1889 ; déc. le 6 mai 1889.
9. **Joseph-Stanislas,** bap. le 15 août 1890 ; se marie le 17 juin
    1912, avec Alice Ménard, fille de Charles et de Anna
    Dupuis dit St-Michel.
10. **Marie-Anna-Flora,** bap. le 13 juillet 1892.
11. **Eva-Valéda-Alice,** bap. le 6 juin 1896 ; déc. le 14 déc. 1898.

2e Br.·   **VII**   **No 12.**

JOSEPH-LUC CHOUINARD, fils de Joseph VI et de Marguerite Fortier.

PHILOMÈNE FRADET.
        Mariage à Ste-Claire, le 13 juillet 1874. V. No 8.
ENFANTS :
  1 **Marie-Anne-Philomène**, bap. le 1er nov. 1875.
  2 **Marie-Joséphine**, bap. le 31 octobre 1877 ; déc à 5 mois.
  3. **Jos.-Hilaire**, bap le 7 nov. 1879 ; ordonné prêtre le 25
        avril 1909 ; curé de St-Octave de Dosquet.
  4. **Maria-Joséphine**, bap. le 9 mars 1882 ; déc. à l'âge de 9 ans.
  5 **Jos.-Charles**, bap. le 19 mars 1884.
  6. **Joseph-Georges**, bap. le 23 fév. 1886.
  7. **Rose-de-Lima**, bap. le 12 fév 1888.
  8. **Jos.-Laurent**, bap. le 19 janv. 1893.

2e Br.   **VII**   **No 13.**

FRANÇOIS-XAVIER CHOUINARD, fils de Pierre VI et de
Euphémie Coulombe.

DÉLIMA FORTUNE
        Mariage en 1876, à Québec. V. No 9.
ENFANTS :
  1 **Pierre-Raoul**, bap. en nov. 1877 ; m. 1o à Blanche Marceau ;
        2o à Alice Terreau ; 3o à Blanche Jalbert.
  2. **Victor-Amédée**, bap. le   ; m. à Blanche Marceau,
        le 12 juillet 1910.
  3. **Henri**, déc. à l'âge de 21 ans, en 1913.
  4 **Eugène**, bap. en 1894 ; m. à Berthe-Juliette St-Cyr.
  5. **Roméo**, bap. en 1880.
  6 **Mathias-Henri**, décédé.
  7. **Louis-Lucien.**
  8 **Maria**, bap. et déc. en 1884.
  9. **Charles-Ivanhoë**, décédé.
10 **Julia**, bap en 1896.

2e Br. **VII** **No 14.**

JOSEPH-HECTOR CHOUINARD, fils de **Pierre VI** et de
Euphrosine Coulombe.
MARIE-JOSÉPHINE LATOUCHE.
    Mariage à St-Roch de Québec, le 1er août 1877. V. No 9.
ENFANTS :
  1. **Marie-Georgiana-Joséphine**, bap. le 17 mai 1878 ; se marie
    à Jos.-Eugène Giguère, le 21 avril 1913.
  2. **Marie-Zélia**, bap. en janv. 1880 ; déc. le 15 juillet 1880.
  3. **Joseph-Roméo**, bap. le 16 fév. 1881 ; m. à Arthémise Guay.
  4. **Marie-Honorat**, bap. en juillet 1882 ; déc. le 27 août 1882.
  5. **Jos.-Arthur**, bap. le 28 octobre 1892 ; se marie à Claire
    Therrien.
    Joséphine Latouche, déc le 23 déc. 1918.

2e Br. **VII** **No 15.**

SAMUEL CHOUINARD, fils de **Joseph VI** et de **Marguerite**
Fortier.
ADÈLE LAPOINTE, déc. le 2 mai 1921.
    Mariage vers 1882. V. No 8
ENFANTS :
  1. **Adèle**, bap. le 20 sept. 1883, à Ste-Claire.
  2. **M.-Rose-Anna**, bap le 22 juillet 1885.
  3. **Jos.-Réal-Samuel**, bap. le 13 octobre 1887 ; m. à Maxima
    Audet, le 31 août 1909.
  4. **Jos.-Narcisse**, bap. le 27 nov. 1889.
  5. **Jos.-Hilaire**, bap. le 13 janv. 1892.
  6. **Marie-Amanda**, bap. le 9 janv. 1894.
  7. **Marie-Louise-Rose-Aimée**, bap. le 3 mars 1896.
  8. **Jos.-Roméo**, bap le 13 juin 1898
  9. **Jos.-Henri**, bap. le 2 sept. 1900.
 10. **Marie-Rosa-Alma**, bap. le 14 sept. 1902.
 11. **Jos.-Edouard**, bap. le 14 octobre 1908.

2e Br.   **VII**   **N° 16.**

NARCISSE CHOUINARD, fils de Jos.-François et de Marie-
Anne Cinq-Mars.

HÉLÈNE GUAY.
Mariage en 1872. V N° 7
ENFANTS :
1. **Joseph**, bap. le 2 avril 1873 ; se marie à Anny Pawel ; déc.
2. **Alodie**, bap. le 24 janv. 1875 ; elle épouse Omer Bouchard,
chef de gare à Montmagny, le 4 août 1909.
3. **Honorius**, bap. le 24 fév. 1877 ; m. à Marie-Anna Gaudreau.
4. **Valère**, bap. le 20 janv. 1879.
5. **Marie-Anna**, bap. le 11 fév. 1881 ; elle épouse Jean-Baptiste
Mercier.
6. **Régina**, bap. le 29 octobre 1882 ; se marie à Hervé Duclos.
7. **Adélard**, bap. à Lévis, le 28 sept. 1884 ; ordonné prêtre à
Bienville, le 14 avril 1912 ; vicaire à l'Ancienne Lorette en 1912 ; puis à Beauport en 1916

2e Br.   **VII**   **N° 17.**

OCTAVE CHOUINARD, fils de Camille VI et de Mathilde
Labbé.

ADÈLE GIROUX.
Mariage à Québec, le 8 sept 1890 V. N° 10.
ENFANTS :
1. **Albert**, bap. en octobre 1891 ; m. à Emilia Rondeau.
2. **Eva**, bap. le 5 janv. 1894 ; m. à Arthur Hébert, le 13 sept.
1920.
3. **Alexandre**, bap. le 24 nov. 1895 ; m. à Héléna Dolbec.
4. **Emilia**, bap. en 1897.
5. **Oscar**, bap. en 1900.
6. **Napoléon**, bap. en 1903.
7. **Marie-Blanche**, bap. en 1904.
8. **Marie-Jeanne-Alberta**, bap. le 6 avril 1907.

2e Br.   **VII**   **No 18.**

NICOSTRADE-F.-X. CHOUINARD, fils de Camille VI et de
Mathilde Labbé.

ADÉLINE GARNEAU.
        Mariage à Québec, le 29 octobre 1877. V. No 10.
ENFANT :
  1. **Jos-Emile-Jérémie-Arthur**, bap. le 15 déc. 1879 ; m. à
     Marie Michaud, le 31 déc. 1917, à Salem, E.-U.

2e Br.   **VIII**   **No 19.**

PIERRE-RAOUL CHOUINARD, fils de Frs-Xavier VII et de
Délima Fortune.

BLANCHE MARCEAU.
        Mariage à Québec, le 3 juillet 1899. V. No 13.
Pas d'enfants.

2e *Epouse*

ALICE TERREAU.
        Mariage le 16 juin 1903, à la Basilique de Québec.
ENFANTS :
  1. **Anonyme**, sép. le 3 avril 1905.
  2. **Pierre**, sép. le 6 janv. 1906.
  3. **Thérèse-Suzanne-Elisabeth**, bap. le 18 déc. 1906. déc.
  4. **François**, bap. le 2 mars 1908 ; déc. jeune.

3e *Epouse*

BLANCHE JALBERT.
        Mariage, à St-Jean-Baptiste de Québec, le 26 avril 1915.

2e Br.   **VIII**   **No 20.**

JOS-CHARLES CHOUINARD, fils de Jos-Luc VII et de
Philomène Fradet.

EUGÉNIE LABONTÉ.
        Mariage le 12 juillet 1905. V. No 12.

ENFANTS ·
1. **Victoria-Eugénie**, bap le 24 mai 1906, à Ste-Claire
2. **Jean-Charles**, bap. le 17 mai 1907.
3. **Georges-François**, bap le 9 avril 1908.
4. **Jos.-Antoine**, bap. le 5 juillet 1909.
· 5. **Yvonne-Joséphine**, bap. le 29 juillet 1910.   .
6. **Jos.-Gérard**, bap le 18 janvier 1912.

2ᵉ **Br.**   **VIII**   N⁰ 21.

ROMÉO CHOUINARD, fils de Jos-Hector VII et de Marie-
                                        Joséphine Latouche.
ARTHÉMISE GUAY.
        Mariage à Lévis, le 1ᵉʳ août 1905. V. N⁰ 4.
ENFANTS :
1. **Juliette**, bap le 23 juin 1906.
2. **Marie-Joséphine-Alice**, bap. le 21 juillet 1907 ; sép. le 21
    mars 1911.

2ᵉ **Br.**   **VIII**   N⁰ 22.

MARIE-JOSEPH-STANISLAS CHOUINARD, fils de Camille
                            VII et de Adélaïde Paradis.
ALICE MÈNARD. fille de Charles et d'Anna Dupuis.
        Mariage à St-Sauveur, le 17 juin 1912. V. N⁰ 11.
ENFANTS :
1. **Marie-Alice-Bernadette**, bap. à St-Sauveur, le 5 avril 1913·
2. **Joseph-Camille-Henri**, bap. le 13 mai 1914 ; déc. le 25
    juin 1914
3. **Joseph-Ludger-Maurice**, bap. le 9 avril 1915.
4. **Joseph-Paul-Emile-Arthur**, bap. le 20 déc. 1916 ; déc. le
    1ᵉʳ janv. 1917.
5. **Joseph-Moïse-Marcel**, bap le 19 mai 1918.
6. **Marie-Corinne-Marguerite**, báp. le 6 août 1919, à St-
    Sauveur.

2e **Br.**   **VIII**   N⁰ 23.

JOSEPH-ARTHUR CHOUINARD, fils de Joseph-Hector VII
et de Marie-Joséphine Latouche.
CLAIRE THERRIEN.

> Mariage à Québec, le 10 sept. 1913. V. N⁰ 14.

ENFANT :

1. **Marie-Joséphine-Germaine,** bap. le 30 mai 1914.

2e **Br.**   **VIII**   N⁰ 24.

ALBERT CHOUINARD, fils de Octave VII et de Adèle Giroux.
EMILIA RONDEAU.

> Mariage à St-Grégoire de Montmorency, le 12 sept.
> 1916. V. N⁰ 17.

ENFANTS :

1. **Albert,** bap. le 4 juin 1917, à St-Sauveur.
2. **Athanase,** bap. le 2 avril 1919, à St-Sauveur.
3. **Octave,** né le 6 juin 1920.

2e **Br.**   **VIII**   N⁰ 25.

NARCISSE CHOUINARD, fils de Samuel VII et de Adèle
Lapointe.
ROSE-ANNA AUDET.

> Mariage à St-Léon de Standon. V. N⁰ 15.

ENFANTS :

1. **Rosaire,** bap. le 26 mars 1914.
2. **Adélard,** bap. le 17 août 1915.
3. **Marie-Anna,** bap. le 13 sept. 1916.
4. **Cécile,** bap. le 30 sept. 1917.
5. **Hélène,** bap. le 8 sept. 1918.

2e **Br.**   **VIII**   N⁰ 26.

RÉAL CHOUINARD, fils de Samuel VII et de Adèle Lapointe.
ALMA AUDET dit LAPOINTE.

Mariage à St-Léon de Standon, le 31 août 1909. V. Nº 15.

ENFANTS :

1 François-Sauveur, bap. le 9 sept. 1910 ; sép. en octobre.
2 Gérard-Donat-Wilfrid, bap. le 15 sept. 1911 ; sép. en octobre 1911.
3 Emile-Antonio, bap le 23 octobre 1912.
4. Georges-Aimé, bap le 23 avril 1914.
5. Marguerite-Bernadette, bap le 18 mai 1917.
6. Amanda, bap. le 17 nov. 1918.

2e Br.   VIII   Nº 27.

VICTOR-AMÉDÉE CHOUINARD, fils de Frs-Xavier VII et de Délima Fortune.

BLANCHE MARCEAU, fille d'Eugène.

Mariage à Jacques-Cartier, le 12 juillet 1910 V. Nº 13.

ENFANTS :

1. Paule-Alice, bap. le 9 avril 1911.
2. Léda-Jeannette, bap. le 26 juin 1912.
3. Marie-Thérèse-Alice, bap. le 26 août 1913 ; sép. le 10 déc.
4. Joseph-Edgar-Adrien, bap. le 15 octobre 1914.
5. Jos.-Raoul-Roger, bap. le 3 octobre 1915.
6. Marie-Antonia-Alice, bap. le 19 nov. 1916.
7 Thérèse, bap. le 1er janvier 1918.

2e Br.   VIII   Nº 28.

CHS-DOMINIQUE-EUGÈNE CHOUINARD, fils de François-Xavier VII et de Délima Fortune.

BERTHE-JULIETTE ST-CYR.

Mariage à Jacques-Cartier, le 14 fév. 1916. V. Nº 13.

ENFANTS :

1. Marie-Thérèse-Gemma-Juliette-Delphine, bap. le 28 avril 1917.
2. Joseph-Ivanhoë, né en 1918.

2e Br. **VIII** **No 29.**

ALEXANDRE CHOUINARD, fils de Octave VII et de Adèle Giroux.
HÉLÈNA DOLBEC.
>Mariage à St-Roch de Québec, le 7 août 1917. V. No 17.

ENFANT :
1. **Roger,** né le 18 octobre 1919.

Descendance féminine

2e Br. **VII** **No 1.**

MARIE-ANNA CHOUINARD, fille de Jos-François VI et de M.-Anne Cinq-Mars.
ELZÉAR BERNARD.
>Mariage à St-Raphaël, le 16 sept. 1869. V. No 7.

ENFANTS :
1. **Rose-Anna Bernard,** bap. en 1870 ; m. à Alfred Gingras.
2. **Louise-Joséphine Bernard,** bap. le 26 octobre 1871 ; m. à Edmond Morin.
3. **Joseph-Elzéar Bernard,** né le 19 octobre 1873 ; déc. le 20 fév. 1874.
4. **Marie-Jos.-Elzéar Bernard,** né le 1er fév. 1875 ; se marie avec Rose-Anna Massé.
5. **Marie-Anne-Eva Bernard, Sœur St-Vincent de Paul,** née le 30 juin 1877 ; entrée en religion le 8 sept. 1907 ; Hospitalière du Cœur Agonisant de Jésus, Lévis ; professe en avril 1910.
6. **Alexandre-Aimé Bernard,** bap. le 3 juillet 1879 ; déc. le 13 juin 1906.
7. **Jos.-Honorius Bernard,** bap. le 1er déc. 1881.
8. **Marie-Anne-Augusta Bernard,** bap. le 23 mai 1884 ; déc. le 12 juillet.

9. **Marie-Anne-Blanche-Béatrix Bernard,** née le 29 octobre
   1885 ; musicienne, organiste de la congrégation des
   Enfants de Marie, à St-Roch de Québec.
10. **Marie-Joseph-Alfred Bernard,** né le 6 fév. 1887 ; m. à
    Alice Drouin, fille d'Alexis, le 24 juin 1919 ;   enfant :
    Jacqueline Bernard, née le 13 sept. 1920.   .
11. **Marie-Rose-Bernadette Bernard,** bap. le 18 fév. 1889;
    musicienne et cantatrice.

2e **Br.**   **VII**   **N⁰ 2.**

MARIE-DINA CHOUINARD, fille de François VI et de Marie-
                                      Anne Cinq-Mars.
GEORGES-UBALD GAGNON.
       Mariage à Ste-Claire, vers 1862. V. N⁰ 7.
ENFANTS :

1. **Anysie, Sœur Marie du Carmel,** des Sœurs de la Charité
   de Québec, (Srs Grises) ; née en 1863 ; déc. le 24 déc
   1885.
2. **Léontine,** bap. en 1865 ; m. à Onésime Bilodeau ; sép. en 1911.
3. **Paméla,** née en 1867 ; se marie 1⁰ à Camille Bilodeau, et;
   2⁰ à Léopold Girard
4. **Fédora,** née en 1869 ; déc. le 15 fév. 1886, âgée de 17 ans.
5. **Angéline,** née en 1870 ; m. à Antoine Labrecque ; déc.
   en 1910.
6. **Joseph-Ubald,** bap. en 1873 ; épouse 1⁰ Marie-Louise Fortier ; 2⁰ Edith Fortier, sœur de la précédente.
7. **Léonce,** déc. à l'âge de 22 mois
8. **Léonidas,** né en 1877 ; déc. en mars 1887.
9. **Marie-Louise,** bap. en 1878 ; déc en 1883.
10 **Marie-Anne, Sœur Ste-Agathe de Jésus,** religieuse Hospitalière de l'Hôtel-Dieu du Précieux-Sang de Québec ;
   née en 1881, à St-Raphaël ; entrée en religion le 8 mai
   1905 ; professe de chœur en 1907 ; déc. le 13 déc. 1920.

11. **Valère**, déc. à l'âge de 18 mois.
12. **Marie-Louise-Georgiana**, déc. à l'âge de 4 ans.

2e Br.   **VII**   **No 3.**

MATHILDE CHOUINARD, fille de Camille VI et de Mathilde
                                                          Labbé.
GEORGES FISET.
        Mariage à Québec, le 24 nov. 1890. V. Nᵒ 10.
ENFANTS :
  1. **Blanche**, bap. le 17 octobre 1891 ; déc. le 4 mars 1897.
  2. **Georges**, né le 15 fév. 1893 ; déc. jeune.
  3. **Anonyme**, né en septembre 1895.

2e Br.   **VIII**   **No 4.**

ALODIE CHOUINARD, fille de Narcisse VII et de Hélène Guay.
J.-OMER BOUCHARD, (télégraphiste.)
        Mariage à Bienville, le 4 août 1909. V. Nᵒ 16.
ENFANTS :
  1. **Claire**, née le 13 janvier 1912.
  2. **Maurice**, né le 19 août 1913.
  3. **Madeleine**, née le 5 avril 1916.

2e Br.   **VIII**   **No 5.**

M.-GEORGIANA-JOSÉPHINE CHOUINARD, fille de Jos.-
                        Hector VII et de Joséphine Latouche.
JOS.-EUGÈNE-GIGUÈRE.
        Mariage à Jacques-Cartier, le 21 avril 1913. V. Nᵒ 14.
ENFANT :
  1. **Joseph-Hector-Adrien Giguère**, né le 8 sept. 1920, à Québec.

Troisième branche

3ᵉ Br.   **II**   **No 1.**

PIERRE CHOUINARD dit LAÎNÉ, fils de Jacques I et de
Louise Jean.

URSULE MARTIN, fille de Louis I et de Louise Ratté.
Mariage à Ste-Anne de la Pocatière, le 14 fév. 1724.
Voir souche.

ENFANTS :

1. **Marie-Louise**, bap. à L'Islet, le 20 nov. 1724 ; m. 1⁰ à Jean
Labbé en 1751 ; 2⁰ à Louis Bourget, le 23 fév. 1757,
à L'Islet. Sép.

2. **Pierre**, bap. le 26 déc. 1725 ; m. 1⁰ à Madeleine Morin,
vers 1848 ; 2⁰ à Angélique Richard, le 28 octobre 1799 ;
sép. le 27 janv. 1804, à St-Jean.

3. **Anonyme**, bap. et sép. le 18 mai 1727.

4. **Louis-Marie**, bap. le 6 juin 1728 ; m. 1⁰ à Barbe Rondeau ;
2⁰ à François Pelletier, le 25 nov. 1771, à St-Jean-Port-
Joli ; inh. au même endroit, le 6 juin 1784.

5. **Marie-Thérèse**, bap. le 7 mai 1730 ; sép. le 19 octobre 1732.

6. **Jean-François**, bap. le 24 fév. 1732 ; m. le 18 fév. 1754,
à Marguerite Morin, à St-François Rivière du Sud ;
inh. à St-Jean-Port-Joli, le 28 janv. 1798.

7. **Marie-Ursule**, bap. le 8 mars 1734, à l'Islet ; m. le 14 fév.
1752, à Nicolas Ducros dit Laterreur ; sép. en 1760.

8. **Gabriel**, bap. le 6 fév. 1736 ; m. 1⁰ à Françoise Leclerc dit
Francœur, le 8 nov. 1762 ; 2⁰ à Françoise Toussaint,
le 8 fév. 1768 ; inh. à Rimouski, le 15 mars 1820.

9. **Julien**, bap. le 4 janv. 1739 ; inh. le 4 août 1742 dans le
cimetière de St-Jean-Port-Joli.

10. **Charles-François**, bap. le 3 déc. 1740 ; m. à Agathe Dutremble dit Desrosiers, vers 1767 ; sép. à St-Jean-Port-
Joli, le 27 janv. 1824.

11. **Marie-Reine**, bap. vers 1742 ; m. à Louis Toussaint, le 30

80ª

VILLAGE ACTUEL DE BEAUMONT-LA-RONCE.
A DROITE, CHATEAU DU MARQUIS DE BEAUMONT ; A GAUCHE, LA NOUVELLE EGLISE.

P. XIX

janv. 1764 ; 2º à Vincent Concini dit Sanfaçon, le
27 octobre 1788.

12 **Geneviève**, née vers 1743 ; se marie 1º à Jacques Colin,
notaire royal, à L'Islet ; 2º à Pascal Gagnon, à Ste-
Anne de la Pocatière, le 5 nov. 1793 ; 3º à Benjamin
Boucher, le 26 sept. 1803, à Ste-Anne ; sép. à Kamouraska.

3e **Br.**   **III**   **No 2.**

**PIERRE CHOUINARD, fils de Pierre II dit Laîné et de Ursule
Martin.**

MARIE-MADELEINE MORIN.
(1) Mariage vers 1748.   V. Nº 1

ENFANTS :

1. **Pierre**, bap le 28 avril 1749 ; m. le 20 nov. 1781, à Marie-
   Angélique Leclerc ; sép le 19 janv 1835, âgé de 84
   ans (86).
2. **M.-Marguerite**, née le 18 octobre 1759 ; bap le 9 déc.
   1759 , sép le 1er fév, 1830.
3. **Charles-François**, bap. le 8 octobre 1763 ; épouse Modeste
   Méthot ; sép. le 10 mai 1828.
4. **Jacques**, bap. en 1760 ; m. à Françoise Ducros dit Laterreur, le 22 juillet 1782 ; sép. le 20 août 1830.
5. **Joseph**, bap. en 1764 ou 1766 ; le 8 janv. 1788, il épouse
   Catherine Morin ; 2º Brigitte Lamonde ; sép. le 15
   mai 1843.
6. **Jean-Baptiste**, bap. le 30 avril 1765 ; sép le 10 juillet 1785,
   sous le nom de Julien.
7. **Marie**, bap. le 25 octobre 1767 ; inh. le 18 juillet 1826.
8. **Geneviève**, bap le 17 octobre 1769 ; elle épouse 1º Joseph
   Carrier, le 27 juin 1792.
9. **Madeleine**, bap. après 1750 ; elle épouse Louis-Marie Fournier, le 8 nov. 1779, à St-Roch-des-Aulnaies ; sép. le
   23 nov. 1825.

10. **Julien,** bap. le 8 octobre 1775 ; se marie 1º avec Marguerite
Labrousse, le 18 sept. 1798, à Montmagny ; 2º à Marie-
Angélique Chouinard, le 8 nov. 1802 ; sép. à St-Jean-
Port-Joli, le 9 octobre 1827.

2ᵉ *Epouse*

ANGÉLIQUE RICHARD.
Mariage le 23 octobre 1799.

(1) A cette époque (de 1750 à 1770 environ), vu le petit
nombre de prêtres et la visite assez rare du missionnaire, plusieurs
mariages étaient célébrés à domicile, et par suite l'enregistrement
de l'acte de mariage omis.

3ᵉ Br.   **III**   **Nº 3.**

LOUIS CHOUINARD, fils de Pierre II et de Ursule Martin.
BARBE RONDEAU.
Mariage vers 1753.   V. Nº 1.

ENFANTS :

1. **Pierre-Louis,** bap le 20 avril 1754 ; m 1º le 25 nov. 1776,
à Geneviève Caron, fille d'Etienne ; 2º à Josephte
Ouellet ; 3º à Catherine Thibault. Né le 10 avril.
2. **Barbe,** bap. vers 1755 ; m à Jean-Baptiste Miville, vers
1767 ; sép. à L'Islet, le 29 mars 1826.
3. **Louis-Julien,** bap vers 1758 ou 1756 ; m. le 6 nov 1781, à
Angélique Fortin ; inh. à Trois-Pistoles, le 22 octobre
1828.
4. **Marie-Louise,** bap. le 12 janv 1760 ; m à Julien Bélanger,
le 1ᵉʳ août 1780
5. **Antoine,** bap. le 12 janv 1760 ; déc jeune ; jumeau de
Marie-Louise.
6. **Antoine,** bap. le 1ᵉʳ mars 1762 ; m. le 27 sept. 1803, à
Marie-Marthe Caron.

Barbe Rondeau fut inh. le 17 mars 1768, âgée de 51 ans

2e *Epouse*

FRANÇOISE PELLETIER.
>Mariage le 16 nov. 1771, à St-Jean-Port-Joli.

7. **Pierre-Noël**, bap. le 22 déc. 1773 ; se marie le 13 octobre 1804, à Louise Dunn, à St-Michel de Percé.
8. **Marie-Françoise**, née le 21 juillet 1772.
9. **Jean-François**, bap. le 25 juin 1775.
10. **Marie-Marthe**, née vers 1777 ; sép. le 9 avril 1780, à St-Jean-Port-Joli.
11. **Jean-Baptiste**, bap. le 11 fév. 1781 ; sép. à St-Jean, le 15 juillet 1781.
12. **Marie-Louise**, bap. le 19 juillet 1782.

3e Br.   **III**   **No 4.**

JEAN-FRANÇOIS CHOUINARD, fils de Pierre II Laîné et de Ursule Martin.
MARGUERITE MORIN, fille d'Antoine et de Marguerite Daniau.
>Mariage le 18 fév. 1754, à St-François, Rivière du Sud.
>V. No 1.

ENFANTS :

1. **Marguerite**, née en déc. 1754 ; sép. le 7 octobre 1758.
2. **Jean-Marie**, bap. en 1755 ; se marie 1º avec Geneviève Miville Deschênes, à St-Roch-des-Aulnæies, le 17 août 1779 ; 2º avec Catherine Roy, le 1er fév. 1790; 3º avec Antoinette Pinet, en 1792 ; 4º avec Euphrosine Tardif, le 21 janv. 1817 ; sép. le 10 mai 1836, à Kamouraska.
3. **Marguerite**, bap. vers 1756 ou 1760 ; m. 1º à François Mignot, le 12 janv. 1779 ; 2º à Joseph Lacasse, veufde Cécile Noël, le 26 janv. 1807, à St-Henri de Lauzon.
4. **Louis-Marie**, bap. le 6 mars 1761; m. à Josephte Levasseur, le 7 nov. 1785 ; sép. le 18 fév. 1821, à Kamouraska.
5. **Marie-Françoise**, bap. le 6 mai 1768 ; se marie à Joseph Blouin, le 18 juin 1787.

6. **Charlemagne**, bap. vers 1769 ; m. à Perpétue Mignault,
le 23 nov. 1801, à Kamouraska ; sép à Kamouraska, en
1850.

7. **Reine**, bap le 13 fév. 1771 ; se marie le 10 fév. 1792, avec
Joseph Roi, fils d'Ignace.

8. **Marie-Thérèse**, bap. le 18 sept. 1772.

9. **Amable**, bap le 7 juillet 1774.

10. **Marie-Archange**,   bap. vers 1775 ; m. à Benjamin Pinet,
le 20 juillet 1794, à Ste-Anne de la Pocatière.

11. **Chrysostôme**, bap le   ; se marie le 3 nov. 1801,
avec Marguerite Michaud, de Ste-Anne de la Pocatière

12. **Marie-Véronique**, bap. en 1776 ; sép. le 11 janv. 1781.

3e **Br.**   **III**   **N⁰ 5.**

GABRIEL CHOUINARD, fils de Pierre II et de Ursule Martin.
FRANÇOISE LECLERC dit FRANCŒUR,
Mariage le 8 nov. 1762, à L'Islet. V. N⁰ 1.
ENFANTS :

1. **Marie-Madeleine**, bap. le 21 sept. 1764 ; m. à Charles
Proulx ; sép. le 7 mars 1839.

2e *Epouse*

FRANÇOISE TOUSSAINT.
Mariage le 8 fév. 1768, à St-Jean-Port-Joli.

2. **Gabriel**, bap. le 17 sept. 1768 ; décédé jeune.

3. **Gabriel**, bap. le 30 juillet, 1770 ; sép. le 30 juin 1771, à St-
Jean.

4. **Marie-Eve**, bap. le 11 mai 1772.

5. **Emmanuel**, bap. le 25 octobre 1775 ; m. 1⁰ à Louise Mc Mullen
le 17 sept. 1805 ; 2⁰ à Marie Ross, le 29 fév. 1808 ;
sép le 27 sept. 1840.

6. **Marie-Claire**, bap. le 13 juin 1779 ; elle épouse Joseph
Drapeau, le 17 sept. 1805 ; inh. à Rimouski, le 29 mai
1813.

7. **Procule**, bap. le 15 juillet 1783 ; m. 1º à Louis Dutremble,
        le 13 fév. 1804 ; 2º à François Roy, le 20 fév. 1833 ;
        sép. le 7 déc. 1866.
 8. **Marie-Françoise**, bap. le   ; m. 1º à Alexis Dutremble,
        à Rimouski, le 8 janv. 1794 ; 2º à Joseph Douairon, le
        8 octobre 1799.
 9. **Noel**, bap. le   ; m. à Claire Parent, le 29 avril 1805.
10. **Antoine**, bap. vers 1771 ; m. 1º à Véronique Hugue, le
        13 janv. 1795 ; 2º à Marie Vallée, le 26 nov. 1805 ;
        inh. à Rimouski, le 4 octobre 1839, âgé de 68 ans.

3e Br.   **III**   **Nº 6.**

CHARLES CHOUINARD, fils de Pierre II et de Ursule Martin·
AGATHE DUTREMBLE dit **DESROSIERS**.
        Mariage vers 1767. V. Nº 1.

ENFANTS :

 1 **Charles**, bap. le 14 mars 1768 ; se marie avec Josephte
        Mignot ou Mignault, le 19 nov. 1793.
 2. **Marie-Thérèse**, bap. le 6 sept. 1770.
 3. **Marie-Madeleine**, bap. le 17 juin 1772 ; sép. le 9 mai 1774.
 4. **Jean-Marie**, bap. le 11 avril 1774 ; m. le 21 nov. 1809,
        à Reine Chouinard ; sép. le 4 mars 1841, à St-Jean-
        Port-Joli.
 5. **Victoire**, bap. avant 1792 ; elle épouse Jérôme Poulin, le
        23 janv. 1813, à Lauzon.
 6. **Françoise**, bap. le 18 fév. 1776, à St-Jean ; se marie le 17
        août 1807, à St-Henri de Lauzon, à Jean-Baptiste Dumas.
 7. **Marie-Geneviève**, bap. le 5 sept. 1779 ; m. à François
        Fortin, le 5 fév. 1805 ; sép. à St-Nicolas, le 29 nov. 1836.
 8. **Louis-Germain**, bap. le 7 juin 1781 ; m. à Judith Patry.
 9. **Louis-Marie**, bap. le 9 sept. 1785.
10. **Joseph-François**, bap. le 30 avril 1783 ; m. le 6 fév. 1815,
        à Marie-Claire Chouinard, fille de Jean-Marie. Dis-
        pense du 3e au 3e .

3e Br.   **IV**   **N⁰ 7.**

PIERRE-LOUIS CHOUINARD, fils de Louis III et de Barbe
                 Rondeau.

GENEVIÈVE CARON.
  Mariage le 25 nov. 1776, à St-Jean-Port-Joli. V. N⁰ 3.

ENFANTS :

1. **Louis-Julien**, bap. le 18 déc 1780 , sép. à St-Jean-Port-Joli,
le 9 juillet 1781.
2. **Marie-Geneviève**, bap. le 6 juillet 1782.
3. **Jean-Baptiste**, bap. le 12 mai 1785 ; m. à Félicité Jean, le
27 nov. 1804 ; sép le 7 mai 1844, à St-Jean-Port-Joli
4. **Marie-Angélique**, bap. le 11 déc 1786 : m. à Julien Chouinard, veuf de Marguerite Labrousse, le 8 nov 1802 ;
sép. le 1er mars 1854, à St-Jean-Port-Joli.
5. **Marie-Marthe**, bap. le 1er sept. 1788.
6. **Marie-Geneviève**, bap. le 1er janv. 1791.
7. **Pierre**, bap. le 14 juin 1792
8. **Joseph**, bap. le 19 octobre 1794.
Geneviève Caron fut inhumée le 18 mai 1804.

2e Epouse

JOSEPHTE OUELLET, veuve de Jean-Baptiste Labbé.
  Mariage le 18 août 1806

3e Epouse

M. CATHERINE-THIBAULT.
  Mariage le 20 nov. 1810.
9. **David-Narcisse**, bap .le 24 août 1811 ; se marie à Emérence
Paquin ; déc. en 1882.
10. **Marie-Emélie**, bap. le 2 mars 1813 ; se marie le 3 mai 1831,
avec Bénoni Bard ; sép. le 8 avril 1872, à St-Aubert.
11. **Lucie ou Julie**, bap. le 5 fév 1815 ; elle épouse Charles-
F.-X. Ouellet, le 13 avril 1847
12 **Médard**, né en 1815

13. **Pierre-Gustave**, bap. le 20 octobre 1818.
14. **Marie-Christine**, bap. le 29 juillet 1821 ; déc. jeune.
15. **David**, bap. le 25 juillet 1824 ; m. à Marie Nolet ou Malet.
16. **Léon**, né vers 1825.

3e **Br.**   **IV**   **No 8.**

JEAN-MARIE CHOUINARD, fils de **Jean-François III** et de
                                    Marguerite Morin.
GENEVIÈVE MIVILLE DESCHÊNES.
    Mariage à St-Roch-des-Aulnaies, le 17 août 1779. V.
    No 4

ENFANTS :

1. **Marie-Charles**, bap le 25 juin 1780
2. **Jean-Marie**, bap. le 22 juillet 1781 ; déc. jeune.
3. **Joseph-Marie**, bap le 13 janv. 1783 ; sép. le 9 août suivant.
4. **Joseph**, bap. le 13 janv. 1785 ; sép. le 17 avril.
5. **Marie-Geneviève**, bap. le 3 fév. 1786 ; m. à Joseph Dufour,
    le 25 octobre 1803
6. **Suzanne**, bap. le 14 mars 1787.
7. **Jean**, bap. le 7 mai 1788.
    Le 19 octobre 1788 , sép. de Geneviève Miville, âgée de
27 ans.

2e *Epouse*

CATHERINE ROY.
    Mariage le 1er fév. 1790, à Kamouraska.
8. **Joseph-Marie**, bap. le 16 nov. 1790 ; m. à Angèle Mignier
    dit Lagacé, le 2 fév. 1818.
9. **Anonyme**, sép. le 23 déc. 1791.
    Le 23 déc. 1791, sép. de Catherine Roy, déc. presque subi-
    tement.

3e *Epouse*

ANTOINETTE PINET.
    Mariage en 1792.

10. **Louis,** bap. en 1793 ; sép. le 12 juillet 1796, à Kamouraska
11. **Pierre,** bap. le 2 nov. 1794.
12. **Modeste,** bap. le 3 juillet 1796 ; m. à Germain Marquis, le 2 sept. 1817 ; sép. à Québec, le 22 janv. 1840.
13. **Olivier,** né vers 1800 ; m. à Marguerite Michaud.
14. **Antoinette,** bap. le 29 avril 1802 ; m. à Pierre Hudon ; Grand'mère du Révd Maximilien Hudon, curé de St-Etienne de la Malbaie.
15. **Jean-Marie,** bap. le 12 avril 1804 ; m. à Apolline Landry, à St-André.
16. **Gabriel,** bap. le 22 janv. 1806 ; sép. le 5 octobre 1806.
17. **Firmin,** bap. le 6 avril 1807 ; m. à Modeste Ouellet.
18. **Scholastique,** bap. le 17 janv. 1810.
19. **Julien,** bap. le 28 avril 1812.
     Le 16 déc. 1813, sép d'Antoinette Pinet, âgée de 36 ans.

4e Epouse

MARIE-EUPHROSINE TARDIF.
     Mariage le 21 janv. 1817.

3e Br.　　　　　　**IV**　　　　　　**No 9.**

LOUIS-JULIEN CHOUINARD, fils de Louis III et de Barbe
　　　　　　　　　　　　　　　　　　　　Rondeau.
MARIE-ANGÉLIQUE FORTIN.
     Mariage à St-Roch, le 6 nov. 1781. V N° 3
ENFANTS :
1. **Louis-Marie,** bap le 4 octobre 1782.
2. **Marie-Marguerite,** bap le 9 nov 1785 ; m. le 7 janv. 1805, à François-Régis Jean, à St-Simon ; sép le 6 avril, 1862, à St-Simon
3. **Pierre,** bap. le 27 fév. 1787.

3e Br.　　　　　　**IV**　　　　　　**No 10.**

PIERRE CHOUINARD, fils de Pierre III et de Madeleine
　　　　　　　　　　　　　　　　　　　　. Morin.

M.-ANGÉLIQUE LERCLERC dit FRANCŒUR, fille de Jean-
Baptiste et de Claire Thibault.

Mariage le 20 nov. 1781, St-Jean-Port-Joli   V. N° 2.

ENFANTS :

1. **Pierre**, bap. le 6 octobre 1782 , m. à Marie-Anne Lanoue,
le 30 août 1804.
2. **Louis-Marie**, bap. le 19 janv. 1784.
3. **Angélique**, bap. le 25 nov. 1785.
4. **Marie-Marguerite**, bap. le 30 avril 1786.
5. **Jean-Baptiste**, bap. le 16 sept. 1788 ; noyé dans les eaux de
la Rivière St-Charles. le 14 sept. 1812 ; inh à Québec,
le 18 sept. 1812, dans le cimetière des Picotés. (1)
6. **Marie-Archange**, bap. le 5 mars 1790.
7. **Louis-Germain**, bap. le 28 avril 1792.
8. **Joseph**, bap. le 3 fév. 1794 ; se marie le 8 octobre 1822,
avec Angèle Caron ; sép. le 11 nov 1864.
9. **Charles**, bap. le 30 juin 1795
10. **Isaac-François**, bap. le 13 juin 1796 ; m. le 27 avril 1819,
avec Rosalie Moreau ; sép. le 8 janv. 1868, à St-Jean.
11 **Marie-Véronique**, bap le 20 octobre 1797.
12 **Régis**, bap. le 19 janv. 1799 ; m. à Sophie Roy.
13 **Marie-Henriette**, bap. le 7 août 1800.
14. **Marie**, bap le 15 déc. 1801.
15 **Thérèse**, bap. le   ; m. à Jean-Baptiste Dessaint, le 18
fév. 1822 : sép. le 31 mai 1822.

Le 16 mars 1815, sép. d'Angélique Leclerc, 66 ans.

(1) La petite vérole sévit à Québec durant l'hiver et au printemps de 1812 ; elle y fit des victimes assez nombreuses

3e Br.   **IV**   **N° 11.**

JACQUES CHOUINARD, fils de Pierre III et de Madeleine
Morin.

FRANÇOISE DUCROS dit LATERREUR.

Mariage le 22 juillet 1782, à St-Jean-Port-Joli. V. N° 2.

ENFANTS :

1. **Marie-Françoise** bap. le 15 fév. 1786; m. le 17 octobre 1803, à Joseph Colin ; sép. le 11 avril 1854, à St-Jean-Port-Joli.

2 **Marie-Madeleine**, bap. le 14 janv. 1788 ; m. le 30 juillet 1805, avec François Jean ; sép. le 7 sept. 1863. Mère du Révd Philippe-Honoré Jean, une victime du typhus.

3 **Marie-Archange**, bap. le 9 octobre 1789

4. **Marie-Geneviève**, bap, le 8 sept 1791 ; elle épouse Joseph-Pierre Caron, le 17 nov. 1812 ; sép le 22 mars 1851

5 **Thérèse**, bap. le 7 octobre 1792 ; elle épouse Louis Du-tremble dit Desrosiers, le 17 nov. 1812; sép à la Rivière-du-Loup, le 6 mars 1837.

6 **Marie-Ursule**, bap le 11 fév. 1794 ; m. à Eloi Caron, le 4 janv. 1814 ; sép. à St-Jean, le 26 fév. 1876.

7. **Marie-Anne**, bap le 18 octobre 1795 ; se marie avec Isaac Fournier, menuisier, le 6 août 1822 ; sép à St-Jean, le 16 mai 1879

8. **Julie**, bap. le 12 janv 1797 ; elle épouse Pierre Beaudoin, le 11 nov 1822.

9 **Jacques**, bap le 26 nov 1799 ; se marie avec Félicité Leclerc.

10. **Julie**, bap le 28 nov. 1800.

11. **Christine**, bap le 10 janv. 1802 ; m. à Pierre-Antoine Chouinard, le 6 fév 1821 ; sép le 29 juillet 1885, à St-Jean-Port-Joli

12. **Jacques**, bap le 25 janv. 1803 ; se marie avec Lucie Leclerc, le 23 nov. 1824 ; sép. à St-Jean, le 19 fév. 1886. (Jacob Chouinard.)

13. **Salomée**, bap. le 29 mai 1804.

14. **Isaac,** bap. le 3 mai 1809.
Le 30 juin 1815, sép. de Françoise Laterreur.

2e *Epouse*

URSULE ROBICHAUD.
Mariage le 2 octobre 1821, au Cap St-Ignace.

3e Br.   **IV**   **No 12.**

LOUIS-MARIE CHOUINARD, fils de Jean-François III et
de Marguerite Morin.
M.-JOSEPHTE LEVASSEUR.
     Mariage à Kamouraska, le 7 nov. 1785. V. No 4.
ENFANTS :
1. **Louis,** bap. le 20 juin 1787.
2. **François,** bap. le 5 août 1788.
3. **Jean,** bap. le 5 mai 1789.
4. **Marie-Josephte,** bap. le 17 nov. 1790.
5. **Pascal,** bap. le 24 juin 1792 ; m. à Sophie Dubé, le 18 avril
    1815, à Cacouna.
6. **Joseph,** bap. le 3 juin 1795 ; sép. le 3 août suivant.
7. **Marie-Susanne,** bap. le 3 octobre 1796.
8. **Marie-Judith,** bap. le 3 nov. 1802.

3e Br.   **IV**   **No 13.**

JOSEPH CHOUINARD, fils de Pierre III et de Madeleine
Morin.
CATHERINE MORIN dit MAURICE.
     Mariage le 8 janv. 1788, à L'Islet. V. No 2.
ENFANTS :
1. **Joseph,** bap. le 14 janv. 1789.
2. **Jean-Maurice,** bap. le 12 août 1790 ; se marie avec Char-
    lotte Dubé, le 14 octobre 1823 ; sép. à St-Jean, le 17
    juin 1856, âgée de 66 ans.
3. **Catherine,** bap. le 9 fév. 1792 ; sép. le 12 avril 1797.
4. **Henri,** bap. le 6 mai 1793 ; déc. jeune.
5. **Joseph,** bap. le 24 avril 1794. .
6. **Marie-Catherine,** bap. le 24 avril 1794 ; jumelle de Joseph.
7. **Henri,** bap. le 30 mai 1795 ; m. à Euphrosine Jalbert, le
    30 juin 1819 ; sép. le 11 sept. 1844.

8. **Marie-Geneviève,** bap. le 2 août 1796 ; déc. jeune.
9. **Véronique,** bap le 20 octobre 1797.
10. **Marie-Françoise,** bap le 29 mai 1799 ; elle épouse Pierre Blanchet, le 9 sept. 1823 ; sép le 7 juin 1869, à St-Aubert.
11. **Joseph-Hilaire,** bap le 27 mars 1801 ; se marie avec Lucie Thériault ; sép. le 16 avril 1888, à St-Aubert.
12. **Marie-Ursule,** bap. le 7 sept. 1802 ; elle épouse Hilaire-Alexis Dutremble, le 9 nov. 1830.
13 **Amable,** bap. le 21 fév. 1804 ; se marie avec Rosalie Ouellet le 29 mai 1827 ; sép. à St-Aubert, le 7 janv. 1864.

Le 13 octobre 1828, sép. de Catherine Morin, âgée de 71 ans, à St-Jean-Port-Joli.

3ᵉ **Br.**   **IV**   Nᵒ **14.**

CHARLES-FRS CHOUINARD, fils de Pierre III et de Madeleine Morin.

MODESTE MÉTHOT.
Mariage vers le 26 sept 1791 (Minute des Notaires). V. Nᵒ 2

ENFANTS :

1. **Marie-Modeste,** bap. le 18 octobre 1792 ; elle épouse Louis Vaillancourt, le 8 juillet 1813 ; sép. à St-Jean, le 6 nov. 1876.
2. **Charles,** bap. le 14 nov. 1793.
3. **Olivier,** bap. le 11 fév. 1798 ; se marie avec Archange Vaillancourt, à St-Jean-Port-Joli, le 26 octobre 1819.
4. **Pierre,** bap. le 26 nov. 1799.
5. **Marie-Hélène,** bap. le 22 déc. 1801.
6. **Jean,** bap. le 27 déc. 1803.
7. **Edouard,** bap. le 21 fév. 1805 ; il épouse 1ᵒ Ursule Dubé, le 18 janv. 1831, à St-Jean-Port-Joli ; 2ᵒ Elisabeth Fongémi, le 11 janv. 1860 ; sép. le 28 janv. 1870.

8. **Marie-Louise**, bap. le 8 sept. 1806 ; sép. à St-Jean, le 21
    nov. 1879.
9. **Charles**, bap. le 21 juin 1808 ; se marie avec Adélaïde Caron.
10. **Jean-Baptiste**, bap. le 9 nov. 1809 ; m. à Rosalie Dubé, le
    8 nov. 1831.

Le 22 janv. 1829, sép. de Modeste Méthot, âgée de 57 ans.

3e Br.   IV   No 15.

CHARLES CHOUINARD, fils de Charles III et de Agathe
                    DUTREMBLE dit **DESROSIERS**.
JOSEPHTE LABRIE dit **MIGNAULT**.
        Mariage à St-Jean-Port-Joli, le 19 nov. 1793. V. No 6.
ENFANTS :
 1. **Marie-Josephte**, bap. le 15 août 1794 ; m. à Gabriel Fortin,
     le 7 octobre 1817 ; sép. à St-Sauveur, le 17 octobre 1872.
 2. **Rosalie**, bap. le 14 juin 1795.
 3. **Marie-Françoise**, bap. le 5 octobre 1796 ; m. à Gabriel
     Dupoleau dit Duval en 1820.
 4. **Joseph-Charles**, bap. le 24 fév. 1798 ; se marie à Thérèse
     Vaillancourt, le 13 janv. 1824.
 5. **Marie-Olive**, bap. le 11 sept. 1799 ; inh. le 21 sept. 1799.
 6. **Marie-Céleste**, bap. le 5 sept. 1800 ; m. à Joseph Ouellet,
     le 29 octobre 1822.
 7. **Marie-Solanges**, bap. le 2 janv. 1802 ; le 10 janv. 1825,
     elle épouse Ambroise Babin, à St-Jean-Port-Joli.
 8. **Abraham**, bap. le 2 juin 1803 ; m. à Scholastique Dubé, le
     24 fév. 1835 ; inh. à Québec, le 22 avril 1855.

2e *Epouse*

JOSEPHTE ROCHEFORT.
        Mariage le 27 octobre 1812.
Josephte Rochefort fut inhumée à St-Jean-Port-Joli, le
16 sept. 1840.

3ᵉ Br.   **IV**   **Nᵒ 16.**

ANTOINE CHOUINARD, fils de Gabriel III et de Françoise
                                                    Toussaint.
VÉRONIQUE HUGUE.
> Mariage à Rimouski, le 13 janv 1795. V. No 5.

ENFANTS :
  1. **Anonyme**, sép. le 30 juillet 1796.
  2. **Jean-Baptiste**, bap. le 18 octobre 1797.
  3. **Marie-Marcelline**, bap. le 2 nov. 1799 ; m. à Marc Vion,
       le 22 fév. 1819 ; sép. le 12 nov. 1827.
  4. **Christophe**, né vers 1800 ; m. à Esther Langlois, le 22
       janv. 1829; sép. à St-Joseph de Lévis, le 15 juin 1830.
  5. **Charlemagne**, bap. le 14 janv. 1803 ; m. à Mary Ann Wor-
       kens ; sép. à Rimouski, le 30 octobre 1879.
  6. **Joseph**, bap. le 6 août 1804 ; inh. le 4 octobre 1804.

2ᵉ *Epouse*

MARIE VALLÉE.
> Mariage le 26 nov. 1805, à Rimouski.

  7. **Eusèbe-Noël**, bap. le 15 déc. 1806 ; noyé dans le fleuve
       St-Laurent, à Trois-Pistoles ou près de Trois-Pistoles ;
       inh. en ce dernier endroit, le 3 nov. 1830, avec 6 autres
       victimes de la même embarcation.
  8. **Marie**, bap. le 20 mars 1809.
  9. **Elisabeth**, bap. le 28 janv. 1811.
 10. **Anselme**, bap. le 18 janv. 1813.
 11. **Geneviève**, bap. le 14 août 1814 ; m. à Alexandre Savard,
       le 4 nov. 1835 ; sép. le 8 mai 1891, à Ste-Anne des Monts.
 12. **Pierre**, bap. le 7 juillet 1815 ; m. à Christine Dugas, le 6
       sept. 1843 ; sép. le 27 juillet 1867.
 13. **Olivier**, bap. le 6 déc. 1818 ; m. à Eléonore Ouellet, le 23
       avril 1849 ; sép. à Matane, le 4 mai 1871. Père du
       curé de Carleton, M. E-P. Chouinard.
 14. **Félix**, bap. le 11 fév. 1821 ; se marie le 10 janv. 1848, à
       Ste-Luce, à Tatienne Gagné.

3e Br.   **IV**   **No 17.**

JULIEN CHOUINARD, fils de Pierre III et de Madeleine
Morin.

MARGUERITE LABROUSSE, fille de Michel.

> Mariage à St-Thomas de Montmagny, le 18 sept.
> 1798. V. No 2.

ENFANTS :

1. **Julien,** bap. le 14 déc. 1800 ; déc. à St-Jean-Port-Joli, le
   déc. 1800.

> Marguerite Labrousse fut inh. à St-Jean-Port-Joli, le 22
> déc. 1800, âgée de 27 ans.

2e Epouse

ANGÉLIQUE CHOUINARD, fille de Pierre-Louis et de Gen.
Caron.

> (1) Mariage le 8 nov. 1802, à St-Jean.

2. **Marie-Angélique,** bap. le 14 avril 1803 ; elle épouse Joseph
   Gagnon (veuf), le 23 sept. 1833.
3. **Marie-Victoire,** bap. le 7 mars 1804.
4. **Julien,** bap. le 14 janv. 1805 ; déc. jeune.
5. **Noël,** bap. le 24 déc. 1805.
6. **Honoré,** bap. le 14 fév. 1807 ; déc. jeune.
7. **Bernard,** bap. le 19 janv. 1808 ; déc. jeune.
8. **Henri,** bap. le 25 déc. 1808 ; se marie avec Marie Chantal
   Daigneau, le 2 fév. 1830 ; sép. le 20 août 1874, à St-
   Aubert.
9. **Jean-Baptiste,** bap. le 15 déc. 1809.
10. **Germain,** bap. le 7 juillet 1811 ; se marie avec Madeleine
    Daigle, le 7 mai 1833.
11. **Pierre,** bap. le 28 juin 1812.
12. **Emilie,** bap. le 27 juillet 1813 ; sép. le 25 avril 1841 ; âgée
    de 28 ans.
13. **Marie-Catherine,** bap. le 9 octobre 1815 ; elle épouse
    Abraham Couillard, le 29 janv. 1856.

14 **Adélaïde,** bap. le   1816 ; se marie avec Cyrille Bernier, le 2 mars 1835 ; sép. à St-Aubert, le 30 mars 1892.

15. **Mathilde,** bap. le   1814.

16 **Julien,** bap le 14 juin 1818 ; inh. à Québec, le 10 avril 1853.

17. **Amable,** bap. le 9 sept 1819 ; il épouse Mathilde Caouette, le 30 juillet 1844, à St-Jean-Port-Joli ; sép. au cimetière Belmont, le 8 janv. 1874.

18 **Vénérande,** bap le 24 juin 1820 ; déc. jeune.

19 **Augustin,** bap le 24 juin 1820 ; déc.'; jumeau de Vénérande.

20. **Honoré,** bap le 25 juin 1821

21 **Jean-Raphaël,** bap le 6 juin 1823 ; il épouse Hélène Deschênes, le 8 juillet 1845 ; inh le 15 mai 1897, à St-Tite des Caps.

22. **Lucie,** bap. le 15 avril 1824.

23. **Marie,** bap. le 15 octobre 1826

(1) Deuxième mariage : dispense du 2e au 3e degré Registre de St-Jean-Port-Joli.

3e Br.   IV   Nᵒ 18.

CHARLEMAGNE CHOUINARD, fils de Jean-François III et de Marguerite Morin.

PERPÉTUE MIGNAULT, fille d'André.

Mariage à Kamouraska, le 23 nov. à 1801. V. Nᵒ 4.

ENFANTS :

1.**Charles,** bap. le 19 avril 1805 : m. à Euphémie Riel ou Réhel ; tué d'un coup porté par John Forbs, lors d'une querelle sur les quais de la Basse-Ville ; inh. à Kamouraska, le 30 août 1828. (Voir sur Mer et sur Terre.)

2. **Théophile,** bap. le 18 août 1807 ; m. à Priscille Girard

3: **Edouard,** (porta le nom Eusèbc), bap. le 18 août 1807 ; jumeau de Théophile ; m. à Délina Tardif ; inh. le 29 octobre 1886.

4. **Pierre,** bap. le 28 juillet 1808 ; m. à Obéline Marquis ;

BEAUMONT-LA-RONCE, CHAPELLE ST-ARMEL ET UN COIN DU CIMETIÈRE.

ÉGLISE DE NOUZILLY, OU REPOSENT LES CENDRES DE GATIEN CHUISNARD CONSTRUITE EN 1542.

P. XX P. XVIII

à Québec, le 10 nov. 1836 ;   fit un voyage en Californie ;
inh. à Lévis, le 15 mars 1871.

5. **Damerise,** bap. le 14 octobre 1811 ; m. à Louis Miller;
inh. le 7 octobre 1872, à Kamouraska.

6. **Martine-Hermine,** bap. le 3 mars 1813 ; m. à Honoré
Dionne, le 7 fév. 1832; inh. le 9 sept. 1833.

7. **Cyprien,** bap. le 4 mars 1815 ; m. à Clarisse Pelletier, à
St-Roch-des-Aulnaies, le 8 janv. 1839 ; inh, dit-on, à
Chicago.

8. **Elzire,** bap. le 2 déc. 1816 ; m. à Ulric Mignot dit Labrie.

9. **Norbert-François,** bap. le 10 août 1818 ; inh. le 27.

10. **Archibald,** bap. le 10 sept. 1820 ; m. à Marie Beaulieu dit
Hudon.

11. **Catherine-Henriette,** bap. le 25 mars 1823 ; m. à Bruno
Petit-St-Pierre.

12. **Octave-Théodore,** bap. le 14 janv. 1830 ; noyé dans un
naufrage, à l'Ile St-Jean, vers 1850.

3e **Br.**   **IV**   **Nᵒ 19.**

ANTOINE CHOUINARD, fils de Louis III et de Barbe Rondeau.
MARIE-MARTHE CARON.
Mariage le 27 sept. 1803, à L'Islet. V. Nᵒ 3.
ENFANTS :

1. **Marie-Anne,** bap. le 26 juillet 1804.

2. **Antoine-Barnabé,** bap. le 11 juin 1806 ; se marie avec Anastasie Labbé, le 30 janv. 1827 ; 2ᵒ à Félicité Clontier.

3. **Jean-Baptiste,** bap. le 23 juin 1809 ; se marie avec Marie-
Rose Métivier, le 4 août 1832 ; brûlé dans la catastrophe du bateau à vapeur " Le Montréal " le 26 juin
1857 ; inh. ainsi que son gendre Elzéar Dupéré, le 30
juin 1857, à St-Roch de Québec. (1)

4. **Joseph-Urbain,** bap. le 13 juin 1812 ; déc. le 6 sept.

(1) Jean-Baptiste Chouinard et son gendre Elzéar Dupéré
ainsi que quinze autres victimes de la même catastrophe, furent
inhumés à Québec, les 29 et 30 juin 1857.

3e Br.   **IV**   **Nº 20.**

PIERRE-NOËL CHOUINARD, fils de **Louis III** et de **Françoise Pelletier.**

LOUISE DUNN, fille de **John** et de **Madeleine Paquet.**
>   Mariage à Percé, le 13 octobre 1804. V. Nº 3.

ENFANTS :
1. **Pierre**, né en 1806 ; se marie en 1837, à Cécile Richard.
2. **Charles**, né en 1808.
3. **Nicolas**, né vers 1816.
4. **John**, né en 1818
5. **Alexis**, né vers 1820 ; se marie le 18 sept. 1851, à Ste-Anne des Monts, avec Marie Clément.
6. **François**, né vers 1821 ; m. à Rachel Béland.
7. **Louise**, née vers 1823 ; m. à Philippe Pinel.
8 **Jeanne**, se marie à Jacques Colin.
9. **Frosine**, née vers 1825.   (Euphrosine.)
10. **Suzanne**, née vers 1826
11 **Elisabeth**, née vers 1827.

3e Br.   **IV**   **Nº 21.**

EMMANUEL CHOUINARD, fils de **Gabriel III** et de **Françoise Toussaint.**

LOUISE McMULLEN.
>   Mariage à Rimouski, le 17 sept. 1805. V. Nº 5.

ENFANTS :
1. **Jean**, bap. le 29 août 1806 ; sép le 31 août 1806.

2e *Epouse*

MARIE ROSS.
>   Mariage à Rimouski, le 29 fév. 1808.
2 **Emmanuel**, bap le 19 août 1809 ; m. à Eve Heppell, le 27 août 1833, à Rimouski ; sép. le 3 août 1834.
3 **Geneviève**, bap le 6 janv. 1811 ; m. à Jean-Baptiste Ross, le 2 fév. 1827 ; sép le 21 nov. 1827.

4. **Scholastique**, bap. le 29 nov. 1812 ; le 11 juillet 1843, elle
épouse Jean-Valère Roy, à Québec, Basilique.
5. **Jean**, bap. le 9 août 1814.
6. **Daniel**, bap. le 30 janv. 1818 ; m. à Pétronille Lavoie, le
19 janv. 1841.
7. **Marie**, bap. le 18 déc. 1819 ; m. à Alexis Paquet, le 19 fév.
1844 ; sép. le 28 nov. 1896.
8. **Rosalie**, bap. le 21 nov. 1821 ; se marie le 23 juin 1862,
avec Georges-Félix Lemelin de St-Roch de Québec ;
inh. dans le cimetière St-Charles, le 18 mai 1863.
9. **Pierre**, bap. le 3 juin 1829 ; m. à Agathe Lévesque, le 18
nov. 1851.

3e **Br.** IV N⁰ 22.

JEAN-MARIE CHOUINARD, fils de Charles III et de Agathe
Dutremble.
MARIE-REINE CHOUINARD, fille de Jean-Marie.
Mariage le 21 nov. 1809, à St-Jean-Port-Joli. V. N⁰ 6.
ENFANT :
1. **Jean-Marie**, bap. le 23 nov. 1813 ; se marie 1⁰ avec Esther
Bélanger, le 17 fév. 1835 ; 2⁰ avec Emilienne Carrier,
le 28 nov. 1843.

3e **Br.** IV N⁰ 23.

LOUIS GERMAIN CHOUINARD, fils de Charles III et de
M.-Agathe Dutremble dit Desrosiers.
JUDITH PATRY.
Mariage vers 1812. V. N⁰ 6.
ENFANTS :
1. et 2. **Anonymes** le 14 avril 1814 ; sép. à St-Henri de Lauzon ;
deux jumeaux.
2. **Louis-Germain**, bap. le 29 janv. 1817 ; se marie à St-Henri
de Lauzon, le 18 août 1845, avec Gen.-Adélaïde Labbé.
4. **Marie-Angélique**, bap. le 20 janv. 1820.

5. **Louis,** bap. le 15 juin 1822
6. **François,** né en 1818 ; inh le 6 mai 1822.
7. **Charles,** bap. le 23 août 1824 ; se marie le 8 fév. 1848, avec Héloïse Bousquet, à St-Henri de Lauzon
8. **François-Xavier,** bap. le 7 mars 1826 ; m. à Flavie Boulet.
9. **Fréderic,** bap le 21 déc. 1827 ; inh. le 4 sept. 1830.
10. **Jean-Baptiste,** bap. le 10 nov. 1829 ; inh. le 4 sept. 1830
    Ces deux enfants furent inhumés le même jour et à la même heure.
11. **Marie-Julie,** bap. le 6 août 1830 ; m. à M. Longchamp.
12. **Marguerite,** bap. le 7 octobre 1835 ; m. à Jos. Boulet, en 1853
13. **François,** m. en 1851, à Divine Fortin, à St-Victor de Beauce.

3e **Br.**　　　　**IV**　　　　**N⁰ 24.**

JOSEPH-FRANÇOIS CHOUINARD, fils de Charles III et de
Agathe Dutremble.
MARIE-CLAIRE CHOUINARD, fille de Jean-Marie et de
Claire Francœur.
　　　Mariage le 6 fév. 1815, à St-Jean-Port-Joli. V. N⁰ 6.
ENFANTS :
1. **Marie-Claire,** bap. le 17 déc. 1815.
2. **François-Noël,** bap. le 25 déc. 1816.
3. **Jean-Baptiste,** bap. le 18 fév. 1818, à St-Jean-Port-Joli.
4. **Laurent,** bap le 9 août 1819, à St-Henri de Lauzon.
5. **Rosalie,** bap. le 23 août 1821.
6. **Constance,** bap. le 26 mars 1823
7. **Fréderic,** bap. le 5 fév. 1825 ; sép. à Lauzon, le 5 octobre 1827.
8. **Zéphirin,** bap. le 14 sept. 1826 ; sép le 10 déc 1829, sous le prénom de Séverin Chouinard.
9. **Marie-Marguerite,** bap. le 19 fév. 1828 ; inh. sous le nom d'Anastasie, le 23 juin 1828.
10. **Marie,** peut-être **Rosalie,** inh. le 1er août 1830, âgée de 8 ans.
11. **Zoé,** bap. le 15 juin 1832 ; inh. le 6 sept. 1832.

3e Br.   **V**   **No 25.**

PIERRE CHOUINARD, fils de Pierre IV et de Angélique
Leclerc.

(1) **MARIE-ANNE LANOUE**, fille de Joseph et de Madeleine
Sauvagesse.

Mariage à Notre-Dame de St-Hyacinthe, le 20 août
1804. V. No 10.

ENFANTS :

1. **Louis,** né à St-Marc, le 5 août 1807 ; déc. le 2 août 1823,
après une longue maladie.
2. **Dominique,** né le 25 sept. 1811 ; m. à Catherine Perrin, le
7 juillet 1835, à St-Marc.
3. **Toussaint,** né le 23 juillet 1813.
4. **Marie-Esther,** née le 27 octobre 1816.
5. **Nénomie,** née le 16 avril 1818, à St-Marc.

2e Epouse

MADELEINE CHAGNON dit **LAROSE**, fille de Louis.

Mariage à St-Marc, le 23 nov. 1819.

6. **Marie-Sophie,** née le 11 nov. 1821.
7. **Calixte,** né vers 1823 ; se marie à St-Marc, le 25 janv. 1847,
à Elisabeth Labombance.

(1) Madeleine Sauvagesse était de la nation des Sauteux.

3e Br.   **V**   **No 26.**

JEAN-BAPTISTE CHOUINARD, fils de Pierre-Louis IV et
de Geneviève Caron.

FÉLICITÉ JEAN.

Mariage le 27 nov. 1804, à St-Jean-Port-Joli. V. No 7.

ENFANTS ;

1. **Marie-Félicité,** bap. le 23 sept. 1805.
2. **Jean-Baptiste,** bap. le 19 nov. 1806.
3. **François-Xavier,** bap. le 21 nov. 1807.
4. **Julie,** bap. le 8 octobre 1808 ; elle épouse Bénoni Labbé,

le 30 juin 1832 ; inh. à St-Sauveur de Québec, le 9 fév.
1870.

5. **Jean-Baptiste**, bap. le 6 octobre 1809
6. **Narcisse-Hilaire**, bap. le 9 sept. 1811 ;   m. 1⁰ à Solange
Guichard ; 2⁰ à Sophie Caouette, le 7 mai 1853 ; 3⁰
avec Elisabeth Thibault en 1859 ; 4⁰ avec Elisabeth
Proulx en 1870 ; déc. sub. le 10 janv. 1884.
7. **Louis**, bap. le 28 fév 1813
8. **Marie-Léopold**, bap. le 15 octobre 1817 ; se marie avec
Prudent Dagneau, le 11 janv 1842 ; sép avant 1849
Le 28 fév. 1868, sép· de Félicité Jean.

3e **Br.**   **V**   **N⁰ 27.**

JOSEPH-MARIE CHOUINARD, fils de Jean-Marie IV et de
Catherine Roy.
ANGÈLE MIGNIER dit LAGACÉ.
Mariage à Kamouraska, le 2 fév. 1818. V. N⁰ 8.

ENFANTS :

1. **Joseph-Marie**, né en 1819 ; déc. jeune.
2. **Olivier**, né en 1820. Atteint dès le berceau d'une maladie
cérébrale, Olivier se constitua postillon volontaire de
la côte Sud, depuis Gaspé jusqu'à Lévis. Pendant un
hiver rigoureux, il fut trouvé gelé à mort sur le chemin du Madawaska.

Louis Fréchette assure qu'il le rencontrera au, ciel
si lui-même a la chance d'y entrer.
3. **Lucie**, née vers 1821; m. à Georges Pelletier, le 30 sept. 1856.
4. **Agathe**, née vers 1823 ; déc. fille.
5. **Marie-Angèle**, bap. le 9 octobre 1826 ; déc. à l'âge de 15 ms.
6. **Sara**, née en 1827; se marie le 18 fév. 1851, à Joseph Morissette.
7. **Pierre**, né vers 1829 ; m. 1⁰ à Marie Gosselin, à Ste-Anne
des Monts ; 2⁰ à Sara-Deroy, 1885, à Cap-Chat ; inh
à Cap-Chat.

8. **Adèle**, née vers 1830; m. à François Pelletier, le 26 octobre
   1853.
9. **Philomène**, m. à Maximinien Dubé, le 2 sept 1861.
10 **Marguerite**, m. à Honoré Soucy, le 2 sept. 1861
11. **Thomas**, né vers 1833 ; se marie à Obéline Roy dit Lauziers,
   le 29 avril 1856.
12. **Joseph**, m. le 4 mai 1846, à Agathe Guéret, à l'Isle-Verte.
13. **Auguste**, né le   ; marié.
14. **Basile**, né le   ; déc. célibataire. vers l'âge de 30 ans.
15. **Marie-Chantal**, m à Jacques Plante, le 26 octobre 1853.

3e Br.   V   Nᵒ 28.

ISAAC CHOUINARD, fils de Pierre IV et de Angélique Leclerc.
ROSALIE MOREAU.
       Mariage le 27 avril 1819, à St-Jean-Port-Joli. V. Nᵒ 10.

ENFANTS :

1. **Marie-Rosalie**, bap. le 26 mai 1820.
2. **Marcellin**, bap. le 25 mars 1821; (Marcel), le 15 fév 1847,
   il épouse Henriette Dubé ; inh. à la Riv-du-Loup, le
   26 nov., 1853.
3. **Rosalie**, bap. le 14 avril 1822 ; m. à Jean-Hector Fortin,
   le 1er juin 1841.
4. **Isaac**, bap. le 10 juin 1823.
5 **Marie**, bap le 19 octobre 1824 ; m. à Honoré Paradis, le
   2 octobre 1849
6. **Pierre-Amable**, bap. le 6 nov 1826.
7 **Clovis**, bap le 30 octobre 1827 ; m. à Henriette Côté, le
   3 mars 1851 ; sép le 15 janv. 1866, à Ste-Flavie; (noyé
   le 10 janv.)
8. **Benjamin**, bap. le 31 juillet 1829 ; se marie avec Adélaïde
   Chouinard, le 24 janv. 1860
9. **Marie-Angélique**, bap. le 15 mai 1831.
10 **Clémentine**, bap. le 19 août 1832.

11. **Pierre-Eugène**, bap. le 25 octobre 1833.
12. **Jacques**, bap. le 10 déc. 1834.
13. **Marie-Adélaïde**, bap. le 25 janv. 1836.
14. **Marie-Perpétue**, bap. le 22 janv. 1840.
    Le 17 octobre 1861, sép. de Rosalie Moreau.

3e **Br.**   **V**   **Nᵒ 29.**

HENRI CHOUINARD, fils de Joseph IV et de Catherine Morin.
EUPHROSINE JALBERT.
        Mariage le 30 juin 1819, à St-Jean-Port-Joli. V. Nᵒ 13.
ENFANTS :
 1. **Marie-Euphrosine**, bap. le 9 déc. 1820 ; m. avec Edouard
        Chouinard, le 27 janv. 1846 ; sép. le 1ᵉʳ janv. 1855.
 2. **Monique**, bap. le 22 octobre 1821.
 3. **Lucie**, bap. le 4 déc. 1822 ; elle épouse Jean Gagnon, veuf
        de Modeste Toussaint, le 28 octobre 1851 ; sép. le
        1ᵉʳ mars 1854, à St-Jean.
 4. **Joseph-Henri**, bap. le 21 mai 1824.
 5. **Joseph-Prudent,** bap. le 12 mai 1825.
 6. **Amable**, bap. le 12 mai 1825 ; jumeau de Joseph-Prudent.
 7. **Marie-Emélie**, bap. le 17 sept. 1827.
 8. **Pierre,** bap. le 24 sept. 1829, à St-Roch ; se marie avec
        Justine Robichaud, le 17 fév. 1852.
 9. **Clémentine**, bap. le 27 mars 1831.
10. **Marie-Adélaïde,** bap. le 20 janv. 1834.
11. **Martial,** bap. le 30 juin 1835.
12. **Eugène-Homer**, bap. le 28 nov. 1839.

3e **Br**   **V**   **Nᵒ 30.**

FRANÇOIS-RÉGIS CHOUINARD, fils de Pierre IV et de
                         Angélique Leclerc.
SOPHIE ROY.
        Mariage vers 1817. V. Nᵒ 10.

ENFANTS :

1. **Sophie**, bap. le 9 janv. 1819.
2. **François-Régis**, né vers 1821 ; m. à Anne Banville.

3e Br.   **V**   **No 31·**

OLIVIER CHOUINARD, fils de Charles **IV** et de **Modeste Méthot.**

M.-ARCHANGE VAILLANCOURT.
        Mariage le 26 octobre 1819, à St-Jean-Port-Joli. V. No 14.

ENFANTS :

1. **Julien**, bap le 13 avril 1821.
2 **Marie**, bap vers 1822 ; se marie avec Ephrem Martin, le
        11 sept. 1849
3 **Olivier**, bap. le 25 mai 1824.
4. **Marie-Anne-Archange**, bap. le 16 août 1827 ; elle épouse
        Prudent Dagneau, veuf de Léopold Chouinard, le 24
        avril 1849.
5. **Honoré**, bap. le 30 août 1829.
6. **M.-Vitalie**, bap. le 11 avril 1831.
7. **Marie-Nérée**, bap. le 18 juillet 1837.
8. **Olivier**, bap. le 7 octobre 1840.
9. **Marie-Adéline**, bap. le 25 déc. 1844.
10. **Rosalie**, bap. le   ; se marie le 20 nov. 1849.

3e Br.   **V**   **No 32.**

JOSEPH CHOUINARD, fils de Pierre **IV** et de Angélique **Leclerc.**

ANGÈLE CARON.
        Mariage le 8 octobre 1822, à St-Jean-Port-Joli. V. No 10.

ENFANT :

1. **Nicolas**, bap. le 10 sept. 1831.

3e Br.　　　　　　　**V**　　　　　　　**N⁰ 33.**

HILAIRE CHOUINARD, fils de Joseph IV et de Catherine
Morin.

LUCIE THÉRIAULT.

　　　Mariage le 28 janv 1823, à L'Islet. V. N⁰ 13.

ENFANTS :

1. **Théodule,** bap le 11 fév. 1824 ; il épouse Caroline Caron, le
5 fév. 1850.

2. **Marie,** bap. le 24 mars 1826

3. **Flavie,** bap. le 30 mai 1827 ; se marie avec Honoré Caron,
le 5 nov. 1844

4. **Sara,** bap le 7 déc. 1828.

5. **Victoire,** bap le 20 mai 1830 ; elle se marie le 10 fév. 1857,
avec Pierre Caron ; sép. le 17 nov. 1857.

6. **Marie-Elisabeth,** bap le 1er janv 1832 ; elle épouse Anselme
Fournier, le 14 août 1855, à St-Jean-Port-Joli

7. **Joseph-Hilaire,** bap. le 14 mai 1833 , se marie avec Diana
Deschênes, le 9 sept. 1856.

8 **Marie-Virginie,** bap. le 25 octobre 1834 ; se marie avec
François-Nicolas Leclerc, le 13 janv. 1857.

9. **David,** bap. le 8 juillet 1836.

10 **Marie-Philomène,** bap le 23 juillet 1838 ; elle épouse
Magloire Ouellet, le 26 sept. 1854, à St-Jean ; sép. à
St-Aubert, le 17 mars 1884

11. **Hilaire,** bap. le 29 sept. 1839.

12. **François,** bap. le 29 janv. 1840 , il épouse Virginie Roy, à
St-Jean-Port-Joli ; déc. à Lewiston, le 30 nov. 1896.(1)

13. **Pierre,** bap. le 31 janv. 1843 ; m. à Caroline Archambault,
le 8 juillet 1878, à Minnéa. ; sép le 23 déc. 1917.

14. **Marie-Restitue,** bap le 22 octobre 1844 ; se marie avec
Raphaël Baron, de Lévis, le 27 janv. 1874.

15. **Marie-Geneviève,** bap le 22 déc. 1845.

16. **Ovide,** bap le 7 mai 1847.

　　(1)　Père de la Révérende Mère St-Honorat, C. N.-D.

3e Br.   **V**   **N⁰ 34.**

MAURICE CHOUINARD, fils de **Joseph IV** et de **Catherine Morin.**

CHARLOTTE DUBÉ.

    Mariage le 14 octobre 1823, à St-Jean-Port-Joli. V. N⁰ 13.

ENFANTS :

1. **Joseph-Maurice**, bap. le 23 mai 1825.
2. **Jean-Maurice**, bap. le 10 mai 1826.
3. **Eucher**, bap. le 27 juillet 1827.
4. **Marie-Clémentine**, bap. le 11 juin 1829 ; m. à François Banville, le 9 sept. 1867, à St-Octave de Métis.
5. **Adélaïde**, bap. le 20 juin 1832.
6. **Marie-Julie**, bap. le 28 août 1833 ; elle épouse Louis Côté, le 28 fév. 1861, à Québec ; inh. à St-Roch de Québec, le 22 août 1892.
7. **Julienne**, bap. le 29 sept. 1834 ; m. à Stanislas Bois, le 9 janv. 1865, à St-Octave.
8. **Pierre**, bap. le 1er juin 1836.
9. **David**, bap. le 5 août 1838.

3e Br.   **V**   **N⁰ 35.**

CHARLES CHOUINARD, fils de **Charles IV** et de **Josephte Mignault.**

THÉRÈSE VAILLANCOURT.

    Mariage le 13 janv. 1824, à St-Jean-Port-Joli. V. N⁰ 15.

ENFANTS :

1. **Marie**, bap. le 2 nov. 1824.
2. **Charles**, bap. le 27 déc. 1826.
3. **Marie-Justine**, bap. le 9 fév. 1828.

3e Br.   **V**   **N⁰ 36.**

JACOB CHOUINARD, fils de **Jacques IV** et de **Françoise Laterreur.**

M.-LUCE LECLERC.
>   Mariage le 23 nov. 1824, à St-Jean-Port-Joli V.
>   N° 11.

ENFANTS :

1 **Marie-Lucie**, bap. le 9 fév. 1826 ; déc. jeune probablement.

2 . **Marie-Clémentine**, bap. le 30 mars 1827 ; elle se marie avec
>   Vital Gosselin, le 27 janv. 1846.

3. **Marie-Thaïs**, bap le 19 juin 1828 ; elle épouse Ephrem
>   Robichaud, le 25 juin 1844 ; sép. à Sandy-Bay.

4. **M.-Lucie**, bap. le 6 octobre 1829 ; elle épouse Guillaume
>   Verrault, le 22 fév. 1848.

5. **Marguerite**, bap. le 21 déc. 1830 ; m. 1° à Jacob Chouinard,
>   le 7 nov. 1848; 2° à P.-Honoré-Gaspard Fournier,
>   le 8 avril 1850 ; sép. le 17 juillet 1905, à St-Jean-
>   Port-Joli.

6. **Jacob**, bap. le 20 mars 1833 , il épouse Nérée Gagnon, le
>   31 janv. 1853.

7. **Ferdinand**, bap le 15 octobre 1834.

8. **Marie-Césaire**, bap. le 15 mai 1836.

9. **Magloire**, bap. le 16 juin 1837.

10. **Marie-Caroline**, bap. le 10 fév 1840 ; elle épouse Pierre
>   Caron, le 23 janv. 1866 ; inh. à St-Jean-Port-Joli, le 4
>   nov. 1919.

11. **Louis-Eugène**, bap. le 26 avril 1841.

12. **Elzéar**, bap. le 4 juin 1842 ; se marie avec Elmire Dubé, le
>   30 sept. 1873.

13. **Joseph-Hilaire**, bap. le 8 juillet 1843 ; inh. le 6 août 1870,
>   à St-Jean-Port-Joli.

14. **Clarisse**, bap. le 15 fév. 1847 ; elle épouse Henri Fournier,
>   fils d'Antoine, le 11 fév 1868.

15. **Julie**, bap. le 2 juillet 1848.

16. **Marie-Henriette**, bap. le 21 janv. 1851 ; m à Célestin
>   Gagnon, le 26 fév. 1889.

17. **Marie-Virginie**, bap. le 7 avril 1852.

3ᵉ **Br.**   **V**   **Nᵒ 37.**

OLIVIER CHOUINARD, fils de Jean-Marie IV et de Geneviève
Miville.
MARGUERITE MICHAUD.
    Mariage à St-André de Kamouraska, le 7 fév. 1825.
    V. Nᵒ 8.
ENFANTS :
  1. **Marguerite,** bap. le 21 nov. 1825.
  2. **Olivier,** bap. le 26 déc. 1826.
  3. **Sophie,** bap. le 12 août 1829.

3ᵉ **Br.**   **V**   **Nᵒ 38.**

CHARLEMAGNE CHOUINARD, fils de Antoine IV et de
Véronique Hugue.
MARY-ANN WORKENS, née à Liverpool, Angleterre.
    Mariage en Angleterre, vers 1826. V. Nᵒ 16.
ENFANTS :
  1. **Marie-Anne,** bap. en 1828 ; sép. le 7 juillet 1850, âgée de
    22 ans.
  2. **Charles-Guillaume,** bap. le 29 sept. 1831, à Québec ; m. à
    Félicité Gagné, le 13 avril 1858 ; sép. à Rimouski, le
    3 sept. 1869.
  3. **Thomas-Antoine,** bap. le 3 octobre 1833, à Québec ; m. à
    Marie Rouleau, le 10 fév. 1873.
  4. **Georges-Samuel,** bap. le 18 octobre 1835, à Québec ; inh.
    le 27 avril 1837.
  5. **Célina,** bap. le 29 mai 1837 ; m. à Joseph Fournier, le 26
    janv. 1874.
  6. **Jacques-Olivier,** bap. le 4 octobre 1840 ; sép. le 14 juillet
    1874, à Rimouski.

3ᵉ **Br.**   **V**   **Nᵒ 39.**

ANTOINE CHOUINARD, fils de Antoine IV et de Marthe Caron·
ANASTASIE LABBÉ.

Mariage à L'Islet, le 30 janv. 1827. V. N⁰ 9.

ENFANTS :

1. **Pierre**, bap. le 2 octobre 1827 ; m. à Elisabeth Synnott ; sép. à Anse-à-Griffon.
2. **Urbain**, bap. à L'Islet, le 25 juillet 1829.
3. **Marie-Apolline**, bap. le 13 déc. 1830.
4. **Joseph-Cyprien**, bap. le 16 août 1832.
5. **Marie-Emilie**, bap. le 17 sept. 1833 ; déc. jeune.
6. **François-Xavier**, bap. le 6 octobre 1834 ; m. à Tharsile Archambault.
7. **Michel-Fortuné**, bap. le 27 sept. 1835 .
8. **Cyriaque**, bap en 1836.
9. **Philomène**, née le   ; m à Damase Dumaresq.
10. **Victoria**, née vers 1840 ; m. à M. Sauvageau ; déc.
11. **Célina**, née vers 1842.

3ᵉ **Br.**   **V**   **N⁰ 40.**

JEAN-MARIE CHOUINARD, fils de Jean-Marie IV et de Antoinette Pinet.

APOLLINE LANDRY.

Mariage à St-André de Kamouraska, le 28 mai 1827. V. N⁰ 8.

ENFANTS :

1. **Jean-Marie**, bap. le 2 juillet 1829 ; m. à Angèle Raymond, le 17 nov. 1851.
2. **Louis**, bap. le 24 janv 1834
3. **Marie-Exhorée**, bap. le 16 octobre 1839; m. à Jean-Baptiste Poitras, en 1858
4. **Joseph-Charles**, bap. le 21 janv. 1842; m le 11 janv. 1869, à Obéline Sirois.
5. **Sara**, bap. le 2 août 1851
6. **Apolline**, m. à Cyrias Caron, le 21 août 1848, à Ste-Luce.
7. **Marie-Malvina**, bap. le 7 juillet 1855 ; m. à Georges Dionne le 28 janv. 1875.

9. **Cordule,** m. à Nazaire Corriveau, le 5 nov. 1861, à St-Octave.

8. **Desanges,** m. à Raphaël Dubé, à St-Octave, le 12 mai 1857.

3e Br. V N⁰ 41.

AMABLE CHOUINARD, fils de Joseph **IV** et de Catherine Morin.

ROSALIE OUELLET.

Mariage le 29 mai 1827, à St-Jean-Port-Joli. V. N⁰ 13.

ENFANTS :

1. **Joseph-Amable,** bap. le 19 mai 1827.
2. **Valérie,** bap. le 16 juillet 1830.
3. **Marie-Desanges,** bap. le 19 mars 1832; se marie le 29 août 1854, à Cyrille Bernier.
4. **Marie-Sara,** bap. le 23 déc. 1833 ; se marie à Antoine Caron, le 7 fév. 1853.
5. **Henri,** bap. le 30 déc. 1836; se marie avec Rosalie Thibault; sép. le 7 nov. 1883, à St-Aubert.
6. **Marie,** bap. le 2 déc. 1838; elle se marie 1⁰ à Louis Tremblay, le 11 octobre 1859, à St-Aubert ; 2⁰ à J.-Bte Chrétien, le 10 mai 1886 ; sép. le 1er déc. 1903.
7. **Clarisse,** bap. le   ; se marie avec Calixte Chouinard, le 9 août 1858.

3e Br. V N⁰ 42.

CHARLES CHOUINARD, fils de Charlemagne **IV** et de Perpétue Mignault.

EUPHÉMIE RÉHEL.

Mariage le 20 janv. 1828. V. N⁰ 18.

ENFANT :

1. **Euphémie,** bap. le 28 nov. 1828 ; m. à Hubert Tremblay, le 26 juillet 1847 ; sép. le 19 janv. 1879.

3e Br.   **V**   **No 43.**

FIRMIN CHOUINARD, fils de Jean-Marie IV et de Antoinette
Pinet.
MODESTE OUELLET.
Mariage vers 1828. V. No 8.
ENFANTS :

1. **Euphémie,** bap en 1829 ; inh le 25 janv 1830
2. **Henriette,** bap. le 10 mars 1830; m. 1º à Bruno Petit; 2º le
    11 sept. 1848, à Célestin Litalien ; sép. le 2 juillet 1849.
3. **Eugénie-Joséphine,** bap. le 14 mars 1834, à Rimouski.
4. **Pierre,** bap. le 10 fév. 1837 ; m. à Léocadie Mailloux, nièce
    de Mgr Mailloux.
5. **Joseph,** bap. le 24 juin 1838.
6. **Ludger,** bap. le 21 janv. 1841.
7. **Eugène,** bap. vers 1842 , m le 25 avril 1874, à Québec, à
    Agnès Hall ou Wall, veuve de Louis Lapointe. (1)
    (1) Alfred-Louis Lapointe mourut à l'Hôpital des Picotés, à
Washington, durant la guerre de Sécession, ou la guerre contre
les Fainéants.

3e Br.   **V**   **No 44.**

(1) **CHRISTOPHE CHOUINARD**, fils de Antoine IV et de
Marie Vallée.
ESTHER LANGLOIS.
Mariage le 20 janv. 1829, à Rimouski.   V. No 16
ENFANTS :

1. **Pierre,** bap. le 1er déc. 1830 ; m. à Florentine Dutremble
    dit Desrosiers, le 19 nov. 1860 ; sép. le 4 fév 1870.
2. **Louis,** bap. le 1er nov. 1832 ; m. à Marguerite Côté ; sép.
    le 7 janv. 1881.
    (1) Christophe Chouinard, pilote, mourut à Lévis, le 14
juin 1832.

3ᵉ **Br.**   **V**   **Nᵒ 45.**

HENRI CHOUINARD, fils de Julien IV et de Angélique
                                                    Chouinard.
MARIE-CHANTAL DAIGNEAU.
          Mariage le 2 fév 1830, à St-Jean-Port-Johl. V. Nᵒ 17.
ENFANTS :
  1 **Henri,** bap. le 14 déc. 1830.
  2 **Jacques-Jacob,** bap. le 7 fév. 1832 ; se marie avec Marie
          Louise Charrois, le 7 fév. 1854.
  3 **Marie-Olympe,** bap. le 10 mars 1833 ; déc. jeune.
  4. **Marie-Olympe,** bap. le 7 sept. 1834.
  5. **Marie,** bap en 1836 ; déc. à St-Sauveur, le 8 fév. 1882.
     Le 21 mars 1836, sép. de Marie-Chantal Daigneau.

3ᵉ **Br**   **V**   **Nᵒ 46.**

CHARLES CHOUINARD, fils de Charles IV et de Modeste
                                                    Méthot.
M.-ADÉLAÏDE CARON.
          Mariage vers 1830.   V. Nᵒ 14
ENFANTS :
  1. **Marie-Clarisse,** bap le 30 août 1832
  2. **Marie-Mathilde,** bap. le 30 nov. 1833
  3. **Charles-Alfred,** bap. le 13 déc 1841 ; se marie le 26 janv.
          1864, à Célanire Touchet.
  4. **Alfred,** bap. le 9 déc. 1843.
  5. **Blaise,** bap. le   ; se marie à Clémentine Caron, le
          12 janv. 1875.

3ᵉ **Br**   **V**   **Nᵒ 47.**

(1) **ÉDOUARD CHOUINARD, fils de Charles IV et de Modeste**
                                                    Méthot.
URSULE DUBÉ.
          Mariage le 18 janv. 1831, à St-Jean-Port-Joli. V. Nᵒ 14.

15

ENFANTS :
1. **Marie-Ursule**, bap. le 19 octobre 1831 ; elle épouse Michel-
Honoré Martin, à Québec, le 5 avril 1853.
2. **Henriette**, bap le 7 janv. 1833 ; elle épouse Joseph Caron,
le 14 octobre 1850.
3. **Agnès**, bap. le   ; se marie avec Julien Caron, le 16
mai 1854.
4. **Vitaline**, bap. vers 1834 ; inh. à Québec, le 19 déc 1854.

2e *Epouse*

ÉLISABETH FONGÉMI.
Mariage le 11 janv. 1860
(1) Tué par la chute d'un arbre, le 25 janv. 1870, St-Aubert.

3e Br.   **V**   **No 48.**

JEAN-BAPTISTE CHOUINARD, fils de Charles IV et de
Modeste Méthot.
ROSALIE DUBÉ.
Mariage le 8 nov. 1831, à St-Jean-Port-Joli. V. No 14.
ENFANT :
1 **Marie-Rosalie**, bap. le 15 août 1832.

3e Br.   **V**   **No 49.**

JEAN-BAPTISTE CHOUINARD, fils de Antoine IV et de
Marthe Caron.
MARIE-ROSE MÉTIVIER.
Mariage à L'Islet, le 14 août 1832. V. No 19.
ENFANTS :
1. **Jean-Baptiste**, bap. le 28 mars 1833 , m. à Virginie Gamache ;
sép. à Montréal après 1901.
2. **Marie**, née en 1834 ; m 1º à Elzéar Dupéré (1) ; 2º à Michel Brousseau ; déc. en 1905.
3. **Martial**, né en 1835 ; m. à M. Vézina.

4. **Marc**, bap à L'Islet en 1836 ; se marie 1º à Clémentine Sénéchal ; 2º à Phébée Martel ; sép. à St-Jean-Bte de
Québec, le 26 nov 1876.

5. **Caroline**, née en 1838 ; m. à Louis Verret ; sép. à Québec,
cimetière Belmont, le 14 déc. 1875.

6. **Eléonore**, bap. à L'Islet, le 3 juin 1842 ; se marie à Edouard
Métivier, en 1872, à Québec.

7. **Louis**, né en 1843 ; sép. à Québec, cimetière Belmont, le 23
juillet 1878 ; célibataire.

8 **Marie-Certigné**, née vers 1845 ; m. à Jean Noël, le 17
octobre 1870

9. **Arthémise**, née en 1847 ; m. à Albert Martel, à St-Etienne
de Lauzon, le 3 sept 1867

(1) Elzéar Dupéré périt dans la catastrophe du bateau à
vapeur, " Le Montréal " le 26 juin 1857, et fut inhumé à St-Roch
de Québec, le 30 juin. La veille, 29 juin, dix-sept victimes de
la même catastrophe gisaient sur les quais de la Basse-Ville, à
Québec.

3e **Br.**   **V**   **Nº 50.**

GERMAIN CHOUINARD, fils de Julien IV et de Angélique
Chouinard.

MADELEINE DAIGLE.

Mariage le 7 mai 1833, à St-Jean-Port-Joli. V. Nº 17.
ENFANTS :

1. **Abondance**, bap le 14 avril 1834.

2. **Germain**, bap. le 28 août 1835 ; déc. jeune.

3. **Marie-Madeleine**, bap le 20 sept. 1836.

4. **Barthélemy**, bap le 15 nov. 1838 ; se marie à Caroline Audet
dit Lapointe, le 22 nov. 1859.

5. **Marie-Célanire**, bap. le 27 août 1840 ; se marie à Prosper
Caron, le 15 nov. 1870

6. **François**, bap. le 22 sept. 1842.

7. **Marie-Sophronie**, bap. le 12 juillet 1844.

8. **Germain**, bap. le 20 octobre 1845.

3ᵉ Br.   **V**   **Nᵒ 51.**

EMMANUEL CHOUINARD, fils de Emmanuel IV et de Marie
Ross.

EVE HEPPEL.
      Mariage à Rimouski, le 27 août 1833. V. Nᵒ 21.
ENFANT :
1. **Marie-Geneviève,** bap. le 24 sept. 1834 ; m. à 1ᵒ François
      Garon, le 29 octobre 1849 ; 2ᵒ à Jean-Baptiste Martin,
      le 19 sept. 1864 ; sép. à Rimouski, le 10 août 1910.

3ᵉ Br.   **V**   **Nᵒ 52.**

THÉOPHILE CHOUINARD, fils de Charlemagne IV et de
Perpétue Mignault.

PRISCILLE GIRARD.
      Mariage en 1833. V. Nᵒ 18.
ENFANTS :
1. **Adèle,** bap. le 19 octobre 1834 ; sép. le 23 octobre.
2. **Marie-Célina,** bap. le 23 nov. 1835 ; m. le 26 avril 1853, à
      Joseph Deschênes. sép. le 27 avril 1893. Québec.
3. **M.-Flore-Isabelle,** bap. le 18 mai 1837 ; sép. le 15 sept. 1854,
      à N.-D. de Lévis.
4. **Lumina,** bap. le 23 fév. 1839 ; m. 1ᵒ à Louis Tremblay ;
      2ᵒ à Thomas Poser, le 21 janv. 1884.
5. **Théophile-Ubald,** bap. le 20 mai 1840.
6. **Louis-Victorien,** bap. le 24 sept. 1841 ; m. le 25 août 1874,
      à Victoire Comeau.
7. **Claire,** bap. le 1ᵉʳ mars 1843 ; (Clara) m. au capt. Régis
      Leblanc.
8. **Marie-Hermine,** bap. le 10 octobre 1845 ; m. à Joseph Parent,
      député de Rimouski, le 13 fév. 1890 ; sép. à St-Jean-
      Baptiste de Québec, le 25 août 1919. (Les registres
      lui donnent 84 ans et elle n'avait que 73 et 10 ms.)
9. **Marie-Obéline,** bap. le 28 mars 1847 ; sép. le 12 juillet 1848.

10. **Pierre**, bap. le 30 mars 1849 ; m. à Malvina-Caroline Labrie,
le 6 sept. 1876.

3e Br.   **V**   **N° 53.**

JEAN-MARIE CHOUINARD, fils de **Jean-Marie IV** et de
Reine Chouinard.

ESTHER BÉLANGER.

Mariage le 17 fév. 1835, à St-Jean-Port-Joli. V. N° 22.
Le 15 juillet 1837, sépulture d'Esther Bélanger, 19 ans.

2e Epouse

ÉMILIENNE CARRIER.

Mariage le 28 nov. 1843, à St-Jean-Port-Joli.

ENFANTS :

1. **Jean-Baptiste**, bap. le 23 juin 1846 ; m. à Marie-Louise
Thériault, le 4 juin 1878 ; déc. le 10 fév. 1905, à Nor-
mandin.
2. **Prosper**, bap. le 8 avril 1849 ; se marie avec Philomène
Vaillancourt, en 1868 ; déc. le 3 mai 1910, à Princeville.
3. **Thomas-Edouard**, bap. le 22 sept. 1850 ; déc. célibataire,
en 1871, à St-Prosper.
4. **Joseph-Antoine**, bap. le 11 mai 1852 ; déc. à Brunswick.
5. **Cyprien**, bap. le 5 janv. 1854 ; m. à Mme veuve Brault, à
Victoriaville.
6. **Jos.-Octave**, bap. le 2 juillet 1855 ; m. à Marie Létourneau,
à St-Norbert.
7. **Julienne**, bap. le 11 déc. 1856 ; m. à Jean Labbé, le 6 janv.
1876, à Princeville.
8. **Marie-Joséphine**, bap. le 23 sept. 1858 ; m. à Hubert Fortier,
le 4 nov. 1879 ; déc. le 12 août 1894.
9. **Augustin**, bap. le 16 août 1860 ; m. à   , à Ste-Anne de
la Pérade 1829, le   ; déc. à Grand'Mère, en octobre
1918.
10. **Marie-Adèle**, bap. le 25 janv. 1862 ; m. à Charles Fortier,

le 4 juillet 1882 ; déc. en janv. 1916, à Ste-Hélène de Chester.

11 **Marie-Diana,** bap. le 16 août 1863 ; déc. en 1878.

12. **Louis-Alfred,** bap. le 22 juin 1865 ; m. et réside à Détroit, Michigan.

13 **Hermine,** bap. le 23 sept. 1866 ; m. à Samuel Lavallée, en 1888.

14. **Eugène,** bap. le 20 fév. 1868 ; déc. à l'âge de 3 ans.

15. **Hubert,** bap. le 6 juin 1869 ; déc. jeune.

16 **Emma,** bap. en 1871 ; m. à Alphonse Girouard, à Prince-ville

17. **Emilie,** bap en 1874, à St-Roch-des-Aulnaies ; m. à Gédéon Girouard.

3e **Br.**   **V**   **N° 54.**

ABRAHAM CHOUINARD, fils de Charles IV et de Josephte Mignault.

SCHOLASTIQUE DUBÉ.

Mariage le 24 fév. 1835, à St-Jean-Port-Joli. V. N° 15.

ENFANTS :

1. **Pierre-Gaspard,** bap. le 30 nov 1835.

2. **Octave,** bap. le 4 juin 1837 ; inh. à St-Roch de Québec, le 29 juin 1858

3. **Anne-Clémentine,** bap. le 25 août 1839.

4. **Marie-Alphonsine,** bap. le 4 avril 1841.

5. **Célanire,** bap. le 17 mars 1844 , sép à St-Roch de Québec, le 13 janv. 1851.

6. **Marie,** bap. en 1844 ; fait un séjour à l'Hôtel-Dieu du P.-S., du 25 avril au 1er juillet 1865.

7. **Marie-Arthémise,** bap. à Québec, le 25 fév. 1847

8. **Marie-Célina,** bap. à Québec, le 15 août 1848.

9. **Henri-Abraham,** bap. le 2 octobre 1851 ; sép. le 9 octobre.

10. **Marcelline,** bap. à Québec, le 19 juin 1853 ; m. à Pierre Mathieu, le 10 janv. 1870, à Québec

3e Br.   **V**   **N⁰ 55.**

EUSÈBE-ÉDOUARD CHOUINARD, fils de Charlemagne **IV**
                                        et de Perpétue **Mignault**.
DÉLINA TARDIF.
        Mariage à Kamouraska vers 1835. V. N⁰ 18.
ENFANTS :
  1. **Léon-Hermas-Normand**, bap. le 11 avril 1836 ; il épouse,
        à Québec, le 7 mars 1859, Cécile Fournier ; inh. à Québec,
        le 9 juin 1903.
  2. **Edouard-Eusèbe**, bap. le 24 fév. 1838 ; sép. le 17 août 1838.
  3. **Henriette-Délina-Clorinia**, bap. le 1er juillet 1839 ; déc. à
        3 ms.
  4. **Eusèbe-Cléophas**, bap. le 17 sept. 1841 ; se marie avec
        Philomène Deschênes, le 1er octobre 1863 à Kamouraska.
  5. **Marie-Géraldine**, bap. le 28 nov. 1844 ; m. 1⁰ à Peter
        Cunningham ; 2⁰ à Patenaude.
  6. **Louis-Thomas**, bap. le 25 nov. 1846 ; sép. en 1846.
  7. **Louis-Cyrice**, bap. le 23 fév. 1848 ; sép. en 1849.
  8. **Elzéar**,   bap. le 26 juin 1849 ; sép. le 2 août 1848.
  9. **Charles**, bap. le 19 juin 1852 ; sép. le 20 août 1852.
 10. **Joseph-Benjamin**, bap. le 1er fév. 1857 ; il épouse Claudia
        Dionne, le 11 janv. 1881.

3e Br.   **V**   **N⁰ 56.**

PIERRE CHOUINARD, fils de Charlemagne **IV** et de Perpétue
                                                          Mignault.
OBÉLINE MARQUIS, fille de Joseph et de Reine Paradis.
        Mariage à la Basilique de Québec, le 10 nov. 1836. V.
        N⁰ 18.
ENFANTS :
  1. **Marie-Obéline-Philomène**, bap. à Québec, le 7 juillet 1837 ;
        inh. le 8 juillet.
  2. **Marie**, née vers 1840 : déc. à l'âge de six à sept ans.
  3. **Laura**, bap. vers 1842 ; m. à Augustin Vallières, à Lévis.

4. **Marie**, bap en janv. 1844 , déc à l'âge de 5 ms. Brûlée vive, dans l'incendie du toit paternel, le matin de la Pentecôte, 1844

5. **Pierre-Bruno-Tancrède**, bap. vers 1845 ; zouave pontifical, m à Dame Morency (Mlle Latulippe) ; inh. à Lévis, en 1896, au cimetière " Mont-Marie. "

6. **Marie-Delvina**, bap. le 29 août 1847 ; m. 1⁰ à Pierre Lapierre, le 3 nov 1864 ; 2⁰ à Napoléon Crépault, le 20 mai 1878, à St-Roch de Québec.

7 **Ephrem**, bap le 5 avril 1854 ; m. à Amanda Crépault, le 10 sept. 1878 , déc à Québec, le 29 nov 1918 (1)

8. **Ernest**, bap. le 14 fév 1856 , m. à Georgiana Pouliot, le 3 février 1890. Avocat et chef des Traducteurs au Parlement de Québec

9. **Théodore-Odilon**, bap. le 6 octobre 1858 , m 1⁰ à Velléda Lortie ; 2⁰ à Ernestine Cloutier de Loretteville ; dée subitement à Kamouraska, le 30 juin 1914 ; inh. à Mont-Marie, Lévis.

(1) Ephrem Chouinard était Assistant-Auditeur provincial.

3e **Br.**   **V**   **N⁰ 57.**

PIERRE CHOUINARD, fils de **Pierre IV** et de **Louise Dunn.**
CÉCILE RICHARD.
        Mariage à Cap d'Espoir, en 1837. V N⁰ 20

ENFANTS :

1. **John**, né en 1838 ; m. à Louise Savard, à Cap d'Espoir, le 8 janv. 1865

2. **Félix**, né vers 1840 ; déc. aux Etats-Unis

3. **Alex.** né vers 1842 ; déc. aux Etats-Unis.

4. **Joseph**, né vers 1844 ; m à Marie Desosbie ou Adéline Gagné.

5. **Michel.**

6. **Céleste**, m. à Charles Cloutier.

3ᵉ Br.   **V**   **Nº 58.**

(1) **ISIDORE CHOUINARD,** fils de Isidore IV et petit-fils de
                    Jean-François III et de Marg. Morin.
SOPHIE CYR.
          Mariage vers 1838. V. Nº 4.
ENFANTS :
  1. **Sophie,** née vers 1840.
  2. **Isidore,** né à Albany, N.-Y., le 24 mai 1841 ; se marie à
          Domitilde Campbell ; déc. en 1887.
  3. **Hélène,** née vers 1843 ; déc.
  4. **Julienne,** née vers 1845 ; déc.
  5. **Alphonse,** né en 1847.
  6. **Louis,** né en 1849, aux Etats-Unis.
  7. **Philomène,** née vers 1850 ; déc.
  8. **Joseph,** né vers 1854 ; déc.
     (1) Rattaché ici sur une hypothèse : les documents nous
manquent au sujet de cette famille.

3ᵉ Br.   **V**   **Nº 59.**

CYPRIEN CHOUINARD, fils de Charlemagne IV et de Perpétue
                                        Mignault.
CLARISSE PELLETIER.
          Mariage à St-Roch-des-Aulnaies, le 8 janv. 1839.
          V. Nº 18.
ENFANTS :
  1. **Cyprien-Réal,** bap. le 18 nov. 1839 ; m. à Marie-Anne
          Castonguay.
  2. **Hermine,** bap. le 30 janv. 1841 ; sép. le 30 août, âgée de
          7 ms.
  3. **Jean-Baptiste,** bap. à Québec, le 26 juin 1842.
  4. **Louis-Cyprien,** bap. à Ste-Anne de la Pocatière, le 18 avril
          1848.
  5. **Joseph,** bap. le 25 juin 1849 ; inh. le 28 juin.
  6. **Cyprien,** bap. le 15 juillet 1850 ; sép. le 20 juillet.

7. **Marie-Antoinette**, bap. le 6 juillet 1853 ; sép. le 14 juillet.

3e Br.   **V**   **No 60.**

DAVID CHOUINARD, fils de Pierre-Louis IV et de Catherine
Thibault.

MARIE NOLET ou MALET.
Mariage vers 1839. V. No 7.
ENFANTS :
1. **David**, né vers 1840 ; m. à Delphine Fortin.
2 **Léon**, marié à
3. **Alphée**, m. à Métildée Beaudin.

3e Br.   **V**   **No 61.**

NARCISSE CHOUINARD, fils de Pierre-Louis IV et de Catherine Thibault.

EMÉRENCE PAQUIN.
Mariage vers 1840. V. No 7.
ENFANTS
1. **Joseph**, né vers 1844 ; m. 1º à Edmire Bourdon ; 2º à
Dame Leroux.
2. **Narcisse**, né en 1850 ; m. 1º à Marie Daignault ; 2º à
Mélanie Longtin ; déc. en 1890.
3. **Emérence**, née en 1851 ; m. à Lucien Boulé.

3e Br.   **V**   **No 62.**

ARCHIBALD CHOUINARD, fils de Charlemagne IV et de
Perpétue Mignault.

MARIE HUDON dit BEAULIEU.
Mariage vers 1840 V. No 18
ENFANTS :
1. **Anonyme**, sép. le 8 fév 1842.
2. **Emilie**, bap le 25 mars 1843
3. **Louis-Herménégilde-Archibald**, bap. à la Riv.-du-Loup, le
22 octobre 1844.

4. **Chs.-Théophile-Onésime**, bap. le 31 déc. 1845, à la Riv.-
   du-Loup.
5. **Prime-Théodore**, bap. le 30 mars 1847.
6. **Julie-Hermine**, bap. le 18 sept. 1848.
7. **Marie-Auguste-Olive**, bap. le 16 fév. 1851.
8. **Denis-Joseph**, bap. le 26 fév. 1854.

3e **Br.**   **V**   **N⁹ 63.**

DANIEL CHOUINARD, fils de Emmanuel IV et de Marie Ross.
PÉTRONILLE LAVOIE.
      Mariage le 19 janv. 1841, à Rimouski. V. N⁰ 21.
ENFANTS :

1. **Louis-Emmanuel**, bap. le 21 juin 1842 ; m. à Ursule Côté,
   le 25 janv. 1865 ; sép le 12 déc. 1865. (1)
2. **Jean-Baptiste** (Johnny), bap. vers 1843 ; m. à Vitaline Côté,
   le 1ᵉʳ octobre 1866 ; déc. à Fall-River en 1883
3. **Aimé**, bap en 1843 ; inh. le 8 juin 1863, âgé de 20 ans
4 **Achille**, bap. vers 1847 ; m. à Victoria Ouellet, le 17 janv.
   1871, à Rimouski
5. **Napoléon**, bap. le 15 août 1850 ; se marie le 12 fév. 1878,
   à Philomène St-Laurent, à Rimouski.
6. **Henri**, bap. vers 1852; se marie le 13 juillet 1875, à St-Jean-
   Baptiste de Québec, à Delphine Trudel.
7. **Stanislas**, bap. vers 1854; sép. le 30 déc. 1890, âgé de 36 ans.
8. **Philomène**, bap. le 6 juin 1856 ; sép. le 19 mars 1860.
9. **Marie-Delvina**, bap. le 4 avril 1860 ; sép. le 21 mars 1884.
10. **Pierre-Elzéar**, bap. le   ; inh. le 14 juillet 1882, âgé
    de 22 ans.
11. **Rose**, bap en 1860 ; m. à Henri Beaulieu le 22 juin 1882.
12 **Joseph-Louis**, bap. le 18 sept 1861 ; sép le 20 sept. 1870.
13. **Adhémar**, bap. le1 3 mars 1863 sous les noms de Eugène-
    Armand ; sép. le 13 août 1863
14. **Alfred**, bap. le 12 août 1864 ; sép. le 27 juillet 1888.

(1) Ursule Côté épousa en 2ᵉ noces Rodolphe Tanguay, neveu de Mᵍʳ Tanguay, et en 3ᵉ noces, Frédéric Baillargé, père de M. l'abbé F.-A. Baillargé, curé de Verchères

3ᵉ Br.   V   N° 64.

**PIERRE CHOUINARD, fils de Antoine IV et de Marie Vallée.
MARIE-CHRISTINE DUGAS, fille d'Isaac.**
Mariage le 6 sept. 1843, à Matane   V. N° 16.
ENFANTS :
1. **Isaac,** bap. le 10 août 1844 ; m. 1⁰ à Sophie Parent, le 26 nov. 1867, à Cap-Chat ; 2⁰ à Senneville Roy dit Desjardins, le 28 avril 1873, à Ste-Félicité ; 3⁰ à Geneviève St-Louis, Cap-Chat, le 30 avril 1877.
2. **Félix,** bap. le 27 déc. 1846 ; se marie à Désiré Maloney, le 16 janv. 1872, à Ste-Anne des Monts.
3. **Antoine,** bap. le 30 avril 1849 ; m. à Exorée Gosselin, le 13 juillet 1869, à Ste-Anne des Monts ; 2⁰ à Victoria Ouellet, à Cap-Chat, le 4 fév. 1885.
4. **Samuel,** bap. le 28 octobre 1850.
5. **Christophe,** bap. le 25 janv. 1853 ; m. à Adèle-Victoria Côté, le 19 fév. 1878 ; sép le 25 janv. 1911
6. **Emmanuel,** bap. le 20 déc 1854 ; déc le 25 nov. 1875.
7. **Pierre-Dénérie,** bap. le 8 mai 1857 ; se marie à Marie Roy dit Desjardins, le 24 janv. 1876, à Cap-Chat.
8. **Joseph-Olivier,** bap le 3 janv. 1860 ; m à Georgiana Langlois, le 18 sept. 1888
9. **Anonyme,** sép. le 4 janv. 1859.
10. **Alexis,** bap. le   ; m. à Louise Dunn, le 18 sept. 1861.

3ᵉ Br.   V   N° 65.

**AMABLE CHOUINARD, fils de Julien IV et de Angélique
Chouinard.**
(1) MATHILDE CAOUETTE.
Mariage à St-Jean-Port-Joli, le 30 juillet 1844 V N° 17.

ENFANTS :

1. **Marie-Cédulie-Adéline**, bap. le 17 juin 1845 ; m. à Pierre
       Gingras, le 9 janv. 1867, à St-Jean-Baptiste de Québec.
2. **Joseph-Cléophas**, bap. le 1er juillet 1847 ; m. à Luce Gagnon.
3. **Edmond**, bap. en 1849 ; se marie avec Zoé Harpe, le 12 fév.
       1872, à Québec ; inh. à Québec.
4. **Amable-Pierre**, bap. le 27 juillet 1851 ; m. à Olympe Poitras,
       le 4 nov. 1873, à St-Jean-Baptiste de Québec ; inh: à
       Québec le 31 mars 1884, avec les honneurs militaires.(2)
5. **Marie-Célina**, bap. le 30 mai 1853 ; m. à M. Gamache.
6. **Marie-Clotilde**, bap. le 7 mai 1855 ; inh. le 16 déc. 1889, au
       cimetière Belmont.
7. **Joséphine**, bap. le 1er sept. 1856 ; se marie le 2 mai 1881,
       à Thomas Dufour, à St-Jean-Baptiste de Québec.

(1) Mathilde Caouette fut inhumée le 16 décembre 1884,
au cimetière Belmont.

(2) Amable-Pierre Chouinard était 1er canonnier de la
Batterie A, à la citadelle de Québec.

3e Br.   **V**   **No 66.**

RAPHAËL CHOUINARD, fils de Julien IV et de Angélique
                                                    Chouinard.

HÉLÈNE MIVILLE DESCHÊNES.
       Mariage le 8 juillet 1845, à St-Roch-des-Aulnaies. V.
       No 17.

ENFANTS :

1. **Raphaël**, bap. le 17 mars 1847 ; déc. à l'âge de 15 ans.
2. **Joseph**, bap. en 1852 ; m. à Hermine Tremblay ; sép. à
       St-Tite des Caps, le 2 octobre 1915.
3. **Donat**, se marie le 4 fév. 1889, à St-Tite des Caps, avec
       Joséphine Douglass.
4. **Pierre**, bap. en 1853 ; se marie à Emilie Duchêne ; inh. à
       Ste-Anne de Beaupré, le 25 fév. 1910.
5. **Marie**, bap. avant avril 1863 ; elle épouse Philibert
       Paradis, à St-Tite des Caps, le 22 avril 1884.

6. **Raphaël**, bap. en 1865 ; le 27 janv. 1885, il épouse, à St-Tite des Caps, Marie Paradis.

3e **Br.**   **V**   N° 67.

LOUIS-GERMAIN CHOUINARD, fils de Louis-Germain IV et de Judith Patry.

GEN.-ADÉLAÏDE LABBÉ.
>   Mariage à St-Henri, le 18 août 1845. V. N° 23.

ENFANTS :

1. **Louis**, bap. le 6 janv. 1847 ; m. 1° à Domitille Boucher ; 2° à Vitaline Boulet ; 3° à Adelaïde Fortin ; 4° à Sara Mercier.
2. **Joseph-Onésime**, bap. le 20 janv. 1850 ; m. à Eléonore Breton.
3. **Déline**, bap. en 1851 ; m. à Séraphin Lagueux.
4. **Sévère**, bap., m. à Marie Boucher, à St-Ephrem de Beauce.

3e **Br.**   **V**   N° 68.

FRANÇOIS CHOUINARD, fils de Ls-Germain et de Judith Patry.

FLAVIE BOULET.
>   Mariage à la Beauce vers 1845. V. N° 23.

ENFANTS :

1. **Elisabeth-Marie-Louise**, bap. à Lévis, le 2 mai 1848 ; m. à Louis Laflamme en 1867.
2. **Philomène**, m. à Léger Roy, en 1857.
3. **François-Xavier**, bap. vers 1850; m. en 1875, à Marie-Louise Fluet.
4. **Octavie**, m. en 1873, à David Lessard.
5. **Rosalie**, m. à François-Xavier Rodrigue, en 1864, à St-Ephrem de Beauce.

3e Br.   **V**   **No 69.**

FÉLIX CHOUINARD, fils de Antoine IV et de Marie Vallée.
TATIENNE GAGNÉ.
  Mariage le 10 janv. 1848, à Ste-Luce. V. No 16.
ENFANTS :
1. **Marie-Tharsille**, bap. le 3 juin 1850; m. à Napoléon Langlais, le 12 fév. 1874, à St-Anaclet.
2. **Adèle-Aglaé**, bap. vers 1850 ; m. à Pierre-Flavien Lavoie,
  le 7 janv. 1873.
3. **Eugénie**, née vers 1853 ; se marie à Félix Michaud, à L'Ile-
  Verte, le 29 janv. 1876.
4. **Nérée-Olivier**, bap. le 12 mai 1855.
5. **Marie-Georgina**, bap. le 20 mars 1857 ; se marie à Joseph
  Dion, le 25 janv. 1887, à Mill-Stream.
6. **Anonyme**, sép. le 12 juillet 1849.

3e Br.   **V**   **No 70.**

CHARLES CHOUINARD, fils de Louis-Germain IV et de
               Judith Patry.
HÉLOÏSE BOUSQUET.
  Mariage à St-Henri de Lauzon, le 8 fév. 1848. V. No 23.
ENFANTS :
1. **Elisabeth**, m. à Charles Rancour, en 1865.
2. **Laurent,** m. à Julie Breton, à St-Ephrem, Beauce.
3. **Louis-Vital,** m. à Olive Bolduc, en 1868.
4. **Julie,** se marie avec Frédéric Boulet, en 1869.
5. **Onésime,** se marie avec Sylvie Boulet, en 1869.
6. **Adéline,** elle épouse Onésime Garant, en 1873.
7. **Edouard,** m. en 1877 à Zoé Paradis ; 2o en 1884, à
  Marie Breton.
8. **Charles,** m. en 1877 avec Angèle Pépin.
9. **Isaac,** m. à Georgiana Fluet, en 1884, à St-Ephrem.
10. **Joséphine,** m. à Geo. Pépin, en 1878.
11. **Léocadie,** m. à Joseph Morin, en 1874.

3e Br.   **V**   **No 71.**

OLIVIER CHOUINARD, fils de Antoine IV et de Marie Vallée.
ÉLÉONORE OUELLET.
      Mariage le 23 avril 1849, à Matane. V. No 16.
ENFANTS :
1. **Octavie,** bap. le 5 avril 1850 ; m. à Théodore Lévesque, le 7 janv. 1873
2. **Eustache,** bap. le 15 août 1852 , m. à Emélie Pelchat, le 10 juin 1874.
3. **Théodosie** (Dorothée), bap. le 21 octobre 1854; m. à François Dionne, le 7 janv. 1873 ; sép. le 23 août 1909, à Matane
4. **Horace,** bap le 8 juin 1857 ; m à Olympe Dionne, le 14 août 1883
5. **Joseph-Zéphirin,** bap. le 26 mai 1859 ; sép. à Matane, le 8 mai 1877.
6. **Pierre-Edouard,** bap. le 1er août 1861 ; ordonné prêtre à Rimouski, le 21 sept 1889 ; vicaire à L'Ile-Verte, en 1890 ; curé de St-Moïse, en 1891 ; fonde la paroisse de Ste-Marie de Sayabec, en 1896 ; curé de St-Paul de la Croix, en 1891 ; de St-Joseph de Carleton en 1920.
7. **Joseph-Fridelen-Félix,** bap. le 1er sept. 1867 ; m. 1o à Elisabeth Couillard, de Beaumont, le 18 août 1891 ; 2o à Adèle Verreau, le 4 fév. 1895, à St-Moïse.
8. **Flore-Henriette,** bap le 4 nov. 1869 ; m. à Walter-Sylvester Smith, le 6 juin 1889.
      Walter-Sylvester Smith entra dans le giron de l'Eglise catholique et fut inh. à St-Paul de la Croix, le 22 juin 1913.

3e Br.   **V**   **No 72.**

FRANÇOIS CHOUINARD, fils de **Louis-Germain IV** et de
Judith Patry.

DIVINE FORTIN.
      Mariage à St-Victor de Beauce, en 1851. V. No 23.

ENFANTS :
1. **Zoé**, m. en 1873, à Ambroise Donon, à St-Ephrem.
2. **Joseph**, m. en 1876, à Marie Poulin.
3. **Marie**, m. en 1881, à Georges Picard, à St-Ephrem.
4. **François**, m. à Célina Poulin, en 1886.
5. **Anselme**, se marie en 1887, à Angèle Plante.

3e **Br.**   **V**   N⁰ 73.

PIERRE CHOUINARD, fils de Emmanuel IV et de Marie Ross.
AGATHE LÉVESQUE.
      Mariage à Rimouski, le 18 nov. 1851. V. N⁰ 21.
ENFANTS :
1. **Héloïse**, bap. le 16 janv. 1855.
2. **Michel**, bap. le 23 octobre 1856 ; m. à Elisabeth Pineau, le 11 janv. 1880, à Sandy Bay.
3. **Dieudonné**, bap. le 13 fév. 1859.
4. **Victoria**, bap. en 1860 ; m. à Alexandre D'Aston, le 5 juillet 1879.
5. **Anaïs**, m. à Flavien Lepage, le 11 mai 1880, à St-Ulric.
6. **Christophe**, m. à Marie Pineau, le 9 avril 1888.

3e **Br.**   **V**   N⁰ 74.

PIERRE-NARCISSE CHOUINARD, fils de Jean-Baptiste V
et de Félicité Jean.
SOLANGE GUICHARD,
      Mariage le 31 juillet 1832, à St-Jean-Port-Joli. V. N⁰ 26.
ENFANTS :
1. **Narcisse**, bap. le 18 avril 1833.
2. **Joseph-Narcisse**, bap. le 11 juin 1834 ; se marie le 26 nov. 1855, avec Julie Duval.
3. **Prudent**, bap. le 22 août 1835.
4. **François**, bap. le 16 nov. 1836.
5. **Henriette**, bap. le 11 juin 1838.
6. **Marie-Philomène**, bap. le 6 avril 1840.

7. **David,** bap. le 11 mars 1841.

8. **Narcisse,** bap. le 25 juillet 1842.

9. **Jean-Baptiste,** bap. le 23 mai 1844 ; sép le 17 fév 1848.

10. **Charles-Nazaire,** bap. le 30 juillet 1845

11. **Jean-Baptiste,** bap le 30 mars 1847.

12. **Marie-Octavie,** bap. le 13 août 1848 ; à l'Hôtel-Dieu de Québec, du 28 sept au 9 octobre 1853.

13. **Séraphine,** bap. le 3 mai 1852.

13ª. **Servule-Télesphore,** m. à Rose de Lima Beaudet, le 10 juin 1879, à Québec.

Le 26 mai 1852, sép. de Solange Guichard, âgée de 42 ans.

2ᵉ *Epouse*

SOPHIE CAOUETTE.
Mariage le 9 mai 1853, à St-Jean.

14 **Félix,** bap. le 1ᵉʳ mars 1854

15. **Antoine,** bap le 6 juillet 1857.

16. **Sophie,** bap le 2 juin 1859.

3ᵉ *Epouse*

ÉLISABETH THIBAULT.
Mariage le 26 sept 1859.

4ᵉ *Epouse*

ÉLISABETH PROULX.
Mariage le 18 sept. 1866, à Ste-Louise.

17. **Alexandre,** bap. le 2 août 1867.

18. **David,** bap en 1867 ; m. à Eustelle Gaumond.

19. **Gilbert,** bap. le 6 juin 1869.

20. **Elisabeth-Georgina,** bap. le 18 avril 1871.

21. **Philéas,** né vers 1871 ; m. à Paméla Pelletier.

22. **Marie-Joséphine,** bap. le 14 déc. 1875.

23. **Ernest-Honoré,** bap. le 11 nov. 1878 ; se marie avec Maria Daigle, à St-Aubert, le 16 juillet 1907.

Trente-deux enfants sont nés des quatre mariages de Pierre-Narcisse Chouinard ; nous n'avons pu en retracer que 24.

Au physique, Narcisse Chouinard ressemblait beaucoup à son grand-père, Pierre-Louis Chouinard. De là, l'ineffaçable surnom de Pierre-Louis. sous lequel il est encore désigné 40 ans après sa mort.

3e **Br.**   **VI**   **N**o **75.**

DOMINIQUE CHOUINARD, fils de Pierre **V** et de Marie-Anne Lanoue.

CATHERINE PERRIN, fille de Louis et de Marie-Louise Giroux.

Mariage à St-Marc, le 7 juillet 1835. V. N⁰ 25.

ENFANTS :

1. **Dominique,** né à St-Marc, le 30 mars 1836.
2. **Joseph,** né le 13 janv. 1839.
3. **Amable-Oliva,** né le 14 mai 1843 ; m. à Rose-de-Lima Ballard dit Latour, le 14 fév. 1868, à St-Charles du Richelieu.
4. **Marc,** né à St-Marc, le 25 avril 1848.

3e **Br.**   **V**   **N**o **76.**

JOSEPH CHOUINARD, fils de Joseph-Marie **V** et de Angèle Mignier dit Lagacé.

AGATHE GUÉRET.

Mariage à L'Isle-Verte, le 4 mai 1846. V. N⁰ 27.

ENFANTS :

1. **Félix,** m. à Séverine Roy, à Cap-Chat, le 27 août 1867.
2. **Agathe,** m. à Télesphore Parent, le 17 août 1869, à Cap-Chat.

3e **Br.**   **VI**   **N**o **77.**

MARCEL CHOUINARD, fils de Isaac **V** et de Rosalie Moreau.

HENRIETTE DUBÉ.

Mariage à la Rivière-du Loup, le 15 fév. 1847. V. N⁰ 28.

ENFANTS :

1. **Marie-Clémentine,** bap. le 11 nov. 1847.

2. **Louis-Marcel,** bap. le 24 mars 1850.
3. **Dalvina,** bap. le 9 mai 1852.

3e **Br.**   **VI**   N° **78.**

THÉODULE CHOUINARD, fils de Hilaire V et de Lucie Thériault.

MARIE-CAROLINE CARON.
        Mariage le 5 fév. 1850, à St-Jean-Port-Joli. V. N° 33.
ENFANTS :
  1. **Joseph-Ignace-Théodule,** bap. le 2 fév. 1851, m. à Gilda
        Linstad, à Milbank, Dakota Nord en nov. 1881.
  2. **Romuald,** bap. le 7 fév. 1852 ; déc.
  3. **M.-Caroline,** bap. le 14 mars 1853.
  4. **M.-Justine,** bap. le 27 sept. 1854.
  5. **Joseph-Laurent,** bap. le 11 août 1856.
  6. **Michel-Hilaire,** bap. le 12 août 1858 ; inh. le 30 mars 1859.
  7. **Marie,** bap. le 1er juillet 1860, à St-Aubert.
  8. **François,** né le 5 déc. 1861 ; m. à Rose Bégin, à Dayton,
        le 20 fév. 1882.
  9. **Augustin,** bap. le 12 mai 1864.
 10. **Odile,** bap. le 27 juin 1866.
 11. **Octave,** m. à M.-Joséphine Guimont, le 2 octobre 1883, à
        Dayton, Minn.

3e **Br.**   **VI**   N° **79.**

XAVIER CHOUINARD, fils de Antoine V et de Anastasie Labbé.
MARIE-THARSILE ARCHAMBAULT.
        Mariage vers 1850, à St-Pie de Bagot. V. N° 39.
ENFANTS :
  1. **Xavier,** né le 8 mai 1854, à St-Pie de Bagot ; m. à Marie
        Métivier.
  2. **Désiré,** né le 2 mai 1858 ; m. à Amànda Ledoux.
  3. **Arzélie,** née le 8 déc. 1862 ; m. à Emile Larose.
  4. **Isaïe,** né en 1864 ; m. à Olympe Masse.

5. **Jean-Baptiste**, né le 29 octobre 1869 ;   se marie 1º à Eugénie Gagné, le 12 juillet 1891 ; 2º à Amanda Jalbert, le 5 mars 1895, à St-Roch-des-Aulnaies.

6. **Adélard**, né le 7 juin 1872 ; m. 1º à Claudia Gagné ;   2º à Eva Darcy, le 1er fév. 1906.

3e **Br.**   **VI**   **Nº 80.**

CLOVIS CHOUINARD, fils de Isaac V et de Rosalie Moreau.
HENRIETTE CÔTÉ.
   Mariage à Ste-Flavie, le 3 mars 1851. V. Nº 28.

ENFANTS :

1. **Magloire**, bap. le 26 fév. 1852; m. à Despérade Bouchard, le 24 fév. 1873, à Rivière Moisie.

2. **Anne-Elisabeth**, bap. le 9 avril 1853.

3. **Aimée**, née vers 1854 ; se marie à Paul Bossé, à St-Octave, le 6 avril 1875.

4. **Marie-Adèle**, bap. le 20 mars 1861.

5. **Victoire**, m. le 23 nov. 1886, à Louis Rousseau, à St-Octave de Métis.

3e **Br.**   **VI**   **Nº 81.**

JEAN-MARIE CHOUINARD, fils de Jean-Marie V et de Apolline Landry.
ANGÈLE RAYMOND.
   Mariage à St-André de Kamouraska, le 17 nov. 1851. V. Nº 40.

ENFANTS :

1. **Angèle**, bap. le 5 avril 1853 ; m. à Paul Jones, le 30 avril 1877, à St-Octave de Métis.

2. **Célina**, bap. le 2 mai 1855 ; m. à Denis Ross, le 19 janv. 1875.

3. **Flore**, bap. en 1858 ; sép. à Rimouski, le 4 mai 1870, âgée de 12 ans.

4. **Anonyme**, sép. le 7 déc. 1871.

5 **François-Xavier,** bap. le   ; m. à Ursule Viola, le 4 fév.
      1856.
6 **Marie-Delvina,** bap. le 28 fév. 1861 ; m. à Georges Comeau.
7. **Léon,** bap. le 5 mai 1865 ; sép. le 25 mai 1865.

3e **Br.**   **VI**   N⁰ 82.

PIERRE CHOUINARD, fils de Henri **V** et de Euphrosine
Jalbert.
JUSTINE ROBICHAUD.
      Mariage le 17 fév 1852, à St-Jean-Port-Joli. V. No 29.
ENFANTS :
  1. **Joséphine,** bap. le 15 déc. 1852.
  2. **Pierre,** bap. le 13 juillet 1854.
  3. **Rose-de-Lima,** bap. le 24 août 1855.
  4 **Marie,** bap. le 22 octobre 1856.
  5. **Louis,** bap. le 26 août 1858.
  6. **Marie-Anna,** bap. le 29 sept. 1859.
  7. **Jean-Chrysostôme,** bap. le 5 mars 1861.
  8. **Marie-Agathe,** bap. à Ste-Louise, le 16 déc. 1862.
  9. **Adélaïde,** bap. le 5 mars 1865, née du 16 déc 1864.
10. **Marie-Alexine,** bap. le 25 juilllet 1867.

3e **Br.**   **VI**   N⁰ 83.

JACOB CHOUINARD, fils de Jacob **V** et de Lucie Leclerc.
MARIE-NÉRÉE GAGNON.
      Mariage le 31 janv. 1853, à St-Jean-Port-Joli. V. N⁰ 36.
ENFANTS :
  1. **Marie-Nérée-Emma,** bap. le 20 déc. 1853 ; m. à Alfred
      Lavery, le 10 août 1874 ; déc. en 1902.
  2. **Marie-Séraphine-Joséphine,** bap. le 14 déc. 1854 ; se marie
      avec Clément Gagnon, le 17 sept. 1888 ; 2⁰ à Sifroid
      Fortin.
  3. **Charles,** bap. le 25 fév. 1856.

4. **Paméla-Léontine**, bap. le 11 octobre 1857 ; m. à Joseph
      Dupont, le 7 janv. 1879.
5. **Luc-Erasme**, bap. le 8 nov. 1858 ; se marie avec Elise
      Jalbert, le 14 janv. 1879, à St-Aubert ; déc. en 1899,
      le 13 mai.
6. **Joseph-Auguste**, bap. le 20 juin 1860.
7. **Joseph-Eugène**, bap. le 20 juin 1861.
8. **Nap.-Joseph**, bap. le 22 janv. 1863.
9. **Nérée**, bap. le 22 mai 1864 ; déc. le 13 juin.
10. **Elzéar-Odilon**, bap. le 6 fév. 1866.
11. **Salluste**, bap. le 17 juin 1867 ; déc.
12. **Marie-Victoire**, bap. le 27 mars 1869 ; m. à David Miville,
      le 13 juillet 1891.
13. **Joseph-Alfred**, bap. le 24 déc. 1870 ; se marie le 14 juillet
      1891, avec Marie-Tharsile Dionne.
14. **Joseph-Odilon**, bap. le 16 janv. 1872 ; m. 1º à Marie Leclerc;
      2º à Elise Anctil.
15. **Joseph-Euphrase**, bap. le 3 juin 1873 ; déc. le 10 juillet.
16. **Joseph-Emile**, bap. le 4 déc. 1874 ; m. à Marie Pelletier,
      le 24 juin 1895.
17. **Alma-Amanda**, bap. le 24 juin 1876 ; déc.
18. **Alma**, bap. le 30 juin 1877.
19. **Adalbert**, bap. en 1881, à St-Pamphile ; m. à Louise Dubé.

3ᵉ Br.   VI   Nº 84

**PIERRE CHOUINARD, fils de Antoine V et de Anastasie Labbé.
ELISABETH SYNNOTT.**(1)
      Mariage vers 1853, à Gaspé. V. Nº 39.

ENFANTS :

1. **Ambroise**, bap. vers 1854 ; m. à Delphine Langlois.
2. **Pierre**, bap. en 1856 ; m. à Elisabeth Pipon.
3. **Cyprien**, bap. en 1857 ; m. à Apolline Pipon.
4. **Alfred**, bap. en 1859 ; m. à Mary-Elisabeth Riffon.
5. **Elisabeth**, bap., m. à Pierre Thériault.

6. **Philomène**, bap. le   ; m. à Alphonse Langlois.
7. **Alexandre**, m. à Mary Smith.
8. **Charles**, bap. le   ; m. à Désilda Lacasse.
9. **Napoléon**, bap et m. à Suzanne Laterreur ; déc. en 1906.
10. **Diana**, bap.   ; m. à Charles Sirois ; déc.
11. **Juste**, bap le   ; déc à l'Anse au Griffon, en 1907.
   Deux autres noms manquent à cette liste.

(1) Après avoir contemplé de ses yeux mortels les enfants de ses enfants jusqu'à la cinquième génération, Elisabeth Synnott, veuve de Pierre Chouinard, s'endormit doucement dans la paix du Seigneur à l'âge de 92 ans, le 23 janv. 1921.

Elle laissait après elle une nombreuse postérité : 13 enfants ; 76 petits enfants ; 152 arrière-petits enfants, plus un un arrière-arrière-petit-fils né depuis quelques mois.

3e **Br.**   VI   N⁰ 85.

JACOB CHOUINARD, fils de Henri V et de Chantal Dagneau dit Laprise.

MARIE-LOUISE CHARROIS.
   Mariage à St-Jean-Port-Joli, le 7 fév. 1854. V. N⁰ 45.
ENFANTS :
1. **Marie-Caroline**, bap. le 23 mars 1855 ; inh. le 19 juin 1857.
2. **Jacob**, bap. le 21 août 1856 ; sép. le 5 déc. 1864.
3. **Louise**, bap. le 13 mars 1857 ; se marie avec Joseph Cloutier, le 14 mars 1889 ; sép. le 18 janv. 1900.
4. **Napoléon**, bap. le 14 sept. 1859 ; se marie avec Olympe St-Pierre, le 27 janv. 1885, à St-Aubert.
5. **Bénoni**, bap le 2 octobre 1860 ; déc. le 4 octobre.

3e **Br.**   VI   N⁰ 86.

THOMAS CHOUINARD, fils de Joseph-Marie V et de Angèle Mignier dit Lagacé.

OBÉLINE ROY dit LAUZIER.
   Mariage à Matane, le 29 avril 1856. V. N⁰ 27.

ENFANTS :
1. **Joseph**, bap. le 14 déc. 1856 ; sép. le 27 juillet 1858.
2. **Thomas**, bap. le 14 déc. 1856 ; m. à Marie Létourneau,
       le 29 janv. 1884 ; jumeau de Joseph.
3. **Célestin**, bap. le 24 fév. 1859.
4. **Louis-Philippe**, bap. le 30 déc. 1860 ; m. à Virginie Gagnon,
       le 25 sept. 1881.
5. **Emélie**, bap. le 9 avril 1863 ; m. 1º à Elzéar Gagné ; 2º à
       François Vallée.
6. **Eugène-Elzéar-Télesphore**, bap. le 23 avril 1863.
7. **Joseph**, bap. le 23 sept. 1869 ; m. à Virginie Lajoie ; déc.

3ᵉ **Br.**   **VI**   **Nº 87.**

**JOSEPH CHOUINARD, fils de Hilaire V et de Lucie Thériault.
M.-DIANA DESCHÊNES.**
        Mariage le 9 sept. 1856, à St-Jean-Port-Joli. V. Nº 33.
ENFANTS :
1. **Charles-Joseph**, bap. le 18 sept. 1859 ; déc. le 8 avril 1860.
2. **Marie-Délima**, bap. le 21 août 1861.
3. **Virginie-Diana**, bap. le 18 mai 1863.
4. **Joseph**, bap. le 11 juin 1865 ; se marie le 19 juin 1894, à
       Dayton, Minn. avec Marie-Lucie Blais.

3ᵉ **Br.**   **VI**   **Nº 88.**

**HENRI CHOUINARD, fils de Amable V et de Rosalie Ouellet
ROSALIE THIBAULT.**
        (1) Mariage en 1857, à St-Jean-Port-Joli. V. Nº 41.
ENFANTS :
1. **Henri**, bap. le 28 avril 1858 ; déc. le 19 mai suivant.
2. **Henri**, bap. le 1ᵉʳ fév. 1861 ; m. à Malvina Blais, en 1900,
       à Salem.
3. **Victoria**, bap. le 10 nov. 1863 ; m. à Pierre Labbé en 1886,
       à Salem.

4. **Amable**, bap. le 29 avril 1866 ; m. le 14 sept. 1885, à **Anna** Paradis, à Fall-River, Mass.
5. **Marie-Joséphine**, bap. le 21 mars 1868 ; se marie à **Alfred** Parent, en 1887, à Holyoke, Mass. ; déc. en 1891.
6. **Joseph-Calixte**, bap. le 4 avril 1870 ; m. à Victoria Bolduc, à Salem.
7. **Augustin**, bap. le 1er nov. 1872 ; m. à Virginie Dion, à Salem.
8. **Maria-Georgiana**, bap. le 3 juillet 1875 ; m. à Ernest Martin.
9. **Marie-Alice**, bap. le 13 fév. 1878 ; m. à Régis Pelchat, le 1er sept. 1895.
10. **Joseph**, né en août 1881 ; m. à Délima Prévost, à Fall-River.
   (1) Cet acte de mariage manque dans les registres.

3e **Br.**   **VI**   **No 89.**

CHARLES-GUILLAUME CHOUINARD, fils de Charlemagne V
et de Mary-Ann Workens.

FÉLICITÉ GAGNÉ.
      Mariage le 13 avril 1858, à Rimouski. V. N° 38.
ENFANTS :
1. **Ludger-Charles**, bap. le 24 sept. 1859 ; sép. le 28 nov. 1859.
2. **M.-Félicité-Anne**, bap. le 10 octobre 1860.
3. **Charles-Guillaume**, bap. le 29 nov. 1862.
4. **Marie-Elise**, bap. le 24 janv. 1867.
5. **Anonyme**, sép. le 6 janv. 1866.
6. **Anonyme**, sép. le 16 août 1869.

3e **Br**   **VI**   **No 90.**

PIERRE CHOUINARD, fils de Firmin V et de Modeste Ouellet.
LÉOCADIE MAILLOUX.
      Mariage vers 1859. V. N° 43.
ENFANTS :
1. **Joseph**, bap. vers 1860 ; m. à Cédulie Ouellet.
2. **Xavier**, né en 1863.
3. **Georges**, né vers 1866.

3e Br   **VI**   **No 91.**

NORMAND CHOUINARD, fils de Eusèbe-Ed. V et de Délina
Tardif.
CÉCILE FOURNIER.
Mariage à St-Roch de Québec, le 7 mars 1859.
V. No 55.
ENFANTS :
1. **Alphonse,** bap. le 16 fév. 1860 ; se marie à Hedwidge
Robitaille ; inh. à Québec, le 8 sept. 1902.
2. **Elzéar,** bap. le 2 déc. 1861 ; se marie 1° à Elisa Giroux, à
Québec ; 2° à Caroline Couture, le 29 août 1910.
3. **Clara,** bap. le 25 janv. 1865 ; m. à Philibert Huot ; sép.
le 9 nov. 1897, à Québec. Un fils : Gustave Huot.
4. **Arthur,** bap. en 1866 ; se marie avec Amanda Verret, le
22 nov. 1897.
5. **Napoléon,** bap. le 13 mai 1867 ; déc. jeune.
6. **Cécile,** bap. en 1871 ; se marie le 26 avril 1906, à Félix
Gingras, à Québec.
7. **Joseph,** bap. le 31 mars 1873 ; m. à Lucie Fournier.
8. **Napoléon,** bap. le 4 avril 1875 ; sép. le 11 mars 1902.
9. **Joseph-Henri,** bap. le 17 janv. 1877 ; déc. en 1883.
10. **Ovina,** bap. en 1879 ; déc. le 4 sept. 1905.
11. **Alice,** née en 1881 ; sép. le 18 fév. 1901, à Québec.
12. **Eva,** née en 1883 ; m. à Emile Grégoire, le 16 mai 1910.

3e Br   **VI**   **No 92.**

JEAN-BAPTISTE CHOUINARD, fils de Jean-Baptiste **V** et
de Rose Métivier.
VIRGINIE GAMACHE.
Mariage à L'Islet, le 2 août 1859. V. No 49.
ENFANTS :
1. **Edouard,** né vers 1863 ; m. à Louise Samson, le 18 juillet
1887.
2. **Hélène,** bap. en 1870.

3. **Zélie,** bap. en 1871 ; m. à Cyrille Thouïn.
4. **Amanda,** née vers 1873 ; m. à M. Dubois.
5. **Louis-Alphonse,** né en avril 1875 ; sép. à Québec, le 29
   déc. 1875.

3e Br   VI   N° 93.

BARTHÉLEMY CHOUINARD, fils de Germain V et de Made-
                                        leine Daigle.
CAROLINE AUDET dit LAPOINTE.
        Mariage le 22 nov. 1859, à St-Jean-Port-Joli. V. N° 50.
ENFANTS :
1. **Joseph-Barthélemy,** bap. le 13 déc. 1862.
2. **Caroline-Anaïs,** bap. le 20 août 1864.

3e Br.   VI   N° 94.

BENJAMIN CHOUINARD, fils de Isaac V et de Rosalie
                                        Moreau.
ADÉLAÏDE CHOUINARD.
        Mariage le 24 janv. 1860, à St-Jean-Port-Joli. V. N° 28.
ENFANTS :
1. **Joseph,** bap. le 18 janv. 1861.
2. **Adélaïde,** bap. le 2 nov. 1862 ; elle épouse Salluste Robichaud, le 17 mai 1887, à St-Jean-Port-Joli.
3. **Arthur,** bap. le 30 juillet 1864.
4. **Pierre,** bap. le 22 janv. 1866.
5. **Marie-Joséphine-Alice,** bap. le 30 nov. 1867.
6. **Louis-Ernest,** bap. le 27 juin 1869.
7. **Philéas,** bap. le 6 août 1871.
8. **Joseph-Sylvio,** bap. le 9 fév. 1873.
9. **M.-Esther,** bap. le 4 juillet 1874.
10. **Honoré-David,** bap. le 29 août 1875 ; sép. le 24 octobre 1877.
11. **Jos.-Alphonse,** bap. le 13 nov. 1876.
12. **Marie-Eugénie,** bap. le 13 nov. 1878 ; sép. le 28 mai 1890,
    à St-Aubert.

13. **Léocadie,** bap. le 5 octobre 1880.

14. **Jean-Baptiste,** bap. le 10 juin 1882 ; se marie avec Alma Avoine, le 28 nov. 1902, à St-Aubert.

3e Br.   VI   N° 95.

PIERRE CHOUINARD, fils de Christophe **V** et de Esther Langlois.

FLORENTINE DUTREMBLE dit DESROSIERS.

     Mariage à Ste-Flavie, le 19 sept. 1860. V. N° 44.

ENFANTS :

1. **Pierre-Christophe,** bap. le 3 mars 1862 ; (Joseph) m. à Béatrix Blanchet, le 3 fév. 1885.

2. **Charles-Eugène,** bap. le 5 avril 1863 ; m. à Clémentine Pelletier, le 7 fév. 1888.

3. **Marie-Eugénie,** bap. le 21 sept. 1864 ; m. à Joseph St-Amant, le 29 juillet 1884.

4. **Marie-Rose-de-Lima,** bap. le 24 juin 1866 ; m. à Alphonse Blanchet, le 2 nov. 1891.

5. **Marie-Anne-Lydia,** bap. le 2 octobre 1867.

6. **Pierre-Fortunat,** bap. le 30 déc. 1868.

7. **Emile,** bap. le 14 juillet 1870 ; sép. le 2 mai 1905.

3e Br.   VI   N° 96.

MARC CHOUINARD, fils de Jean-Baptiste **V** et de M.-Rose Métivier.

CLÉMENTINE SÉNÉCHAL.

     Mariage vers 1860. V. N° 49.

ENFANTS :

1. **Célina,** bap. le 10 mars 1862 ; m. à Pierre Robitaille ; inh. à Québec en 1911.

2. **Charles,** bap. en 1863 ; m. à Célanire Langlois ; inh. à Belmont, le 4 mars 1897.

3. **Joseph,** bap. le 27 fév. 1866 ; m. à Marie-Louise Avoine ; déc. à Ste-Perpétue de L'Islet, le 31 nov. 1913.

4. **Octavie,** bap en 1867 ; déc le 15 sept. 1917.

5. **Arthur,** bap. le 7 avril 1868 ; inh à Québec, le 7 juin 1879.

6. **Adélaïde,** bap. vers 1870 ; m à M. Bourassa.

2e Epouse

PHÉBÉE MARTEL.

Mariage à St-Romuald en 1873.

3e Br.   **VI**   **N° 97.**

FRANÇOIS CHOUINARD, fils de **Hilaire V** et de **Lucie Thériault.**

VIRGINIE ROY.

Mariage à St-Jean, vers 1861. V. N° 33.

ENFANTS ·

1. **Marie-Virginie,** bap. le 21 fév. 1863 ; Religieuse de la C. N.-D., sous le nom de Sœur St-Honorat ; supérieure du couvent d'Oka, en 1920.

2. **François-Hilaire,** bap le 8 août 1864 ; se marie avec Rose-Anna St-Pierre, le 16 fév 1885 ; déc à Portland, Maine, le 28 fév 1904

3. **Jean-Gaspard,** bap. le 11 mars 1866 ; célibataire.

4. **Joseph-Antoine,** bap. le 6 sept 1867; m. à Elisabeth Fauchon dit Lavallière, le 1er sept. 1891, à Minnéapolis.

5. **Gilbert,** bap. le 16 fév. 1869 ; se marie le 10 juin 1894, à Jennie Leclerc, à Minnéapolis.

Virginie Roy est décédée à Lewiston, le 15 août 1894.

3e Br.   **VI**   **N° 98.**

LOUIS CHOUINARD, fils de **Christophe V** et de **Esther Langlois.**

MARGUERITE CÔTÉ.

Mariage à St-Fabien, le 17 fév. 1862. V. N° 44.

ENFANTS :

1 **Emma,** bap. le 14 mai 1863 ; m. à John Rioux, le 27 juillet 1880 ; sép. le 24 mai 1910, à Rimouski.

2. **Marie-Célina**, bap. le 7 août 1864 ; m. à Philémon Ruest,
    le 5 août 1884.
3. **Christophe**, bap. le 10 mai 1866.
4. **Marguerite-Elvina**, bap. le 20 mars.
5. **Alphonse**, bap. le 8 juin 1871.
6. **Mérilda-Senneville**, bap. le 4 juin 1873 ; sép. à Rimouski,
    le 19 sept. 1874.
7. **Joseph-Alfred**, bap. le 5 avril 1875.
8. **Joseph-Napoléon**, bap. le 20 mars 1877.
9. **Marie**, bap. le 4 mars 1879.
10. **Jos-Louis**, bap. le 18 juillet 1881 ; sép. le 14 mars 1882.

3e **Br.**   VI   N⁰ **99.**

EUS.-CLÉOPHAS CHOUINARD, fils d'Edouard-Eusèbe **V** et
de Délina Tardif.

PHILOMÈNE DESCHÊNES
    Mariage, le 1er octobre 1863. V. N⁰ 55.
ENFANTS :
1. **Marie-Philomène**, bap. le 12 fév. 1865. déc.
2. **Marie-Philomène**, bap. le 7 octobre 1866.
3. **François-Cléophas**, bap. le 28 octobre 1868.
4. **Joseph-Arthur**, bap. le 21 sept. 1870.
5. **Jules**, bap. le 25 juin 1872 ; marié à Albertine Chassé, le
    1901, Kam.
6. **Stanislas-Georges-Horace**, bap. le 12 juillet 1875 ; sép.
    le 19 juillet 1875.
7. **Marie-Eugénie-Joséphine**, bap. le 13 sept. 1876 ; sép. le
    9 août 1879.
8. **Marie-Octavie-Lumina**, bap. le 25 janvier 1879.

3e **Br.**   VI   N⁰ **100.**

JOSEPH CHOUINARD, fils de **Narcisse V** et de Emérence
Paquin.

EDMIRE BOURDON.

Mariage vers 1863. V. Nº 61.

ENFANTS :

1. **Hermine**, née en 1864 ; décédée à l'âge de 21 ans.
2. **Edmire**, née en 1865 ; mariée 1º à Joseph Coutu ; 2º à John Leblanc.
3. **Aldéï**, né le 4 nov. 1868 ; se marie 1º à Caroline Lefebvre ; 2º à Alma Gaudreau, fille de Joseph et de Célina Boulé, à Montréal.
4. **Oliva**, né en 1870 ; marié à Albina Carrières.
5. **Arcidus**, né en 1871 ; marié 1º à Albina Perrault ; 2º à Hedwidge Fortier.
6. **Exzillia**, née en 1875 ; mariée à Cyprien Léger.
7. **Philibert**, né en 1881 ; marié à Juvenella Champagne.
8. **Evélina**, née en 1883 ; mariée à Théophile Deschamps.
9. **Adrien**, né le 16 nov. 1890 ; marié à Emma Bourdon.
10. **Maxime**, né le 16 nov. 1890 ; marié à Rose-Alba Cournoyer; jumeau de Adrien
11. **Aldéa**, née le 6 janvier 1894, à l'Acadie.

3e Br.   VI   Nº 101.

DAVID CHOUINARD, fils de David V et de Marie Honorine
Malet.

DELPHINE FORTIN.

Mariage vers 1863 V. Nº 60.

ENFANT :

1. **Delphis**, né vers 1867 , médecin ; marié à Hermine-Aurore DeBlois.

3e Br.   VI   Nº 102.

ISIDORE CHOUINARD, fils de Isidore et de Sophie Cyr.
DOMITILDE CAMPBELL.

Mariage en 1864, à Notre-Dame de Stanbridge. V. Nº 58.

ENFANTS :

1. **Joseph-Isidore**, né le 16 fév. 1865 ; marié 1º à Albina

Laporte, en 1888, à Saint-Jean-Baptiste de Montréal ;
2⁰ à Rose-Anna Villeneuve, le 21 mai 1900.
2. **Adélia,** née le 3 juillet 1866 ; décédée.
3. **Mathilda,** née le 13 nov. 1867.
4. **Herminie,** née le 24 sept. 1870.
5. **Maria,** née le 9 nov. 1872.
6. **Arthur,** né le 8 octobre 1875.
7. **Pierre,** né le 23 août 1879.
8. **François,** né le 11 fév. 1884.
9. **Dollard,** né le 28 août 1885 ; décédé.

3ᵉ Br.   **VI**   **N⁰ 103.**

**JOHN CHOUINARD, fils de Pierre V et de Cécile Richard.
LOUISE SAVARD.**
> Mariage à Cap d'Espoir, Gaspé, le 8 janv. 1865. V.
> No 57.

ENFANT :
1. **John,** né en 1866 ; m. à Elzire Lelièvre, le 7 fév. 1888.

3ᵉ Br.   **VI**   **N⁰ 104.**

**JEAN-BAPTISTE CHOUINARD, fils de Daniel V et de Pé-
tronille Lavoie.
VITALINE CÔTÉ.**
> Mariage à Rimouski, le 1ᵉʳ octobre 1866. V. N⁰ 63.

ENFANTS :
1. **Marie-Delphine-Angélina,** bap. le 13 sept. 1867 ; m. à
Télesphore Sirois ; décédée en 1905, à Fall-River.
2. **Jean-Baptiste,** bap. le 25 déc. 1868 ; m. à Hélène Martel.
3. **Rose de Lima,** bap. le 16 octobre 1870 ; m. à Tancrède
Terroux.
4. **Zérilda,** bap. le 10 juin 1873 ; mariée à Moïse Dubé, le 8
octobre 1894, à Notre-Dame de Lourdes, Fall-River,
Mass.
5. **Louis de Gonzague,** bap. le 17 janv. 1875 ; ordonné prêtre

à Rimouski, le 1er mars 1903 ; curé de la paroisse du Sacré-Cœur de Rimouski ; voyage en Europe en 1919 et 1920.

6. **Philippe-Ovide**, bap. le 12 sept. 1876 ; sép. le 5 déc. 1880.
7. **Hedwidge**, bap. le 10 avril 1879 ; sép. le 25 nov. 1881.
8. **Daniel-Alfred**, bap. le 4 janv. 1882.
9. **Marie-Pétronille**, bap. le 4 janv. 1882 ; jumelle de Daniel-Alfred.
10. **Alphonse-Ernest**, sép. le 10 avril 1882.

Vitaline Côté est décédée à Québec en 1916.

3e Br.   VI   N⁰ 105.

PIERRE CHOUINARD, fils de Joseph-Marie V et de **Angèle Mignier dit Lagacé.**

MARIE GOSSELIN.

Mariage à Ste-Anne des Monts, en 1867. V. N⁰ 27.

ENFANTS :

1. **Charles**, bap. le 26 nov. 1868 ; se marie le 8 avril 1891, à Amanda Otis.
2. **Marie-Anna-Odina**, bap. le 6 janv. 1871 ; mariée à Emile St-Pierre, le 5 juillet 1897, à St-Moïse.
3. **Louis-Joseph-Luc**, bap. le 1er octobre 1872 ; marié.
4. **Marie-Luce-Eugénie**, bap. le 8 fév. 1874 ; mariée à Joseph Bernèche.
5. **Adélia**, bap. vers 1875 ; mariée à Léon Lebrun ; décédée vers 1900.
6. **Marie**, née vers 1876 ; mariée à Théodore Lebrun, le 19 mai 1903.
7. **Elise**, née en 1877 ; mariée à M. St-Laurent.

2e *Epouse*

SARA DEROY.

Mariage en 1878.

8. **Jean-Baptiste**, née en 1879 ; marié à Marie Lebrun.
9. **Edouard**, bap. au Cap-Chat ; marié à Alma Roy.

10. **Mérilda,** née au Cap-Chat ; mariée à Louis Parent.

11. **Joseph,** bap. au Cap-Chat ; marié.

12. **Pierre,** bap. le 12 juillet 188   ; marié à Marie Ouellet.

13. **Eustache,** bap. ; se marie à Marie-Anna Ste-Clair, à Val-
Briant, le 6 mars 1916.

3e Br.   **VI**   **Nº 106.**

PROSPER CHOUINARD, fils de Jean-Marie V et de Emilienne Carrier.

PHILOMÈNE VAILLANCOURT.

Mariage en 1868. V. Nº 53.

ENFANTS :

1. **Joseph,** bap. à St-Roch-des-Aulnaies, en 1872 ; m. à Amanda
Poitras.

2. **Marie-Philomène,** bap. le 26 fév. 1873 ; m. à Joseph Labbé,
à Lawrence, Mass.

3. **Aurore,** bap. en 1874, à Ste-Perpétue ; mariée à Honoré
Fréchette, à Lewiston.

4. **Amanda,** bap. à Ste-Perpétue de L'Islet ; m. à Théode
Beaudet.

5. **Hermine,** bap. en 1877 ; m. à Théophile Lessard, à Princeville.

6. **Attala,** bap. à Ste-Perpétue ; se marie à Alfred Gagné,
le 28 août 1905.

7. **Joséphine,** bap. à Princeville ; mariée à Joseph Daigle.

8. **Adélaïde,** bap. vers 1884 ; mariée à Joseph Langevin, à
Manchester.

9. **Marie-Anne-Eva,** bap. à Lewiston ; déc. à l'âge de 3 ans.

10. **Delvina,** bap. à Lewiston, le 3 janvier 1890 ; mariée à Ul-
déric Levasseur, le 20 juin 1910, à Princeville.

11. **Marie-Anne-Eva,** bap. à Princeville, le 18 août 1894 ; se
marie à Ferdinand Labbé, le 26 juin 1916.

3e Br.   **VI**   **No 107.**

JOS-CHARLES CHOUINARD, fils de Jean-Marie V et de
                                        Apolline Landry.
OBÉLINE SIROIS.

      Mariage à St-Arsène, le 11 janvier 1869 V No 40.
ENFANTS :
1. **Charles,** marié à Marie-Louise d'Anjou, le 27 avril 1897.
2. **Angéline,** mariée à Joseph Dumais, le 11 sept. 1900 ; Isle-
    Verte.
3. **Elise,** mariée à François Parent, le 30 octobre 1900
4. **Philomène,** mariée à Auguste Malenfant, le 22 fév. 1897

3e Br.   **VI**   **No 108.**

FÉLIX CHOUINARD, fils de Pierre V et de Marie-Christine
                                        Dugas.
DÉSIRÉE MALHONEY.

      Mariage à Ste-Anne des Monts, le 16 janv 1869. V. No 64.
ENFANTS :
1. **Pierre,** bap. le 6 janv. 1873
2 **Marie-Désirée-Amanda,** bap. le 17 mai 1874.
3 **Marie-Anne-Aglaé,** bap. le 9 déc 1875
4. **Marie-Octavie,** bap le 13 mars 1877.
5. **Marie-Anne,** bap. le 30 déc 1878; m 1º à Alphonse Choui-
    nard, le 9 octobre 1912 ; 2e au 2e degré.
6. **Horace,** bap le 10 juin 1880.
7. **Joseph-Emile,** bap. le 6 fév. 1882 ; sép. le 13 fév. 1882
8. **Samuel,** bap. le 23 avril 1883.
9 **Marie-Adélia,** bap le 19 nov. 1884.
10 **Marie-Alice,** bap le 14 août 1886.
11 **Marie-Louise,** bap. le 12 janv 1890.

3e Br.   **VI**   **N⁰ 109.**

LOUIS CHOUINARD, fils de Louis-Germain **V** et de Adélaïde-
                                            Geneviève Labbé.
DOMITILDE BOUCHER.
>   Mariage à St-Ephrem de Beauce. V. N⁰ 67.
ENFANTS :
 1. **Gédéon**, bap. vers 1870 ; marié.
 2. **Florida**, bap. en 1872.
 3. **Joseph-Thanis-Denis**, m.   ; résidence à Lewiston.
 4. **Henri**, bap. en 1875.

2e Epouse

VITALINE BOULET.
 5. **Marie-Vitaline**, bap. le   ; déc. jeune.

3e Epouse

ADÉLAÏDE FORTIN.
 6. **Ernest**, bap. vers 1894 ; déc. à l'âge de 4 ms.
 7. **Gédéon-Marie**, bap. en 1896 ; déc. à l'âge de 19 ans
 8. **Eugénie**, bap. le 2 juillet 1897.
 9. **Onésime**, bap. le 10 octobre 1898.
10. **Ernest**, bap. en 1900.
11. **Joseph**, bap. en 1902.
12. **Arthur**, bap. en 1903.
13. **Marie**, bap. en 1904.
14. **Elise**, bap. en 1905.
15. **Edmond**, bap. en 1906.
16. **Louis**, bap. le   ; déc. jeune.

4e Epouse

SARA MERCIER.
17. **Anonyme**, sép. en 1915.

3e Br.   **VI**   **N⁰ 110**

ANTOINE CHOUINARD, fils de Pierre **V** et de Christine Dugas.
EXORÉE GOSSELIN.
>   Mariage le 13 juillet 1869, Ste-Anne des Monts. V. N⁰ 64 .

ENFANTS :

1. **Antoine,** bap. le 1er mai 1870 ; m. à Adèle Jourdain ; déc. le 15 juin 1912.
2. **Marie-Vitaline,** bap. le 14 juillet 1871 ; m. à Laurent Thériault, le 27 juillet 1892; sép. le 31 mars 1896, à Ste-Anne des Monts.
3. **Lydia,** bap. en 1873 ; m. à Edmond Lepage, le 1er mars 1897 ; sép. le 28 juin 1899.
4. **Marie-Aglaé,** bap. le 1er mars 1876 ; entre au noviciat des Sœurs du Saint-Rosaire à Rimouski, le 10 juillet 1892 ; prend le nom, de Sœur St-Antoine de Padoue.
5. **Aurélie,** bap. en 1879 ; m. à Ernest Côté, le 13 fév. 1893 ; sép. le 15 sep. 1919, aux Capucins.
6. **Marie-Alma,** bap. le 5 fév. 1881 ; m. à Edmond Lepage sép. à Cap Chat.
7. **Thomas,** bap. le   ; m. à Marie-Emélie Lepage, le 1er juillet 1899.

2e *Epouse*

VICTORIA OUELLET.
Mariage le 4 fév. 1885, à Cap-Chat.

8. **Emma,** née après 1880 ; déc. à Ste-Anne des Monts.
9. **Marie-Anna,** née en 1883 ; m. à Jos.-Ernest Côté, le 4 sept. 1905, à Cap-Chat ; sép. à Cap-Chat.
10. **Joseph-Alphonse,** bap. le 19 déc 1885 ; m. à Marie-Anne Chouinard, fille de Félix, le 9 octobre 1912.
11. **Joseph-Emile,** bap. le 16 fév. 1887 ; m. à Délia Sergerie.
12. **Joseph-Christophe,** bap. le 31 mai 1888 ; se marie à Clara Paquet.
13. **Joseph-Luc,** bap. le 10 nov. 1889 ; m. à Maria Landry.
14. **Joseph-Mathieu,** bap. le 21 sept. 1891 ; sép. le 23 mai 1893, à Ste-Anne des Monts.
15. **Joseph-Alphonse,** bap. le 4 mai 1894 ; sép. le 8 sept. 1894.
16. **Marie-Arthéline,** bap. le 4 mai 1894 ; jumelle de Joseph-Alphonse ; m. à Thomas Gasse, le 23 juillet 1918.

3e Br.   **VI**   **N⁰ 111.**

ACHILLE CHOUINARD, fils de Daniel V et de Pétronille Lavoie.
VICTORIA OUELLET.
>   Mariage à Rimouski, le 17 janv. 1871. V. N⁰ 63.

ENFANTS :

1. **Louis-Daniel**, bap. le 30 déc. 1871.
2. **Marie-Delphine**, bap. le 25 nov. 1873 ; se marie le 15 juillet
    1902, à Jos.-Eug.-Oscar Morissette, à N.-D. du Sacré-
    Cœur.
3. **Agnès**, m. à Alexandre Côté, le 20 nov. 1900, au Sacré-
    Cœur, de Rimouski.

3e Br.   **VI**   **N⁰ 112.**

EDMOND CHOUINARD, fils de Amable V et de Mathilde
>   Caouette.
ZÉO HARPE.
>   Mariage à St-Jean-Baptiste de Québec, le 12 fév. 1872.
>   V. N⁰ 65.

ENFANTS :

1. **Edmond**, bap. le 2 déc. 1872; se marie avec Imelda Lheureux,
    le 23 mai 1898.
2. **Alma**, bap. vers 1875 ; elle épouse Ernest Bédard, le 23
    mai 1898 ; sép. le 11 sept. 1903, à Québec, Belmont.
3. **Cédulie**, bap. en 1876.
4. **Joseph**, bap. le 4 déc. 1881 ; se marie avec Célina Lacroix,
    le 15 mai 1905.
5. **Joseph-Pierre-Alphonse**, bap. le 29 juin 1883.
6. **Alida**, bap. le 15 janv. 1888.
7. **Joséphine**, bap. vers 1889 ; déc. jeune.

3e Br.   **VI**   **N⁰ 113.**

THOMAS CHOUINARD, fils de Charlemagne V et de Marg.-
>   Ann. Workins.
MARIE ROULEAU.

Mariage le 10 fév. 1873, à Rimouski. V. Nº 38.

ENFANTS :

1. **Marie-Emélie**, bap le 9 janv ; sép. à Rimouski, le 3 juin 1879.

2. **Jos.-Charles-Oscar**, bap le 21 nov. 1876 ; m. à Grazielle Dion, le 30 janv. 1899, à Québec.

3e **Br.**   VI   Nº 114.

ELZÉAR CHOUINARD, fils de Jacob **V** et de Lucie Leclerc.
ELMIRE DUBÉ, fille d'Antoine.

Mariage le 30 sept. 1873, à St-Jean-Port-Joli. V. Nº 36.

ENFANTS :

1. **Elmire-Clara**, bap le 29 juin 1874 ; elle se marie avec Sallustre Bélanger, le 26 fév. 1895.

2. **Henriette**, bap le 16 juin 1875 ; sép. le 23 juin 1881

3. **Joseph-Elzéar**, bap. le 18 juin 1876 ; sép. le 7 juillet 1881.

4. **Marie-Elisa-Lydia**, bap. le 3 mai 1877 ; se marie à Jos-Eugène Gamache, le 7 fév. 1899.

5. **Jos.-Herménégilde**, bap le 20 mars 1878, se marie le 30 août 1904, à Hermine Pelletier.

6 **Marie-Claudia**, bap. le 1er mai 1879.

7. **Marie**, bap le 22 mai 1880 ; m. à Amable Pelletier, le 30 août 1904.

8. **Elzéar**, bap le 6 avril 1882 ; sép. le 12 avril 1885.

9. **Georges-François**, bap. le 27 mai 1883 , m. à Diana Lemieux, fille de Louis et de Zoé Chouinard.

10. **Joseph-Emile**, bap. le 9 juin 1884.

11. **Rose-Amélia**, bap. le 17 sept 1885 ; se marie avec Edmond Morneau, le 16 janv. 1905.

12. **Joseph-Amédée**, bap. le 1er juillet 1887 ; m. 1º à M Gagnon ; 2º à Rose-Anna Deroy, à Montmagny.

13. **Joseph-Ernest**, bap. le 5 nov. 1888.

14. **Marie-Louise**, bap le 8 juin 1890 ; se marie à Philippe-Elzéar Pelletier, le 27 octobre 1908.

3e Br. **VI** **N⁰ 115.**

EUSTACHE CHOUINARD, fils de Olivier V et de Eléonore Ouellet.

EMÉLIE PELCHAT.

Mariage à Matane, le **10** juin 1874. V. N⁰ 71.

ENFANTS :

1. **Marie-Emélie**, bap. le **17** avril 1875.
2. **Amanda-Ernestine**, bap. le **16** mai 1877 ; sép. à Matane, le **12** juin 1887. (noyée.)
3. **Marie-Nathalie**, bap. le **17** avril 1879.
4. **Joseph-Eustache-Zénon**, bap. le 22 avril 1881 ; m. à Alvina Gagnon.
5. **Pierre-Luc-Horace**, bap. le **11** juin 1883 ; sép. le 5 octobre 1883.
6. **Joseph-Henri-Zéphirin**, bap. le **26** août 1884.
7. **Thomas-Jean-Gualbert**, bap. le **15** juillet 1888.
8. **Charles-Antoine**, bap. le **16** fév. 1892 ; sép. le 2 mai 1892.
9. **Blanche-Bernardine**, bap. le **9** mars 1893.
10. **Georges-Emile-Olivier**, bap. le **14** juillet 1895.

3e Br. **VI** **N⁰ 116.**

LOUIS-VICTORIEN CHOUINARD, fils de Théophile V et de Priscille Girard.

VICTOIRE COMEAU, fille de Gilbert et de Hermine Chouinard. (dispense du 3 au 4.)

Mariage à la Basilique de Québec, le **25** août 1874. V. N⁰ 52.

ENFANTS :

1. **Joseph-Victor**, bap. en 1875.
2. **Joseph-Rosario**, bap. le **7** fév 1878.

3e Br.   **VI**   **N⁰ 117.**

BLAISE-MAGLOIRE CHOUINARD, fils de Charles V et de
                                              Adélaïde Caron.
CLÉMENTINE CARON.
> Mariage le 12 janv. 1875, à St-Jean-Port-Joli. V.
> N⁰ 46.

ENFANTS :
1. **Marie-Clémentine,** bap. le 13 mars 1877 ; elle se marie avec
   Flavien Bélanger, le 30 sept. 1902.
2. **Irénée** bap. vers 1880 ; se marie avec Alvine Caron, le 11
   nov. 1904.

3e Br.   **VI**   **N⁰ 118.**

FRANÇOIS-XAVIER CHOUINARD, fils de François V et de
                                              Flavie Boulet.
MARIE-LOUISE FLUET.
> Mariage en 1875, à St-Ephrem de Beauce. V. N⁰ 68.

ENFANT :
1. **Marie-Louise,** bap. vers 1884 ; religieuse de la Communauté
   de Jésus-Marie, sous le nom, de Sœur " Marie de la
   Trinité. "

3e Br.   **VI**   **N⁰ 119.**

PIERRE-DÉNÉRI CHOUINARD, fils de Pierre V et de
                                              Christine Dugas.
MARIE ROY dit DESJARDINS.
> Mariage à Cap-Chat, le 24 janv. 1876. V. N⁰ 64.

ENFANTS :
1. **Joseph-Alfred,** bap. le 1er nov. 1876 ; sép. le 6 mai 1877.
2. **Marie-Claudia,** bap. le 25 août 1878.
3. **Joseph-Ludger,** bap. le 16 juin 1885.

3e Br.   **VI**   **N° 120.**

PIERRE-CHOUINARD, fils de Théophile V et de Priscille
Girard.

MALVINA CAROLINE LABRIE.
>   Mariage le 6 sept. 1876. V. N° 52.

ENFANT :

1. **Joseph-Pierre**, bap. le 13 janv. 1881.

3e Br.   **VI**   **N° 121.**

SÉVÈRE CHOUINARD, fils de Louis-Germain V et de Adélaïde
Gen. Labbé.

MARIE BOUCHER.
>   Mariage à St-Ephrem en 1876. V. N° 67.

ENFANTS :

1. **Odilon**, bap. en 1877 ; m. à Mlle Lacasse.
2. **Achillas**, bap. en 1878, à St-Ephrem.
3. **Odule**, bap. en 1880.
4. **Désilda**, bap. vers 1881 ; se marie à Honoré Vaillancourt.
5. **Amanda**, bap. en 1883 ; m. à Albert Grosleau.
6. **Desneiges**, bap. en 1885.
7. **Léocadie**, bap. le   ; m. à M. Lacasse.
8. **Adélaïde**, bap. vers 1889 ; m. à M. Mercier.

3e Br.   **VI**   **N° 122.**

JOSEPH CHOUINARD, fils de Raphaël V et de Hélène
Miville dit Deschênes.

HERMINE TREMBLAY.
>   Mariage en 1877. V. N° 66.

ENFANTS :

1. **Marie**, bap. le 1er fév. 1879, à St-Tite des Caps.
2. **Marie-Hélène**, bap. le 12 fév. 1881.
3. **Philomène**, bap. le 21 fév. 1882 ; se marie le 7 janv. 1903,
   à Gilbert Lavoie.

4. **Marie-Anne,** bap le 4 nov. 1883 ; se marie à Joseph Lavoie,
le 17 avril 1901, à St-Tite

5. **Mathilda,** bap le 13 fév 1886.

6. **Michel,** bap. le 21 mars 1887 ; m. à Emilia Melançon

7. **Joseph-Jacques-Georges,** bap. le 4 août 1889 ; m à Albertine Ménard, en 1912.

8. **Marie-Virginie,** bap. le 3 déc. 1890 ; se marie le 7 sept. 1908,
à Joseph Gauthier, veuf de Adélia Filion ; sép. le
27 janv. 1915.

9. **Joseph-Albani,** bap. le 11 juin 1894 ; m à Laura Ferland,
à Limoilou.

10. **Joseph-Thomas,** bap. le 22 sept. 1895 ; m à Yvonne Banville

11. **Joseph,** bap. le   ; (majeur en 1903 ou avant)
m. le 4 mai 1903, à Philomène Jacques

3e **Br.**   **VI**   **N 123·**

JEAN-BAPTISTE CHOUINARD, fils de Jean-Marie V et de
Emilienne Carrier.

MARIE-LOUISE THÉRIAULT.
Mariage à Princeville, le 4 juin 1878. V. Nº 53.

ENFANTS :

1. **Alphonse,** bap. le 8 août 1879 ; déc à l'âge de 7 ms.

2. **Jean-Emmanuel,** dit Aimé, bap. le 3 avril 1881, à Victoriaville.

3. **Xavier-Alphonse,** bap. le 12 août 1882 , inh. le 3 déc. 1885.

4. **Joseph-Adélard,** bap. le 28 juin 1884, à St-Valère ; m. à
Dora Descoteaux, le 25 août 1908.

5. **Marie-Louise,** bap. le 22 fév. 1886 ; déc. à 11 ms.

6. **Philéas-Arthur,** bap le 30 juillet 1887 ; m. à Exilda St-Amant, le 30 octobre 1911.

7. **Marie-Evélina,** bap. le 28 avril 1889.

8. **Emma,** bap. le 22 fév. 1891, à St-Valère ; déc. à 11 ans.

9. **Marie-Anna-Gratia,** bap. le 11 mars 1892 ; se marie à Alfred
Martel, le 19 juin 1914, à Lewiston, Maine.

10. **Alphonsine**, bap. le 3 juillet 1893 ; se marie à Joseph Dostie, le 3 octobre 1910, à Lewiston, Maine.
11. **Joseph-Alphonse**, bap. le 6 juillet 1895 ; déc. à l'âge de 5 ms.
12. **Marie-Louise**, bap. le 27 mars 1897, à St-Valère.
13. **Jean-Baptiste**, bap. le 27 mai 1900, à Greenville, N.-H.

3ᵉ Br.   **VI**   **Nᵒ 124.**

(1) **ÉPHREM CHOUINARD**, fils de **Pierre V** et de **Obéline Marquis.**
AMANDA CRÉPAULT, fille de Jean, inspecteur d'écoles.
Mariage à St-Valier, cté de Bellechasse, le 10 sept. 1878. V. Nᵒ 56.

ENFANTS :

1. **Jules**, bap. le 26 juillet 1879 ; se marie le 16 août 1909, à Blanche Grenier ; médecin.
2. **Gabrielle**, bap. le 10 mai 1881 ; déc. le 18 avril 1882.
3. **Marie-Ophélie-Jeanne**, bap. le 12 nov. 1886 ; se marie le 28 avril 1915, à Joseph-Prosper Paré.
4. **Rachel**, bap. le 13 juillet 1888 ; déc. le 14 juillet 1889.
5. **Paul-Louis**, bap. le 8 octobre 1890 ; m. à Eugénie Vary, le 10 juin 1914 ; déc. à Montréal, durant l'épidémie de grippe Espagnole, le 20 octobre 1918. (Pharmacien.)
6. **Gustave**, bap. le 22 fév. 1892 ; en 1917, il épouse Marie-Ange Lortie.
7. **Lucien**, né le 10 juin 1893 ; déc.
8. **Robert**, né le 7 nov. 1894 ; se marie le 14 sept. 1920, à Alice Ouellet.
9. **Léonce**, né le 13 mars 1896.
10. **Maurice**, né le 20 mai 1897 ; déc. en 1898.

(1) Bel homme, bel esprit, physionomie agréable et imposante maintien noble, d'un jugement sain, d'un goût délicat et sûr écrivain distingué, poète à ses heures, musicien habile et savan, mathématicien, Ephrem Chouinard réunissait en sa personn,

les plus belles qualités du corps, de l'âme, du cœur et surtout de l'intelligence.

A son décès, arrivé le 29 nov. 1918, les journaux de Québec publièrent des articles élogieux à son adresse

3ᵉ Br.   VI   Nᵒ 125

MICHEL CHOUINARD, fils de Pierre V et de Agathe Lévesque.
ÉLISABETH PINEAU.
        Mariage à Sandy Bay, le 11 janv. 1880. V. Nᵒ 73.
ENFANTS :
  1. **Luména**, m. à Antoine Choret, le 26 août 1898, à St-Ulric.
  2. **Annie**, m. à Pierre Bernier, le 30 octobre 1902.

3ᵉ Br.   VI   Nᵒ 126.

THÉODORE CHOUINARD, fils de Pierre V et de Obéline
                                              Marquis.
VELLÉDA LORTIE.
        Mariage à St-Jean-Baptiste de Québec, le 11 mai 1880.
        V. Nᵒ 56.
ENFANTS :
  1. **Colombe**, bap. le 30 mars 1881 ; se marie à Aimé Sioui, en sept. 1909.
  2. **Henriette**, bap le 10 nov. 1882 ; m. à Albert Genest, le 25 mai 1909.
  3. **Ernestine**, bap. en 1884 ; m à Jos.-Emile Boulet, le 12 janv. 1913.
  4. **Théodora**, née en 1886 ; déc en 1887.
  5. **Amanda**, bap. le 20 mai 1888 : m. à Frank. Beauchamp, en 1910.
  6. **Jos.-Auguste-Théodore-Arthur**, bap. le 21 déc. 1891 ; déc. le 20 mai 1896

2ᵉ *Epouse*
ERNESTINE CLOUTIER.
        Mariage en janvier 1914, à Loretteville.

3e Br.   **VI**   **No 127.**

JOSEPH-BENJAMIN CHOUINARD, fils de Eusèbe V et de
                                              Délina Tardif.
CLAUDIA DIONNE.
     Mariage à Kamouraska, le 11 janv. 1881. V. No 55.
ENFANTS :

1. **Claire-Cécile**, bap. à Kamouraska, le 23 sept. 1881 ; m. à
    Charles Goyette, à Aurora, Illinois.
2. **Jos.-Charles**, bap. le 7 avril 1883 ; m. à Agnès Schaffer.
3. **Edmond**, né le 28 sept. 1886, à Aurora ; m. à Eugénie
    Reinard.
4. **Henri**, né le 21 déc. 1891 ; m. à Jeanne Osborn.
5. **Alfred**, né le 21 sept. 1893 ; déc. le 19 août 1894.
6. **Arthur**, né le 5 juillet 1895 ; m. à Néva Compton.
7. **Alexandre**, né le 4 fév. 1897 ; soldat de l'armée américaine,
    U.-S. ; il combattit en France de 1916 à 1919.
8. **Florence-Marie**, née le 15 août 1901, à Aurora.

3e Br.   **VI**   **No 128.**

HORACE CHOUINARD, fils de Olivier V et de Eléonore
                                              Ouellet.
OLYMPE DIONNE.
     Mariage le 14 août 1883. V. No 71.
ENFANTS :

1. **Marie-Eugénie-Ernestine**, bap. le 9 juin 1884 ; m. à Hector
    Marquis, le 20 juin 1905.
2. **Marie-Léontine**, bap. le 6 sept. 1885 ; m. à Jean-Baptiste
    Dorais, le 26 juin 1906.
3. **Louis de Gonzague**, bap. le 27 juillet 1888.
4. **Adolphe-Philippe-Horace**, bap. le 19 mars 1891 ; m. le 29
    octobre 1918, à Alice Viau ; avocat.
5. **Marguerite-Marie**, bap. le 28 juin 1891 ; m. à Edouard
    Flamand, avocat de Joliette, le 11 nov. 1911.
6. **Marie-Jeanne-Bernadette**, bap. le 26 avril 1896 ; m. au

Docteur Jean-Baptiste Bibaud, à la cathédrale de Valleyfield, le 10 nov 1919.

7. **Marie-Thérèse,** bap le 2 nov. 1898

3e **Br.** .**VI** N⁰ **129.**

RAPHAËL CHOUINARD, fils de Raphaël V et de Hélène Miville dit Deschênes.

MARIE PARADIS.

Mariage à St-Tite des Caps, le 27 janv. 1885. V. N⁰ 66

ENFANTS :

1 **Marie-Antonia,** bap à St-Tite des Caps, le 3 nov. 1886 ; se marie le 12 janv. 1904, à Arthur Ferland ; sép. le 16 avril 1917.

2. **Marie-Louise,** bap. le 13 août 1888 ; sép. le 24 déc. 1892.

3. **Marie-Hélène,** bap. le 12 juillet 1890 ; se marie le 10 janv 1911, à Ovide Simard.

4. **Marie-Anne,** bap. le 16 mars 1892.

5. **Jacques,** bap. le 19 juillet 1894 ; inh. sous le prénom de Georges, à St-Tite des Caps, le 2 janv 1914.

6. **Joseph-Ludger,** bap. le 16 juillet 1896 ; se marie le 16 juillet 1917, à Blanche Gravel.

7. **Joseph-Donat,** bap le 21 juin 1898 ; sép. le 17 janv. 1899

8. **Amarylda-Priscilla,** bap. le 3 juin 1899 ; inh sous le prénom de Mérilda, le 17 août 1917.

9 **Yvonne,** bap. le 11 nov. 1901.

10 **Marie-Anne-Albine,** bap le 19 janv. 1905 ; inh. le 28 octobre 1916, à St-Tite.

11 **Joseph-Alexandre,** bap le 8 sept. 1907.

12. **Marie-Rose,** bap le 25 juin 1909.

e **Br.** **VI** N⁰ **130.**

OLIVIER CHOUINARD, fils de Pierre V et de Christine Dugas.

GEORGIANA LANGLOIS.

Mariage le 18 sept. 1888. V. N⁰ 64.

ENFANTS :

1. **Marie-Aurélie**, née le 23 juin, à Rivière-Pentecôte ; bap.
le 15 juillet 1889.
2. **Marie-Léa**, bap. le 16 octobre 1891, à St-Paul, Pointe-
aux-Anglais ; déc. le 9 juin 1893 et inh. le 17.
3. **Joseph-Charles**, né le 17 juin 1893.
4. **Jos.-Antoine-Samuel**, bap. le 7 octobre 1894 ; déc. le 10
déc. 1895 et inh. le 26 janv. 1896.
5. **Marie-Aline**, bap. le 14 sept. 1896 ; déc. le 9 nov. 1897 ;
funérailles le 24 avril 1898.
6. **Marie-Adiana**, née le 8 mars ; bap. le 11 avril 1898.
7. **Marie-Anne**, bap. le 24 juin 1899.
8. **Marie-Louise-Aimée**, bap. le 30 nov. 1900 ; inh. le 13 nov.
1904 ; un dimanche.
9. **Marie-Célie**, bap. le 15 juin 1902 ; inh. le 11 juin 1905.
10. **Joseph-Edgar-Albert**, bap. le 14 déc. 1903.
11. **Marie-Louise-Alice**, née le 28 mai ; bap. le 10 juin 1905.
12. **Joseph-Antoine**, né en 1907.
13. **Jeanne**, née en 1909, à Rivière-Pentecôte.
14. **Louis-Philippe**, né en 1912.
15. **Aldeg**, né en 1915.
16. **Germaine**, née en 1916.

3e **Br.**   **VI**   **N⁰ 131**

DONAT CHOUINARD, fils de Raphaël **V** et de Hélène Miville
dit Deschênes.
JOSÉPHINE DOUGLASS.
Mariage à St-Tite des Caps, le 4 fév. 1889. V. N⁰ 66.
ENFANTS :

1. **Marie-Anne**, bap. le 29 nov. 1890 ; se marie le 20 août 1906,
à Nérée Boutet, à St-Tite des Caps.
2. **Louise**, bap. en 1892 ; sép. le 17 mai 1895.
3. **Joseph-Athanase**, bap. le 2 fév. 1896.
4. **Marie-Alma**, bap. le 1ᵉʳ 1898.

5. **Anonyme,** sép. le 16 octobre 1899.
6. **Marie-Rose,** bap. le 30 janv. 1902
7. **Marie-Clara,** bap le 17 mai 1904 ; déc le 6 août suivant

3ᶜ Br.   **VI**   **Nᵒ 132.**

**PIERRE CHOUINARD, fils de Raphaël V et de Hélène Miville
                                        dit Deschênes.**
EMÉLIE DUCHÊNE.
  Mariage aux Eboulements vers 1877. V. Nᵒ 66.
ENFANTS :
1. **Victoria,** bap. avant nov 1880 ; m. le 11 nov. 1901, à St-Tite
  des Caps, avec Ferdinand Boutet.
2. **Rose-Hélène,** née avant 1888 : m. à Octave Leclerc, le 11
  mai 1908, à Ste-Anne de Beaupré.
3. **Marie-Anne,** bap le 28 mai 1890, à St-Tite des Caps ; inh
  le 11 déc. 1906.
4. **Joseph,** bap. le 1er août 1894.
5. **Mathilda,** bap le ; m. le 1ᵉʳ mars 1897, à Louis
  Simard.
6. **Eugène,** né vers 1895 ; se marie à Alexina Lessard
7. **Emilia-Rosanna,** bap le 25 sept 1898.

3ᵉ Br.   **VI**   **Nᵒ 133**

(1) **ERNEST CHOUINARD, avocat, fils de Pierre V et de
                                        Obéline Marquis.**
GEORGIANA POULIOT.
  Mariage à St-Laurent, I -O., le 3 fév. 1890. V. No 56.
ENFANTS :
1 **Georges,** né le 27 janv. 1891 ; inscrit dans les registres de
  la Basilique quelques mois plus tard ; musicien, crga-
  niste à l'église du Saint-Cœur de Marie, Québec
2. **Léa,** bap. à St-Laurent, I.-O., le 15 juin 1892.
3. **Juliette,** bap à la Basilique de Québec, le 1ᵉʳ mars 1894.
4. **Marie,** bap. le 20 mars 1896, à la Basilique.

5. **Lionel**, bap. le 21 déc. 1898.
6. **Marguerite**, bap. le 8 déc. 1900.
7. **Germaine**, bap. le 17 juin 1902 ; déc. le 23 avril 1904.
8. **Marcel-Emile**, bap. le 25 avril 1905.
9. **Gabrielle**, bap. le 30 août 1908.

(1) Auteur de "Sur Mer et sur Terre," "de l'Arriviste" et de "Croquis et Marine ."

3e **Br.** VI N⁰ **134.**

FÉLIX CHOUINARD, fils de Olivier **V** et de Eléonore Ouellet.
ÉLISABETH COUILLARD dit **BEAUMONT**.

Mariage le 18 août 1891, à Matane. V. N⁰ 71.

ENFANTS :

1. **Louis-Philippe-Rodolphe**, bap. le 13 sept. 1892 ; se marie le 23 fév. 1920, à Marie-Louise Duchesneau, à Armagh.

2e *Epouse*

ADÈLE VERREAULT.

Mariage à St-Moïse, le 4 fév. 1895.

2. **Pierre-Félix**, bap. le 12 mai 1897, à St-Moïse.
3. **Blanche-Ernestine**, bap. le 28 mai 1898.
4. **Thérèse**, bap. le 15 mars 1900.
5. **Paul-Emile**, bap. le 24 avril 1901.
6. **Joseph-Arthur**, bap. le 12 mai 1903.
7. **Eliane-Béatrice**, bap. le 14 juillet 1904.
8. **M.-Bernadette-Béatrice**, bap. le 18 déc. 1905.
9. **Marie-Anne-Gérardine**, bap. le 21 nov. 1906.
10. **Anonyme**, sép. le 8 avril 1908.
11. **Marie-Germaine-Cécile**, bap. le 31 janv. 1909, à St-Moïse.

3e **Br.** VII N⁰ **135.**

JOSEPH-NARCISSE CHOUINARD, fils de Pierre-Narcisse
et de Solange Guichard.
JULIE DUVAL.

Mariage le 26 nov. 1855, à St-Jean-Port-Joli. V. N⁰ 74

ENFANTS ·
1. **Julie,** bap. le 28 déc. 1856
2. **Joseph-Onésime,** bap le 25 mai 1858.

3e **Br.** VII N⁰ 136.

FRANÇOIS-XAVIER CHOUINARD, fils de Jean-Marie VI et
de Angèle Raymond.
URSULE VIGNOLA.
Mariage le 4 fév 1856   V. N⁰ 81.
ENFANT :
1. **Mathilda,** bap le 13 octobre 1865.

3e **Br.** VII N⁰ 137.

NAZAIRE CHOUINARD, fils de Narcisse VI et de Solange
Guichard.
MARIE FORTIN.
Mariage vers 1862.   V. N⁰ 74.
ENFANTS :
1 **Nazaire,** bap. le 15 sept. 1863.
2. **Pierre,** bap. le 24 août 1865.
3. **Marie-Delvina,** bap. le 2 juin 1868.
4. **Marie-Olympe,** bap. le 5 juin 1870.

3e **Br.** VII N⁰ 138.

FÉLIX CHOUINARD, fils de Joseph VI et de Agathe Guéret.
SÉVERINE ROY.
Mariage à Cap-Chat, le 27 août 1867   V. N⁰ 76.
ENFANT :
1 **Marie-Anne,** née en 1880, au Cap-Chat ; Sœur Marie de
St-Théodore, religieuse du St-Rosaire ; entrée en
religion en 1896 ; déc. le 28 nov. 1899, à Rimouski.

3e Br.   **VII**   N° 139.

AMABLE-OLIVA CHOUINARD, fils de Dominique VI et de
Catherine Perrin.
ROSE-DE-LIMA BALLARD dit LATOUR, fille de Antoine et
de Adélaïde Hébert.
Mariage à St-Charles du Richelieu, le 14 fév. 1868.
V. N° 75.
ENFANTS :
  1. **Jos.-Arthur-Oliva,** né à St-Marc, le 19 juillet 1869.
  2. **Dorilla,** née à St-Hyacinthe, le 30 sept. 1872.
  3. **Alfred,** né à St-Marc, le 15 août 1880.
  4. **Jos.-Alexandre,** né le 9 avril 1885 ; se marie le 22 mai 1906,
     à Bertha Chamberland, de St-Pierre, Montréal.

3e Br.   **VII**   N° 140.

PIERRE CHOUINARD, fils de Pierre VI et de Elisabeth
Synnott.
ÉLISABETH PIPON.
Mariage à Gaspé, le 8 janv. 1871. V. N° 84.
ENFANTS.
  1. **Clovis,** bap. en 1871 ; déc. jeune.
  2. **Pierre,** bap. et déc. en 1874.
  3. **Elisabeth,** bap. vers 1878 ; m. à Marcel Allain, déc.
  4. **Eutrope,** né en 1881 ; m. à Florentine Jalbert en 1905.
  5. **Clotilde,** bap. et déc. en 1882.
  6. **Clotilde,** bap. en déc. 1885 ; m. à Cornélius Whitty.
  7. **Zacharie,** bap. en 1888 ; déc. jeune.
  8. **Gertrude,** bap. en 1892.
  9. **Romain,** bap. en 1894.

3e Br.   **VII**   N° 141.

JOSEPH CHOUINARD, fils de Pierre et de Cécile Richard.
MARIE-ADÉLINE GAGNÉ, fille de Joseph.
Mariage à Rivière Moisie, le 27 juin 1871. V. N° 57.

ENFANT :
1. **Joseph**, bap. le 2 juillet 1872. (Voir V^e génération, N° 57.)

3e Br.   VII   N° 142.

FRANC-XAVIER CHOUINARD, fils de Xavier et de Tharsile
Archambault.
MARIE MÉTIVIER.
Mariage le 9 juillet 1872. V. N° 79.
ENFANTS :
1. **Rose-Anna,** née le 8 sept. 1874, à St-Pie; m. à Joseph Guy,
le 12 nov. 1917.
2. **Alida,** née le 24 janv. 1875 ; m. à Herménégilde Lamothe,
le 4 fév. 1894.
3. **Joseph,** né à Abbotsford, le 9 avril 1876 ; m. à Délia Brunelle.
4. **Adéline,** née le 25 janv. 1878, à St-Césaire ; m. à Domina
Ethier, le 19 août ; 1905 sép. le 2 mai 1913.
5. **Georges,** né le 6 août 1879, à St-Pie.
6. **Arzélie,** née le 12 mai 1881 ; déc. le 15 nov.
7. **Polydor,** né le 24 déc. 1883 ; déc. le 19 juin 1918.
8. **Lucipe,** bap. le 24 fév 1884 ; déc. le 27 sept.
9. **Wilfrid,** né le 25 avril 1886 ; m. à Bertha Bouvier, le 12
fév. 1905.
10. **Dorilla,** née le 11 fév. 1888 ; m. à Romulus Renauld, le
29 août 1910.
11. **Maria,** née à Indian-Orchard, le 23 mars 1890 ; m. à Walter
St-Jean, le 21 mai 1915.
12. **Léa,** née le 25 mars 1892.
13. **Albertine,** née le 21 août 1894 ; déc. le 21 déc

3e Br.   VII   N° 143.

MAGLOIRE CHOUINARD, fils de Clovis VI et de Henriette
Côté.
DESPERADE BOUCHARD, fille de Félix et de Théo. Gauthier.
Mariage à Rivière Moisie, le 24 fév. 1873. V. N° 80

ENFANTS :

1. **Joseph**, bap. le 26 juillet 1874 ; inh. à Rivière Moisie, le
      16 octobre 1874.
2. **Joseph-Magloire**, bap. le 8 août 1877 ; m. à Joséphine
      Lévesque, le 6 juillet 1898.
3. **Honoré**, m. à Marie-Louise Imbeau, le 9 janv. 1902.

3e **Br.**   **VII**   N° **144.**

AMBROISE CHOUINARD, fils de Pierre **VI** et de Elisabeth
                                                    Synnott.

DELPHINE LANGLOIS.
      Mariage le 6 avril 1874.   V. N° 84.

ENFANTS :

1. **Joseph**, bap. le 9 janv. 1875 ; m. à Anysie Jalbert, le 11
      janv. 1897.
2. **Théodore**, bap. le 31 octobre 1877 ; m. à Angèle Boulay.
3. **Joseph-Ulfranc**, bap. le 7 sept. et déc. le 31 déc. 1879.
4. **Ulfranc**, bap. le 9 octobre 1878 ; m. à Nathalie Plourde.
5. **Juste**, bap. le 16 juillet 1882 ; déc. le 7 janv. 1910.
6. **Camille**, bap. le 1er mai 1884 ; m. à Augustine Boulay.
7. **Arphéna**, bap. le 8 mai 1886 ; déc. pendant la grippe es-
      pagnole de 1918, le 2 nov.
8. **Uldège**, bap. le 16 juillet 1888 ; m. à Rose-Anna Dugas.
9. **Eddie**, bap. le 10 fév. 1890.
10. **Clara**, bap. le 17 fév. 1889 ; déc. le 3 mars 1889.
11. **Eléoza**, bap. le 3 fév. 1893 ; déc. le 20 août 1906.
12. **Xénophon**, bap. le 20 mars 1894.
13. **Aimée**, bap. le 28 avril 1896 ; m. à William Dunn, le 15
      sept. 1919, à Anse à Griffon.
14. **Edgar**, bap. le 21 nov. 1898.
15. **Alphéda**, bap. le 30 mai 1900.
16. **Eleuthèré**, bap. le 20 août 1901 ; déc. durant l'épidémie
      de grippe espagnole, le 1er nov. 1918.

3e Br.   **VII**   **N⁰ 145.**

LUC-ÉRASME CHOUINARD, fils de Jacob VI et de Nérée
Gagnon.

ÉLISE JALBERT.

Mariage le 14 janv 1879, à St-Aubert. V N⁰ 83

ENFANTS :

1. **Joseph-Albert**, bap. à St-Pamphile, le 8 fév 1881 ; m.
   à Edith Vaillancourt, le 12 juillet 1905
2. **Jos.-Arthur**, bap. le 9 avril 1882.
3. **Maria-Hénédine**, bap. le 13 janv. 1884
4. **Jos.-Alcide**, bap. le 23 juillet 1885
5. **Joseph-Amédée**, bap. le 15 janv 1887
6. **Marie-Anna**, bap. le 27 avril 1888.
7. **Marie-Antonia**, bap. le 24 déc 1889
8. **Jos.-Salluste**, bap. le 27 janv 1891 ; sép le 18 mars suivant.
9. **Jos.-Aubert**, bap. le 8 janv. 1892 ; sép le 21 janv. 1892
10. **Marie-Louise**, bap le 8 janv 1892 ; sép. le 19 janvier ;
    jumelle de Jos - Aubert
11. **Marie-Albertine**, bap. le 9 octobre 1893
12. **Jean-Baptiste**, bap le 30 déc. 1894 ; sép le 11 octobre 1898.
13 **Jos-Alexandre**, bap. le 14 mars 1896 ; sép. le 9 octobre 1898.
14 **Joséphine**, née le 15 mai 1898 ; inh le 6 fév. 1899

3e Br.   **VII**   **N⁰ 146.**

SERVULE CHOUINARD, fils de Narcisse VI et de Solange
Guichard.

ROSE DE LIMA BEAUDET.

Mariage à Québec, le 10 juin 1879 V N⁰ 74.

ENFANTS :

1. **Louis-Hosanna**, bap. le   ; inh. le 6 fév 1880
2. **Marie-Angélique**, bap. le 26 juin 1881 , inh le 6 nov.
   1884
3. **Servule-Télesphore**, bap. le 16 juillet 1883 ; inh. le 25
   juillet suivant.

3e Br.   **VII**   **Nᵒ 147.**

CYPRIEN CHOUINARD, fils de Pierre VI et de Elisabeth
Synnott.
APOLLINE PIPON.
Mariage à Gaspé vers 1880. V. Nᵒ 84.
ENFANTS :
1. **Apolline**, bap. le 19 nov. 1882 ; m. à Joseph-H. Boulay ;
déc. le 10 juin 1916.
2. **Joseph-Laurent**, bap. le 20 juillet 1883; m. à Alexina Jalbert.
3. **Christine**, bap. le 4 nov. 1885 ; m. à J.-H. Boulay.
4. **Trefflé**, bap. le 5 nov. 1887 ; déc. le 8 mai 1909.
5. **Tharsile**, bap. le 8 déc. 1889 ; m. à Aldelme Colton ; déc.
le 8 sept. 1919.
6. **Esther**, bap. le 8 fév. 1892 ; m. à Eusèbe Boulay.
7. **Marie**, bap. le 19 oct. 1894 ; déc. le 10 sept. 1913.
8. **Alphée**, bap. vers 1896.

3e Br.   **VII**   **Nᵒ 148.**

ALPHONSE CHOUINARD, fils de Normand VI et de Cécile
Fournier.
EDWIDGE ROBITAILLE.
Mariage à Kamouraska. V. Nᵒ 91.
ENFANTS :
1. **Clara-Cécile-Edwidge**, bap. le 6 déc. 1881, Basilique ; le
11 avril 1904, elle épouse Jos.-Ulric Girard.
2. **Henri-Normand-Alphonse-Elzéar**, bap. le 19 nov. 1883 ;
inh. à Québec, le 10 août 1908.
3. **Elzéar-Alexandre**, bap. le 8 sept. 1886 ; inh. le 11 mai 1906,
à Québec.
4. **Jos.-Hector-Jules-Philibert**, bap. le 12 fév. 1888 ; inh. à
Belmont, (cimetière) le 25 juin 1909.
5. **Joseph-Georges-Albert**, bap. le 8 août 1890 ; inh. à Québec,
le 31 mai 1909.
6. **Marie-Juliette-Yvonne**, bap. le 20 janv. 1894.

3e Br.   **VII**   **No 149.**

LOUIS-PHILIPPE CHOUINARD, fils de Thomas **VI** et de Obéline Roy dit Lauziers.

VIRGINIE GAGNON.

Mariage le 25 sept. 1881. V. No 86.

ENFANTS :

1. **Joseph,** né en 1883 ; déc. jeune.
2. **Pierre,** bap. le 18 janv. 1885 ; se marie le 22 avril 1906, à Luce Marceau.
3. **Marie,** née le 6 mars 1888.
4. **Amélia,** née le 17 sept. 1889 ; m. à Eugène Imbeau, le 3 mai 1904.
5. **Marie-Jeanne,** née le 6 juillet 1891 ; m. à Eugène Harrison, le 23 avril 1907.
6. **Virginie,** déc. jeune.
7. **Marie-Ange,** née en 1902 ; m. à Aristide Roy, le 30 déc. 1919.

3e Br.   **VII**   **No 150.**

JOSEPH CHOUINARD, fils de Théodule **VI** et de Caroline Caron.

GILDA LINSTAD.

Mariage à Milbank, N.-Dakota, en nov. 1881. V. No 78.

ENFANTS :

1. **Léa,** née le 4 mai 1884.
2. **Joseph-Carl.-Alfred,** né le 2 octobre 1887.
3. **Laura,** née le 15 avril 1890 ; déc. à l'âge de 8 ms.

3e Br.   **VII**   **No 151.**

ISAÏ CHOUINARD, fils de Xavier **VI** et de Tharsile Archambault.

OLYMPE MASSE.

Mariage vers 1882, à Abbetsford. V. No 79.

ENFANTS :

1. **Rose-Alba,** née le 27 fév. 1884.
2. **Hector,** né le 1er août 1885.
3. **Clara,** née le 6 déc. 1886.
4. **Eva,** née le 20 juin 1888.
5. **Léa,** née le 30 nov. 1890 ; déc. le 10 nov. 1894.
6. **Ernest,** né le 18 avril 1892 ; déc. le 8 avril 1900.
7. **Aloria,** née le 30 nov. 1893.
8. **Auzouard,** né le 8 août 1895 ; déc. le 21 août 1895.
9. **Bella,** née le 15 janv. 1897 ; sép. en avril.
10. **Danalda,** née le 18 mai 1898.

3e Br.   **VII**   **N° 152.**

FRANÇOIS CHOUINARD, fils de Théodule **VI** et de **M.-**
Caroline Caron.
ROSE BÉGIN.

     Mariage à Dayton, Minn., le 20 fév. 1882. V. N° 78.
ENFANTS :

1. **Rose-Joséphine,** née le 15 juillet 1883.
2. **Leah-Gustine,** née le 18 avril 1885.

3e Br.   **VII**   **N° 153.**

ELZÉAR CHOUINARD, fils de Normand **VI** et de Cécile
Fournier.
ÉLIA GIROUX.

     Mariage le 9 avril 1883, à Québec. V. N° 91.
ENFANTS :

1. **Elzéar-Alexandre,** bap. le 14 août 1885 ; se marie 1° à
Léda Brousseau en 1906 ; 2° à Alberta Boisseau, le
19 mai 1919.
2. **Marie-Alice-Eva,** bap. le 4 janv. 1887 ; sép. le 11 octobre
1889.
3. **Anonyme,** inh. le 1er déc. 1891.
4. **Arthur,** bap. et sép. en 1892.

5. **Anonyme,** inh. en 1893.
6. **Marie-Anna,** Sœur Aimée de Jésus, chez les `` Dominicaines de l'Enfant-Jésus, '' bap. en 1894 ; entre en religion en 1913, à Québec.
7. **Gatien,** bap. et inh. en 1895.
8. **Joseph,** bap et inh. en 1897.
   Elia Giroux, déc le 6 juillet 1909, âgée de 51 ans et 7 ms.

2e *Epouse*

CAROLINE COUTURE.
   Mariage à Québec, le 9 août 1910.
9. **Marie-Simone-Caroline,** bap. le 11 mai 1911 , déc. jeune ; inh. à St-Roch de Québec.
10. **Augustine-Anita,** bap le 11 mai 1911 ; déc. le 7 juin 1911, à St-Roch de Québec ; jumelle de Marie-Simone-Caroline
11 **Marie-Thérèse-Emma,** bap le 18 août 1912

3e Br.   **VII**   **N⁰ 154.**

OCTAVE CHOUINARD, fils de Théodule VI et de M.-Caroline Caron.

M.-JOSÉPHINE GUIMONT.
   Mariage à Dayton, le 2 octobre 1883. V. N⁰ 78.
ENFANTS :
1. **Alphonse,** né le 14 juillet 1884 ; déc.
2 **Joseph,** né le 10 janv. 1886 ; m. à Florence Crawford, le 26 avril 1917.
3. **Frank,** né le 26 mai 1888 ; m. à Vera Scot, le 26 juin 1914.
4. **Lee-George,** né le 28 fév. 1890 ; m. à Meldred Laird, le 15 nov. 1914.
5. **Lena,** née le 10 janv. 1892.
6 **Laurent,** né le 25 sept. 1894.
7. **Pearl,** née le 26 juin 1896.

3ᵉ **Br.**   **VII**   **Nᵒ 155.**

THOMAS CHOUINARD, fils de Thomas VI et de Obéline
Roy dit Lauzier.

MARIE LÉTOURNEAU.

Mariage aux Petits-Méchins, le 29 janv. 1884   V. Nᵒ
86.

ENFANTS :

1 **Paul**, bap. le 29 juin 1885 ; m. 1ᵒ à Marie-Louise Tanguay ;
2ᵒ à Clara Fortin.

2. **Albert**, bap. le 17 nov. 1886 ; m. à Marie-Rose Roy, le 22
juin 1908.

3 **Marie-Louise**, bap. le 11 avril 1888 ; m. à Joseph Blanchet,
le 26 fév. 1906, aux Méchins.

4. **Cyrille**, bap. le 15 fév. 1890 ; déc. le 20 nov. 1918.

5. **Jean-Baptiste**, bap. le 6 déc. 1892 ; m. à Marie-Rose de
Lima Isabel, le 20 nov. 1916.

6. **Olida**, bap. le 22 nov. 1894.

7. **Angélique**, bap le 15 juillet 1896.

8. **Pierre**, bap le 31 mai 1898 ; m à Alphonsine Deroy, le
13 juin 1919

9. **Corinne**, bap. le 7 avril 1900.

10. **Marie**, bap. le 5 mai 1902.

11. **Joseph**, bap. le 28 juin 1904.

12 **Thomas**, bap. le 29 juin 1906.

3ᵉ **Br.**   **VII**   **Nᵒ 156.**

ALEXANDRE CHOUINARD, fils de Pierre VI et de Elisabeth
Synnott.

MARY SMITH.

Mariage à Gaspé en 1885.   V. Nᵒ 84.

ENFANTS :

1 **Victoria**, bap. le   1886 ; m. à Moïse Langlois, le 27
fév. 1905.

2 **François**, bap. en 1887 ; m. à Orphéna Ste-Croix.

3. **Donat**, bap. en　　　; m. à Léda Plourde, le 10 sept. 1909
4. **Alexandrina**, bap. en 1890 ; m. à Antoine Samuel.
5. **Alexina**, bap. en 1892 ; m à Raoul Déry.
6 **Marcel**, bap. en 1893 ; déc. jeune.
7. **Edgar**, bap. en　　　; déc. jeune.
8 **John**, bap. en 1895.
9 **Dina**, bap. vers 1897.

3e **Br.**　　　**VII**　　　**N⁰ 157.**

NAPOLÉON CHOUINARD, fils de Jacob **VI** et de **Louise Charrois.**

OLYMP E ST-PIERRE.

Mariage le 27 janv 1885, à St-Aubert. V. N⁰ 85.

ENFANTS:
1. **Napoléon**, bap. le 21 nov. 1885 ; se marie le 28 janv. 1913, à Rose-Alma Bélanger
2. **Maxima**, bap. le 1er mars 1887 ; elle se marie le 25 fév. 1908, avec Alphonse Gamache de L'Islet
3. **Marie-Georgina**, bap le 19 déc. 1889.
4. **Marie-Olympe**, bap. le 31 juillet 1891.
5. **Joseph-Ulric**, bap. le 26 janv. 1895 ; se marie à Delima Mercier, en 1917.

3e **Br.**　　　**VII**　　　**N⁰ 158.**

JOSEPH CHOUINARD, fils de Pierre **VI** et de **Léocadie Mailloux.**

CÉDULIE OUELLET.

Mariage vers 1885. V. N⁰ 90.

ENFANTS :
1. **Joseph**, bap en 1886 ; m. à Louise Projean en 1909, à Trois-Rivières
2. **Adélard**, né en 1888.
3. **Wilfrid**, né en 1892.
4. **Remi-Jean-Léon**, bap. en 1895

3ᵉ Br.   **VII**   **Nᵒ 159.**

AMABLE CHOUINARD, fils de Henri VI et de Rosalie Thibault.
ANNA PARADIS.
        Mariage à Fall River, le 14 sept. 1885. V. Nᵒ 88.
ENFANTS :
1. **Anna,** bap le 15 août 1886 ; inh le 25 fév. 1887.
2. **Joséphine,** bap le 14 déc. 1887 ; déc. le 19 juillet 1888.
3. **Alice,** bap. le 7 fév. 1889 ; m. à Léon Mathieu, le 2 juillet
   1906.
4. **Amable,** bap le 13 juillet 1890 ; déc. le 24 avril 1893.
5 **Rosalie,** bap. le 11 fév. 1892 ; déc le 10 mai 1893.
6. **Rose-Anna,** bap le 11 mai 1893 ; née la veille.
7. **Eva,** bap le 27 octobre 1894 ; m. à William-Georges Roy,
   le 16 fév. 1920.

3ᵉ Br.   **VII**   **Nᵒ 160.**

JOSEPH CHOUINARD, fils de Pierre VI et de Florentine
Dutremble.
MARIE-BÉATRIX BLANCHET.
        Mariage le 13 fév. 1885, à Ste-Flavie. V. Nᵒ 95.
ENFANTS :
1. **Jos.-Charles-Rosario,** bap. le 3 mai 1886.
2. **Marie-Béatrix-Florentine-Rachel,** bap. le 18 juillet 1887 ;
   m. à Joseph-Arthur Desrosiers, le 24 octobre 1911.
3. **Honorine-Stella-Emélie,** bap. le 3 janv. 1889.
4. **Marie-Flavie-Rose-Alma,** bap. le 6 sept. 1890.
5. **Joseph-Eugène-Ludovic,** bap. le 19 mai 1892.
6. **Louis-Horace-Ferdinand,** bap. le 28 nov. 1895.
7. **Marie-Anne-Bernadette,** bap. le 2 avril 1897.
8. **Marie-Blanche-Cécile,** bap. le 6 juillet 1898
9. **Marie-Rose-Alberta,** bap le 21 juillet 1899
10. **Jean-Baptiste-Léonidas,** bap. le 25 juin 1901.
11 **Marie-Ubaldine-Alexandrine,** bap. le 19 octobre 1903

3e Br.   **VII**   **N⁰ 161.**

FRANÇOIS CHOUINARD, fils de François VI et de Virginie
Roy.

ROSE-ANNA ST-PIERRE.
Mariage le 16 fév. 1885, à St-Aubert. V. N⁰ 97.
ENFANTS :
1. **Joseph-Ernest**, bap le 15 avril 1886 ; se marie à Amanda
Després, à Lewiston, Maine, le 27 août 1908
2. **François-Georges**, bap le 4 nov. 1888 ; m. le 17 octobre
1911, à Eva Maillet.
3. **Marie-Anna**, bap. le 2 juin 1891, à Bell River, Ontario.

3e Br.   **VII**   **N⁰ 162.**

DÉSIRÉ CHOUINARD, fils de Xavier VI et de Tharsile
Archambault.

AMANDA LEDOUX.
Mariage vers 1886. V. N⁰ 79.
ENFANTS :
1. **Marie-Rose**, née le 15 juillet 1887 ; déc. le 1er mars 1888.
2 **Rosario**, né le 17 avril 1890 ; soldat volontaire en 1914 ;
tombé au champ d'honneur, en France, en 1916 ; lieu
de sépulture inconnu ; on a rien retrouvé de ses restes
mortels.
3. **Lorenzo**, né le 30 nov. 1891 ; déc. jeune.
4 **Eva**, née le 17 juillet 1893.
5 **Alphonse**, né le 15 juillet 1894 ; déc. jeune.
6 **Louisa**, née le 3 avril 1896.
7 **Edgar**, né le 19 mars 1897 ; déc. en juillet.
8. **Charles-Emile**, né le 23 sept. 1898
9 **Béatrice**, née le 22 janvier 1900 ; déc. en fév.
10 **Maurice**, né le 29 janv. 1907.
11 **Robertin**, né le 18 janv. 1909 ; déc. en déc. 1910

176ª

INTÉRIEUR DE L'ANCIENNE ÉGLISE DE BEAUMONT-LA-RONCE,
OÙ FUT CÉLÉBRÉ LE 14 SEPT. 1655, LE MARIAGE DE CHARLES CHUISNARD AVEC ÉLISABETH VALIN.

EXTÉRIEUR DE L'ANCIENNE ÉGLISE DE BEAUMONT-LA-RONCE.

3e Br.   **VII**   **N° 163.**

ÉDOUARD CHOUINARD, fils de Jean-Bte VI et de Virginie
Gamache.

LOUISE SAMSON.

> Mariage à St-Jean-Bte de Québec, le 18 juillet 1887.
> V. N° 92.

ENFANTS :

1. **Joseph-Ernest,** bap. en 1888.
2. **Joseph,** bap. en 1889 ; déc.

3e Br.   **VII**   **N° 164.**

JOSEPH-ISIDORE CHOUINARD, fils de Isidore et de Domitilde Campbell.

ALBINA LAPORTE.

> Mariage à St-Jean-Baptiste de Montréal, en 1888.
> V. N° 102.

ENFANTS :

1. **Armand,** né le 20 mars 1897 ; déc.
2. **Régina-Mélina,** née le 21 mars 1899, à Montréal.

2e *Epouse*

ROSE-ANNA VILLENEUVE.

> Mariage à St-Jean-Bte de Montréal, le 21 mai 1900.

3. **Joseph-René-Isidore,** né le 2 juin 1901.
4. **Marie-Blanche,** née le 8 fév. 1903.
5. **Marie-Rose-Liliane,** née le 7 avril 1904.
6. **Pierre-Marini,** né le 8 mai 1905.
7. **Marie-Bernadette-Fernande,** née le 17 nov. 1907.

3e Br.   **VII**   **N° 165.**

JOHN CHOUINARD, fils de John VI et de Louise Savard.

ELZIRE LELIÈVRE.

> Mariage le 7 fév. 1888. V. N° 103.

ENFANTS :

1. **Sarah**, née le 20 mai 1889.
2. **Alexandre**, né vers 1890 ; m. à Germaine Tremblay, à Montmagny, le 3 fév. 1920 ; avocat
3. **Louis**, né en 1891.
4. **Joseph**, né en 1893.
5. **Cécile**, née en 1898
6. **Marie**, née le 15 octobre 1899
7. **Rose-de-Lima**, née en 1900.

3e **Br.**   **VII**   N^o **166.**

EUGÈNE CHOUINARD, fils de Pierre **VI** et de Florentine
Dutremble.

CLÉMENTINE PELLETIER.

Mariage à Ste-Anne de la Pocatière, le 7 fév. 1888.
V N° 95.

ENFANTS

1 **Marie-Alma-Florentine**, bap le 25 fév. 1889.
2 **Joseph-Pierre-Achille**, bap. le 21 juillet 1890.
3 **Joseph-Charles-Emile**, bap. le 22 mai 1892

3e **Br.**   **VII**   N^o **167.**

JEAN-BAPTISTE CHOUINARD, fils de J.-Bte **VI** et de
Vitaline Côté.

HÉLÈNE MARTEL.

Mariage à Fall-River, Mass. en 1890   V N° 104

ENFANTS :

1. **Alice**, née à Fall-River en 1891.
2. **Roméo**, né en 1893, à Fall-River.
3. **Antoinette**, née en 1895.
4. **Léo**, né en 1897, à Fall-River, Mass.
5. **Corinne**, née le 3 janv. 1898.
6. **Loretta**, née à Worcester, le 4 octobre 1906.

3e Br.   **VII**   **No 168.**

JOSEPH CHOUINARD, fils de Thomas VI et de Obéline
Roy dit Lauziers.
VIRGINIE LAJOIE.
Mariage à Cap-Chat, le 25 nov. 1890. V. No 86.
ENFANT :
 1. **Emélia,** née vers 1895.

3e Br.   **VII**   **No 169.**

HENRI CHOUINARD, fils de Henri VI et de Rosalie Thibault.
MALVINA BLAIS.
Mariage à Salem, Mass, en 1890. V. No 88.
ENFANTS :
 1. **Henri,** né le 25 mars 1891.
 2 **Calixte,** né le 25 août 1892.

3e Br.   **VII**   **No 170.**

JEAN-BAPTISTE CHOUINARD, fils de Xavier VI et de Tharsile Archambault.
EUGÉNIE GAGNÉ.
Mariage à Indian Orchard, le 12 juillet 1891. V. No 79.
ENFANTS :
 1 **Marie-Alida-Léona,** née le 19 avril 1892
 2. **Marie-Léa,** née le 1er juillet 1893, à Scroon-Lake ; se
marie le 14 juin 1920, à Joseph Lemay.
 3. **Jos.-Cyrille,** né le 27 mars 1895, à Budlow , m. à Eva
Leclerc, le 21 avril 1919.

2e Epouse

AMANDA JALBERT.
Mariage à St-Roch, le 3 sept. 1900.
 4. **M.-Anne-Antonia,** née le 8 juillet 1901, à Ind Orchard.
 5. **Jos.-Rosario,** né le 25 juin 1902.
 6 **Marie-Edouardiana,** née le 31 juillet 1903, à Ste-Anne.

7. **Marie-Yvonne-Alexandriana**, née le 17 janv. 1905, à la
   Riv.-du-Loup
8. **M.-Aloriosa**, née le 30 mars 1907 , sép. le 15 août suivant.

3e Br.   **VII**   **N° 171.**

JOS.-ALFRED, fils de Jacob VI et de Nérée Gagnon.
MARIE-THARSILE DIONNE.
          Mariage le 14 juillet 1891. V N° 83.
ENFANTS :
1. **Joseph-Augustin**, bap. le 27 juin 1892, à St-Pamphile.
2. **Marie-Aimée-Joséphine**, bap. le 28 août 1894.
3 **Joseph-Odilon**, bap. le 9 août 1895.
4. **Joseph-Aimé**, bap. le 19 sept 1896 ; sép. le 17 mars 1897.
5. **Alfred-Erasme**, bap. le 14 sept. 1898.
6 **Charles-Emile**, bap le 24 déc. 1899.
7. **Alfred-Adalbert**, bap. le 23 juin 1901
8 **Anne-Marie**, bap. le 20 juillet 1902
9 **Jos.-Elzéar**, bap le 4 déc. 1904.
10. **Marie-Louise**, bap. le 20 avril 1906.
11. **Jos.-Adrien**, bap. le 9 déc. 1908.

3e Br.   **VII**   **N° 171a.**

DELPHIS CHOUINARD, fils de David VI et de Delphine
                                           Fortin.
HERMINE-AURORE DEBLOIS.
          Mariage en 1891. V. N° 101.
ENFANTS :
1. **Germain**, né le 17 juillet 1892 ; m. à Lucy Collins, en Angleterre Médecin dentiste, fut 4 ans dans la zone de
   guerre, de 1914-1918.
2. **Marie-Antoinette**, née le 30 sept. 1893 ; m. à J.-Bte Melançon.
3. **Hortense**, née le 15 octobre 1895.

4. **Edouard**, né le 5 mars 1897 ; déc. le 10 juin suivant.
5. **Rodrigue**, né le 20 avril 1898.
6. **Bernadette**, née le 26 mai 1900 ; déc. le 24 juin 1904.
7. **Blanche**, née le 6 mars 1902.
8. **Gabrielle**, née le 26 mai 1904 ; déc. le 17 août 1905.
9. **Marie-Anna-Bernadette**, née le 27 nov. 1905.
10. **Georgiana-Gabrielle**, née le 27 déc. 1907.
11. **Lucien**, né le 4 sept. 1909.

3e **Br.**   **VII**   N° 172.

JOS.-ANTOINE CHOUINARD, fils de François VI et de Virginie Roy.

ÉLISABETH FAUCHON dit LAVALLIÈRE.

Mariage à Minneapolis, le 1er sept. 1891. V. N° 97.

ENFANTS :
1. **Marie-Antoinette**, bap. le 24 nov. 1892 ; déc.
2. **Caroline, Sœur St-Antoine-Joseph**, bap. le 17 juin 1897 ;
   entrée chez les Religieuses des Filles de Ste-Marie
   de la Présentation, à Broons, France, Côte-du-Nord ;
   religieuse professe ; enseigne aux E.-U. depuis sept.
   1919.
3. **Myrtle, Sœur Ste-Elisabeth-Marie**, bap. le 17 mars 1899 ;
   de la même communauté que la précédente ; entrée
   en religion vers 1918, à Broons, France.
4. **Antoine-François**, bap. le 3 octobre 1904.
5. **Joseph-Gaspard**, né le 21 juillet 1906.

Elisabeth Fauchon est déc. à Minneapolis, le 18 août 1906.

2e *Epouse*

JEANNE LALANDE.

Mariage à Minneapolis, le 19 août 1916.
6. **Marie-Antoinette**, bap. le 26 mai 1917.
7. **Jeanne-Marie**, bap. le 29 août 1918.

3e Br.   **VII**   **No 173.**

ADÉLARD CHOUINARD, fils de Xavier VI et de Tharsile
Archambault.

CLAUDIA GAGNÉ.
          Mariage à Indian Orchard, en octobre 1891. V No 79.
ENFANTS :
1. **Ernest,** né le 20 juillet 1893
2. **Maria,** née le 19 mai 1895 ; déc le 21 sept. 1904.
3. **Louisa,** née le 19 mai 1895 ; jumelle de Maria.
4. **Albert,** né le 21 mars 1897.
5. **Alice,** née le 19 avril 1899.
6. **Hervé,** né le 14 fév 1901.
7. **Alphée,** né le 21 mars 1903 ; déc. le 14 juin 1904.

2e Epouse

EVA DARCY.
          Mariage le 1er fév. 1906.
8. **Marie-Ange,** née le 29 sept. 1907 ; sép le 21 fév. 1908.
9. **Laurent,** né le 16 octobre 1908.
10 **Wiola,** née le 29 juillet 1909 ; déc. le 29 sept.
11. **Gabrielle,** née le 3 août 1910 ; sép le 1er sept. 1910.
12. **Adélard,** né le 2 fév 1912
13 **Albert,** né le 21 sept 1914.
14. **Thérèse,** née le 23 avril 1920

3e Br.   **VII**   **No 174.**

CHARLES CHOUINARD, fils de Pierre VI et de Marie Gosselin.

AMANDA OTIS.
          Mariage le 8 avril 1891. V. No 105.
ENFANTS :
1 **Albina,** bap. le 4 juin 1893 ; m. à Albert Tanguay, le
     15 sept. 1913.
2. **Pierre,** bap. le 18 mars 1894 ; m. à Irène Therrien, le
     17 août 1915

3. **Adélia,** bap. le 31 octobre 1896 ; m. à Ludger Pelletier, le
    2 août 1915.

3e Br.   **VII**   **No 175.**

AUGUSTIN CHOUINARD, fils de Henri VI et de Rosalie
                                             Thibault.

VIRGINIE DION.

    Mariage à Salem, le 10 mars 1894. V. No 88.

ENFANTS :
1. **Joseph-Augustin,** né le 23 janv. 1895.
2. **Jos.-Wellie,** né le 16 avril 1897 ; déc. le 4 mai.
3. **Virginie,** née le 7 août 1898 ; m. à Arthur Blanchette, le
    3 août 1919.
4. **Julienne-Irène,** née le 21 nov. 1900 ; sép. le 13 août 1902.
5. **Alma-Alice,** née le 27 janv. 1904.
6. **Amable-Octave,** né le 28 janv. 1906.
7. **Antoinette,** née le 24 janv. 1908.

3e Br.   **VII**   **No 176.**

OLIVA CHOUINARD, fils de Joseph VI et de Edmire Bourdon.

ALBINA CARRIÈRES.

    Mariage vers 1894. V. No 100.

ENFANTS :
1. **Aldéi,** né vers 1896.
2. **Roméo,** né en 1897.
3. **Eddy,** né en 1899.
4. **Emma,** née vers 1901.
5. **Eugène,** né en 1904.
6. **Rita,** née en ou vers 1906.
7. **Alberta,** née vers 1908.

3e Br.   **VII**   **N⁰ 177.**

GILBERT CHOUINARD, fils de François VI et de Virginie
Roy.
JENNIE LECLERC.
Mariage à Minneapolis, le 10 juin 1894. V. N⁰ 97.
ENFANTS ·
1. **Jeannette-Virginie,** bap. le 10 juillet 1895.
2. **Marie-Délia,** bap le 5 mai 1898
3. **Cécilia-Marguerite,** bap. le 9 mai 1905.
4. **Marcel-Thomas-Gilbert,** bap le 14 août 1912.

3e Br.   **VII**   **N⁰ 178.**

JOSEPH CHOUINARD, fils de Joseph VI et de Marie-Diana
Deschênes.
MARIE-LUCIE BLAIS.
Mariage à Dayton, Minn., le 19 juin 1894. V. N⁰ 87.
ENFANT :
1. **Edouard-Joseph,** né le 14 juillet 1895 ; se marie le 21 juin
1916, à Sérine-Joséphine Johnson.

3e Br.   **VII**   **N⁰ 179.**

NAPOLÉON CHOUINARD, fils de Pierre VI et de Elisabeth
Synnott.
SUZANNE LATERREUR.
Mariage à Percé, comté de Gaspé. V. N⁰ 84.
ENFANTS :
1. **Claudia,** bap le 20 mars 1897.
2. **Lætitia,** bap. le 30 octobre 1899 ; déc. au couvent de
Carleton, le 29 octobre 1916
3. **Lauretta,** bap. le 8 avril 1902.
4. **Ephrem,** bap. le 7 janv. 1904.

3e Br.   **VII**   **N° 180.**

JOS.-ÉMILE CHOUINARD, fils de Jacob VI et de Nérée
Gagnon.

MARIE PELLETIER.
       Mariage à St-Pamphile, le 24 juin 1895. V. N° 83.
ENFANTS :

1. **Marie-Aimée**, bap. le 28 avril 1896.
2. **Jos.-Emile**, bap. le 23 janv. 1898 ; sép. le 7 octobre suivant.
3. **Graziella**, bap. le 1er janv. 1899.
4. **Jos.-Pamphile**, bap. le 6 juin 1900.
5. **Marie-Albertine**, bap. le 28 mai 1901.
6. **Marie-Yvonne**, bap. le 27 juillet 1902.
7. **Jos.-Zotique**, bap. le 11 sept. 1904.
8. **Marie-Irène**, bap. le 24 sept. 1905.
9. **Alice**, bap. le 19 nov. 1906.
10. **Jos.-Delphin**, bap. le 16 fév. 1908.

3e Br.   **VII**   **N° 181.**

JOSEPH CHOUINARD, fils de Prosper VI et de Philomène
Vaillancourt.

AMANDA POITRAS.
       Mariage le 30 août 1897. V. N° 106.
ENFANTS :

1. **Marie-Yvonne**, bap. le 30 juin 1898 ; déc.
2. **Marie-Aurore**, bap. le 20 sept. 1899.
3. **Napoléon-Henri**, bap. le 11 janv. 1902.
4. **Léo-Jos.**, bap. le 10 juin 1904 ; déc.
5. **Marie-Hermine-Ida**, bap. le 21 juillet 1905.
6. **Wilfrid**, bap. le 30 juillet 1907.
7. **Yvonne-Joséphine**, bap. le 15 déc. 1909.
8. **Alma-Perpétue**, bap. le 20 août 1911.
9. **Marie-Rose**, bap. le 15 nov. 1914.
10. **Marie-Alice**, bap. le 30 déc. 1915.

3e Br.   **VII**   **No 182.**

ARTHUR CHOUINARD, fils de Normand VI et de Cécile
Fournier.
AMANDA VERRET.
        Mariage à St-Sauveur, le 22 nov. 1897. V. No 91.
ENFANTS :
  1. **Joseph-Arthur**, bap. le   1901 ; inh. le 23 juillet 1902.
  2. **Jos.-Gustave-Arthur-Normand**, bap. en 1898.
  3. **Amanda-Cécile**, bap. le 26 août 1900.
  4. **Joseph-Arthur-Joachim**, bap. le 23 octobre 1901.
  5. **Marie-Thérèse**, bap. en avril 1903 ; inh. le 2 août 1904.
  6. **Marie-Lumina**, bap. à Jacques-Cartier, le 20 juin 1904.
  7. **Marie-Anne**, bap. le 1er août 1905 ; inh. le 17 sept. 1905.
  8. **Anonyme**, sép. le 9 juin 1906.

3e Br.   **VII**   **No 183.**

PHILÉAS CHOUINARD, fils de Narcisse V et de Elisabeth
Proulx.
PAMÉLA PELLETIER.
        Mariage à St-Pamphile, le 10 janv. 1898. V. No 74.
ENFANTS :
  1. **Joseph-Edgar**, bap. le 18 nov. 1898.
  2. **Jos.-Pierre-Paul**, bap. le 25 août 1900.

3e Br.   **VII**   **No 184.**

EDMOND CHOUINARD, fils de Edmond VI et de Zoé Harpe.
IMELDA L'HEUREUX.
        Mariage le 23 mai 1898 ; Ancienne Lorette. V. No 112.
ENFANTS :
  1. **Emile**, bap. le 13 août 1900.
  2. **Cécile**, bap. le 11 nov. 1901.
  3. **Marie-Alma**, bap. le 2 fév. 1903.
  4. **Berthe**, bap. le 25 fév. 1904.

5. **Henri,** bap. le 29 mars 1905
6. **Eustelle,** bap le 3 août 1906.
7. **Germaine,** bap. le 24 fév. 1908.
8. **Joseph-Edmond,** bap. le 28 octobre 1909.
9. **Marie-Marguerite,** bap. le 15 octobre 1913.
10. **Gérard,** bap. le 15 déc. 1915.

3e Br.   **VII**   **N⁰ 185.**

JOS.-CALIXTE CHOUINARD, fils de Henri VI et de Rosalie
Thibault.
VICTORIA BOLDUC.
        Mariage à Salem, en 1898. V. N⁰ 88.
ENFANTS :
   1. **Calixte,** né le 14 fév. 1899 ; déc. le même jour.
   2. **Victoria,** née le 27 juillet 1900.
   3. **Irène,** née le 10 mars 1903.
   4. **Yvonne,** née le 25 janv. 1905 ; sép. en déc. 1906.
   5. **Alice,** née le 19 avril 1906.
   6. **Rose,** née le 13 fév. 1908.
   7 **Calixte,** né le 12 mars 1911.
   8. **Joseph,** né le 25 sept. 1913.

3e Br.   **VII**   **N⁰ 186.**

PIERRE CHOUINARD, fils de Pierre VI et de Sara Deroy.
MARIE OUELLET.
        Mariage à Sayabec vers 1898. V. N⁰ 105.
ENFANTS :
   1. **Berthe,** née vers 1900
   2. **Hélène,** née vers 1903.
   3. **Imelda,** née vers 1905.

3e Br.   **VII**   **N⁰ 187.**

JOS.-CHARLES CHOUINARD, fils de Thomas VI et de Marie
Rouleau.

GRAZIELLE DION.

Mariage à Québec, le 30 janv. 1899. V. N⁰ 113

ENFANTS :
1. **Yverte,** née le 26 déc. 1899 ; m. le 8 sept 1920, à Maurice
   Lavallée, marchand, à St-Aubert.
2. **Lucien,** né le 10 mai 1901, à St-Charles de Bellechasse.
3. **Joseph,** né le 6 août 1903 ; déc. le 24 janv 1906
4. **Charles-Auguste,** né le 26 mai 1905
5. **Eveline,** née le 17 mai 1907.
6. **Robert,** né le 29 mars 1909.
7. **Roland,** né le 15 juin 1911.

3e Br.   **VII**   **N⁰ 188.**

ANTOINE CHOUINARD, fils de Antoine VI et de Exorée
Gosselin.

MARIE-ADÈLE JOURDAIN, fille de Charles et de Marguerite
Gagné.

Mariage à Rivière Pentecôte, Islets Caribou, le 23 avril
1900   V. N⁰ 110.

ENFANTS:
1. **Marie-Aimée,** bap. le 18 mai 1901.
2. **Charles-Eugène,** bap. le 18 mai 1901 ; sép. le 14 octobre 1901;
   jumeau de Marie-Aimée.
3. **Marie-Léa,** bap le 29 janv. 1903 ;   née le 17.

3e Br.   **VII**   **N⁰ 189.**

ODILON CHOUINARD, fils de Jacob VI et de Nérée Gagnon.
MARIE LECLERC, fille de Clovis.

Mariage à L'Islet, en 1900. V. N⁰ 83.

ENFANTS :
1. **Jos.-Philippe-Adalbert,** bap. le 28 juin 1901, à St-Pamphile.

2. **Marie-Rose-Aimée**, bap. le 4 mai 1904.

2ᵉ Epouse

ELISE ANCTIL.
>Mariage.

3ᵉ Br. **VII** **Nᵒ 190.**

MICHEL CHOUINARD, fils de Joseph VI et de Hermine
Tremblay.

EMILIA MELANÇON.
>Mariage à Montréal V. Nᵒ 122
1. **Annette**, née vers 1903.
2. **Anita**, née vers 1904.
3. **Oliva**, né en 1905.

3ᵉ Br. **VII** **Nᵒ 191.**

JULES CHOUINARD, fils de E.-Cléophas VI et de Philomène
Deschênes.

ALBERTINE CHASSÉ.
>Mariage en 1901, à Kamouraska. V. Nᵒ 99.
ENFANTS :
1. **Jules**, bap. en 1903.
2. **Jos.-Charles-Albert**, bap. en 1905.
3. **M.-Louise-Bernadette**, bap. en 1910 ; sép. en 1911.

3ᵉ Br. **VII** **Nᵒ 192.**

JOSEPH CHOUINARD, fils de Pierre VI et de Sara Deroy.
MARIE
>Mariage à Val Brillant. V. Nᵒ 105.
ENFANTS :
1. **Grégoire**, né vers 1903.
2 **Paul**, né vers 1904.
3. **Romuald**, né en 1906.
4. **Rosa**, née vers 1910.

3e Br.   **VII**   **N⁰ 193.**

JEAN-BAPTISTE CHOUINARD, fils de Benjamin VI et de
                    Adélaïde Chouinard.

ALMA AVOINE.
        Mariage à St-Aubert, le 28 octobre 1902. V. N⁰ 94.
ENFANTS :
  1. **Camille**, bap. à Sherley, le 5 fév. 1904.
  2. **Marie-Anna**, bap. à Ludlow, le 12 mars 1907 , déc. le 25
        avril 1908
  3 **Armand**, bap. le 11 mars 1909.
  4. **Marie-Blanche**, bap. le 30 mai 1910.
  5. **Edouard**, bap à St-Aubert, le 11 mai 1911 ; sép le 12 mars
        1912.
  6. **Adrien**, bap le 15 fév. 1914.
  7. **Théophile-Raoul**, bap. en 1916, à Ste-Perpétue.
  8. **Lucien-Conrad**, bap. en 1918 ; sép le 15 octobre
  9. **Marie-Annette**, bap. en mai 1919 ; sép. le 20 juillet 1919.

3e Br.   **VII**   **N⁰ 194.**

JOSEPH CHOUINARD, fils de Joseph VI et de Hermine
                    Tremblay.

PHILOMÈNE JACQUES.
        Mariage à St-Tite des Caps, le 4 mai 1903. V. N⁰ 122.
ENFANTS :
  1. **Joseph**, bap. le 19 juin 1904 ; inh. le 3 sept. suivant.
  2. **Marie-Anne**, bap. le 6 fév. 1906.
  3. **Rose-Clara**, bap. le 6 fév 1908.
  4. **Joseph-Emile-Gérard**, bap. le 8 juillet 1909.
  5. **Marie-Philomène**, bap le 23 fév 1911.
  6. **Jos.-Henri-Albini**, bap. le 1er avril 1912.
  7. **Marie**, sép. le 14 mars 1914.
  8. **Marie-Thérèse-Marguerite**, bap. le 28 sept. 1915 ; sép.
        le 11 déc

3e Br.   **VII**   **Nº 194a.**

JOS.-HÉRMÉNEGILDE CHOUINARD, fils de Elzéar VI et
de Elmire Dubé.
HERMINE PELLETIER.
  • Mariage à St-Pamphile, le 30 août 1904. V. Nº 114.
ENFANTS :

 1. **Joseph-Herménégilde,** bap. le 7 juillet 1905, à St-Pamphile.
 2. **Elzéar,** bap. le 20 octobre 1906.
 3. **Marie-Anna-Hermine,** bap le 4 avril 1908.

3e Br.   **VII**   **Nº 195.**

JOSEPH CHOUINARD, fils de Edmond VI et de Zoé Harpe.
CÉLINA LACROIX.
  Mariage à St-Sauveur de Québec, le 15 mai 1905.
  V. Nº 112
ENFANTS :

 1. **Gabriel,** bap. à St-Sauveur de Québec, le 16 fév 1906
 2. **Louis-Joseph-Edmond,** bap. à Québec, le 9 avril 1907.
 3 **Marie-Jeanne,** bap en 1908 ; déc. jeune
 4. **Blanche-Yvonne,** bap. le 8 déc. 1909.
 5. **Robert,** né en 1910 ; déc. à l'âge de quelques jours.
 6. **Lucienne,** bap. le 9 avril 1912.
 7. **Marguerite,** bap. le 18 août 1913.
 8. **Paul-Emile,** bap le 8 octobre 1914.
 9. **Marie-Jeanne,** bap. le 14 sept. 1916
10. **Alphonse,** né le 19 fév. 1918.
11. **Lucien,** né le 4 juillet 1919.
12. **Jacqueline,** bap. le 11 sept. 1920, à St-Sauveur.

3e Br.   **VII**   **Nº 196.**

ADALBERT CHOUINARD, fils de Jacob VI et de Nérée Gagnon.
MARIE-LOUISE DUBÉ.
  Mariage vers 1905   V. Nº 83

ENFANTS :
1. **Marie-Louise,** bap. le 25 août 1906, à St-Pamphile
2. **Louis-Adalbert,** bap le 17 juillet 1908.

3ᵉ Br.   **VII**   **Nᵒ 197.**

ERNEST CHOUINARD, fils de Narcisse VI et de Elisabeth
Proulx.

MARIA DAIGLE.
          Mariage le 16 juillet 1907, à St-Aubert.   V. Nᵒ 74.
ENFANTS :
1. **Joseph-Ernest-Maurice,** bap. le 27 avril 1908.
2. **Anne-Marie,** bap. le 21 sept. 1910.
3. **Marie-Jeanne,** bap. le 30 juin 1912.

3ᶜ Br.   **VII**   **Nᵒ 198.**

JOSEPH-ÉMILE CHOUINARD, fils de Antoine VI et de Vic-
toria Ouellet.

DÉLIA SERGERIE.
          Mariage à Cap-Chat, le 28 avril 1908. V. Nᵒ 110.
ENFANTS :
1. **Paul-Emile,** bap. le 28 janv. 1910.
2. **Christophe,** bap le 26 mai 1912.
3 **Marie-Anna,** bap. le 6 juillet 1913.
4. **Lionel,** bap. le 11 nov. 1915.
5. **Juliette,** bap. le 1ᵉʳ juillet 1917.
6. **Ida,** bap. le 28 juillet 1918.

3ᵉ Br.   **VII**   **Nᵒ 199.**

LOUIS-JULES CHOUINARD, fils de Ephrem VI et de Amanda
Crépault.

BLANCHE GRENIER, fille de Napoléon.
          Mariage à Québec, le 18 août 1908. V. Nᵒ 124
ENFANTS .
1. **Marie-Pauline-Charlotte,** née le 6 nov. 1909

(Beaumont-la-Ronce) LE BOIS DU CHALONGE.

ANCIEN FIEF DE PIERRE VALIN, ONCLE MATERNEL DE JACQUES CHUISNARD.
COLONNE DE TREIZE COLONNETTES, ÉLEVÉE EN 1810, PAR LES 13 ENFANTS
D'ANNE-CLAUDE DE LA BONNINIÈRE, MARQUIS DE BEAUMONT-LA-RONCE.

P. XXVII

---

2. **Marie-Marguerite-Jacqueline,** née le 6 nov. 1914.
3. **Pierre-Fernand,** né le 3 sept. 1918

3e **Br.**   **VII**   N⁰ 200.

EDMOND CHOUINARD, fils de Joseph-Ben. VI et de Claudia
                                                    Dionne.
EUNICE REINARD.
          Mariage en 1909, Chicago.   V. N⁰ 127.
ENFANTS :
  1. **Charles,** né en 1910, à Chicago.
  2. **Délian,** née en 1913

3e **Br.**   **VII**   N⁰ 201.

CHARLES CHOUINARD, fils de Pierre VI et de Elisabeth
                                                    Synnott.
DESYLDA LACASSE.
          Mariage à Gaspé vers 1910. V. N⁰ 84.
ENFANTS :
  1. **Alphonsine,** née vers 1912.
  2. **Régina,** née vers 1914.

3e **Br.**   **VII**   N⁰ 202.

J.-E.-ZÉNON CHOUINARD, fils de Eustache VI et de Emélie
                                                    Pelchat.
ALVINA GAGNON, fille de Jean et de Délima Imbault.
          Mariage vers 1910. V. N⁰ 115.
ENFANTS :
  1. **Amélie-Irène,** née le 30 mars 1911.
  2. **Diane-Estelle,** née le 29 sept. 1912
  3. **Blanche-Rita,** née le 5 juillet 1914.
  4. **Eléonore-Yvette,** née le 7 juin 1916.
  5. **Anna-Doris,** née le 22 avril 1918.
  6. **Claire-Aline,** née le 11 janv. 1920.

3e Br.   **VII**   Nº 203.

GEORGES-FRANÇOIS CHOUINARD, fils de Elzéar VI et
de Elmire Dubé.
DIANA LEMIEUX, fille de Louis et de Zoé Chouinard.
Mariage à Ste-Anne de la Pocatière, le 27 sept. 1910.
V. Nº 114.

ENFANTS :
1. **Julien,** bap. le 20 juin 1911.
2. **Julienne,** bap le 20 juin 1911 ; jumelle de Julien.
3. **Alphonse,** bap. le 2 avril 1913.

3e Br.   **VII**   Nº 204.

ADÉLARD CHOUINARD, fils de Pierre VI et de Emélie
Duchêne.
EUGÉNIE BOUDREAU.
Mariage à Ste-Anne de Beaupré, le 30 janv. 1911.
V. Nº 132.

ENFANTS :
1. Joseph-Pierre-Gérard, bap. en 1911, à Ste-Anne de Beaupré.
2. Joseph-Adélard, bap le 5 août 1913.
3. Joseph-Louis-Albert, bap le 4 déc. 1914.
4. Marie-Blanche-Eugénie, bap. le 22 mai 1916.
5. Jos.-François-Lucien, bap. le 8 juillet 1917.
6. Marie-Jeanne-Alma, bap. le 31 juillet 1918.

3e Br.   **VII**   Nº 205.

JACQUES-GEORGES CHOUINARD, fils de Joseph VI et de
Hermine Tremblay.
ALBERTINE MÉNARD.
Mariage en 1912. V. Nº 122.

ENFANTS :
1. **Germaine,** née le 12 juin 1913.
2. **Lilianne,** née le 26 juin 1915.
3. **Laurette,** née le 23 juin 1916.

4. **Roger,** né le 4 mai 1918.
5. **Robert,** né le 5 déc. 1919.

3e Br.   **VII**   N° 206

JOS.-CHARLES CHOUINARD, fils de Joseph-Ben. **VI** et
de Claudia Dionne.
AGNÈS SHAFFER.
          Mariage à Hannibal vers 1912. V. N° 127.
ENFANT :
  1. **Jean,** né en 1913, à Chicago.

3• Br.   **VII**   N° 207.

MAXIME CHOUINARD, fils de Joseph **VI** et de Elmire Bourdon.
ROSE-ALBA COURNOYER.
          Mariage vers 1913. V. N° 100.
ENFANTS :
  1. **Béatrice,** née vers 1914.
  2. **Bella,** née vers 1916.
  3. **Thérèse,** née vers 1917.

3e Br.   **VII**   N° 208.

PAUL-LOUIS CHOUINARD, fils de Ephrem **VI** et de Amanda
Crépault.
EUGÉNIE VARY.
          Mariage à Montréal, le 10 juin 1914. V. N° 124.
ENFANT ·
  1. **Joseph-Ephrem-Arthur-Roger,** né à Montréal, le 9 mars 1915.

3e Br.   **VII**   N° 209.

EUGÈNE CHOUINARD, fils de Pierre **VI** et de Emélie
Duchêne.
ALEXINA LESSARD.
          Mariage à St-Ferréol, le 21 juillet 1914. V. N° 132.

ENFANTS :
  1. **Eugène**, bap. le 1er octobre 1915, à Ste-Anne de Beaupré.
  2. **Joseph-Alphonse-Adélard**, bap. le 11 avril 1917.

3e Br.　　　　　　**VII**　　　　　　**N° 210.**

ADRIEN CHOUINARD, fils de Joseph VI et de Edmire Bourdon
EMMA BOURDON.
　　　　　Mariage vers 1915. V. N° 100.
ENFANTS :
  1. **Lorenzo**, né vers 1917.
  2. **Marguerite**, née vers 1918.

3e Br.　　　　　　**VII**　　　　　　**N° 211.**

JOSEPH-ALBANI CHOUINARD, fils de Joseph VI et de
　　　　　　　　　　　　　　Hermine Tremblay.
LAURA FERLAND.
　　　　　Mariage à Limoilou, le 19 juin 1916. V. N° 122.
ENFANTS :
  1. **Marie-Jeanne**, bap. le 8 juillet 1917, à Limoilou.
  2. **Albani**,　né le 22 fév. 1919.
  3. **Maurice**, né le 21 août 1920.

3e Br.　　　　　　**VII**　　　　　　**N° 212.**

LUDGER CHOUINARD, fils de Raphaël VI et de Marie Paradis.
BLANCHE GRAVEL.
　　　　　Mariage à St-Tite des Caps, le 16 juillet 1917. V. N° 129.
ENFANT :
  1. **Marie-Antonia**, bap. le 14 juin 1918 ; inh. le 14 sept.

3e Br.　　　　　　**VII**　　　　　　**N° 213.**

GUSTAVE CHOUINARD, fils de Ephrem VI et de Amanda
　　　　　　　　　　　　　　Crépault.
MARIE-ANGE LORTIE.

Mariage le 8 octobre 1917, à Québec. V. N⁰ 124.
ENFANTS :
  1. **Jean-René**, bap. le 5 août 1918.
  2. **Joseph-Ephrem-André-Paul**, né le 31 janv. 1920.

3ᵉ Br.   **VII**   **N⁰ 214.**

**ADOLPHE CHOUINARD, avocat, fils de Horace VI et de
                                          Olympe Dionne.**
ALICE VIAU.
        Mariage à St-Jacques de Montréal, le 29 octobre 1918.
        V. N⁰ 128.
ENFANTS :
  1. **Joseph-Cyrille-Paul**, bap. le 1ᵉʳ août 1919.
  2. **Marie-Thérèse-Delphine**, née le 3 octobre 1920.

3ᵉ Br.   **VII**   **N⁰ 215.**

**THOMAS CHOUINARD, fils de Joseph VI et de Hermine
                                          Tremblay.**
YVONNE BANVILLE.
        Mariage à Montréal, en 1919. V. N⁰ 122.
ENFANTS :
  1. **Maurice**, né le 26 mars 1920.

3ᵉ Br.   **VIII**   **N⁰ 216.**

**JOSEPH CHOUINARD, fils de Ambroise VII et de Delphine
                                          Langlois.**
ANYSIE JALBERT.
        Mariage le 11 janv. 1897. V. N⁰ 144.
ENFANTS :
  1. **Gratia**, bap. le 6 mai 1899.
  2. **Valéda**, bap. le 28 sept. 1900.
  3. **Philippe**, bap. le 28 janv. 1902.
  4. **Ozanam**, bap. le 14 octobre 1906.
  5. **Thérèse**, bap. le 6 sept. 1913.

3ᵉ Br.   **VIII**   **Nᵒ 217.**

JOSEPH CHOUINARD, fils de Frs-Xavier VII et de Marie
Métivier.

DÉLIMA BRUNELLE.
        Mariage le 27 sept. 1897. V. Nᵒ 142.
ENFANTS :
  1. **Alféri-Léopold,** né le 27 juillet 1899, à Ind.-Orchard ; déc.
     le 3 avril 1900.
  2. **Lionel,** né le 22 fév. 1903.
  3. **Lauretta,** née le 12 juin 1905 ; déc. le 18 juin 1909.
  4. **Béatrice,** née le 18 juillet 1907.

3ᵉ Br.   **VIII**   **Nᵒ 218.**

JOSEPH CHOUINARD, fils de Magloire VII et de Marie
Bouchard.

JOSÉPHINE LÉVÊQUE.
        Mariage à St-Octave de Métis, le 5 juillet 1898.
        V. Nᵒ 143.
ENFANT :
  1. **Joseph-Alfred,** bap. à Riv.-Pentecôte, le 20 juin 1901.

3ᵉ Br.   **VIII**   **Nᵒ 219.**

ULFRANC CHOUINARD, fils de Ambroise VII et de Delphine
Langlois.

NATHALIE PLOURDE.
        Mariage à Rivière au Renard. V. Nᵒ 144.
ENFANTS :
  1. **Georges,** bap. le 14 avril 1904.
  2. **Lucienne,** bap. le 13 déc. 1905.
  3. **Blanche,** bap. le 21 déc. 1906.
  4. **Rose-Alma,** bap. le 11 avril 1908 ; déc. le 8 nov. 1912.
  5. **Germaine,** bap. le 16 sept. 1909 ; déc. le 14 nov.
  6. **Anna-Marie,** bap. le 23 mai 1912 ; déc. le 3 nov. suivant.
  7. **Marie-Louise,** bap. le 23 juillet 1914.

8. **Rosario,** bap. le 2 octobre 1915.
9. **Rose-Anna,** bap. le 6 nov. 1917.
10. **Paul-Emile,** bap. le 10 sept. 1919 ; déc. le 21 sept.

3ᵉ **Br.**   **VIII**   **N⁰ 220.**

FRANÇOIS   CHOUINARD, fils de Alexandre VII et de Mary
Smith.
ORPHÉNA STE-CROIX.
            Mariage à Anse-à-Griffon.   V. N⁰ 156.
ENFANTS :
1. **Ludger,** né le 9 déc. 1905.
2. **Willie,** né le 27 juin 1907.
3. **Ephrem,** né le 1ᵉʳ janv. 1909.
4. **Irène,** née le 27 mars 1910.
5. **Louis,** né le 30 sept. 1911.
6. **Michel,** né le 30 août 1914 ; déc.
7. **Marie-Jeannette,** née le 23 déc. 1918.

3ᵉ **Br.**   **VIII**   **N⁰ 221.**

WILFRID CHOUINARD, fils de Frs-Xavier VII et de Marie
Métivier.
BERTHA BOUVIER.
            Mariage le 12 fév. 1905. V. N⁰ 142.
ENFANTS :
1. **Aldor,** né à Springfield, le 10 déc. 1905.
2. **Henri,** né à Springfield, le 27 fév. 1909.

3ᵉ **Br.**   **VIII**   **N⁰ 222.**

THÉODORE CHOUINARD, fils de Ambroise VII et de Del-
phine Langlois.
ANGÈLE BOULAY.
            Mariage le 14 nov. 1905. V. N⁰ 144.
ENFANTS :
1. **Léonard,** bap. le 24 janv. 1910.

2. **Adéodat,** bap. le 16 avril 1915.
3. **Louis-de-Gonzague,** bap. le 18 déc. 1916.
4. **Ange-Gilberte,** bap. le 17 mars 1919.

3ᵉ **Br.**   **VIII**   **Nº 223.**

**EUTROPE CHOUINARD, fils de Pierre VII et de Elisabeth
Pipon.**

FLORENTINE JALBERT.
Mariage en 1905. V. Nº 140.
ENFANTS :
1. **Dorothée,** bap. en 1906.
2. **Elisabeth,** bap. en 1908.
3. **Félix,** bap. en 1909.
4. **Louise,** bap. en 1910.
5. **Gertrude,** bap. en 1911.
6. **Bernadette,** bap. en 1913.
7. **Maria,** bap. en 1915 ; déc. jeune.
8. **Benoît,** bap. en 1916.
9. **Marie-Reine,** bap. en 1917 ; déc. à l'âge de quelques jours.
Florentine Jalbert est décédée durant l'épidémie de grippe
espagnole, en octobre 1918. Elle était âgée de 32 ans.

3ᵉ **Br.**   **VIII**   **Nº 224.**

**JOSEPH-LAURENT CHOUINARD, fils de Cyprien VII et de
Apolline Pipon.**

ALEXINA JALBERT.
Mariage en 1906. V. Nº 147.
ENFANTS :
1. **Joseph-Raymond,** né le 11 janv. 1907.
2. **Marie-Berthe,** née le 20 fév. 1908.
3. **Jos.-Léonard,** né le 27 juin 1909 ; déc. le 10 déc. 1911.
4. **Gérard-Trefflé,** né le 1ᵉʳ déc. 1912.
5. **Jean-Marie,** né le 7 fév. 1915.
6. **Maria,** née le 11 avril 1917 ; déc. le 20 mars 1918.
7. **Maria-Lumina,** née le 11 sept. 1919.

3e Br.   **VIII**   **No 225.**

ELZÉAR-ALEX. CHOUINARD, fils de Elzéar VII et de Elia
Giroux.
LÉDA BROUSSEAU, fille de Edouard et de Marie Fournier.
Mariage à Beauport, le 15 août 1907. V. No 153.
ENFANTS :
 1. **Marguerite**, bap. le 27 fév. 1908.
 2. **Marcel**, bap. en 1909, à Québec.
 3. **Charlemagne**, bap. en 1910 ; sép en 1913.
 4. **Alfred**, bap. le 22 mai 1911, à Jacques-Cartier, Québec.
 5. **Roland**, bap. le 8 octobre 1912.
 6. **Madeleine**, bap. le 1er nov. 1913.
 7. **Charlemagne**, né le 6 janv. 1915.
 8. **Andrée**, bap. en 1918, le 14 octobre.
 Le 10 fév. 1919, sép. de Léda Brousseau.

2e Epouse

ALBERTA BOISSEAU.
Mariage à St-Sauveur, le 19 mai 1919.
 9. **Joseph**, né le 15 avril 1920, à Québec.

3e Br.   **VIII**   **No 226.**

ALBERT CHOUINARD, fils de Thomas VII et de Marie
Létourneau.
MARIE-ROSE ROY.
Mariage aux Méchins, le 22 juin 1908. V. No 155.
ENFANTS .
 1. **Lionel**, bap. le 15 octobre 1909.
 2. **Rose-Aimée**, bap. le 10 mai 1911 ; déc. jeune.
 3. **Rose-Yvonne**, bap. le 5 fév. 1912 ; déc.
 4. **Armand**, bap. le 8 avril 1913.
 5. **Louise-Marie**, bap. le 13 nov. 1915.
 6. **Blanche**, bap le 15 mai 1917.
 7. **Léopold**, bap. le 22 avril 1918.

3e **Br.**   **VIII**   N° **227.**

JOSEPH-ERNEST CHOUINARD, fils de François VII et de
Rose-Anna St-Pierre.
AMANDA DESPRÉS.
Mariage à Lewiston, le 27 août 1908. V. N° 161.
ENFANTS :
1. **Jeannette,** née le 4 sept. 1909.
2. **Robert,** né le 19 avril 1911.

3e **Br.**   **VIII**   N° **228.**

JOSEPH CHOUINARD, fils de Joseph VII et de Cédulie
Ouellet.
LOUISE PROJEAN.
Mariage vers 1910, à Trois-Rivières. V. N° 158.
ENFANTS :
1. **Jules,** bap. à Trois-Rivières, en 1912.
2. **Léon,** bap. à Trois-Rivières, en 1913.
3. **Paul,** né à Montréal, en 1915.

3e **Br.**   **VIII**   N° **229.**

FRS-GEORGES CHOUINARD, fils de François VII et de
Rose-Anna St-Pierre.
ÉVA MAILLET.
Mariage à Lewiston, le 17 octobre 1911. V. N° 161.
ENFANTS :
1. **Carmen,** née le 11 mai 1913.
2. **Fernand,** né le 29 sept. 1914.

3e **Br.**   **VIII**   N° **230.**

PAUL CHOUINARD, fils de Thomas VII et de Marie Létourneau.
MARIE-LOUISE TANGUAY.
Mariage au Cap-Chat. V. N° 155.
PAS D'ENFANTS.

2e *Epouse*

CLARA FORTIN.
> Mariage aux Méchins, le 10 juillet 1916.

ENFANTS :
1. **Paul-Henri**, bap. le 2 mai 1917.
2. **Cyrille**, bap. le 16 nov. 1918 ;   déc. le lendemain.

3e Br.   **VIII**   N° 231.

NAPOLÉON CHOUINARD, fils de Napoléon VII et de Olympe
St-Pierre.

ROSE-ALMA BÉLANGER.
> Mariage le 28 janv. 1913. V. N° 157.

ENFANTS :
1. **Adrienne**, bap. le 12 avril 1914.
2. **Marie-Paul**, bap. le 9 déc. 1916 ; déc. le 25 janv. 1917.
3. **Julienne**, bap. le 10 sept. 1918.
4. **Rachelle**, bap. le 4 juillet 1919.

3e Br.   **VIII**   N° 232.

JOSEPH-CARL-ALFRED CHOUINARD, fils de Joseph VII et
de Gilda Linstad.

MILDRED PARRHYSINS.
> Mariage à Minneapolis, le 8 nov. 1913. V. N° 150.

ENFANT :
1. **Béatrice**, née le 7 mai 1916.

3e Br.   **VIII**   N° 233.

DONAT CHOUINARD, fils de Alexandre VII et de Mary
Smith.

LÉDA PLOURDE.
> Mariage à Gaspé. V. N° 156.

ENFANTS :
1. **Louis-Philippe**, bap. le 5 déc. 1914.
2. **Alexandre**, bap. le 14 octobre 1916.

3e Br.　　　　　　**VIII**　　　　　　**Nº 234.**

ULDÈGE CHOUINARD, fils de Ambroise VII et de Delphine
Langlois.

ROSE-ANNA DUGAS.
　　　　Mariage le 7 janv. 1914.　V. Nº 144.
ENFANT :
　1. **Joachim**, bap. en 1917.

3e Br.　　　　　　**VIII**　　　　　　**Nº 235.**

LEE-GEORGE CHOUINARD, fils de Octave VII et de Marie-
Joséphine Guimont.

MILDRED LAIRD.
　　　　Mariage le 15 nov. 1914.　V. Nº 154.
ENFANTS :
　1. **Alphonse-Lee**, né le 28 juillet 1916.
　2. **Louise**, née le 10 juin 1918.

3e Br.　　　　　　**VIII**　　　　　　**Nº 236.**

PIERRE CHOUINARD, fils de Charles VII et de Amanda
Otis.

IRÈNE THERRIEN.
　　　　Mariage le 17 août 1915.　V. Nº 174.
ENFANT :
　1. **Lorenzo**, né en 1916.

3e Br.　　　　　　**VIII**　　　　　　**Nº 237.**

ÉDOUARD-JOSEPH CHOUINARD, fils de Joseph VII et de
Lucie Blais.

SERINE-JOSÉPHINE JOHNSON.
　　　　Mariage à Minneapolis, le 21 juin 1916. V. Nº 178.
ENFANT :
　1. **Virginie-Lucile**, née le 18 août 1917.

3e Br.   **VIII**   **N° 238.**

JEAN-BAPTISTE CHOUINARD, fils de Thomas VII et de Marie
Létourneau.
ROSE-DE-LIMA ISABEL.
      Mariage aux Méchins, le 20 nov. 1916. V. N° 155.
ENFANT :
  1. **Paul-Emile**, bap. le 22 déc. 1917.

3e Br.   **VIII**   **N° 239.**

CAMILLE CHOUINARD, fils de Ambroise VII et de Delphine
Langlois.
AUGUSTINE BOULAY.
      Mariage en 1917.   V. N° 144.
ENFANT :
  1. **Zacharie**, bap. en mars 1919.

3e Br.   **VIII**   **N° 240.**

ULRIC CHOUINARD, fils de Napoléon VII et de Olympe
St-Pierre.
DÉLIMA MERCIER.
      Mariage en 1917.   V. N° 157.
ENFANTS :
  1. **Rachelle**, bap. en 1918.
  2. **Gemma**, née en sept. 1919.

3e Br.   **VIII**   **N° 241.**

JOS.-CYRILLE CHOUINARD, fils de J.-Baptiste VII et de
Eugénie Gagné.
ÉVA LECLERC.
      Mariage le 21 avril 1919, à Udlow. V. N° 170.
ENFANT :
  1. **Jos.-Cyrille**, né le 7 avril 1920, à Springfield.

3e Br.   **VIII**   **No 242.**

ALEXANDRE CHOUINARD, avocat, fils de John VII et de
Elzire Lelièvre.
GERMAINE TREMBLAY.
> Mariage à Montmagny, le 3 fév. 1920. V. No 165.

ENFANT :
1. **Alex.-Germ.** bap. le   1921.

Descendance féminine

3e Br.   **III**   **No 1.**

GENEVIÈVE CHOUINARD, fille de Pierre II dit L'aîné et de
Ursule Martin.
JACQUES COLIN, notaire royal.
> Mariage à L'Islet vers 1760. V. No 1.

ENFANTS :
1. **Jean-Baptiste Colin**, bap. à L'Islet, le 22 nov. 1761.
2. **Joseph**, m. à Françoise Chouinard.
3. **François**, né le   .
4. **Sylvestre**, né vers 1775 ; assiste comme témoin au 2e mariage de sa mère, le 5 nov. 1793.
5. **Jacques**, bap. à Ste-Anne de la Pocatière, le 5 octobre 1780 ; se marie le 4 janv. 1805, avec Christine Fraser, à Kamouraska.

Le 10 juillet 1792, à Kamouraska, sép. de Jacques Colin,
notaire royal.

2e *Epoux*

PASCAL GAGNON.
> Mariage le 5 nov. 1793, à Kamouraska.

3e *Epoux*

BENJAMIN BOUCHER, veuf de Gen. Casista.
> Mariage le 26 sept. 1803, à St-André, Kamouraska.

3e Br.   **V**   **N° 2.**

**DAMERISE CHOUINARD, fille de Charlemagne IV et de
Perpétue Mignault.**

LOUIS MILLER.

Mariage à Kamouraska   V. N° 15.

ENFANTS :

1. **Alphonse Miller,** avocat ; noyé à la Rivière Moisie.
2. **Léa,** m. à M. Mercier ; déc. en
3. **Elzéar,** m. à Mlle Lefebvre de Montréal ; déc.
4. **Praxède,** m. à Stanislas Lefebvre ; une fille lui survit :
    Madame Ernest Crépault, de Paris.
5. **Hermile,** m. 1° à M. Lorrain ; 2° à M. Hébert.
6. **Tancrède,** déc. vers l'âge de vingt ans.
7. **Célorine,** déc. célibataire.
8. **Eugénie,** m. au Dr Horace Crépault.
9. **Joséphine,** déc.
10. **Louis-Napoléon,** m. à Rose Béré, Montréal.

3e Br.   **VI**   **N° 3.**

**CLARA (CLAIRE) CHOUINARD, fille de Théophile V et de
Priscille Girard.**

RÉGIS LEBLANC, capitaine de vaisseau.

Mariage à Kamouraska.   V. N° 62.

ENFANTS :

1. **Narcisse,** m. à Mlle Tremblay ; se noye dans le bassin
    de Québec en 1917 ; son fils, gardien du fort St-Germain,
    à Kamouraska, se noie à l'automne de 1919.
2. **Clara,** m. à J.-O. Legendre, Montréal.
3. **Auguste,** né en 1867 ; m. à Azilda Roy dit Desjardins.
    Père de onze enfants.
4. **Marie,** célibataire.
5. **Joseph,** déc. à l'âge de 8 ans.
6. **Cyprien,** m. à Mlle Ryan ; déc. en 1917.
7. **Phédéra,** célibataire.

8. **Loretta**, célibataire.
9. **Alice**, m. à Jules Langlais, avocat et recorder de la ville
　　　de la "Rivière-du-Loup"
10. **Marie-Louise**, célibataire.
11 **Wilfrid**, célibataire.

3e Br.　　　　　VI　　　　　No 4.

CAROLINE CHOUINARD, fille de J.-Bte V et de Rose Métivier.
LOUIS VERRET.
　　　　Mariage à Ste-Foye en 1862.　V. No 49.
ENFANTS :
1. **Louis Verret**, né en 1863.
2. **Léa**, née en 1865 ; m. à William Morency ; déc. le 29
　　　fév. 1920, à Montréal.
3. **Exilda**, née en 1866 ; m. à Edouard Faucher ; déc. vers
　　　l'âge de 30 ans
4. **Ovila**, né vers 1870 ; m. à Emilie Caze
5. **Joséphine**, née en 1871 ; m. à Alexis Faucher.

3e Br.　　　　　VI　　　　　No 5.

MARIE-DELVINA CHOUINARD, fille de Pierre V et de
　　　　　　　　　　　　　　　　Obéline Marquis.
PIERRE LAPIERRE.
　　　　Mariage à Lévis, le 3 nov. 1864.　V. No 56.
ENFANTS :
1. **Marie-Delvina Lapierre**, bap en 1865 ; déc. à l'âge de
　　　6 ms.
2. **Pierre-Alphonse**, bap. en 1867 ; m. à Eugénie Gourdeau.
　　　Père de feu l'abbé Paul Lapierre, décédé durant la
　　　grippe Espagnole, oct. 1918.
2e *Epoux*
NAPOLÉON CRÉPAULT.
　　　　Mariage en 1878.
3. **Marie-Louise Crépault**, déc à l'âge d'un an.

4 **Léonce,** bap le 3 nov. 1880 ; m. à Mlle Eva Paquet ;
         organiste et professeur de musique.
5. **Lucienne,** bap en 1882 ; déc. à l'âge de 3 ans.
6. **Gustave,** bap. vers 1884 ; déc.
7. **Jeanne,** bap. en 1885.
8. **Julianne,** bap. en 1886 ; m. en 1907. au lieut.-colonel Albert
         Beaubien.
9 **Adrienne,** bap. en 1889 ; déc. jeune.
10. **Fernande,** bap. en 1891 ; déc.

3e Br.   **VI**   **Nº 6.**

ARTHÉMISE CHOUINARD, fille de Jean-Bte V et de Rose
                                                          Métivier.
ALBERT MARTEL, fils de Régis.
         Mariage à St-Etienne de Lauzon, le 3 sept. 1867.
         V. Nº 49.
ENFANTS :
  1. **Philéas Martel,** né vers 1869 ; célibataire.
  2. **Arthémise,** née en 1874 ; m. à Michel Dussault, en 1893.
  3 **Antoinette,** née vers 1875 ; m. à Cyrias Gosselin ; déc.
         en 1893
  4 **Odina,**   né en 1876 ; m. à Henriette Dunn.

3e Br.   **VI**   **Nº 7.**

ÉLÉONORE CHOUINARD, fille de Jean-Baptiste V et de
                                                      Rose Métivier.
ÉDOUARD MÉTIVIER.
         Mariage à Québec, le 18 mars 1872. (Disp. du 2e degré.)
         V. Nº 49.
ENFANTS :
  1 **Joseph Métivier,** bap. en 1873 ; déc. à l'âge de 10 ms.
  2 **Amélia,** bap. le 1er mai 1874 ; m. à Ulric Carpentier.
  3 **Dina,** née le 3 avril 1876 ; déc. à l'âge de 13 ans.
  4. **Joseph,** bap. en 1877 ; déc. à l'âge de 17 ans.

5. **Rose-Anna,** déc. jeune.
6. **Marie-Louise,** née le 5 déc 1880 ; m à Adélard Laroche.
7. **Marie-Anne,** née le 5 mai 1885
8. **Marie,** déc. jeune.
9. **Albert,** déc. jeune
10. **Rose-Anna,** née le 5 août 1891.

3e **Br.**   **VI**   **N⁰ 8.**

JOSÉPHINE CHOUINARD, fille de Amable V et de Mathilde Caouette.

THOMAS DUFOUR.

> Mariage à St-Jean-Baptiste de Québec, le 2 mai 1880.
> V. N⁰ 65

ENFANTS :
1. **Mathilda Dufour,** bap le 5 avril 1881 ; se marie le 9 juin 1901, avec Léon Vézina ; déc. le 25 sept 1901.
2. **Joséphine,** bap. le 26 juillet 1884 ; elle épouse, le 15 juin 1909, Adélard Otis.
3. **Joseph,** bap. le 8 nov. 1885 ; inh. le 6 août 1891.
4. **Bernadette,** née le 1ᵉʳ avril 1887 ; m. à Joseph Morissette, le 21 juin 1910 ; déc. à Trois-Rivières, le 12 octobre 1918.
5. **Marie-Louise,** née le 17 nov. 1888.
6. **Yvonne,** née le 26 nov. 1890 ; m. le 15 juin 1914, à Emile Masson.
7. **Joseph,** né le 12 fév. 1893 ; se marie le 18 juin 1919, à Alberta Gingras.
8. **Lorenzo,** bap. le 23 fév 1895 ; engagé dans l'armée d'outre-mer, du 24 août 1918 à juillet 1919.
9. **Marie-Thérèse,** née le 2 avril 1897 ; se marie le 6 juillet 1920, à Andréa Masson.
10. **Léontine,** née le 30 janv. 1899.

3e Br.   **VII**   **No 9.**

PAMÉLA-LÉONTINE CHOUINARD, fille de Jacob VI et
de Nérée Gagnon.

JOSEPH-HONORÉ DUPONT.

Mariage à St-Jean-Port-Joli, le 7 janv. 1879. V. No 83.

ENFANTS :

1. **Albertine Dupont,** bap. le 12 octobre 1879 ; m. à Léonce
Caron, en juillet 1905.
2. **Emma,** bap. le 3 avril 1882 ; m. à Léandre Francœur, en
sept. 1906.
3. **Anne-Marie,** bap. le 5 avril 1888 ; m. à Joseph Gagné, le
14 juin 1909.
4. **Jeanne,** bap. le 15 janv. 1890 ; m. à M. Octave Morin,
député provincial, le 25 mai 1915, à St-Jean-Port-Joli. (1)
5. **Charles-Emile,** bap. le 12 octobre 1891 ; m. à Virginie
Giasson, le 12 janv. 1915.
6. **Herménégilde,** bap. le 12 mars 1893 ; m. le 16 juin 1919,
à Isabelle Lockwell. Enfant : Isabelle Dupont.
7. **Juliette,** bap. le 6 janv. 1895 ; m. le 25 nov. 1918, à Pierre
Caron. Enfant : Gérard-Maurice Caron.
8. **Gabrielle,** bap. le 25 juillet 1897 ; m à Albert Chouinard,
le 19 août 1920.
9. **Berthe,** bap. le 25 sept. 1898.
10. **Jean-Joseph,** bap. le 24 sept. 1899.
11. **Roméo,** bap. le 3 déc. 1900.
12. **Aline,** bap. le 21 avril 1906.

Joseph-Honoré Dupont est déc. le 23 avril 1920.

(1) Octave Morin, noyé dans la Rivière Villemontel, Abitibi, en
octobre 1920.

3e Br.   **VII**   **No 10.**

ARZÉLIE CHOUINARD, fille de Xavier VI et de Tharsile
Archambault.

ÉMILE LAROSE.

Mariage à Quinebaug, Conn , le 30 juin 1884. V N⁰ 79.
ENFANTS :
1. **Henri Larose,** né le 21 août 1885 ; m. à Laura Demers, le 11 juillet 1909 ; un fils Walter, né le 26 janv. 1910.
2. **Emile,** né le 9 fév. 1887 ; m. à Iva Desforges, le 10 fév. 1910
3. **Flora,** née en 1888.
4. **Aurore,** née en 1891.
5. **Félix,** né le 24 mars 1893 ; m. à Anna Stebbins, le 16 nov. 1914.
6. **Louisa,** née le 22 fév. 1896 ; m. le 1er sept. 1913, à Oliva Desforges.
7. **Edouard,** né le 23 sept 1898.

3e **Br.**   **VII**   **N⁰ 11.**

CÉLINA CHOUINARD, fille de Marc **VI** et de **Clémentine Sénéchal.**

PIERRE ROBITAILLE.
Mariage à la Rivière-du-Loup, le 8 fév. 1887 V N⁰ 96.
ENFANTS :
1. **Eva Robitaille,** née le 6 mars 1889 ; m. à Arthur Brousseau, à Québec Enfants : Lucien, Roméo, etc.
2. **Odilon,** né le 29 avril 1890.
3. **Charles-Edouard,** né le 17 déc. 1892.
4. **Emérilda,** née le 7 juillet 1895 ; m. à Aimé Poirier.
5. **Adélard, Frère Adélard,** né le 14 janv. 1901 , entré au noviciat des Frères Maristes en 1914.

3e **Br.**   **VII**   **N⁰ 12.**

ZÉRILDA CHOUINARD, fille de **J.-Bte VI** et de **Vitaline Côté.**

MOÏSE DUBÉ.
Mariage à Rimouski, le 8 octobre 1894. V N⁰ 104.
ENFANTS :
1. **Oscar Dubé,** né le 27 avril 1896

2. **Loretta**, née le 7 janv. 1898.
3. **Adrien**, né le 2 avril 1900.
4. **Roméo**, né le 19 juin 1901.
5. **Alban**, né le 2 août 1903.
6. **Sillian**, né le 30 janv. 1905.
7. **Irène**, née le 15 janv. 1909.
8. **Imelda**, née le 27 avril 1911.
9. **Rhéa**, née le 10 sept. 1912. Tous baptisés à Fall-River.

3e Br.   **VII**   N⁰ **13.**

ALICE CHOUINARD, fille de Henri VI et de Rosalie Thibault.
RÉGIS PELCHAT.

      Mariage à Salem, le 1er sept. 1895. V. N⁰ 88.

ENFANTS :
1. **Jos.-Régis Pelchat**, né le 18 déc. 1898 ; sép. le 30 août 1899.
2. **Louis-Régis**, né le 8 mai 1899.
3. **Alfred**, né le 9 sept. 1900.
4. **Marie-Alice**, née le 23 sept. 1901 ; déc. le 12 mars 1902.
5. **Marie-Irène**, née le 19 juin 1903.
6. **Arthur-Amédée**, né le 11 juillet 1905.
7. **Alice**, née le 18 juin 1907.
8. **Albert-Georges**, né le 18 juin 1907 ; jumeau de Alice ; déc. le 19 août 1907.
9. **Joseph-Philippe**, né le 22 nov. 1908 : sép. le 18 août 1909.
10. **Léo-Jean-Baptiste**, né le 15 mai 1910.
11. **Marie-Rose**, née le 27 sept. 1911.
12. **Marie-Cécile**, née le 22 fév. 1913 ; sép. le 25 sept.

3e Br.   **VII**   N⁰ **14.**

ALMA CHOUINARD, fille de Edmond VI et de Zoé Harpe.
ERNEST BÉDARD.

      Mariage à St-Jean-Baptiste de Québec, le 23 mai 1898.
      V. N⁰ 112.

ENFANTS :
1. **Louis-Joseph Bédard**, bap. le 28 mars 1899 ; entre chez

les RR. Pères Capucins de Limoilou, et reçoit le nom
de Frère Flavien ; actuellement en Espagne.
2. **Marie-Ange**, bap. le 18 mars 1900 ; entre chez les Rdes
Sœurs de la Charité de Québec, et reçoit le nom de
Sœur St-Evode
3. **Anne-Marie**, bap. le 25 août 1903.

3e Br.   **VII**   **Nᵒ 15.**

MARIE-ANNE CHOUINARD, fille de Joseph VI et de Hermine
Tremblay.
JOSEPH LAVOIE.
Mariage à St-Tite des Caps, le 17 avril 1901. V. Nᵒ 122.
ENFANTS :
1. **Arthur Lavoie**, né le 1er janv. 1902.
2. **Rosalina**, née le 14 nov 1902
3. **Albert**, né le 19 avril 1904.
4 **Alexandre**, né en octobre 1906.
5. **Gloria**, née le 15 sept. 1908
6. **Georges**, né le 19 avril 1911.
7. **Albani**, né le   1912
8. **Léopold**, né le 27 juillet 1913.
9 **Yvette**, née le 4 octobre 1915
10. **Germaine**, née en fév. 1917.
11. **Marguerite**, née en 1918.
12. **Yvonne**, née le 4 avril 1919.

3e Br.   **VII**   **Nᵒ 16.**

GEORGIANA CHOUINARD fille de Henri VI et de Rosalie
Thibault.
ERNEST MARTIN.
Mariage à Ipswitch, en 1904. V. Nᵒ 88
ENFANT :
1 **Ernest Martin**, né le 13 août 1905.

3ᵉ Br.   **VII**   **Nᵒ 17.**

HENRIETTE CHOUINARD, fille de Théodore **VI** et de Velléda
Lortie.
ALBERT GENEST.
>   Mariage à St-Jean-Baptiste de Québec, le 25 mai 1909.
>   V. Nᵒ 126.

ENFANTS :
1. **Joseph-Théodore-Albert Genest,** bap. le 16 avril 1910.
2. **Françoise,** bap. le 16 août 1911.
3. **Antoni,** bap. le 12 fév. 1913.
4. **Anna-Marie,** bap. le 7 nov. 1914.

3ᵉ Br.   **VII**   **Nᵒ 18.**

COLOMBE CHOUINARD, fille de Théodore **VI** et de Velléda
Lortie.
JOSEPH-AIMÉ SIOUÏ, fils de Noé et de Célina Groslouis.
>   Mariage à St-Jean-Baptiste, le 21 sept. 1909. V. Nᵒ 126.

ENFANTS :
1. **Ephrem-Aimé Siouï,** bap. le 19 nov. 1910.
2. **Georges-Arthur,** bap. le 22 nov. 1911.

3ᵉ Br.   **VII**   **Nᵒ 19.**

ÉVA CHOUINARD, fille de Normand et de Cécile Fournier.
JOS.-ÉMILE GRÉGOIRE.
>   Mariage à St-Roch de Québec, le 16 mai 1910. V. Nᵒ 91.

ENFANTS :
1. **Marie-Caroline-Jeanne d'Arc Grégoire,** née le 26 juin 1911.
2. **Marie-Eugénie-Hélène,** née le 16 août 1912.

3ᵉ Br.   **VII**   **Nᵒ 20.**

AMANDA CHOUINARD, fille de Théodore **VI** et de Velléda
Lortie.
FRANK BEAUCHAMP.
>   Mariage à Manrèse, en 1910. V. Nᵒ 126.

ENFANTS :
 1. **Maurice Beauchamp,** bap. en 1911.
 2. **Velléda,** bap. vers 1913.

3e **Br.**   **VII**   N⁰ **21.**

ERNESTINE CHOUINARD, fille de Théodore VI et de Velléda
                                                    Lortie.

J.-E. BOULET.
          Mariage à Manrèse, le 12 janv. 1913. V. N⁰ 126.
ENFANT :
 1. **Jeannette Boulet,** bap. le 16 janv. 1914.

3e **Br.**   **VII**   N⁰ **22.**

MARIE-OPHÉLIE-JEANNE CHOUINARD, fille de Ephrem VI
                              et de Amanda Crépault.
JOSEPH-PROSPER PARÉ, fils de Théodore.
          Mariage à St-Jean-Baptiste de Québec, le 28 avril 1915.
          V. N⁰ 124.
ENFANT :
 1. **Marie-Amanda-Yvette-Simonne Paré.** bap. le 1er fév. 1916,
    à Québec

3e **Br.**   **VII**   N⁰ **23.**

MARIE-ARTHÉLINE CHOUINARD, fille de Antoine VI et
                              de Victoria Ouellet.
THOMAS GASSE.
          Mariage à Cap-Chat, le 23 juillet 1918. V. N⁰ 110.
ENFANT :
 1 **Marie-Marcelle-Jacqueline Gasse,** née le 13 juin 1919.

3e **Br.**   **VII**   N⁰ **24.**

ALIDA CHOUINARD, fille de F.-Xavier V et de Marie Métivier.
HERMÉNÉGILDE LAMOTHE.
          Mariage le 4 fév. 1894. V. N⁰ 142.

ENFANTS :
1. **Félina Lamothe,** née le 18 déc. 1894 ; m. à Paul Lambert,
     le 23 fév. 1914.   Enfants : Rita, née le 3 mai 1915 ;
     Omer, né le 12 juillet 1918.
2. **Edouard,** né le 12 juin 1895 ; déc. le 8 sept. 1895.
3. **Florina,** née le 2 juillet 1897 ; déc. le 9 avril 1898.
4. **Oswald,** né le 30 juillet 1899 ; déc. le 13 octobre 1899.
5. **Hervé,** né le 3 octobre 1900.
6. **Olga,** née le 26 juillet 1902.
7. **Alosia,** née le 10 mai 1903 ; déc. le 13 sept.
8. **Omer,** né le 21 mars 1908 ; déc. le 10 octobre.
9. **Marie,** née le 5 janv. 1909 ; déc. le 8.
10. **Romulus,** né le 20 août 1912, à Pecounic, Conn.; déc.
     le 16 octobre suivant.

3e Br.   **VIII**   **N⁰ 25.**

ADÉLINE CHOUINARD, fille de **F.-Xavier VII et de Marie
                                              Métivier.**
DOMINA ÉTHIER.
         Mariage le 19 août 1905.   V. N⁰ 142.
ENFANTS :
  1. **Graziella Éthier,** née le 14 juillet 1907, à Indian-Orchard.
  2. **Walter,** né le 29 mai 1911.
  3. **Alfred,** né le 29 avril 1913.

3e Br.   **VIII**   **N⁰ 26.**

DORILLA CHOUINARD, fille de **F.-Xavier VII et de Marie
                                              Métivier.**
ROMULUS RENAUD.
         Mariage le 29 août 1910.   V. N⁰ 142.
ENFANTS :
  1. **Fabiola Renaud,** née à Ind.-Orchard, le 21 avril 1912
  2. **Bernadette,** née le 20 avril 1915.

Quatrième branche

4e Br.   **III**   .   **N° 1.**

FRANÇOIS CHOUINARD, fils de Jacques I et de Louise Jean.
MARGUERITE-HURETTE dit ROCHEFORT, fille de Bernard.
       Mariage vers 1736.

ENFANTS ·
1. **François,** bap. à L'Islet, le 2 nov. 1738
2. **Anonyme,** bap et inh. le 11 oct 1739.
3. **Pierre,** bap à la chapelle de St-Jean-Port-Joli, annexe de celle de L'Islet, le 9 janv 1741.
4. **Laurent,** bap le 14 janv. 1743, à L'Islet ; m. à
5 **Julien,** bap le 8 fév 1745, à L'Islet ; m. à Ursule-Cécile Martin
6 **Marguerite,** bap le 2 fév 1749.

Les descendants de cette 4e branche ont dû émigrer à la Louisiane ou aux Etats-Unis, vers 1760.

Les documents et les détails, au sujet de cette 4e branche, nous font tout à fait défaut.

4e Br.   **III**   **N° 2.**

LAURENT CHOUINARD, fils de François II et de Marguerite
                        Hurette dit Rochefort.

CLAIRE GAGNON.   V.   N° 1.
ENFANTS ·
1 **Rose,** bap le 26 juillet 1774, à St-Jean-Port-Joli ; sép le 28 août suivant.

            2e Epouse

MARY ROSS.
2 **Jacques,** (1) bap à Rimouski, en 1790 ; se marie le 7 nov. 1809, à Marguerite Proulx ; sép le 31 août 1835, à Rimouski.

    (1) Rattaché ici sur une hypothèse ; l'acte de baptême est incomplet.

4e Br.   **III**   **N° 3.**

(1) **JULIEN CHOUINARD**, fils de François II et de Marguerite
Hurette dit Rochefort·
CÉCILE-URSULE MARTIN. Sép. à L'Islet.
         Mariage vers 1772, à Ste-Anne peut-être.   V. N° 1.
ENFANTS :
  1. **Marie-Cécile**, bap. à L'Islet, le 6 janv. 1773.
  2 **Marie-Ursule**, bap. à St-Jean, le 31 janv. 1775 ; sép. à
         L'Islet, le 18 juillet 1826.
  3. **Julien**, né en 1777 ; inh. le 10 juillet 1785.
     (1) L'acte de mariage manque aux registres.

4e Br.   **IV**   **N° 4.**

JACQUES CHOUINARD, fils de Laurent III et de Mary Ross.
MARGUERITE PROULX.
         Mariage à Rimouski, le 7 nov. 1809.   V. N° 2.
ENFANTS :
  1. **Jean**, bap. le 10 janv. 1811 ; sép. le 18 janv. 1811.
  2. **Charlemagne-Etienne**, bap. le 29 nov. 1812.
  3. **Jean-Marie**, bap. le 22 mai 1814 ; sép. le 23 mai 1814.
  4. **Jean-Marie**, bap. le 30 juillet, 1815.
  5. **Jacques**, bap. le 1er déc. 1816 ; m. à Béatrix Dutremble
         dit Desrosiers.
  6. **Marie-Claire**, bap. le 31 déc. 1817 ; m. à Thomas Hamilton,
         le 7 nov. 1835.
  7. **Laurent**, bap. le 18 janv. 1819 ; sép. le 28 janv. 1819.
  8. **Pierre**, bap. le 9 juillet 1820.
  9. **Léocadie**, bap. le 7 octobre 1822.
 10. **Marie**, bap. ; m. à Daniel Ross, le 27 fév. 1843.
 11. **Ursule**, bap. vers 1825 ; m. 1° le 15 octobre 1844, à Michel
         Levesque ; 2° avec Alexis Coulombe.

4e Br.　　　　　　　　**V**　　　　　　　　**No 5.**

JACQUES CHOUINARD, fils de Jacques IV et de Marg. Proulx.
BÉATRIX DUTREMBLE dit DESROSIERS.
　　　　Mariage à Ste-Luce, le 30 janv. 1843.　V. No 4.
ENFANTS :
　1. **Ferdinand,** bap. le 22 fév. 1844 ; m. à Henriette Perron.
　2. **Flavie,** née en 1846 ; sép. le 25 mai 1850.
　3. **Joseph,** bap. le 19 sept. 1848 ; m. à Caroline Côté, le 31
　　　　janvier. 1875, à Matane.
　4. **François,** bap. le 11 fév. 1853.
　5. **Marie-des-Anges,** bap. le 17 janv. 1854 ; m. à Anatole
　　　　Bérubé, le 26 août 1872.
　6. **Louis,** bap. le 12 janv. 1857 ; m. à Vitaline Desrosiers,
　　　　le 22 nov. 1887, à St-Ulric.
　7. **Octavie,** bap. le 4 mars 1859.
　8. **Victoire,** bap. le 4 mars 1859 ; jumelle de Octavie ; sép.
　　　　le 11 fév. 1860.
　9. **Victoria,** bap. le 8 déc. 1860 ; m. à Thomas Caron, à St-Ulric,
　　　　le 12 janv. 1880.
　10. **Jacques-Théophile,** bap. le 8 déc. 1862 ; m. à Marie Gagné,
　　　　le 19 nov. 1886, à St-Ulric.

4e Br.　　　　　　　　**VI**　　　　　　　　**No 6.**

JOS.-FERDINAND CHOUINARD, fils de Jacques V et de
　　　　　　　　　　　　　　　Béatrix Dutremble.
HENRIETTE PERRON.
　　　　Mariage vers 1860.　V. No 5.
ENFANTS :
　1. **Jacob,** bap. le 29 déc. 1863.
　2. **Adélard-Symphorien,** bap. le 15 avril 1866.
　3. **Marie-Octavie,** bap. le 25 fév. 1868.
　4. **Clara,** m. le 25 sept. 1898, à Arthur Lamarre, St-Ulric

Cinquième branche

5e Br.   **II**   **No 1.**

(1) JULIEN CHOUINARD, fils de Jacques I et de Louise Jean.
REINE FORTIN, fille de Pierre et de M.-Gertrude Hudon
dit Beaulieu.

Mariage à L'Islet, le 16 janv. 1741. V. Soúche.

ENFANTS :

1. **Marie-Reine**, bap. le 10 fév. 1743 ; se marie 1º à François
Morin, le 7 janv. 1759 ; devenue veuve en 1764, elle
épouse en 2e noces Joseph Pelletier ; sép. le 20 octobre
1813, à St-Jean-Port-Joli.
2. **(2) Louise**, bap. le 28 avril 1744 ; se marie à Laurent Caron,
le 18 janv. 1764; inh. à St-Jean-Port-Joli, le 18 déc. 1788.
3. **Elisabeth**, née vers 1746.
4. **Joseph**, né le 27 déc. 1750 bap. le 1er janv. 1751 ; se
marie le 9 janv. 1769, à Marguerite Caron ; sép. à
St-Jean-Port-Joli, le 18 fév. 1811.

(1) Militaire, soldat du bataillon du Sieur Aubert de la
Chesnaie et nommé officier militaire de St-Jean-Port-Joli, en 1763.

(2) Etaient présents au mariage de Louise Chouinard avec
Laurent Caron : Julien Chouinard, officier militaire et père
de l'épouse, le Sieur Aubert de Gaspé, le Sieur des Ecors ;
le registre est signé par le Sieur de Gaspé, Joseph Couillard
des Ecors, Louis Caron, Pierre Chouinard, Gagné, Romain
Dolbec, prêtre.

Reine Fortin fut inh. avant 1791

Julien Chouinard, époux de Reine Fortin, est l'auteur présumé de la chanson ci-après. " Voir la fête du mai, au manoir
de Gaspé, vers 1790 " " Les Anciens Canadiens " page 14.

Chanson du Père Chouinard

I

Entre Paris et Saint-Denis (bis)
J'ai rencontré la belle
A la porte d'un cabaret,
J'ai rentré avec elle.

II

Hôtesse ! tirez-nous du vin : (bis)
Du meilleur de la cave ;
Et si nous n'avons pas d'argent,
Nous vous harrons (baillerons des gages.)

III

Quels gages nous barrez-vous donc ? (bis)
Un Manteau d'écarlate
Sera pour faire des cotillons
A vos jeunes billardes.

IV

Monsieur et dame montez là-haut, (bis)
Là-haut dedans la chambre ;
Vous trouverez pour vous servir
De jolies Allemandes.

V

Allemandes ! j'en voulons pas : (bis)
Je voulons des Françaises,
Qui ont toujours la joie au cœur
Pour nous verser à boire.

Et toutes les voix masculines des trois tables répétèrent en chœur:

Je voulons des Françaises,
Qui ont toujours la joie au cœur
Pour nous verser à boire.

Il y a 40 ans, mon oncle Ephrem Chouinard pouvait encore nous chanter les deux premiers couplets de cette ancienne chanson sans trop broncher.   Jacques de Gaspé.

5ᵉ Br.   **III**   **Nᵒ 2.**

JOSEPH CHOUINARD, fils de Julien II et de Reine Fortin.
MARGUERITE CARON.

Mariage le 9 janv. 1769, à St-Jean-Port-Joli. V. Nᵒ 1.

ENFANTS :

1. **Joseph,** bap. le 21 janv. 1770 ; m. à Madeleine Leclerc
   dit Francœur, le 4 octobre 1788, à St-Jean-Port-Joli ;
   inh. le 10 janv. 1797, au même endroit

2. **Marguerite,** bap. le 14 sept. 1771 ; elle épouse Etienne
   Leclerc dit Francœur, le 16 juillet 1787.

3. **Louis-Noël,** bap. le 25 déc. 1772 ; inh. le 23 janv. 1795,
   âgé de 22 ans et 29 jours

4. **Pierre-Benjamin,** bap. le 14 mars 1775 ; m. 1ᵒ à Madeleine
   Pelletier, le 6 fév. 1797 ; 2ᵒ à Marie-Eulalie Caron,
   le 18 juin 1821 ; 3ᵒ à Josephte Fortin, le 29 fév.
   1840 ; inh. le 4 août 1856, à St-Jean Port-Joli. (82
   ans) (1)

5. **Marie-Reine,** bap. vers 1777 ; m. le 21 nov. 1797, à Jean-
   Baptiste Jean, fils de Joachim ; inh

6. **Joseph-Clément,** bap. le 9 sept. 1779 ; sép. à St-Jean-Port-
   Joli, le 9 juillet 1781.

7. **Pierre,** bap. le 1ᵉʳ sept. 1782 ; m. 1ᵒ à Marie-Anne Bélanger,
   le 11 janv. 1803 ; 2ᵒ à Thérèse Dubé, veuve de
   Pierre Gaudreau, le 23 fév. 1813 ; sép le 13 octobre
   1830.

8. **Julien,** bap. le 30 avril 1784 ; m. 1ᵒ à Marie-Françoise
   Dessaint dit St-Pierre, le 11 fév. 1805 ; 2ᵒ à Josephte
   Dutremble dit Desrosiers, le 9 octobre 1821 ; 3ᵒ à Josephte Robichaud, le 7 octobre 1823 ; inh. dans l'é-
   glise de St-Jean-Port-Joli, allée du milieu, en arrière,
   derrière trappe, un peu à droite, (côté sud), le 24
   août 1864 ; déc le 21, âgé de 80 ans et quatre ms.

9. **Marie-Louise,** bap. le 21 avril 1788.

10 **François-Julien,** bap. le 4 août 1789 ; m. 1ᵒ le 31 janv. 1814.

à Judith Gagnon ; 2⁰ à Ursule Pellerin, le 5 mars 1832 ; inh. à St-Roch-des-Aulnaies.

(1) Benjamin Chouinard était sur le point de contracter une 4e alliance lorsqu'une maladie soudaine le conduisit au tombeau en quelques heures. Les invités de la 4e noce arrivèrent à point pour assister aux funérailles.

5e **Br.**   **IV**   **N⁰ 3.**

JOSEPH CHOUINARD, fils de Joseph III et de Marguerite
Caron.
M.-MADELEINE LECLERC dit FRANCŒUR, fille de J.-Bte
et de Claire Thibault.
Mariage le 4 ctobre 1788, à St-Jean-Port-Joli. V. N⁰ 2.
ENFANTS :
1. **Marie-Madeleine,** bap. le 19 fév. 1790 ; se marie le 20 fév.
1810, à Joseph Dessaint dit St-Pierre, fils de Antoine.
2. **Joseph,** bap. le 25 mai 1791 ; se marie 1⁰ à Marie-Céleste
Bourgault, le 25 juillet 1815 ; 2⁰ à Euphrosine Côté.
3. **Marie-Reine,** bap. le 16 fév. 1793.
4. **Marguerite,** bap. le 11 juin 1794 ; le 23 janv. 1815, elle
épouse Germain Jean, fils de Michel
5. **Germain,** bap. le 20 sept 1795 ; se marie 1⁰ à Angélique
Thibault, à L'Islet, le 17 nov. 1818 ; 2⁰ à Marcelline
Frigault, (ou Fricot) le 8 nov. 1825, à St-Jean-Port-
Joli ; 3⁰ à Madeleine Servan, le 15 nov. 1836, à Rivière-
Ouelle ; inh. à Ste-Flavie, le 26   juin 1864
6 **Marcelline,** bap. le 25 sept. 1796 ; se marie le 24 octobre
1815, à François Kirouac, fils de Alexandre ; ses descendants résident à Notre-Dame du Portage.

5e **Br.**   **IV**   **N⁰ 4.**

BENJAMIN CHOUINARD, fils de Joseph III et de Marguerite Caron.
MADELEINE PELLETIER.

Mariage à St-Jean-Port-Joli, le 6 fév. 1797. V. N° 2.

ENFANTS :

1. **Pierre-Antoine**, bap. le 12 fév. 1798 ; m. à Christine Chouinard, le 6 fév. 1821 ; inh. le 24 mars 1882, à St-Jean-Port-Joli.

2. **Pierre-Benjamin**, bap. le 27 juillet 1799 ; m. 1° à Adélaïde Fortin ; 2° à Louise Jean ; déc. le 3 mai 1871, à St-Jean-Port-Joli.

3. **Joseph-François**, bap. le 21 nov. 1800 ; le 12 fév. 1828, il épouse Solange Caron de L'Islet ; sép. à la Rivière-du-Loup, le   nov. 1879.

4. **Joseph-Julien**, bap. à L'Islet, le 21 déc. 1802.

5. **Eucher**, bap. le 1er avril 1806 ; se marie à Julie Lemieux.

6. **Moïse**, bap. le 6 sept. 1807.

7. **Hélène**, bap. en   1808 ; elle épouse Denis Leclerc, le 4 octobre 1831 ; sép. le 26 avril 1841. Grand'mère du Père Emile Leclerc et de Joséphine Leclerc, m. à Elie Caron.

8. **Marie-Madeleine**, bap. le 21 juin 1810 ; se marie à Joachim Bélanger, le 26 fév. 1827.

9. **Marie-Azile**, bap. le 11 mars 1812.

10. **Charlotte**, bap. le 26 avril 1813.

11. **Marie-Léopold**, bap. le 11 mars 1815 ; m. à Anselme Dubé, le 20 juillet 1835 ; sép. le 12 sept. 1900.

12. **Léocadie-Agathe**, bap. le 22 janv. 1816 ; se marie le 25 juin 1839, à Raphaël Dubé ; sép. à St-Jean-Port-Joli, le 14 mai 1862.

13. **Guillaume**, bap. le 30 déc. 1816 ; le 18 août 1840, il épouse à L'Islet, 1° Marie Bernier ; 2° Marie Caron ; sép. le 25 janv. 1899, à St-Jean-Port-Joli.

14. **Marie-Elisabeth**, bap. le 29 mars 1819.

15. **Marie-Ursule**, bap. le 21 mai 1820.

Le 24 mai 1820, sép. de Madeleine Pelletier, âgée de 39 ans.

2e *Epouse*

MARIE-EULALIE CARON.

Mariage le 18 juin 1821, à St-Jean-Port-Joli.

16. **Pascal**, bap. le 12 avril 1822.
17. **Elisabeth**, bap. le 22 mars 1823 ; le 30 juin 1841, elle
    épouse Frédéric Vaillancourt, le 1er colon de St-Pamphile ;
    sép. à St-Pamphile, le 19 janv. 1901.
18. **Marie-Clémentine**, bap. le 11 mars 1825 ; m. à Prudent
    Bernier, le 16 janv. 1844 ; sép. le 13 fév. 1895, à L'Islet.
19. **Jacob**, bap. le 27 mars 1826 ; se marie à Marguerite Choui-
    nard, le 7 nov. 1848 ; inh. le 2 mars 1849.
20. **David**, bap. le 1er mai 1827 ; se marie le 16 nov. 1847, à
    Marie Caron ; sép. le 21 mars 1892, à St-Jean.
21. **Joseph**, bap. le 5 fév. 1829.
22. **Maria-Vénérande-Géraldine**, bap. le 14 fév. 1830 ; se
    marie le 28 nov. 1848, à Prudent Fournier ; sép. le 27
    mars 1889.
23. **Marie-Eléonore**, bap. le 18 avril 1831 ; se marie le 21 août
    1849, à François Chamard ; sép. le 25 avril 1887, à
    St-Jean-Port-Joli.
24. **Marie-Virginie**, bap. le 3 janv. 1833.
25. **Omer-Eugène**, bap. le 22 mars 1834 ; déc. jeune.
26. **Pierre**, bap. le 2 nov. 1835.
27. **Damase**, bap. en 1838 ou 1837 ; se marie à Hélène Caron ;
    sép. le 6 janv. 1909, à St-Jean.
    Le 5 avril 1838, sép. de Marie-Eulalie Caron, âgée de 39 ans.

3e *Epouse*

JOSEPHTE FORTIN, veuve de Louis Caron.
    Mariage le 29 fév. 1840, à St-Jean-Port-Joli.
    Josephte Fortin fut inh. vers 1854, à St-Jean-Port-Joli.

5e Br.   **IV**   **N° 5.**

**PIERRE CHOUINARD, fils de Joseph III et de Marguerite
                                                Caron.**

MARIE-ANNE BÉLANGER, fille de Louis-Marie.
    Mariage le 11 janv. 1803, à St-Jean-Port-Joli. V. N° 2.

ENFANTS :

1. **Marie-Céleste,** bap. le 21 déc. 1803.
2. **Pierre,** bap. le 10 fév. 1805 ; m. le 17 octobre 1826 avec
      Hélène Thériault (15 ans) ; inh. le 15 déc. 1891, à
      St-Modeste, âgée de 86 ans et 10 ms.
3. **Marie-Anne,** bap. le 16 juin 1806.
4. **Marie-Olive,** bap. à L'Islet, le 29 déc. 1807.
5. **Marie,** bap. le 27 avril 1810.

2ᵉ *Epouse*

THÉRÈSE DUBÉ.

      Mariage le 23 fév. 1813. (1)

6. **Marie-Léopold,** bap. le 17 mars 1814.
7. **Thérèse,** bap. le 25 déc. 1817 ; elle épouse Ephrem Bélanger,
      le 30 août 1836 ; sép. à St-Jean, le 28 août 1901, âgée
      de 84 ans.
8. **Louis,** bap. le 28 octobre 1820 ; se marie 1º avec Adélaïde
      Dessaint dit St-Pierre, le 26 janv. 1841 ; 2º avec Adéline
      Caron, le 18 octobre 1853 ; sép. à St-Pamphile, le 14
      août 1894.
9. **Marie,** bap. le 22 juillet 1822.
10. **Angèle,** bap. à St-Roch, le 21 août 1823.
11. **Françoise,** bap. le 14 octobre 1825.
12. **Marie-Rébecca,** bap. le 2 octobre 1826.
13. **François,** bap. le 2 sept. 1824.

(1) Les familles Dubé sont originaires de la Chapelle Detrer,
évêché de Luçon, Vendée, France.

5ᵉ Br.   **IV**   **Nº 6.**

**JULIEN CHOUINARD, fils de Joseph III et de Marguerite
Caron.**

**M.-FRANÇOISE DESSAINT dit ST-PIERRE, fille de Antoine
et de Ursule Fortin.**

      Mariage à St-Jean-Port-Joli, le 11 fév. 1805. V. Nº 2.

ENFANTS :

1. **Julien,** bap. le 17 mai 1806 ; se marie le 4 fév. 1840, à Emé-

rentienne Bernier ; inh à Green-Bay, Wisconsin, en
1879.

2. **Marie-Françoise**, bap. le 17 octobre 1807 ; déc. jeune.

3 **Joseph**, bap le 15 mai 1809 ; déc. jeune.

4. **Frédéric**, bap le 28 janv. 1815 ; déc. à l'âge de 5 ans.

5 **Pierre**, bap. le 10 octobre 1817 ; déc. à l'âge de quelques jrs.

Le 2 sept. 1820, sép. de Françoise Dessaint dit St-
Pierre, 35 ans

2e *Epouse*

M.-JOSEPHTE DUTREMBLE dit DESROSIERS.

Mariage le 9 octobre 1821.

Le 22 nov. 1822, sép. de Josephte Dutremble dit
Desrosiers, 31 ans.

3e *Epouse*

JOSEPHTE ROBICHAUD, fille de Joseph et Josephte Jean.

Mariage le 7 octobre 1823

6. **Lazare**, bap. le 15 janv 1825 ; se marie 1° à Clémentine
Guimont, le 30 juillet 1850, au Cap St-Ignace ; 2° à
Virginie Leclerc, le 23 août 1859, à L'Islet , déc à St-
Jean-Port-Joli, le 27 mars, jour du vendredi Saint,
1891 ; sép le 30 mars.

7 **Ephrem**, bap. le 11 avril 1826 ; se marie à Marguerite
Leclerc, le 18 fév 1862, à L'Islet; déc. à St-Jean-Port-
Joli, le 6 août 1896 ; inh le 10.

8. **Eusèbe**, bap. le 15 mai 1827; m. à Angèle Leclerc, inh à
St-Pamphile, le 23 juin 1894.

9 **Esther**, bap. le 31 juillet 1828; m. à Edouard Leclerc, le
30 juin 1852 , déc. avant 1856.

10 **Henriette**, bap le 14 nov. 1829 : se marie le 3 juillet 1849,
à Adolphe Moreau ; inh. à St-Jean-Port-Joli, le 28
août 1917.

11 **Joseph**, bap à L'Islet, le 12 janv. 1831, se marie le 8 fév.
1859, à Angélique Dubé ; sép. à St-Jean, le 7 janv. 1902.

12 **Pierre**, bap le 7 mars 1832 ; déc. à l'âge de 8 jours.

13. **Pierre**, bap. le 14 fév. 1833 ; m. 1º à Philomène Bélanger,
     le 27 octobre 1857 ; 2º à Séraphine Lemieux ; inh.
     à Notre-Dame du Portage, après 1900.
14. **Marie-Zoé**, bap. le 13 mars 1835 ; m. le 20 juillet 1858, à
     Louis Lemieux ; déc. le 31 août 1881, aux Etats-Unis ;
     sép. à Ste-Anne-de-la-Pocatière, le 5 sept.
15. **Eugène**, bap. le 22 déc. 1836 sous le prénom d'Onésime ;
     m. le 30 janv. 1872, à Caroline Bélanger; sép. à St-Jean-
     Port-Joli, le 11 janv. 1913.
16. **Siméon**, bap. le 4 sept. 1838 ; m. à Philomène Côté, vers
     1866 ; inh. le 7 janv. 1875, à St-Jean-Port-Joli.
17. **Cyprien**, bap. le 4 nov. 1841 ; m. le 17 juillet 1865, à Henriette
     Moreau, St-Jean ; sép. le 7 juin 1921 à St-Jean. (1)
18. **Suzanne**, bap. le 29 avril 1843 ; m. à Louis Bélanger, le
     26 nov. 1872 ; inh. à L'Islet, le 24 juin 1884.
19. **Jean-Gualbert**, bap. le 12 juillet 1844 ; se marie le 28
     janv. 1868, à Marie-Rose Caron ; sép. à St-Jean, le 5
     déc. 1898. Père de M. Flavien Chouinard.
20. **Josephte**, déc. à l'âge de 5 ans et demi.
     En fév. 1888, sép. de Josephte Robichaud, âgée de 88 ans.
     (1) Dernier survivant de la 5e génération de la 5e Branche.

5e Br.   **IV**   **Nº 7.**

FRANÇOIS-JULIEN CHOUINARD, fils de Joseph III et de
                                      Marguerite Caron.
JUDITH GAGNON, fille de F.-Xavier et de Judith Morin.
     Mariage à St-Jean Port-Joli, le 31 janv. 1814. V. Nº 2.
ENFANTS :
1. **Judith**, bap. le 16 nov. 1814 ; déc. à l'âge de quelques jrs.
2. **Judith**, bap. le 8 sept. 1815 ; déc. jeune.
3. **Xavier**, bap. le 30 sept. 1816 ; déc. célibataire.
4. **Marie-Judith**, bap. le 30 octobre 1817 ; m. à Narcisse
     Ouellet ; inh. à la Rivière-Ouelle, le 20 mai 1839.
5. **Marie-Françoise**, bap. le 14 octobre 1818.
6. **Dominique**, bap. le 21 nov. 1819 ; déc. jeune.

7. **Noël**, bap. le 26 déc. 1820 ; déc. jeune.

8. **Ephrem**, bap. le 9 juillet 1822 ; se marie à Luce Pelletier ; inh. à St-Roch-des-Aulnaies.

9. **Alexis**, bap. le 21 juillet 1824 ; m. à Marguerite Sénécal.

10. **André**, bap. le 19 juillet 1825 ; inh. le 16 août suivant.

11. **Basilice**, bap. le 11 octobre 1827.

12. **Marie-Henriette**, bap. le 23 octobre 1828 ; inh. le 30 avril 1829.

13. **Georges**, né vers 1830 ; se marie à Vitaline St-Pierre, le 27 janv. 1852 ; inh. à St-Jean-Port-Joli, le 8 octobre 1867.

2e *Epouse*

MARIE PELLERIN.

Mariage à St-Roch, le 5 mars 1832.

14. **Paul**, bap. en 1832; noyé à l'âge de 5 ans; sép. le 26 août 1837.

15. **Guillaume**, bap. le 8 octobre 1833 ; inh. le 11 octobre.

16. **Obéline**, bap. le 20 sept. 1834 ; m. 1º à Thaddée Caron ; 2º à Xavier Desjardins ; inh. à St-Pacôme, vers 1899.

17. **Magloire**, bap. le 27 mars 1836 ; se marie à Scholastique Caron, le 2 fév. 1858 ; inh. à St-Roch-des-Aulnaies, le 30 août 1903.

18. **Philomène**, bap. le 24 octobre 1837; m. à Pierre Pelletier, à St-Roch.

Enfants ; Pierre, Catherine, Georgiana ; m. 1º à Joseph Custeau ; 2º à Joseph Moore.

19. **Joseph-Edouard**, bap. le 23 nov. 1838 ; déc. célibataire, à l'âge de 28 ans ; inh. à St-Roch-des-Aulnaies.

5e **Br**　　　　　　**V**　　　　　　**Nº 8.**

JOSEPH CHOUINARD, fils de Joseph IV et de Madeleine Leclerc dit Francœur.

MARIE-CÉLESTE BOURGAULT.

Mariage le 25 juillet 1815, à St-Jean-Port-Joli. V. Nº 3. Le 28 mai 1838, sép. de Céleste Bourgault, à St-Jean-Port-Joli.

2e *Epouse*

EUPHROSINE CÔTÉ.
Mariage le 30 octobre 1843, à Rimouski.
ENFANT :
1. **Joseph-Elzéar,** bap. le 21 août 1844.

5e Br.   **V**   **No 9.**

GERMAIN CHOUINARD, fils de Joseph IV et de Madeleine
Leclerc dit Francœur.
ANGÉLIQUE THIBAULT, fille de Noël et de Frse Caron.
Mariage à L'Islet, le 17 nov. 1818. V. No 3.
ENFANTS :
1. **Nazaire,** bap. le 23 août 1819.
2. **Angélique,** bap. le 27 octobre 1820.
3. **Joseph-Louis,** bap. le 23 déc. 1821.
4. **Frédéric,** bap. le 12 août 1824.
Le 11 déc 1824, sép. de Angélique Thibault.

2e *Epouse*

MARCELLINE FRICOT ou FRIGAULT.
Mariage le 8 nov. 1825.
Marcelline Fricot, inh. à la Rivière-Ouelle, le 5 sept. 1834,
âgée de 56 ans.

3e *Epouse*

MADELEINE SERVANT.
Mariage le 15 nov. 1836, à la Rivière-Ouelle.
5. **Virginie,** bap. le 24 sept. 1837.
6. **Germain,** bap. vers 1839 ; m. 1o à Madeleine Martin,
de Ste-Flavie, le 13 fév. 1864 ; 2o à Marie Dupont,
le 6 octobre 1891 ; 3o à Marie Dupont, le 4 sept. 1899.
7. **Philomène,** bap. vers 1841 ; m. à Louis Martin, le 3 mars
1862.
8. **Caroline,** bap le 2 août 1848 ; m 1o à Charles Levesque,
le 22 avril 1879 ; 2o à Louis Labrie, le 21 avril 1884.

9 **Arthémise**, m à Jean-Baptiste Fortier, le 8 juin 1869, à
St-Anaclet.

5e **Br.** V N° 10.

PIERRE-ANTOINE CHOUINARD, fils de Pierre-Benjamin IV
et de **Madeleine Pelletier.**
CHRISTINE CHOUINARD, fille de Jacques et de **Françoise
Laterreur.**
Mariage le 6 fév. 1821, à St-Jean-Port-Joli. V N° 4.

ENFANTS :

1 **Marie-Adélaïde**, bap le 21 avril 1823
2. **M.-Léocadie**, bap le 4 nov. 1825 ; m. à Napoléon-Lucien
Leclerc, le 5 nov. 1844 ; sép vers 1890.
3 **Antoine**, bap. le 13 avril 1827 ; se marie avec Séraphine
Bourgault, le 17 sept 1848
4 **Marie-Justine**, bap. le 9 avril 1828.
5. **Honoré**, bap le 6 mars 1831.
6 **Marie-Célanire**, bap le 18 juin 1832 ; m le 16 nov. 1852,
avec Tertulien Legros ; sép le 14 nov 1859, à St Jean.
7. **François**, bap. le 4 janv 1834 ; se marie 1° avec Ursule
Cloutier, le 11 juillet 1853 ; 2° avec Lucie Robichaud,
le 20 fév. 1876 , sép. le 21 juillet 1909.
8. **Marcel-Ovide**, bap. le 18 fév. 1835 ; se marie 1° avec
Léopold Cloutier , 2° à Ursule Caron ; 3° à Zélie
Toussaint , 4° à M Fournier ; inh à St-Aubert, vers
1915.
9. **Marie-Henriette**, bap le 14 avril 1836.
10. **Cyprien**, bap le 6 juillet 1837.
11. **Omer-Eugène**, bap le 12 octobre 1838 ; m. 1°à Virginie
Anctil ; 2° à Obéline Moreau ; sép. à St-Damase,
vers 1900.
12. **Augustin**, bap. le 1er mars 1840 ; m avec Euphémie Jean.
13. **Joseph**, bap. le 17 janv. 1842
14. **M.-Olympiade**, bap. le 29 janv. 1844 , m le 28 juillet 1863,

avec André Anctil, à St-Roch-des-Aulnaies ; sép. le 29 mai 1918.

Enfant : Jean-Baptiste Anctil, serrurier, fromager et photographe, à Matane.

15. **Désiré,** bap. vers 1845 ; m. à Marie Bélanger, le 27 nov. 1866 ; sép. vers 1890, aux Etats-Unis.

5e **Br.**	**V**	**N° 11.**

PIERRE-BENJAMIN CHOUINARD, fils de Pierre-Benjamin IV et de Madeleine Pelletier.

ADÉLAÏDE FORTIN.

Mariage vers 1823. V. N° 4.

ENFANTS :

1. **Marie-Adélaïde,** bap. le 12 déc. 1824.
2. **Elisabeth,** bap. le   1825 ; se marie le 16 octobre 1849, avec Hippolite Duchesne.
3. **Marie-Honorine-Eléonore,** bap. le 3 fév. 1826 ; se marie avec Edouard Leclerc, le 1er avril 1856 ; inh. à St-Jean, le 1er janv. 1870.
4. **Benjamin,** bap. le 29 janv. 1827 ; déc.

Le 12 fév. 1827, sép. de Adélaïde Fortin.

2e *Epouse*

LOUISE JEAN.

Mariage le 21 juillet 1828, à St-Jean.

5. **Marie-Louise,** bap. le 17 juillet 1829 ; elle se marie avec François Bourgault, le 29 octobre 1855 ; sép. le 5 nov. 1909, à St-Albert.
6. **Julie,** bap. le 31 août 1830 ; sép. le 24 avril 1897, à St-Jean.
7. **Benjamin,** bap. le 11 fév. 1833 ; il se marie le 24 fév. 1868, avec Euphémie Castonguay ; sép. à St-Jean-Port-Joli, le 22 mars 1913.
8. **Marie-Adélaïde-Adèle,** bap. le 10 sept. 1834 ; sép. le 10 août 1905.

9. **Henriette,** née en 1835 ; elle se marie avec Cyprien Caron,
le 14 août 1860 ; sép. le 11 nov. 1909, à St-Jean.
Enfants : Elie Caron, m. à Joséphine Leclerc ; Joséphine, m. à L. Morneau.
10. **Marie-Nérée,** bap le 24 janv. 1839.
11. **Servule,** bap. le 10 août 1840 ; se marie 1º à Sophronie
Mercier, le 4 fév. 1862, à St-Jean ; 2º à M. Levesque.

5e Br.   **V**   **Nº 12.**

**PIERRE CHOUINARD, fils de Pierre IV et de Marie-Anne
Bélanger.**

HÉLÈNE THÉRIAULT.
Mariage le 17 octobre 1826, à St-Jean-Port-Joli. V. Nº 5.
ENFANTS :
1. **Pierre-Noël,** bap. le 16 août 1827, St-Jean ; se marie avee
Modeste Beaulieu, le 7 janv. 1857 ; sép. le 24 avril
1910, à St-Modeste.
2. **Joseph,** bap. le 19 mars 1829 ; se marie avec Elmire Dickner,
le 3 fév. 1857 ; sép. à Tingwick, (St-Patrice) le 22
mars 1914.
3. **Eusèbe (Eugène),** bap. le 30 mars 1831 ; se marie le 20 nov.
avec Marie-Perpétue Dupont ; sép. à St-Jean, le
15 juin 1877.
4. **Charles,** bap. le 29 mai 1832, à St-Roch ; le 7 fév. 1859,
il épouse Clarisse Roy dit Lauziez, à St-Modeste ; sép.
le 15 déc. 1891.
5. **Jacques,** bap. le 22 mars 1834, à St-Arsène ; se marie avec
Lucy Brooks, à New-York ; sép. à St-Modeste, le
25 juillet 1906.
6. **Delphine,** bap. le 3 octobre 1835 ; elle se marie avec Clovis
Gamache, à St-Modeste, le 11 août 1857.
7 **Soter,** bap. le 5 fév. 1837, à Cacouna ; se marie, le 30
fév. 1860, à St-Modeste, avec Catherine Miville dit
Deschênes ; sép. à St-Modeste, le 24 déc. 1903.

8. **Sara**, bap. le 5 mars 1840, à St-Alphonse du Saguenay ; m.
le 25 fév. à Edouard Caron ; sép. le 23 nov. 1870.

9. **Honoré**, déc. jeune.

10. **Marie**, bap. le 16 août 1843, à la Rivière-du-Loup.

11. **Pierre**, bap. à Cacouna, le 12 mai 1846 ; se marie avec
Rosalie Gastonguay, le 23 nov. 1865, à St-Epiphane.

12. **Marie-Hélène** bap. le 10 fév. 1849, à Cacouna ; elle entre
au noviciat de Jésus-Marie, le 29 juin 1873 ; y fait
profession sous le nom de Sœur St-François-Régis,
le 4 juin 1875, en la fête du Sacré-Cœur.

13. **Malvina**, bap. le 15 juillet 1850 ; se marie à St-Modeste,
le 1er fév. 1886, avec Alfred Deschênes, veuf de Hedwidge Mignier ; déc. le 14 janv. 1919.

14. **Jean-Baptiste**, bap. le 4 sept. 1855, à St-Modeste ; sép.
le 8 mai 1858, à St-Modeste, âgé deux ans et 8 ms.

5e Br.   **V**   **N° 13.**

EUCHER CHOUINARD, fils de Pierre-Benjamin IV et de
Madeleine Pelletier.
JULIE LEMIEUX.

Mariage à la Rivière-du-Loup, le 14 fév. 1831. V. N° 4.
ENFANT :

1. **Omer-Eucher**, bap. le 2 nov. 1835.

5e Br.   **V**   **N° 14.**

JOSEPH-FRANCIS CHOUINARD, fils de Pierre-Benjamin IV
et de Madeleine Pelletier.
SOLANGE CARON, fille de Pierre-Edouard et de M.-Claire
Moreau.

Mariage à L'Islet, le 12 fév. 1828. V. N° 4.
ENFANTS :

1. **Sara**, bap. le 31 déc. 1828 ; m. à Raphaël Viel, le 3 fév.
1855 ; sép. à la Rivière-du-Loup, le 2 juillet 1906,
âgée de 77 ans et 6 ms.

2. **François-Xavier**, bap. le 18 janv 1830 ; entré au Noviciat
   des Clercs de St-Viateur, le 14 août 1852 ; ordonné
   prêtre à Montréal, le 30 déc. 1860 ; inh à Beaverville,
   Illinois, le 4 déc 1905.

3. **Benjamin**, bap. le 5 mars 1831 ; se marie à St-Alexandre,
   le 14 janv. 1857, avec Geneviève Bélanger ; sép. à
   la Rivière-du-Loup, le 31 juillet 1901.

4. **Joseph**, bap. le 3 fév. 1834 ; m. à Kamouraska, le 2 fév. 1859,
   avec Georgiana Dionne ; sép. à Fraserville en 1916

5. **Henriette**, bap. le 1er avril 1835 ; se marie à la Rivière-
   du-Loup, le 16 fév. 1857, avec Anselme Dionne ; sép.
   à N.-Dame du Portage, le 3 juin 1916 Mère des RR.
   Sœurs St-Nérée et Marie de la Providence.

6. **Virginie**, bap le 15 octobre 1836 ; se marie avec Georges
   Bernier, à la Rivière-du-Loup, le 27 nov. 1860 ; déc.
   à St-David, Maine, le 30 août 1902, à l'âge de 66 ans.

7. **Madeleine**, (1) bap le 28 mai 1838 , se marie à Fraserville,
   avec François Gagnon, le 29 fév 1876 , sép à la
   Rivière-Ouelle, le 30 nov 1906, âgée de 68 ans et 6 ms.

8. **Hortense**, bap. le 23 fév. 1840 ; m. à la Rivière-du-Loup,
   avec Thomas Ward, le 21 fév. 1859. Grand'mère du
   Révd Ls Richard et de Sr Ste-Thaïs

9. **Philomène**, bap. le   1841 ; se marie à la Rivière-
   du-Loup, le 12 juillet 1864, avec Elzéar Dionne ; déc.
   à Fraserville, le 29 nov 1882, à l'âge de 41 ans

10. **Alexis**, bap. le 6 nov 1846 ; m. à Sophronie Lafricain,
    le 30 juin 1875, à Montréal ; sép à Montréal.

11. **Georgiana**, (2) bap. le 1er juin 1848 ; m. à Edouard Thi-
    bault, à la Rivière-du-Loup, le 30 juillet 1877; déc· à
    Edmundston, N.-B , le 26 avril 1912.

(1) Mère du Révérend Louis-Adélard Gagnon, curé du
Cap St-Ignace.

(2) Mère du Révérend Jean-Baptiste Thibault, curé de
Kergewick, Nouveau-Brunswick.

5e **Br.** **V** N° 15.

JULIEN CHOUINARD, fils de Julien IV et de Françoise
St-Pierre dit Dessaint.

ÉMÉRENTIENNE BERNIER.

Mariage à St-Jean-Port-Joli, le 4 fév. 1840. V. N° 6.

ENFANTS :

1. **Julien**, bap. à la Rivière-du-Loup, le 12 janv. 1841 ; se
marie au Wisconsin, à Emérence Christley ; sép. à
Green-Bay, Wisc., vers 1900.

2. **Pierre-Joseph**, bap. à la Rivière-du-Loup, le 17 juillet 1842 ;
m. à Flavie Defoy ou Defie ; sép. à Green-Bay, le
1er juillet 1905.

3. **Elisabeth-Virginie**, bap. le 19 nov. 1843, à la Rivière-du-
Loup ; déc. jeune.

4. **Marie-Philomène**, bap. le 13 août 1845 ; m. à Mike Van-
court, au Wisconsin ; déc. le 28 déc. 1920 et inh. le
1er janv 1921, à Rhineland, Wisconsin.

5. **Catherine-Léa**, bap. le 25 nov. 1847 ; sép. à Green-Bay,
en 1880.

6. **Victoria**, bap. à la Rivière-du-Loup ; m. à Alexis Lavoie ;
sép. à Stephenson, Michigan, vers 1900.

5e **Br.** **V** N° 16.

GUILLAUME CHOUINARD, fils de Pierre-Benjamin IV et de
Madeleine Pelletier.

MARIE BERNIER.

Mariage à L'Islet, le 18 août 1840. V. N° 4.

ENFANTS :

1. **Marie-Domitilde**, bap. le 2 sept. 1846.

2. **Herménégilde**, bap. le 23 avril 1848 ; se marie avec Madeleine Fortin.

5° Br. **V** **N° 17**

LOUIS CHOUINARD, fils de Pierre IV et de Thérèse Dubé.
ADÉLAÏDE DESSAINT dit ST-PIERRE.

Mariage le 26 janv. 1841, à St-Jean-Port-Joli. V. N° 5.

ENFANTS :

1. **Marie-Adélaïde**, bap. le 3 juin 1842 ; elle se marie avec Benjamin Chouinard, le 24 janv. 1860 ; sép. le 5 juillet 1882, à St-Jean.
2. **Philomène**, bap. le 15 juin 1843.
3. **Marie-Thérèse**, bap. le 13 juin 1844 ; elle épouse David-Honoré Robichaud, le 23 juillet 1864 ; sép. le 13 juin 1896.
4. **Susanne**, bap. le 21 sept. 1845.
5. **Louis**, bap. le 11 nov. 1846 ; m. à Délima Caron, le 24 mai 1870 ; sép. le 19 juillet 1894, à St-Pamphile.
6. **Nicolas**, bap. le 6 déc. 1847.
7. **Marie-Virginie**, bap. le 17 janv. 1849 ; m. à Cléophas Morin, le 6 avril 1869.
8. **Marie-Hermine**, bap. le 30 octobre 1850.
9. **Joseph**, bap. le 16 avril 1852 ; inh. le 21 août 1876.

Adélaïde Dessaint fut inhumée le 25 avril 1852.

2ᵉ *Epouse*

ADÉLINE CARON.

Mariage le 19 octobre 1853. (Réhabilité en 1855.)

10. **Marie-Adéline**, bap. le 20 sept. 1854 ; m. à Martial Bourgault ; sép. le 24 juin 1890.
11. **Pierre**, bap. le 22 août 1855 ; m. à Marie Gagnon.
12. **Marie-Célina**, bap. le 6 sept. 1856 ; inh. le 9 mars 1857.
13. **Marie**, bap. le 16 nov. 1857.
14. **Francois-Xavier**, bap. le 2 déc. 1858.
15. **David**, bap. en 1860 ; m. à Amanda Fortier.
16. **Alfred**, bap. le 6 janvier 1861.
17. **Marie-Emma**, bap. le 4 fév. 1862.

18. **Joseph-Honorius**, bap. le 19 avril 1863 ; m. à Célina
    Pearson, le 26 juin 1888.
19. **Marie-Hélène**, bap. le 29 juillet 1864.
20. **Louis-Alfred**, bap. le 9 juillet 1866 ; m. à Amanda Nadeau.
21. **Louis-Georges**, bap. le 21 mars 1868 ; décédé célibataire
    le 5 nov. 1917.
22. **Joseph-Arthur**, bap. le 27 avril 1872 ; m. à Anna Duval.

5e Br.   V   No 18.

**DAVID CHOUINARD, fils de Benjamin IV et de Eulalie Caron.
MARIE CARON.**
    Mariage le 16 nov. 1847, à St-Jean-Port-Joli. V. No 4.
ENFANTS :
1. **Marie-Virginie**, bap. le 27 août 1848 ; déc.
2. **Eloïse-Virginie**, bap. le 11 juin 1851 ; m. à Alfred Fortin ;
    inh. à L'Islet.
3. **Marie-Elisabeth**, bap. le 9 sept. 1852.
4. **Marie-Hortense**, bap. le 12 déc. 1853.
5. **Marie-Alphonsine**, bap. le 26 janv. 1855.
6. **Charles**, bap. le 25 fév. 1856.
7. **David**, bap. le 5 juillet 1857.
8. **Esdras**, bap. le 4 mars 1859.
9. **Phydime**, né vers 1860 ; se marie avec Alma Leclerc, le
    2 fév. 1886.
10. **Charles-Philéas**, bap. le 9 juillet 1861 ; m. à Léontine
    Caron, le 16 nov. 1886.
11. **Marie-Hortense**, bap. le 19 juin 1863.
12. **Joseph-Philéas**, bap. le 24 déc. 1864 ; se marie à Geor-
    giana Bélanger ; sép. le 6 déc. 1909, à St-Jean.
13. **Marie-Clara**, bap. le 12 mai 1867.
14. **Napoléon**, bap. le 16 octobre 1869 ; se marie le 20 janv.
    1892, avec Georgina Leclerc, à St-Jean.

5e Br.   **V**   **N° 19.**

**JACOB CHOUINARD, fils de Benjamin IV et de M.-Eulalie
Caron.**

MARGUERITE CHOUINARD.
> Mariage le 7 nov. 1848, à St-Jean.   V. N° 4.

ENFANT :
1. **Eléonore,** (fille posthume) bap. le 12 octobre 1849 ; elle
se marie avec Amable Tremblay, le 27 nov. 1866.

Jacob Chouinard est décédé le 12 mars 1849.

5e Br.   **V**   **N° 20.**

**LAZARE CHOUINARD, fils de Julien IV et de Josephte Ro-
bichaud.**

**CLÉMENTINE GUIMONT, fille de Olivier et de Solange
Moreau.**
> Mariage au Cap St-Ignace, le 30 juillet 1850. V. N° 6.

ENFANTS :
1. **Joseph-Octave,** bap. le 24 fév. 1852 ; se marie le 25 nov.
1884, à Amanda Guimont, à Dayton, Minnesota.
2. **Marie-Adéline,** bap. le 4 avril 1853 ; elle se marie le 28 fév.
1876, à François Robichaud, fils d'Ephrem.
3. **Anonyme,** sép. le 26 juillet 1854.

Le 23 juillet 1854, décès de Clémentine Guimont; inh. le 26,
à St-Jean-Port-Joli, âgée de 21 ans et 6 ms.

2e *Epouse*

(1) **VIRGINIE LECLERC, fille de J.-Bte et de Élisabeth Bélanger.**
> Mariage à L'Islet, le 23 août 1859.

4. **Ephrem,** bap. le 25 déc. 1860 ; m. à Aurore Gagnon, le
29 octobre 1889.
5. **Lazare,** bap. le 2 sept. 1862 ; se marie le 12 fév. 1901, à
Elmina Chamard.
6. **Joseph,** bap. le 2 nov. 1863 ; inh. le 4 mars 1866.

7. **Marie-Elisabeth**, bap. le 12 sept 1865 ; m. à Césaire Couillard, le 17 octobre 1906, à St-Jean-Port-Joli.

8. **Rémi**, bap. le 26 déc. 1866 ; se marie le 10 janv. 1893, à Attala Dubé.

9. **Jos.-Zoël**, bap. le 30 avril 1869 ; inh. le 15 sept. 1869.

10. **ACHILLE**, **Frère Sigismond**, né le 20 avril 1870 ; bap. le 21, à St-Aubert ; entré au noviciat des Frères des Ecoles Chrétiennes, le 10 août 1892. Auteur du présent travail généalogique.

11. **Thomas**, bap. le 25 déc. 1871 ; se marie le 18 nov. 1902, à Maria Morin, fille de Jules, à St-Jean-Port-Joli.

12. **Amanda**, bap. le 2 avril 1874 ; se marie à Delphis Caron, le 18 nov. 1902, à St-Jean-Port-Joli.

13. **Eugénie**, bap. le 3 juillet 1875 ; le 23 juillet 1906, elle épouse Georges Frensesco, à Montréal.

(1) Virginie Leclerc naquit à L'Islet, le 15 juin 1831, du mariage de Jean-Baptiste Leclerc et de Elisabeth Bélanger ; elle fut inhumée à St-Jean-Port-Joli, le 19 mai 1919, âgée de 87 ans et 11 ms.

Petite de corps mais grande de cœur, cette femme se dépensa sans compter, et pendant plus de 50 ans, au soulagement des pauvres et des malades de son village.

5ᵉ Br.   **V**   **Nᵒ 21.**

GEORGES CHOUINARD, **fils de François IV et de Judith Gagnon.**

VITALINE ST-PIERRE.

Mariage le 27 janv. 1852.   V. Nᵒ 7.

ENFANTS :

1. **Joseph-Georges**, bap. le 22 mai 1853 ; se marie à Senneville Gauvin, le 6 juillet 1880 ; sép. à St-Jean-Port-Joli, le 28 juin 1919.

2. **Marie**, bap. en 1854 ; se marie avec Jean-Baptiste Fortin le 4 août 1874.

3. **François**, bap. le 24 août 1856 ; se marie à Zélie Couillard
le 6 fév. 1889

4. **Germain**, bap. le 27 mai 1858 ; m. à Agnès Lizotte.

5. **Arthur**, bap. le 4 janv. 1860 ; m. à Olive Ouellet, le 27
juillet 1886, à Ste-Louise.

6. **Maxime**, bap. le 15 juillet 1862 ; marié.

7. **Prudent**, bap. le 2 mars 1866.

8. **Joséphine**, bap. le 6 juillet 1867 ; sép. le 30 octobre 1878.

Le 10 août 1869, Vitaline St-Pierre épousa en secondes
noces, François-Xavier Fortin.

5e Br.   **V**   **N⁰ 22.**

EUSÈBE CHOUINARD, fils de Julien IV et de Josephte
Robichaud.

ANGÈLE LECLERC dit FRANCŒUR.

Mariage le 15 nov. 1853, à St-Jean. V. N⁰ 6.

ENFANTS :

1. **Louis-Eusèbe**, bap. le 9 août 1855 ; inh. le 20 avril 1863.

2. **Elzéar**, bap. le 9 nov. 1856 ; sép. à St-Jean, le 25 juin 1908.

3. **Octave-Joseph**, bap. le 27 août 1858 ; m. 1⁰ à Délima
Gagnon, le 17 juin 1895 ; 2⁰ à Mme Pruneau en 1908 ;
sép. vers 1918, à St Jean.

4. **Ephrem**, bap. le 23 avril 1860 ; se marie avec Adéline
Bélanger, le 2 août 1892, à St-Jean.

5. **Marie-Angèle**, bap. le 1er juin 1861 ; décédée jeune.

6. **Siméon**, bap. le 17 mars 1863 ; décédé jeune.

7. **Frédéric**, bap. le 3 août 1864 ; célibataire ; inh. à St-Pamphile, le 29 nov. 1905.

8. **Zéphirin**, bap. le 14 juin 1868 ; se marie le 3 avril 1890, à
Sophie Robichaud, à St-Pamphile.

5e Br.   **V**   **N⁰ 23.**

PIERRE CHOUINARD, fils de Julien IV et de Josephte
Robichaud.

PHILOMÈNE BÉLANGER.

Mariage le 27 octobre 1857, à St-Jean-Port-Joli. V. N° 6.

ENFANTS :

1. **Pierre**, bap. le 7 nov. 1858 ; m. le 9 juillet 1898, à Oak-
   wood, N.-Dakota, à Hélène Patenaude.

2e *Epouse*

SÉRAPHINE LEMIEUX.

Mariage à Ste-Anne de la Pocatière.

2. **Clarisse**, bap. le 9 nov. 1861, à St-Jean-Port-Joli ; décédée jeune.
3. **Philomène**, bap. le 8 fév. 1863, à St-Jean-Port-Joli ; décédée en 1881, à Fall-River.
4. **Louis**, bap. le 18 mai 1864 ; décédé à l'âge de 2 ans.
5. **Alphonsine**, née en 1864 ; inh. à Fall-River en 1913.
6. **Clovis**, bap ; décédé à l'âge de 4 ans.
7. **Dorilda**, bap. en 1866 ; m. à Alphonse St-Laurent.
8. **Lumina**, bap. vers 1868 ; m. à François Bérubé ; décédée
   en 1918.
9. **Arthur**, bap. en 1870 ; m. à Rose-Anna Pelletier, Ste-Anne
   de la Pocatière en 1905.
10. **Amanda**, née le 19 mai 1873, à N.-Dame du Portage ; se
    marie le 2 mai 1905, à Alphonse Marquis.

5e Br.   **V**   **N° 24.**

MAGLOIRE CHOUINARD, fils de François **IV** et de Marie
Pellerin.

SCHOLASTIQUE CARON.

Mariage à St-Roch-des-Aulnaies, le 2 fév. 1858. V. N° 7.

ENFANTS :

1. **Damase**, né le 11 déc. 1858 ; se marie le 29 fév. 1916, à
   Marie-Lumina Caron, à St-Roch.
2. **Arthur**, né en 1859 ; décédé jeune.
3. **Fébronia**, née le 22 avril 1860.
4. **Michel**, né en août 1862 ; décédé en août 1880.

5. **Télesphore,** né en nov 1864 ; m. à Philippine Deschênes,
le   ; inh à St-Roch-des-Aulnaies en 1911.

6. **Virginie,** née en juillet 1866.

7. **Achille,** né en mars 1868 ; m. le 12 août 1907, à Mary
Garon.

8. **David,** né le 16 janv 1870 ; non marié.

9 **Joseph-Marie,** né le 8 juin 1872 ; se marie le 23 mai 1905,
à Claudia Gauthier, à Cantal, Sask.

10 **Lætitia,** née le 22 avril 1874 ; décédée en fév. 1888.

11 **Clarida,** née en fév. 1876 ; se marie le 15 août 1904, à Henri
Emond, à St-Raphaël, Sask.

12 **Amanda,** née en janv. 1878 ; décédée à Cantal, Sask., le
1er juillet 1903.

13. **Alphonse,** né le 24 mai 1880 ; déc. à Cantal, Sask., le 15
mai 1903.

Scholastique Caron fut inhumée à St-Roch-des Aulnaies, le
29 mai 1893. Magloire Chouinard fut inhumé au même endroit le
30 août 1903.

5e **Br.**   **V**   **N° 25.**

**DAMASE CHOUINARD, fils de Benjamin IV et de Eulalie
Caron.**

HÉLÈNE CARON.

Mariage en 1854 ; réhabilité le 28 fév. 1859 , (disp.
du 3e au 4e degré) V. N° 4.

ENFANTS :

1. **Paméla,** bap. le 22 fév. 1855 ; se marie avec François-Xavier
Dupont, le 14 mai 1893.

2. **Hélène-Décima,** bap. le 18 mai 1856

3. **Marie-Célina,** bap. le 14 sept. 1858 ; se marie le 13 janv.
1885, avec Georges St-Amant.

4 **Antoine-Paschal,** bap. le 12 juin 1861.

5. **Marie,** bap. le 12 nov. 1862 ; se marie avec Hosanna Chouinard, le 12 janv. 1897 ; sép à St-Aubert, le 19 mai 1906

6. **Adélaïde**, bap. le 3 avril 1864 ; elle épouse Joseph Fortin,
        le 27 octobre 1903.
7. **Thomas-Jos.-Michel**, bap le 15 juillét 1865.
8. **M.-Eléonore**, bap. le 10 janv 1867.
9. **Marie-Hedwidge**, bap. le 19 janv. 1869 ; se marie avec
        Esdras-Jules Fournier, le 23 octobre 1894.
10. **Joseph-Calixte**, bap. le 21 avril 1870.
11. **Marie-Elmina**, bap. le 28 nov. 1874.
12 **Herménégilde**, bap le 19 déc. 1875.
13 **Joseph-Alfred**, bap. le 26 avril 1877 ; se marie avec Zélie
        Fonjémie, le 16 fév. 1903.
14. **Marie-Alma**, bap. le 14 juin 1878 ; déc. jeune.
15. **Esdras**, bap. le   ; se marie avec Charlotte Cyr.
16. **Pantaléon**, m. à Marie-Louise Rioux. Enfant : Marie-Anna,
        née en 1918.

5e **Br.**   **V**   **N° 26.**

ÉPHREM CHOUINARD, fils de François-Julien IV et de
                                    Judith Gagnon.
LUCE PELLETIER.
        Mariage vers 1850. V. N° 7.
ENFANTS :
1. **Lucie**, bap. vers 1850 ; inh. à Québec, N.-D., le 17 fév. 1875.
2. **Alfred**, bap. en 1854 ; inh. à St-Aubert, le 14 mai 1873,
        âgé de 19 ans.
3. **Désiré**, bap. en 1859 ; inh. à St-Aubert, le 20 juillet 1873.
4. **Herménégilde**, bap le 3 janv 1860 ; célibataire ; décédé
        subitement vers le 20 janv. 1916, à St-Roch-des-
        Aulnaies.
5. **François**, bap. vers 1866 ; se marie avec Clara Picard, le
        1er sept. 1886, à St-Aubert.
6. **Georges**, marié.

5ᵉ Br.   **V**   **Nᵒ 27.**

JOSEPH CHOUINARD, fils de Julien IV et de Josephte
Robichaud.

ANGÉLIQUE DUBÉ, fille de Jean-Baptiste et de Josephte
Caron.

Mariage à St-Jean-Port-Joli, le 8 fév. 1859. (Disp.
du 3ᵉ au 4ᵉ degré.) V. Nᵒ 6.

ENFANTS :

1. **Clarisse**, bap. le 1ᵉʳ janv 1860 ; se marie le 28 janv 1879,
à François Bélanger.

2. **Diana**, bap. le 23 août 1861 ; inh. en mars 1878.

3. **Aurore**, bap le 30 juin 1862 ; inh. le 22 mai 1866

4. **Athanase**, bap. le 10 janv. 1864 ; se marie 1⁰ à Célina
Duval, le 16 août 1892 ; 2⁰ à Albina Desrosiers, le
13 mai 1902 ; déc. durant l'épidémie de grippe espagnole, le 12 nov. 1918.

5. **Marie**, bap. le 2 avril 1865 ; se marie à Joseph Ouellet, le
19 nov. 1894 ; sép le 17 juin 1911.

6. **Aurore** bap. le 23 sept. 1866 ; se marie le 26 janv 1892, à
Salluste Caron ; sép. le 1ᵉʳ octobre 1902, à St-Jean-
Port-Joli.

7. **Senneville**, bap. le 3 août 1868 ; m. à Joseph Leclerc, le
16 avril 1894 ; sép à St-Jean-Port-Joli, en 1912.

8. **Eugénie**, bap. le 5 août 1869 ; se marie 1⁰ à Gaspard
Bourgault, le 9 août 1888 ; 2⁰ à Achille Hudon, le 21
fév. 1898.

9. **Erasme** ou **Esdras**, bap le 3 mai 1871 ; m. à Marie Lavery,
le 20 avril 1896.

10. **Amédée**, bap. le 7 juin 1873 ; m. à Célina Perrault.

11. **Amanda**, bap. le 29 mars 1875 ; se marie à Auguste Ouellet,
le 5 juillet 1892.

12. **Alfred-Edouard**, bap. le 13 nov. 1876 ; m à Mathilda
Bélanger, le 13 juin 1898.

5e **Br.**   **V**   N⁰ **28.**

CYPRIEN CHOUINARD, fils de Julien IV et de Josephte
Robichaud.
HENRIETTE MOREAU, fille de Joseph et de Félicité Dubé.
Mariage le 17 juillet 1865, à St-Aubert. V N⁰ 6.
ENFANTS .
1 **Joseph-Cyprien**, bap. le 21 janv. 1867, à St-Jean ; m. à
M. Bergeron.
2. **Onésime**, bap le 17 juin 1868, à St-Jean ; inh. au même
endroit, le 11 octobre 1868.
3. **Alfred-Aubert**, bap. le 8 mars 1872, à St-Aubert ; se marie
le 23 nov. 1897, à Clara Caron, à St-Jean-Port-Joli.
Henriette Moreau fut inhumée à St-Jean-Port-Joli, le 25
mai 1920 ; déc subitement le 22.

5e **Br.**   **V**   N⁰ **29.**

SIMÉON CHOUINARD, fils de Julien IV et de Josephte
Robichaud.
PHILOMÈNE CÔTÉ.
Mariage vers 1865   V N⁰ 6
ENFANTS ·
1. **Marie-Philomène**, bap le 9 déc. 1866.
2. **Jean-Baptiste**, bap. le 17 déc. 1867 ; se marie 1⁰ avec
Marie-Anna Leclerc, le 31 janv. 1893 , 2⁰ avec Emilia
Jean, le 29 sept. 1908 ; sép. en mars 1914.
3. **Marie-Diana**, bap le 27 déc. 1868 ; elle se marie avec
Maxime St-Pierre, le 22 juillet 1889.
4. **Eugène**, bap. le 14 mai 1870 ; se marie 1⁰ à Gracieuse
Bélanger ; 2⁰ à Alice Robichaud, en 1919.
5. **Joseph-Siméon**, bap. le 30 juillet 1871 ; m. à M. Caron.
6 **Joseph-Arsène**, bap. le 28 fév 1873 ; sép. le 27 mars 1875.
7. **Marie-Julie**, bap. le 6 fév 1874, à St-Aubert.
8 **Marie-Eugénie**, bap le 17 août 1875 ; (fille posthume)
se marie le 7 avril 1896, avec Aubert Fournier.

Le 13 sept. 1875, Philomène Côté épousa en secondes noces, Jean-Baptiste St-Pierre. Enfants : Amanda, m. à Joseph Leclerc ; Napoléon-Paul, m. à M.-A. Bélanger.

5e Br.   **V**   **N⁰ 30.**

JEAN-GUALBERT CHOUINARD, fils de **Julien IV** et de **Josephte Robichaud.**

MARIE-ROSE CARON, fille de **Charles** et de **Ursule Kirouac.**
Mariage le 28 janv. 1868, à St-Jean. V. N⁰ 6

ENFANTS :

1 **Jean-Fabien** (Flavien), bap le 20 janv 1869 ; se marie à Hélène Bois, de St-Aubert, le 21 octobre 1890 ; 2⁰ à Elisa Lagacé ; 3⁰ à Elmire Ruel, en 1920.

2 **Joseph-Anselme,** bap. le 14 mai 1870 ; déc le 25 mai.

3. **Marie-Régina,** bap le 13 juin 1871 ; sép. le 17.

4. **Joseph-Alexandre,** bap le 23 mai 1872 ; m à Emma Fortin, le 24 sept 1895

5. **Marie-Azélie,** bap le 2 mai 1874 ; déc. jeune.

6 **Emile,** bap. le 5 janv 1875 ; se marie à Edith Legros, en 1905.

7 **Louis-Barthélémi,** bap le 23 janv. 1878 ; se marie le 27 nov. 1906, avec Euphémie Chouinard

8. **Jos.-Léonce-Marc,** bap. le 25 avril 1880 ; m. à Laura Ouellet, le 3 août 1908.

9 **Alma-Régina,** bap le 6 déc 1881 ; se marie avec Joachim Gamache, le 3 fév. 1903

10. **Marie-Anna,** bap. le 22 mars 1883 ; mariée à Alphonse Chouinard, le 10 juillet 1906

11. **Louis.-Jos Romuald,** bap. le 7 fév. 1885 ; marié à Blanche Fortin, le 4 août 1908.

12 **Joseph-Antoine-Pierre,** bap. le 2 juillet 1887 ; se marie avec Juliana Nadeau, le 27 avril 1908

13. **Joseph-François,** bap le 2 avril 1889 ; marié.

14. **Joseph-Martin-Auguste**, bap. le 12 nov. 1890 ; se marie avec Attala Chouinard, en fév. 1917.
15. **Joseph-Alexis**, bap. le 17 juillet 1893 ; soldat volontaire en nov. 1916 ; blessé à la bataille de Lens, le 9 juin 1917. (Eut une jambe broyée par un éclat d'obus.)

5e **Br.**   **V**   N° **31.**

EUGÈNE CHOUINARD, fils de Julien IV et de Josephte Robichaud.

CAROLINE BÉLANGER.
    Mariage le 30 janv. 1872, à St-Jean. V. N° 6.
ENFANTS :
1. **Marie-Virgina**, bap. le · 1873 ; mariée à François Robichaud.
2. **Marie-Léda**, bap. le 27 mai 1874 ; inh. à St-Jean, le 31 mars 1900.
3. **Aurore**, bap. vers 1875 ; sép. le 26 mai 1893, à St-Jean-Port-Joli.
4. **Marie-Joséphine**, bap. le 25 mars 1877.
5. **Florida**, bap. le 27 nov. 1878 ; mariée à David Bourgault.
6. **Joseph-Abel**, bap. le 20 juin 1880 ; décédé jeune.
7. **Joseph-Georges**, bap. le 17 janv. 1882 ; m. en 1920.
8. **Marie-Emma**, bap. le 4 sept. 1883.
9. **Marie-Caroline**, bap. le 4 mai 1885, à St-Jean-Port-Joli.
10. **Jos.-Eugène**, bap. le 31 janv. 1888 ; décédé à Causapscal, d'un accident d'arme à feu, le 19 nov. 1916 ; sép. le 22 nov., à St-Jean-Port-Joli.
11. **Marie-Anna**, bap. le 20 juillet 1890, à St-Jean-Port-Joli.
12. **Ernest-Amédée**, bap. le 5 sept. 1892.

5e **Br.**   **VI**   N° **32.**

EUGÈNE CHOUINARD, fils de Pierre-Antoine V et de Christine Chouinard.

VIRGINIE ANCTIL.

Mariage vers 1865. V N⁰ 10.

ENFANTS .

1. **Célanire**, bap. le 29 mars 1866.

Le 28 avril 1866, sépulture de Virginie Anctil.

2ᵉ *Epouse*

OBÉLINE MOREAU.

Mariage le 10 août 1867.

2. **Sophronie**, bap. le 12 nov. 1868 ; Sœur St Flavius, religieuse
de la Charité de Québec, Sœurs Grises.

3 **Joseph-Arsène**, bap. le 5 mars 1870.

4 **Henriette**, bap. le 25 sept. 1871.

5. **Alfred**, bap le 17 sept. 1873.

6 **Marie-Florida**, bap. le 7 nov. 1877.

7. **Marie-Amanda**, bap. le 14 juin 1880, à Ste-Louise.

8. **Georges**, bap le 27 juillet 1884.

9. **Jos-Eugène**, bap. le 1ᵉʳ janv. 1888.

5ᵉ **Br.**   **VI**   N⁰ 33.

ANTOINE CHOUINARD, fils de Pierre-Antoine **V** et de
Christine Chouinard.

SÉRAPHINE BOURGAULT, fille d'Amand.

Mariage le 17 sept 1848, à St-Jean-Port-Joli. V. N⁰ 10

ENFANTS :

1 **Marie-Malvina**, bap. le 29 avril 1849.

2. **Séraphine**, bap. le 14 octobre 1850 ; elle se marie avec
François-Herménégilde Thériault, le 19 janv. 1874

3. **Joseph-Amand**, bap. le 20 mai 1852 ; se marie le 8 mai
1882, avec Sénégonde Castonguay.

4. **Antoine**, bap. le 16 mai 1853 ; décédé.

5. **Magloire**, bap. le 3 juillet 1855.

6. **Marie-Anastasie**, bap. le 13 mars 1857 ; se marie le 26
janv. 1875, avec Damase Duval.

7. **Athénaïs**, bap. le 28 fév. 1859.

8. **Marie-Hermine**, bap. le 17 nov. 1860 ; se marie le 26 octobre 1880, avec Alfred Bernier.
9. **Marie-Caroline**, bap. le 1er nov. 1862.
10. **Antoine**, bap. le 20 déc. 1863.
11. **Emma-Ernestine**, bap. le 28 janv. 1865.
12. **Marie-Adélaïde**, bap. le 20 fév. 1866 ; sép. le.17 mars 1871.
13. **Marie-Emma,** bap. le 20 avril 1868 ; décédée le 22.
14. **Antoine**, bap. le 1er mars 1869 ; décédé le 16 mars.
15. **Cyprien**, bap. le 29 octobre 1870 ; décédé le 12 déc.
16. **Louis-Philéas**, bap. le 12 sept. 1871 ; se marie avec Clara Bourgault, le 10 janv. 1893.

5e Br.   **VI**   **N° 34.**

EUSÈBE CHOUINARD, fils de Pierre **V** et de Hélène Thériault.

SOPHIE-PERPÉTUE DUPONT.

Mariage le 19 octobre 1852, à St-Jean-Port-Joli. V. N° 12.

ENFANTS :

1. **Eusèbe**, bap. le 20 juillet 1853 ; déc.
2. **Louis-Marie-Anselme**, bap. le 21 avril 1855 ; m. le
3. **Sophie-Emma**, bap. le 18 mars 1856 ; elle se marie avec Joseph Roy, dit Lauzier, à St-Modeste, le 4 août 1880.
4. **Joseph-Napoléon**, bap. le 27 avril 1857 ; se marie le 25 fév. 1884, avec Elmina Pelletier.
5. **Eléonore**, bap. le 19 août 1858 ; elle se marie à St-Modeste, avec Jean-Baptiste Saindon, le 1er fév. 1881.

Sépulture de Sophie-Perpétue Dupont, vers 1859.

2e *Epouse*

PHILOMÈNE CARON.

Mariage, le 9 juillet 1862.

6. **Eusèbe**, bap. le 8 juin 1863, à St-Jean ; se marie le 9 nov. 1886, avec Rose de Lima Ouellet, à St-Jean.
7. **Alfred**, bap. le 30 janv. 1865 ; se marie avec Anysie Gamache, à St-Modeste, le 24 avril 1900.

8. **Marie-Philomène,** bap. le 20 janv. 1867 ; elle se marie
9 **Philéas,** bap. le 5 juillet 1868 ; sép. le 20 sept. 1870.
10. **Zéphirin,** bap. le 10 août 1870 ; se marie le 15 sept. 1896,
    avec Virginie St-Amant, St-Damase ; déc. pendant
    l'épidémie de grippe espagnole, le 15 octobre 1918.
11. **Clara,** bap. le 21 mars 1872
12 **Joseph-Jacques,** bap. le 31 déc. 1873 ; m. le 28 sept. 1899,
    à Rose Rouleau.
13. **Marie-Amanda,** bap. le 26 mai 1875.
14 **Philéas,** bap. le 3 fév. 1877, à St-Jean ; il épouse Alice
    Bois, à Ste-Perpétue, le 15 août.

5e Br.   **VI**   **N⁰ 35.**

FRANÇOIS CHOUINARD, fils de Pierre-Antoine **V** et de
Christine Chouinard
URSULE CLOUTIER.
    Mariage à St-Jean-Port-Joli, le 11 juillet 1853. V. N⁰ 10.
ENFANTS :
1 **François,** bap. le 4 nov. 1854 ; sép. le 5 juin 1865
2. **Augustin,** bap. le 12 juin 1856
3. **Lucien-Napoléon-Léon,** bap le 23 juin 1857 ; se marie
    le 25 juillet 1882, à Henriette Dubé.
4. **Marie-Florentine,** bap. le 22 fév. 1859 ; m. à Erasme Anctil.
5. **Henri,** bap. le 28 juillet 1860
6 **Flavie,** bap. le 15 janv. 1862 ; se marie le 24 juillet 1883,
    à Cyprien Deschênes , sép le 29 nov 1893, à St-Aubert
7. **Marie-Delima,** bap. le 23 déc 1862 ; sép. le 5 sept 1874.
8. **Joseph-Ferdinand,** bap. le 28 janv. 1864 ; se marie le 8
    fév. 1888, à Aglaé Moreau, à St-Aubert.

2e Epouse

MARIE LEBLANC.
    Mariage le 18 octobre 1865, à St-Aubert.
9. **Marie-Diana,** bap. le 8 nov. 1866 ; mariée à Joseph Caron,

le 19 juin 1888 ; sép à St-Aubert, le 17 avril 1893.

10 **Joseph-Alfred**, bap. le 3 janv. 1868 ; marié à Joséphine Morin, en 1890, à Dayton.

11 **François**, bap le 14 nov. 1870 ; se marie à Marie Deschênes, le 21 juillet 1895.

12 **Marie-Amanda**, bap. le 20 octobre 1872 ; mariée à Wellie Ouellet.

13. **Fédéra-Marie**, bap. le 16 avril 1874 ; mariée à Arthur Fournier, le 23 octobre 1893.

3e *Epouse*

LUCIE ROBICHAUD.
Mariage le 20 fév. 1876

5e Br.   **VI**   **N° 36.**

PIERRE-NOËL CHOUINARD, fils de Pierre V et de Hélène Thériault.

MODESTE BEAULIEU.
Mariage à Cacouna, le 7 janv. 1857. V. N° 12.
ENFANTS :

1. **Télesphore**, bap à St-Epiphane, le 8 déc. 1857 ; m. le 26 octobre 1886, avec Clémence Chouinaid.

2. **Joseph**, bap. à St-Modeste, le 11 nov. 1858 ; m. à St-Modeste, le 17 fév. 1890, avec Amanda Ouellet ; sép le 17 octobre 1892, à St-Modeste

3 **Michel**, bap. le 14 mars 1860 ; se marie le 20 sept. 1898, avec Vénérande Bossé ; sép à St-Modeste, le 13 nov. 1907.

4 **David**, bap. le 24 fév. 1861 ; sép. le 29 juin 1861.

5 **Pierre-Eusèbe**, bap. le 5 avril 1862 ; sép. le 9 fév. 1869.

6 **Marie-Odile**, bap. à St-Modeste, le 3 octobre 1863 ; sép. le 14 avril 1890

7. **Marie-Sara-Valentine**, bap. le 12 sept. 1866 ; m. à Ferdinand Charette, le 6 août 1907, à la Rivière-du-Loup.

5e Br.   **VI**   **N⁰ 37.**

BENJAMIN CHOUINARD, fils de Jos.-Francis V et de Solange
              Caron.

GENEVIÈVE BÉLANGER.
  Mariage à St-Alexandre de Kamouraska, le 14 janv.
  1857. V. N⁰ 14.
ENFANTS :
 1. **Napoléon,** bap. en 1858 ; m. à Léopoldine Vaillancourt,
   le 2 sept. 1879, à la Rivière-du-Loup.
 2. **Charles-François,** bap. le 14 mars 1859
 3. **Delphine,** bap. le 12 août 1860 ; (Delvina) mariée à
   Alphonse Bard.

5e Br.   **VI**   **N⁰ 38.**

JOSEPH CHOUINARD, fils de Pierre V et de Hélène Thé-
               ¬riault.

ELMIRE DICKNER.
  Mariage à St-Arsène, le 3 fév. 1857. V. N⁰ 12.
ENFANTS :
 1. **Malvina,** bap. ; m. à Pierre Lallier, le 25 octobre 1887.
 2. **Pierre-Noël,** bap. le 1ᵉʳ avril 1860 ; m.
 3. **Godefroid,** bap. le 7 déc. 1861.
 4. **Louis-Clovis,** bap. le 3 octobre 1862.
 5. **Jacques,** bap le 18 sept. 1865.
 6. **Ernestine,** bap. le   .

5e Br.   **VI**   **N⁰ 39.**

JOSEPH CHOUINARD, fils de Jos.-Francis V et de Solange
              Caron.

GEORGIANA DIONNE.
  Mariage à Kamouraska, le 2 fév. 1859. V. N⁰ 14.
ENFANTS :
 1. **Léda,** bap. le 19 déc. 1859 : m. à Alphonse Lévesque.

2. **Euphémie,** bap. le 8 octobre 1861 ; se marie à Joseph LeBel,
   le 19 sept. 1882, à la Rivière-du-Loup.
3. **Clara,** née en 1863 ; décédée jeune.
4. **Clara,** bap. vers 1865 ; m. à William Lachance ; inh. à
   la Rivière-du-Loup.
5. **Marie-Louise,** bap. en 1866 ; mariée à Joseph Michaud.
6. **Clotilde,** bap. en 1867 ; déc. à l'âge de 3 jours.
7. **Philéas,** bap. en 1868 ; m. 1º à Mérilda D'Amours ; 2º à
   Adrienne Labbé.
8. **Aurore,** bap. en 1869 ; m. à Alexis Pettigrew.
9. **Dorilda,** bap. en 1871 ; m. à David Blanchet, de Ste-Anne
   de la Pocatière.
10. **Eva,** bap. vers 1873 ; m. à Homérile Boucher.
11. **Sylvia,** bap. en 1874 ; déc. à l'âge de 2 ans.
12. **Marie-Anne,** bap. vers 1875 ; m. à Louis Côté.

5e Br.   **VI**   **Nº 40.**

CHARLES CHOUINARD, fils de **Pierre V** et de **Hélène Thé-**
                                                            riault.
CLARISSE ROY dit Lauzier.
   Mariage à St-Arsène, le 7 fév. 1859. V. Nº 12.
ENFANTS :

1. **Marie,** bap. le 21 octobre 1859, à St-Modeste ; m. à Hilaire
   Lévesque, en avril 1879.
2. **Sara,** bap. le 31 mai 1861 ; m. le 3 juillet 1883, avec Joseph
   Pelletier.
3. **Clémence,** bap. le 18 mars 1863 ; m. le 25 octobre 1886,
   avec Télesphore Chouinard.
4. **Geneviève,** bap. le 12 nov. 1865 ; m. 1º le 6 juillet 1886,
   avec Joseph Chamberland ; 2º à Didace Côté, le 1er
   juillet 1891.
5. **Charles,** bap. le 1er mai 1866 ; sép. le 12 déc. 1878.
6. **Pierre-Dominique,** bap. le 2 sept. 1867 ; m. le 13 avril 1891,
   avec Rose Lapointe ; sép. le 5 mai 1908.

7. **Marie-Odile**, bap. le 18 juin 1869 ; m. à Joseph Couillard
   le 8 juillet 1891.
8. **Joseph-Théodule**, bap. le 15 fév. 1871 ; m. à Clémentine
   Desbiens, en janvier 1895.
9. **Jos.-François-Léonce**, bap. le 17 sept. 1872 ; m. 1º à Marie-
   Eugénie Caron ; 2º à Odélie Morin
10 **Jean-Baptiste**, bap. le 13 avril 1874 ; sép. le 8 octobre 1877.
11. **Joseph**, bap le 22 août 1876 ; sép. le 17 mars 1877.
12 **Marie-Claire**, bap. le 26 déc. 1877 ; sép le 8 mai 1879.
13 **Marie-Pauline-Hélène**, bap. le 17 juin 1879 ; m. le 26
    avril 1898, avec Arthur Dionne ; sép en 1900.
14. **Marie-Louise-Elmina**, bap. le 23 avril 1881 ; sép. le 15
    sept 1881
15. **Georges**, bap. le 24 avril 1883 ; sép. le 3 mai 1883.

5e Br.   **VI**   **Nº 41.**

MARCEL CHOUINARD, fils de Antoine **V** et de Christine
                                             Chouinard.
LÉOPOLD CLOUTIER.
       Mariage le 2 août 1859, à St-Aubert. V. Nº 10
ENFANTS :
1 **Aurélie-Césarie**, bap le 28 juillet 1860 , se marie avec
   Révérand Fortin, le 13 août 1878.
2. **Marie-Odile-Adéline**, bap. le 20 août 1861 , m. à Martial
   Bourgault ; sép le 27 juin 1890.
3. **Célanire**, bap. en 1864 ; sép le 10 août 1892.
4. **Marie-Philomène**, bap le 12 juin 1865 ; se marie avec
   Onésime Desrosiers, le 19 octobre 1885.
5. **Marie-Caroline**, bap. le 24 juin 1867.

2e *Epouse*

URSULE CARON.
       Mariage le 21 juin 1870, à St-Jean.
6 **Hosanna**, bap. le 18 janv. 1872 ; se marie avec Angéline
   Caron, le 22 nov. 1892.

7. **Eugénie**, bap. le 2 juillet 1873 ; sép. le 27 fév. 1894, à
    St-Aubert.
8. **Joseph-Soter**, bap. le 22 avril 1875 ; se marie avec Marie-
    Anne Chouinard, le 10 janv. 1899.
9. **Marcel**, bap. le 18 juin 1876 ; se marie avec Rose-de Lima
    Chouinard, le 11 janv. 1897.
10. **Marie-Alma**, bap. le 17 janv. 1878 ; se marie avec Jos.
    Bérubé, le 26 octobre 1897.
11. **Florentine**, bap. le 3 mars 1879 ; m. à Martial Bourgault,
    le 23 avril 1901.
12. **François-Honoré**, bap. le 25 sept. 1880 ; se marie le 15 nov.
    1910, avec Marie-Louise Levasseur, à South-Berwick.
13. **Marie-Fédora**, bap. le 7 mars 1882.
14. **Joseph-Auguste**, bap. le 25 juillet 1883.
15. **Ferdinand**, bap. le 3 janv. 1886.

3e *Epouse*

ZÉLIE TOUSSAINT.

    Zélie Toussaint fut inh. le 27 sept. 1901, âgée de 73 ans.

4e *Epouse*

ÉDITH FOURNIER.

    Mariage à St-Jean-Port-Joli.

5e **Br.**   **VI**   N° **42.**

SOTER CHOUINARD, fils de Pierre V et de Hélène Thériault·
CATHERINE MIVILLE dit **DESCHÊNES.**
    Mariage le 20 fév. 1860. V. N° 12.
ENFANTS :
1. **Marie-Rose-Délima**, bap. le 2 mars 1861 ; m. le 28 fév.
    1881, avec Michel Beaulieu.
2. **Soter-Dominique**, bap. le 4 août 1862 ; sép. le 5 sept. 1862.
3. **Jean-Baptiste**, bap. le 16 fév. 1864 ; m. à Ernestine Dickner,
    médecin ; sép. le 21 juin 1898, à St-Modeste.
4. **Pierre-Joseph-Dominique**, bap. le 20 août 1868 ; sép. le
    13 déc.

5. **Marie-Angèle-Clorinthe**, bap le 31 mai 1871 ; sép. le 31 août 1888.
6. **Marie-Adélaïde**, bap. le 5 déc 1872 ; sép le 15 juillet 1886.
7. **Joseph-Philippe-Pantaléon**, bap. le 27 juillet 1874 ; sép. le 23 janv. 1875
8. **Joseph-Azarias-Aimé**, bap le 9 juin 1876 , sép. le 1er janv. 1877.
9. **Pierre**, bap. le 11 mars 1884 ; m. à Dérilda· Gagné, le 9 août 1909
10 **Marie**, bap. le 29 mars 1886, à N -D. du Lac
11. **Marie-Clotilde**, bap. le 3 mai 1888 ; m. à Léon Leclerc, le 14 nov. 1911.

<table>
<tr><td>5e **Br.**</td><td>**VI**</td><td>**N⁰ 43.**</td></tr>
</table>

5e **Br.**   **VI**   **N⁰ 43.**

SERVULE CHOUINARD, fils de Benjamin V et de Louise Jean.
SOPHRONIE MERCIER.
Mariage le 4 fév. 1862, à St-Jean-Port-Joli. V. N⁰ 11.
ENFANTS :
1. **Armel**, bap. le 13 nov. 1862 ; se marie avec Emma Bourgault, en 1886.
2. **Marie-Clara**, bap. le 12 octobre 1864 ; elle se marie avec Louis-Achille Gagnon, le 2 juillet 1888.
3. **M.-Ernestine-Alice**, bap. le 30 mars 1866.
4 **Louis-Wilfrid**, bap. le 19 octobre 1867.
5. **Servule**, bap. le 23 juillet 1869 ; sép. le 6 août 1890, à St-Aubert. (1)
6. **Joseph**, bap. le 19 mars 1871
7. **Honoré**, bap. le 9 juillet 1872.
8. **Marie-Amanda**, bap. à Québec, le 16 mai 1874.

2e *Epouse*

PHILOMÈNE LÉVESQUE.
Mariage à Ste-Louise, le 8 mars 1886.

(1) Tué en tombant de la cime d'un arbre, où il venait de grimper, afin de mieux examiner un superbe nid d'oiseaux Grand et gros homme, il pesait environ 230 livres, à l'âge de 21 ans.

5ᵉ Br.   **VI**   **Nᵒ 44.**

AUGUSTIN CHOUINARD, fils de Pierre-Antoine V et de
Christine Chouinard.
EUPHÉMIE JEAN.
Mariage vers 1862. V. Nᵒ 10.
ENFANTS :
1. **Euphémie**, bap. le 7 sept. 1863. A l'hôpital-Général depuis
    1891.
2. **Marie-Olympe**, bap. le 4 octobre 1864.
3. **Augustin**, bap. le 9 juillet 1866.
4. **François**, bap. le 13 sept. 1867.
5. **Marie-Eugénie**, bap. le 9 sept. 1881.
6. **Florida**, bap. le 25 août 1883 ; se marie le 25 juin 1906,
    à Auguste Thorn, à Notre-Dame de Québec.
7. **Vitaline**, née vers 1884 ; m. à. Joseph Chrétien, le 18
    juillet 1905, à St-Pamphile.
8. **Alexina**, bap. le 4 déc. 1887 ; m. à Jean Baptiste Robi-
    chaud, le 28 avril 1908, à St-Pamphile.

5ᵉ Br.   **VI**   **Nᵒ 45**

GERMAIN CHOUINARD, fils de Germain V et de Madeleine
Servan.
MADELEINE MARTIN.
Mariage à Ste-Flavie, le 13 fév. 1864. V. Nᵒ 9.
ENFANTS :
1. **Sara**, bap. le 6 nov. 1864.
2. **Joseph**, né en 1865 ; m. à Philomène Smith, le 28 mai 1879,
    à Sandy Bay.
3. **Nazaire**, né en 1866 ; sép. le 4 mai 1866.
4. **Germain**, bap. le 3 mai 1867.

5e Br.   VI   N° 46.

HERMÉNÉGILDE CHOUINARD, fils de Guillaume V et de
Marie Bernier.
MARGUERITE FORTIN.
        Mariage vers 1867   V. N° 16
ENFANTS :
  1. **Herménégilde,** bap. le   1868 ; se marie le 21 nov. 1887,
        avec Victoire Perreault.
  2. **Marie-Rose de Lima,** bap. le 15 nov. 1871.
  3. **Marie-Amanda,** bap. le 7 sept. 1873.
  4. **Joseph,** bap. le 30 octobre 1875 ; déc. le 1er nov.
  5. **Marie-Cédulie,** bap. le 8 octobre 1877.
  6. **Joseph-Arsène,** bap. le 7 mars 1881.
  7. **Joseph-Zotique,** bap. le 28 mai 1883 ; ordonné prêtre à
        Rome, le 3 juillet 1910 Missionnaire de la Salette.
  8. **Joseph-Philéas,** bap. le 19 mars 1887.

5e Br.   VI   N° 47.

BENJAMIN CHOUINARD, fils de Benjamin V et de Louise Jean
EUPHÉMIE GASTONGUAY.
        Mariage le 24 fév. 1868, à St-Jean. V. N° 11
ENFANTS:
  1. **Marie-Lydia,** bap. le 4 déc. 1868 ; inh le 8 octobre 1869,
        à St-Jean
  2. **Joseph-Emile,** bap le 18 juin 1870 ; se marie le 18 août
        1914, à Rosanna Côté, à la Basilique de Québec.
  3. **Jos.-Arthur,** bap. le 26 nov 1872
  4. **Joseph-Honoré,** bap le 21 juillet 1874 ; m. à Marie-Lavio-
        lette, à Greenville, E.-U
  5. **Marie-Ludivine,** bap. le 12 nov. 1875
  6. **Joseph-Euclide,** bap. le 13 juin 1877 ; se marie avec Lu-
        divine Robichaud, le 20 fév. 1900, à St-Jean.
  7. **Alphonse,** bap. le 15 nov. 1879 ; se marie avec Anna Choui-
        nard, le 10 juillet 1906

8. **Euphémie**, bap le 16 juin 1881 ; se marie avec Barthélemy
    Chouinard, le 27 nov. 1906 ; disp. du 3e au 4e degré.
9. **Marie-Lidivine Lydia**, bap. le 18 déc. 1883 ; se marie
    avec Gabriel-Joachim Gamache, le 22 janv. 1907 ; sép.
    le 25 mars 1907 ; 2 ms en ménage.
10. **Marie-Attala**, bap. le 13 juin 1885 ; se marie avec Auguste
    Chouinard, en fév. 1917.
11. **Marie-Anne**, bap. le 9 déc. 1889 ; sép. le 25 octobre 1899.

5e **Br.**   **VI**   **N⁰ 48.**

PIERRE CHOUINARD, fils de **Pierre V** et de **Hélène Thériault**.
ROSALIE CASTONGUAY.
        Mariage à St-Epiphane, le 22 nov. 1868. V. N⁰ 12.
ENFANTS :
1. **Joseph**, bap. le 25 déc. 1869 ; sép. à Notre-Dame du Lac,
    le 2 janv. 1892. (Noyé dans le Lac Témiscouata en
    revenant des fêtes de Noël. Il avait fait la communion
    à la messe de minuit.)
2. **Rosalie**, bap. le 14 octobre 1871 ; sép. le 15 sept. 1874, à Acton.
3. **Rose-Anna**, bap. le 13 avril 1873, à St-Antonin ; sép. le
    3 fév. 1893, à Tingwick.
4. **Marie-Louise**, bap. le 11 déc. 1874 ; m le 23 fév. 1900,
    avec Alfred Laplante.
5. **Hélène**, bap. le 17 juillet 1775 ; sép. le 20 déc. 1894.
6. **Marie-Clotilde**, bap. le 3 avril 1877 ; sép. le 10 sept. 1877.
7. **Jean-Baptiste**, bap. le 14 août 1880.
8. **Odile**, bap. le 17 juin 1882 ; m. le 12 janv. 1904, avec
    Pierre Goulet.

5e **Br.**   **VI**   **N⁰ 49.**

LOUIS CHOUINARD, fils de **Louis V** et de **Adélaïde St-Pierre**.
DÉLIMA CARON, fille de **Laurent** et de **Flavie Leduc**.
        Mariage le 24 mai 1870. V. N⁰ 17.

ENFANTS :

1. **Joseph-Louis**, bap. le 16 mars 1871 ; déc.
2. **Marie**, bap. le 27 juillet 1872 ; déc. le 7 juillet 1919.
3. **Louis**, bap le   août 1873.
4. **Marie-Délia**, bap. le 25 fév. 1875 ; elle fait profession au couvent des Ursulines de Louisiane, le 2 avril 1894, sous le nom de Sœur Marguerite-Marie.
5. **Marie-Rose-Anna-Caroline**, bap. le 15 août 1877 ; déc. le 10 sept.
6. **Léda**, bap. le 8 nov. 1878 ; se marie le 9 octobre 1908, à Albert Caron.
7. **Joseph-Adalbert**, bap. le 29 déc. 1880 ; se marie en 1907, à Marie-Louise Gagnon.
8. **Flavie**, bap. le 22 janv. 1883 ; m. à Adalbert Bourgault, le 5 juillet 1904.
9. **Laurent**, bap. le 6 août 1884 ; déc. le 7 mai 1891.
10. **Marie-Anna**, bap. le 29 octobre 1886 ; m. à Arthur Paradis, le 8 sept. 1919.
11. **Adélaïde**, bap. le 14 juin 1888 ; m. à Servule Blanchet, le 24 sept. 1912 ; déc. le 10 octobre 1919.
12. **Anonyme**, ondoyée et inh. le 14 juin 1889.
13. **Marie-Joséphine**, bap. le 16 mars 1890.
14. **Blanche**, bap. le 26 nov. 1892 ; déc. le 22 déc. 1918.

5e **Br.**   **VI**   **Nº 50.**

ALEXIS CHOUINARD, fils de Jos.-François **V** et de Solange Caron.

SOPHRONIE LAFRICAIN.

Mariage à Montréal, le 30 juin 1875. V. Nº 14.

ENFANTS ·

1. **Corinne**, m à M. Vijiard, à Montréal
2. **Hortense**, m. à M. Lapierre.
3. **Hector**, célibataire.
4. **Jean-Baptiste**, né à Montréal.

5e Br.   **VI**   **Nº 51.**

P.-JOSEPH CHOUINARD, fils de Julien V et de Emérentienne
Bernier.
FLAVIE DEFIE ou DEFOY en français.
Mariage au Wisconsin, vers 1875. V. Nº 15.

ENFANTS :

  1. **Délia,** née en 1877, au Wisconsin ; m. à George Gegare,
        à Green-Bay,   Wisconsin.
  2. **Louise,** née en 1878 ; m. à Abrahim Gegare.
  3. **Dizzie,** née en 1881 ; m. à Frank Hamacheck.
  4. **Joseph,** né en 1882, à Green-Bay ; célibataire.
  5. **Nilson,** né en 1883 ; célibataire.
  6. **Alice,** née en 1885 ; m. à John Vanmess.
  7. **Eddie,** né en 1890 ; célibataire. Green-Bay, Wisconsin.

5e Br.   **VI**   **Nº 52.**

JULIEN CHOUINARD, fils de Julien V et de Emérentienne
Bernier.
MARIE CHRISTLEY.
Mariage au Wisconsin, vers 1877. V. Nº 15.

ENFANTS :

  1. **Albert,** né vers 1880, à Wisconsin.
  2. **George,** né vers 1882.
  3. **Nilson,** né en 1883 ; marié.
  4. **Clarence,** né en 1885.
  5. **May,** née en 1887 ; décédée célibataire.

5e Br.   **VI**   **Nº 53.**

JOSEPH CHOUINARD, fils de Georges V et de Vitaline
St-Pierre.
SENNEVILLE GAUVIN.
Mariage à St-Jean, le 6 juillet 1880. V. Nº 21.

ENFANTS :

1. **Jos.-Léofred**, bap. le 6 juillet 1881 ; se marie le 25 fév-
      1908, avec Aurélie St-Pierre, de St-Aubert.
2. **Marie-Amanda**, bap. le 1er octobre 1882 ; se marie le 21
      juin 1919, à Olivier Emond, d'Ottawa   Enfant :
      Marie-Paul-Georgine.
3 **Marie-Azilda**, bap. le 20 janv. 1885 ; se marie avec Louis
      Dubé, le 23 janv. 1906.
4. **Joseph**, bap. le 24 juin 1886 ; se marie le 24 juin 1913, à
      Léa Pelletier.
5 **Alphée**, bap le 24 fév. 1888 ; marié le 7 fév. 1910, à Alphéda
      Caron.
6. **Joseph-Wilfrid**, bap. le 25 août 1889 ; se marie le 3 octobre
      1911 avec Anna Chouinard ; (dispense du 2e au 2e.)
7. **Marie-Alina**, bap le 20 janv. 1891 ; sép. le 13 juillet 1897.
8. **Marie-Edmond**, bap le 20 janv. 1892.
9. **Joseph-Blaise-Camille**, bap. le 18 juillet 1893 , se marie
      le 28 août 1916, à Marie-Louise Bourgault.
10. **Marie-Berthe-Alexandrine**, bap. le 25 nov. 1894 ;   mariée
      le 18 juin 1919, à Jean-Baptiste Prévost.
11. **Marie-Blanche-Albertine**, bap. le 1er juin 1897 ; déc le
      25 juin 1897.

5e **Br.**   **VI**   **N⁰ 54.**

**JOSEPH CHOUINARD, fils de David V et de Marie Caron.
GEORGINA BÉLANGER.**
      Mariage à St-Roch-des-Aulnaies. V. N⁰ 18.

ENFANTS :

1. **Joseph-Alfred**, bap le 1er juillet 1883 ; se marie, le 10 juil-
      let 1906, avec Delvina Pelletier, à St-Jean.
2 **M.-Georgina-Blanche**, bap le 19 nov. 1884 ; se marie le
      10 janv. 1905, avec Onésime Lavoie ; 11 enfants.
3 **Phidime-Zotique-Fernand-Edmond**, bap. le 23 avril 1886 ;
      se marie le 10 fév. 1919, à Alexandra Dubé.

4. **Jos.-Thomas-Albert**, bap. le 1er janv. 1887 ; m. à Gabrielle
    Dupont, le 19 août 1920.
5. **Marie-Dolorosa-Anne**, bap. le 3 déc. 1889 ; m. au capitaine
    Adrien Dubé, le 8 janv. 1917 ; inh. à St-Jean-Port-Joli,
    le 9 janv. 1919.
6. **Jos.-Georges-Wilfrid**, bap. le 26 janv. 1891.
7. **Léonie-Georgina**, bap. le 29 mars 1892.
8. **Marie-Eva-Lucia**, bap. le 11 janv. 1893 ; m. à Georges
    Leclerc, en juin 1915.
9. **Cyrille-André**, bap. le 19 sept. 1895 ; noyé dans un puits,
    à l'âge de 8 ans.
10. **Amédée**, né vers 1897.
11. **Marie-Emélie**, bap. le 20 janv. 1898 ; m. à Antonio Gagnon,
    le 8 janv. 1917 ; une fille : Marie-Anna.
12. **Joseph-François**, bap. le 23 nov. 1899.
13. **Marie Jeanne**, née en 1901, le 8 mars.
14. **Jean-Baptiste**, bap. le 9 sept. 1902.

5e Br.   **VI**   **N° 55.**

OCTAVE CHOUINARD, fils de Lazare V et de Clémentine
                                          Guimont.
AMANDA GUIMONT.
    Mariage à Dayton, Minn., le 25 nov. 1884. V. N° 20.
ENFANTS :

1. **Joseph-Octave**, né le 1er janv. 1886 ; gérant de la Farmers
    State Bank of Osseo, Minnesota.
2. **Marie-Azélie**, née le 25 nov. 1887 ; se marie le 31 octobre
    1905, à Ferdinand Desnoyers, Dayton.
3. **Joseph-Alphonse**, né le 18 août 1889 ; se marie à Florence
    Deschênes, à Alberteville, le 4 juin 1912.
4. **Marie-Fidélia**, née le 13 déc. 1892 ; se marie le 4 juin 1912,
    à Edmond Deschênes.
5. **Marie-Delvina**, née le 25 juillet 1894 ; se marie à Daniel
    Plaisance, le 14 octobre 1919.

6. **May-Joséphine**, née le 20 nov. 1896 ; se marie le 7 nov.
 1916, à Louis Deschênes. Enfant : Marie-Adèle, née
 le 5 nov. 1919.
7. **Louis-Achille**, né le 27 juin 1899.
8. **Alfred-Edmond**, né le 12 août 1900.
9. **Joseph-Laurent**, né le 10 sept. 1904.

5e Br.   VI   N° 56.

PHYDIME CHOUINARD, fils de David V et de Marie Caron.
ALMA LECLERC.
 Mariage le 2 fév. 1886, à St-Jean-Port-Joli. V. N° 18.
ENFANTS :
1. **Joseph-Octave-Phidime**, bap. le 29 mai 1887 ; inh. le 26
 sept. 1894, à St-Jean.
2. **Jos.-Salluste-Ernest**, bap. le 27 mai 1888 ; déc.
3. **Joseph-Arthur-Damase**, bap. le 6 nov. 1889 ; déc. le 5
 mars 1892.
4. **M.-Georgina-Amélia**, bap. le 26 janv. 1891.
5. **Jos-Arthur-Edmond**, bap. le 23 juillet 1894.
6. **Marie-Lucie-Eugénie**, bap. le 25 déc. 1895.
7. **Jos-Ernest-Gilbert**, bap. le 23 mai 1897.
8. **Vitaline-Léa**, bap. le 19 nov. 1898.
9. **Jean-Euclide**, bap. le 15 nov. 1900.
10. **Marie-Rose-Lidivine**, bap. le 5 janv. 1902.
11. **Joseph-Donat**, bap. le 4 sept. 1903.
12. **Jos.-Edouard-Robert**, bap. le 11 sept. 1904.
13. **Joseph-Maurice-Delphis**, bap. le 12 mars 1906 ; sép. le
 23 avril 1908.
14. **Marie-Yvonne**, bap. le 14 août 1907.

5e Br.   VI   N° 57.

FRANÇOIS CHOUINARD, fils de Ephrem V et de Luce Pelletier.
CLARA PICARD.
 Mariage à St-Aubert, le 1er sept. 1886. V. N° 26.

ENFANTS
1. **Alexina**, bap. à St-Aubert.
2. **François-Alfred**, bap. le 12 janv. 1889.
3. **Jos.-Georges**, bap. le 27 nov. 1891.
4. **Jos.-Arthur-Ernest**, bap. le 3 août 1896.

5e **Br.**   **VI**   N° 58.

JOS.-PHILÉAS CHOUINARD, fils de David V et de Marie
Caron.
LÉONTINE CARON.
          Mariage à St-Jean, le 16 nov. 1886. V. N° 18.
ENFANTS :
1. **Philéas-Jos.-Adélard**, bap. le 23 août 1887.
2. **Alice**, bap. vers 1889 ; se marie avec Jos.-Augustin-Gustave
          Gagnon, le 6 juillet 1909.
3. **Phidime**, bap. le 9 janv. 1890.
4. **Joseph-Amable**, bap. le 6 fév. 1891.
5. **Jos.-Napoléon-Sylvio**, bap. le 29 mars 1892.
6. **Aubert**, né le 16 mai 1893.
7. **Jos.-Amédée-Adrias**, bap. le 29 juillet 1894.
8. **Marie-des-Anges**, bap. le 2 août 1895.
9. **Léontine**, bap. le   ; inh. le 28 avril 1896.
10. **Jos.-Georges**, bap. le 29 sept. 1896 ; sép. le 26 fév. 1897.
11. **Marie-Emma**, bap. le 12 déc. 1897.
12. **Joseph-Joachim**, bap. le 14 mai 1899 ; sép. le 7 juin 1901.
13. **Maria-Rosa**, bap. le 12 sept. 1900 ; Sœur St-Benoît, des
          Religieuses de St-Joseph de St-Valier ; entrée en religion
          le 11 sept. 1916.
14. **Joseph-Edgar**, bap. le 14 avril 1902.

5e **Br.**   **VI**   N° 59.

FRANÇOIS CHOUINARD, fils de Georges V et de Vitaline
St-Pierre.
ZÉLIE COUILLARD, fille de Octave et de Sophie Chouinard.

Mariage à St-Jean-Port-Joli, le 6 fév. 1889. V. N° 21.
ENFANTS :
1. **Anna**, née le 22 juillet 1891 ; se marie le 3 octobre 1911,
   à Wilfrid Chouinard ; (disp. du 2e au 2e degré).
2. **Georges**, né le 29 août 1893 ; déc. le 15 nov. 1902.
3. **Albert**, né le 16 sept. 1894 ; se marie le 17 juillet 1916, à
   Emma Bélanger.
4. **Marie**, née le 1er nov. 1897.
5. **Antoine**, né le 22 juin 1902.

5e Br.   VI   N° 60.

JEAN-FLAVIEN CHOUINARD, fils de **Jean-Gualbert V** et
de **Marie-Rose Caron.**
HÉLÈNE BOIS.
Mariage le 21 octobre 1889, à St-Aubert. V. N° 30.
ENFANTS :
1. **Hélène**, bap. le 16 juin 1892 ; m. à J. Jean, notaire.
2. **Jean-Flavien**, bap. le 11 nov. 1893 ; m. à Mlle Sirois.
3. **Joseph-Félix**, bap. le 22 fév. 1895 ; inh. à St-Pamphile,
   le 3 août 1895.
4. **Anonyme**, né et inh. le 14 nov. 1896.
5. **Marie-Anna**, bap. le 29 juin 1898 ; sép. le 2 juillet suivant.
6. **Joseph**, né et inh. le 23 juin 1899.
7. **Marie-Blanche**, bap. le 16 mai 1900 ; sép. le 12 août 1901.
8. **Joseph-Pierre-Frédéric**, bap. le 21 nov. 1901.
9. **Joseph-Félix-Clément**, bap. le 30 mai 1904 ; sép. le 1er sept.
10. **Marie-Anne-Yvonne**, bap. le 18 nov. 1905.
11. **Marie-Jeanne**, bap. le 3 mai 1907.
12. **Un fils**, bap. et inh. le 9 octobre 1908.
   Le 13 octobre 1908, sép. de Hélène Bois, âgée d'environ 40 ans.

2e *Epouse*

ÉLISA LAGACÉ.
Mariage en nov. 1909, à Ste-Perpétue.
13. **Jos.-Gatien**, né et inh. en août 1917.
   Elisa Lagacé fut inhumée le 27 août 1917, à St-Pamphile.

3e *Epouse*

ELMIRE RUEL.
Mariage en janv. 1920, à Lauzon.

5e Br.   **VI**   **No 61.**

ÉPHREM CHOUINARD, fils de Lazare V et de Virginie Leclerc.
AURORE GAGNON, fille de Honoré et de Athalie Chrismann.
Mariage le 29 octobre 1889, à St-Jean-Port-Joli. V. No 20.
ENFANTS :
1. **Marie-Anne**, bap. le 13 octobre 1891 ; inh. à St-Jean, le 5 mars 1901.
2. **Marie-Rose-Dolorosa**, bap. le 27 sept. 1894 ; inh. à St-Jean, le 21 fév. 1901.
3. **Jos.-Arthur**, bap. le 26 mars 1896 ; soldat en Angleterre, du 15 juillet 1918 au 10 août 1919 ; m. à Clara Bard, le 27 juillet 1920, à St-Jean.
4. **Marie-Albertine**, bap. le 6 nov. 1897.
Le 31 décembre 1910, sép. d'Aurore Gagnon, âgée de 42 ans.

5e Br   **VI**   **No 62.**

HONORIUS CHOUINARD, fils de Louis V et de Adéline Caron.
CÉLINA PEARSON, fille de Louis et de Césarine Morin.
Mariage à Beddeford, Me., le 26 juin 1888. V. No 17.
ENFANTS :
1. **Marie-Elzire**, bap. le 9 déc. 1889, à Beddeford ; m. à Amédée Leclerc, le 30 octobre 1906, à St-Pamphile.
2. **Marie-Jeanne**, bap. le 21 janv. 1891 ; inh. le 8 octobre 1906, à St-Pamphile.
3. **Clara-Graziella**, bap. le 7 mai 1892 ; sép. à Beddeford, le 31 mai 1893.
4. **Louis-Honorius**, bap. à St-Pamphile, le 21 janv. 1894.
5. **Marie-Emma**, bap. le 27 fév. 1896 ; se marie à Polidor

Castonguay, le 23 janv. 1913 ; sép. à St-Pamphile, le 23 juin 1913.
6. **M.-Rose-Anna**, bap. le 28 juin 1898 ; se marie à Napoléon Chamard, le 21 mai 1917.
7. **Joseph-Adélard**, bap. le 21 mai 1901.
8. **Marie-Germaine**, bap. le 12 avril 1903.
9. **Joseph-Philippe**, bap. le 2 mai 1905.

5e **Br.**   **VI**   **N° 63.**

NAPOLÉON CHOUINARD, fils de David V et de Marie Caron.

GEORGINA LECLERC.
Mariage le 20 janv. 1892, à St-Jean. V. N° 18.
ENFANTS :
1. **Jos.-Napoléon-Odila**, bap. le 19 octobre 1892.
2. **Marie-Anna-Yvonne**, bap. le 22 juin 1895.
3. **Jos.-David-Magloire**, bap. le 3 sept. 1896.
4. **Marie-Natalie-Eugène**, bap. le 26 sept. 1897.
5. **Joseph-Léda**, bap. le 10 avril 1899.
6. **Régina-Alexina**, bap. le 20 déc. 1900.
7. **Jeanne**, bap. le 7 mars 1901.
8. **Gustave-Henri**, bap. le 19 janv. 1902.
9. **Jos.-Calixte-Léopold**, bap. le 23 nov. 1903.
10. **Rose-Régina**, bap. le 20 fév. 1905.
11. **Joseph-Delphis-Ernest**, bap. le 14 janv. 1907.
12. **Marie-Diana**, sép. le 1er juin 1908.
13. **François-Xavier**, bap. le 23 août 1908.
14. **Joseph-Emile-Charles**, bap. le 8 juin 1911.

5e **Br.**   **VI**   **N° 64.**

DÉSIRÉ CHOUINARD, fils de Pierre-Antoine V et de Christine Chouinard.

MARIE BÉLANGER.
Mariage le 27 nov. 1866, à St-Jean. V. N° 10.

ENFANTS :

1. **Marie-Mathilde**, bap. le 7 nov. 1869.
2. **Marie-Clara**, bap. le 30 octobre 1870.
3 **Désiré**, bap. le 16 mai 1872.
4. **Jos.-Arsène**, bap. le 25 août 1873.
5. **M.-Malvine**, bap. le 7 sept. 1874.
6. **M.-Rose de Lima**, bap. le 20 nov. 1875.
7. **Marie-Caroline**, bap. le 5 mars 1877.
8. **Antoine-Désiré**, bap. le 28 avril 1880.
9. **Antoine**, bap. le 23 avril 1882.
10. **Jos.-Cyprien**, bap. le 7 août 1884.
11. **Joseph-Arthur**, bap. le 5 déc. 1885.

5e Br.   **VI**   **No 65.**

PIERRE CHOUINARD, fils de Louis **V** et de Adéline Caron.
MARIE GAGNON.

   Mariage à St-Pamphile, le 5 juin 1882. V. No 17.

ENFANTS :

1. **Marie-Eva**, bap. le 19 octobre 1884, à St-Pamphile.
2. **Pierre**, bap. le 4 avril 1887.
3. **Joseph-Aimé**, bap. le 17 juin 1888 ; sép. le 30 sept. suivant.
4. **Marie-Edith**, bap. le 22 déc. 1889.

5e Br.   **VI**   **No 66.**

AMÉDÉE CHOUINARD, fils de Joseph **V** et de Angélique
                     Dubé.
CÉLINA PERREAULT.

   Mariage à Greenville, le 20 janv. 1892. V. No 27.

ENFANTS :

1. **Marie-Anne**, bap. le 25 mars 1894 ; m. à Franq Dancause.
2. **Eva**, bap. aux Etats-Unis en 1895 ; m. à Wilfrid Chrétien.
3. **Rose-Hilda**, bap. le 19 juin 1896.
4. **Alfred**, bap. le 26 octobre 1897 ; m. à Laura Chrétien.

5. **Arthur,** bap en 1899.
6 **Régina,** bap. aux Etats-Unis

5e **Br.**   **VI**   **Nᵒ 67.**

ATHANASE CHOUINARD, fils de Joseph V et de Angélique
Dubé.

CÉLINA DUVAL, fille de Philippe.
          Mariage le 16 août 1892, à St-Jean-Port-Joli. V. Nᵒ 27.
ENFANTS :
  1. **Stanislas-Ovide,** bap. le 26 mai 1893, à St-Jean.
  2. **Marie-Anna,** bap. le 18 mai 1894 ; m. à M. Pelletier.
  3. **Marie-Corinne-Amanda,** bap. le 31 déc. 1896 ; sép. le
          20 octobre 1899
  4. **Marie-Alexina,** bap. le 20 déc. 1897.
  5. **Philippe-Lévi,** bap le 12 nov. 1898.
  6. **Marie-Amanda-Justine,** bap. le 30 août 1900 ; sép. le 23
          juillet 1901.
  7. **Marie-Aurore,** bap le 11 août 1901
          Le 27 août 1901, sép. de Célina Duval
2e *Epouse*
ALBINA DESROSIERS, fille de Hospice.
          Mariage à St-Jean, le 13 mai 1902.
  8 **Marie-Cécile-Albina,** bap. le 6 mars 1904.
  9. **Jean-Joseph-Hospice,** bap le 21 juillet 1907.

5e **Br.**   **VI**   **Nᵒ 68.**

JEAN-BAPTISTE CHOUINARD, fils de Siméon V et de
Philomène Côté.
MARIE-ANNA LECLERC, fille de François et de M. Deschênes.
          Mariage à St-Jean, le 31 janv. 1893. V. Nᵒ 29.
ENFANTS :
  1. **Joseph-Irénée,** bap. le 10 fév. 1894, à St-Jean.
  2 **Marie-Anna-Eugénie,** bap. le 26 mars 1895.
  3. **M.-Rose-Elianne,** bap. le 17 octobre 1896.

272ª

SAINT-JEAN-PORT-JOLI EN 1920.

SUR LE SOL DE CETTE BELLE PAROISSE, SONT NÉES LES QUATRE PREMIÈRES GÉNÉRATIONS DE LA FAMILLE CHOUINARD AU CANADA.
L'ACTE DE CONCESSION, DU DOMAINE DE JACQUES CHOUINARD, EST DATÉE DU 27 OCTOBRE 1698.

P. LIV

4. **Joseph-Emile**, bap. le 20 avril 1898.
5. **Marie-Paule**, bap. le 29 octobre 1899 ; sép. le 1er avril 1900.
6. **Marie-Anna**, bap. le 14 mars 1901.
7. **Jos.-Clément-Gérard**, sép. le 23 juillet 1903.
8. **Jos.-Jean-Thomas**, bap. le 28 août 1904.
9. **Joseph-Léon**, bap. le 9 avril 1906.

2e *Epouse*

EMILIA JEAN.
Mariage le 29 sept. 1908, à St-Jean.

5e Br.   **VI**   **N⁰ 69.**

SIMÉON CHOUINARD, fils de Siméon V et de Philomène
Côté.
ALICE CARON.
Mariage à St-Aubert, le 10 octobre 1893. V. N⁰ 29.
ENFANT :
1. **Marie-Alice**, bap. le 2 octobre 1894.

5e Br.   **VI**   **N⁰ 70.**

RÉMI CHOUINARD, fils de Lazare V et de Virginie Leclerc.
ATTALA DUBÉ, fille de Joachim et de M. Deschênes.
Mariage le 10 janv. 1893, à St-Jean. V. N⁰ 20.
ENFANTS :
1. **Jos.-Alphonse-Albert**, bap. le 20 nov. 1893 ; (Alphée).
2. **Maria-Attala**, bap. le 4 juillet 1895 ; se marie avec Ferdinand Chouinard, le 15 fév. 1916, à St-Aubert.
3. **Jos.-Emile-Albini**, bap. le 24 nov. 1896 ; déc. le 13 avril 1897.
4. **Jos.-Aubert**, bap. le 9 fév. 1898.
5 **Joseph-Alfred**, bap. le 21 mars 1899 ; déc. le 6 sept. 1899.
6. **Marie-Anna**, bap. le 11 août 1900 ; inh. le 4 mai 1903.
7. **Joseph-Alphonse**, bap. le 12 nov. 1901.
8. **Jos.-Fernand**, bap. le 26 avril 1903.
9. **Joseph-Amédée-Sylvio**, bap. le 12 nov. 1904.

10. **Joseph-Omer**, bap. le 19 juillet 1906.
11. **Joseph-Arthur**, bap. le 17 fév. 1908 ; déc. le 7 sept. 1908.
12. **Jos.-Omer-Léon**, bap. le 31 mars 1911.
13. **Joseph-Ernest**, bap. le 16 août 1912
14. **Marie-Irène**, bap. le 10´ juillet 1914.
15. **Roland**, bap le 4 déc. 1915.
16. **Anonyme**, sép. en 1913

5e **Br.**   **VI**   **N⁰ 71.**

EUGÈNE CHOUINARD, fils de Siméon **V** et de Philomène
                                                     Côté.

GRACIEUSE BÉLANGER.
        Mariage en 1893. V. N⁰ 29.
ENFANTS :
  1. **Jos.-Eugène**, bap. le 9 sept. 1894.
  2. **Joseph**, bap. le 24 mai 1896.
  3. **Jos.-Alphonse**, bap le 26 nov 1897
  4. **Jos.-Jean-Baptiste**, bap. le 12 mars 1901 ; déc le 15 avril.
  5. **Jos.-Jean-Baptiste**, bap le 6 mai 1902.
  6. **Phidime**, bap. le 2 août 1903.
  7. **Jos.-Jean-Baptiste**, bap le 4 août 1904 ; déc. le 20 août.
  8. **Joseph-Erasme**, bap. le 29 juillet 1905.
  9. **Joseph-Rosaire-Amédée**, bap. le 1er octobre 1906.
10. **Joseph-Gérard**, bap. le 29 mars 1908.
11 **Marie-Emma**, bap. le 29 août 1909.
                2e Epouse
ALICE ROBICHAUD, veuve de G. Pellerin.

5e **Br.**   **VI**   **N⁰ 72.**

JOSEPH CHOUINARD, fils de Eusèbe **V** et de Angèle Leclerc.
DÉLIMA GAGNON, fille de Louis.
        Mariage à St-Pamphile, le 17 juin 1895. V. N⁰ 22
ENFANTS
  1 **Clara-Délima**, bap. le 6 mai 1896, à St-Pamphile.

2. **Jos.-Charles**, bap. le 11 avril 1897 ; sép. le 21 août.
3. **Louis-Jos.-Zéphirin**, bap. le 17 juin 1898 ; sép. le 30 mai 1899.
4. **Louis-Hubert**, bap. le 20 mai 1900.
5 **Marie-Anne**, bap. le 22 sept. 1901 ; sép. le 31 déc. suivant.
6. **Jos.-Adalbert**, bap. le 9 mai 1905.
7. **Marie-Alice**, bap. le 9 mai 1907.

2e *Epouse*

MARIE PRUNEAU.
 Mariage à St-Pamphile, en novembre 1908.

5e Br.   **VI**   **No 73.**

ALEXANDRE CHOUINARD, fils de Jean-Gualbert **V** et de
                                          Marie-Rose Caron.
EMMA FORTIN.
 Mariage le 24 sept. 1895, à St-Pamphile. V. No 30.
ENFANTS :
 1. **Marie-Emma**, bap. le 1er octobre 1897.
 2. **Marie-Eva**, bap. le 26 octobre 1898.
 3. **Jean-Alexandre**, bap. le 26 mars 1900.
 4. **Rose-Alma**, bap. le 13 août 1901.
 5. **Marie-Elanche**, bap. le 27 janv. 1903.
 6. **Marie-Elise**, bap. le 24 avril 1904.
 7. **M.-Juliette-Simonne**, bap. le 15 mai 1906.
 8. **Albert-Olivier**, bap. le 8 mars 1908.
 9. **Marie-Louise**, bap. le 22 mars 1910 à St-Pamphile, Comté de L'Islet ; jumelle de Marie-Antoinette et de Joseph-Alphonse.
10. **Marie-Antoinette**, bap. le 22 mars 1910 ; déc. le 25 juillet 1910 ; jumelle de Marie-Louise et de Joseph-Alphonse.
11. **Joseph-Alphonse**, bap. le 22 mars 1910 ; déc. le 17 avril 1910 ; jumeau de Marie-Louise et de Marie-Antoinette.
12. **Louis-Philippe**, bap. le 24 août 1911.

5e Br.   **VI**   **N° 74.**

ÉRASME CHOUINARD, fils de Joseph V et de Angélique
Dubé.

MARIE LAVERY.
        Mariage le 20 avril 1896. V. N° 27.
ENFANTS :
  1. **Marie-Hermance,** bap. le 11 mars 1897 ; m. à M. Moreau.
  2. **Jos-Hector,** né en 1899.
  3. **Marie-Jeanne Georgie,** bap le 22 mai 1901.
  4. **Marie-Anna,** bap. le 26 juillet 1902 ; sép. le 30 sept. 1902.
  5. **Emma-Albertine-Fernande,** bap. le 13 déc. 1903.
  6. **Marguerite-Anita,** bap. le 2 sept. 1905.
  7. **Joseph-Agésilas,** bap. le 11 nov. 1906.
  8. **François-Xavier,** bap. le 3 déc. 1909.
  9. **Jos.-Georges-Fernand,** bap. le 11 janv. 1911.
10. **Joseph-Charles-Eugène,** bap. le 31 juillet 1912.
11. **Jacques,** bap. en 1914.
12. **Gemma,** bap. en 1915.
13. **Roland,** bap. vers 1917.
14. **Thérèse,** bap. vers 1919.

5e Br.   **VI**   **N° 75.**

ALFRED CHOUINARD, fils de Cyprien V et de Henriette
Moreau.

CLARA CARON, fille de Flavien.
        Mariage le 23 nov. 1897, à St-Jean-Port-Joli. V. N° 28.
ENFANTS :
  1. **Zénophile,** né le 21 janv. 1906, à Ste-Anne de Beaupré.
  2. **Zulma,** née le 24 fév. 1909.
  3. **Claire-Alba,** bap. le 18 mars 1914.

5e **Br.**   **VI**   **N⁰ 76.**

**ESDRAS CHOUINARD, fils de Damase V et de Hélène Caron.
CHARLOTTE CYR.**

> Mariage à Montréal. V. N⁰ 25.

ENFANTS :

1. **Jos.-Esdras-Anatole,** bap. le 10 déc. 1898.
2. **François-Xavier,** bap. le 15 sept. 1901 ; sép. le 6 avril 1903.
3. **Hélène,** bap. le 20 août 1903 ; sép. le 20 août 1904.
4. **Jos.-Arthur-Wilfrid,** bap. le 23 sept. 1904.
5. **Marie-Yvonne,** bap. le 29 août 1905.
6. **Joseph-Sylvio-Henri-René,** bap. le 9 sept. 1906 ; déc. le 30 mai.
7. **Marie-Rose-Délia,** bap. le 29 octobre 1907.
8. **Marie-Gracieuse,** bap. le 1er fév. 1909.
9. **Marie,** bap. le 24 janv. 1910.
10. **Marie-Alberta,** bap. le 26 fév. 1911.
11. **Joseph-Antoine-Marc,** bap. le 26 avril 1912.

5e **Br.**   **VI**   **N⁰ 77.**

**PIERRE CHOUINARD, fils de Pierre V et de Philomène
Bélanger.
HÉLÈNE PATENAUDE.**

> Mariage à Oakwood, N. Dakota, le 9 juillet 1898
> V. N⁰ 23.

1. **Ernest,** né le 15 avril 1899, à Elk River.
2. **Arthur,** né le 24 mars 1902, à Dayton.
3. **Aleidas,** né le 30 avril 1905.
4. **Ida,** née le 8 janv. 1908.
5. **Albert,** né le 17 avril 1911.
6. **Pierre,** né le 28 sept. 1913.

5e Br.   **VI**   **N° 78.**

ALFRED CHOUINARD, fils de Joseph V et de Angélique Dubé.
MATHILDA BÉLANGER.
          Mariage à Greenville en 1898. V. N° 27.
ENFANTS :
  1. **Sylvio,** bap. en 1899.
  2. **Amédée,** bap. en 1901.
  3. **Mathilde,** bap. en 1903.
  4. **Jean-Thomas,** bap. en 1910.
  5. **Marie-Graziella,** bap. en 1912.
  6. **Jean-Julien,** déc. jeune.
  7. **Paul-Henri,** né vers 1915.

5e Br.   **VI**   **N° 79.**

TÉLESPHORE CHOUINARD, fils de Magloire V et de Scho-
                              lastique Caron.
PHILIPPINE DESCHÊNES.
          Mariage le   , à St-Roch-des-Aulnaies. V. N° 24.
ENFANTS :
  1. **Yvonne,** bap.
  2. **Fernande,** bap. le 27 août 1901.
  3. **Télesphore,** bap. en 1911.

5e Br.   **VI**   **N° 80.**

LAZARE CHOUINARD, fils de Lazare V et de Virginie Leclerc.
ELMINA CHAMARD, fille de Louis et de Valérie Dupont.
          Mariage à St-Jean, le 12 fév. 1901. V. N° 20.
ENFANTS :
  1. **Joseph-Jean-Baptiste Delphis,** bap. le 14 nov. 1901 ; inh.
     avec solennité le 22 octobre 1904, à St-Jean. Déc.
     le 20 octobre.
  2. **Marie-Rose-Corinne,** bap. le 23 juin 1904. Diplomée, 1921
  3. **Joseph-Jean-Baptiste-Delphis,** bap. le 22 mai 1906.

5e Br.   **VI**   **N⁰ 81.**

THOMAS CHOUINARD, fils de **Lazare V** et de **Virginie Leclerc.**
MARIA MORIN, fille de **Jules** et de E. Bernier.
      Mariage à St-Jean, le 18 nov. 1902. V. N⁰ 20.
ENFANTS :
1. **Marie-Anna-Léopoldine**, bap. le 9 août 1903, à St-Jean-Port-Joli.
2. **Jos.-Albert-Jules**, bap. le 17 sept. 1904.
3. **Lucienne-Régina**, bap. le 25 nov. 1905.
4. **Joseph-Thomas-Rodolphe**, bap. le 15 mars 1908.
5. **Joseph-Georges-Léon**, bap. le 18 mars 1911.
6. **Marie-Irène-Lucia**, bap. le 13 août 1914.
7. **Joseph-Pierre-Luc**, bap. le 27 janv. 1916.
8. **Marie-Eugénie-Corinne**, bap. le 4 sept. 1918, à St-Jean.

5e Br.   **VI**   **N⁰ 82.**

JOS.-ÉMILE CHOUINARD, fils de Jean-Gualbert V et de
Marie-Rose Caron.
MARIA-ÉDITH LEGROS.
      Mariage en 1905. V. N⁰ 30.
ENFANTS :
1. **Jos.-Gérard-Emile**, né le 18 janv. 1906.
2. **Jean-Jacques**, né le 9 août 1907.
3. **M.-Blanche-Béatrice**, née le 5 janv. 1909.
4. **Marie-Paule**, née le 27 avril 1910.
5. **M.-Simonne-Juliette**, née le 23 août 1911 ; déc. le 11 avril 1914.
6. **Marie-Jacqueline**, née le 8 déc. 1912.
7. **Marie-Thérèse-Cécile**, née le 11 mars 1914.

5e Br.   **VI**   **N⁰ 83.**

ARTHUR CHOUINARD, fils de Louis V et de Adéline Caron.
ANNA DUVAL, fille de Zéphir.
      Mariage à St-Pamphile, en 1904. V. N⁰ 17.

ENFANTS .
1. **Pierre,** bap le 29 janv. 1905
2. **Marie-Jeanne,** bap. le 14 août 1908.
3. **David,** bap. le 17 avril 1909.
4. **Rose-Eva,** bap le 27 juillet 1910.
5. **Pamphile,** bap. le 23 déc 1911.
6. **Camil'e,** bap. le 27 juillet 1916.

5e **Br.**   **VI**   N⁰ **84.**

ARTHUR CHOUINARD, fils de Pierre **V** et de Séraphine
Lemieux.
ROSE-ANNA PELLETIER.
      Mariage à Ste-Anne de la Pocatière, en juin 1905.
      V. N⁰ 23.
ENFANTS :
1. **Joseph,** bap le 27 mars 1906, à Notre-Dame du Portage.
2. **Aline,** bap. le 24 août 1907
3. **Jean-Thomas,** bap le 21 sept 1908.
4. **Marie-Thérèse-Lucienne,** bap. le 22 janv. 1910.
5. **Marie-Rose,** bap. le 12 août 1911.
6. **Anna-Marie,** bap le 4 mai 1913
7. **Livine,** bap le 21 mars 1915.
8. **Henri,** né le 22 avril 1917
9. **Jos.-Edouard-André,** né en octobre 1918.
10 **Joseph-Arthur,** bap. en juillet 1920

5e **Br.**   **VI**   N⁰ **85.**

JOSEPH-MARIE CHOUINARD, fils de Magloire **V** et de
Scholastique Caron.
DORILLA-CLAUDIA GAUTHIER.
      Mariage à Cantal, Sask., le 23 mai 1905. V N⁰ 24
ENFANTS :
1. **Jos.-Edmond-Emile-Omer,** bap. le 2 janv. 1907, à Cantal,
Sask.

2. **M.-Emélie-Claudia-Délia**, née le 6 mai 1908.
3 **Joseph-Albert**, né le 6 juin 1909
4. **Omer-Joseph**, né le 22 nov. 1910.
5. **Marie-Mathilda**, née le 24 fév. 1912.
6. **Jos.-Louis-Magloire**, né le 21 mai 1913.
7. **Louis-Rosario-Jos.**, né le 29 octobre 1914.
8. **Damase-Lucien-Joseph**, né le 14 mai 1916.
9. **Marie-Anna-Véronique**, née le 8 août 1917.
10. **Marie-Bernadette-Lætitia**, née le 9 nov. 1918.
11. **Joseph-Aimé-Louis** né le 23 mars 1920, à Cantal, Sask. ;
    déc le 29 mars 1920.

5e Br.   **VI**   **N° 86.**

BARTHELÉMY CHOUINARD, fils de Jean-Gualbert V et de
    Marie-Rose Caron.
EUPHÉMIE CHOUINARD, fille de Benjamin et de Euphémie
    Castonguay.

    Mariage le 27 nov. 1906, à St-Jean. V. N° 30.
ENFANTS :
1. **Joseph-Jean-Benjamin**, bap. le 23 déc. 1907.
2. **Marie-Anna-Euphémie**, bap. le 16 mai 1909.
3 **Marie-Jeanne-Attala**, bap. le 3 août 1910.
4. **Jos.-Louis-Martin**, bap le 11 nov. 1911
5. **Marie-Joséphine**, née le 13 avril 1913.
6. **Joseph-François-Euclide**, né le 4 juin 1915.
7. **Simonne-Elmina**, née le 7 octobre 1916
8. **Marie-Alice**, née le 5 avril 1919.
9. **Claire**, bap. en 1921, le 2 fév.

5e Br.   **VI**   **N° 87.**

ANTOINE CHOUINARD, fils de Jean-Gualbert V et de Marie-
    Rose Caron.
JULIANA NADEAU.

    Mariage à Notre-Dame du Portage, le 27 avril 1908.
    V. N° 30.

ENFANTS :
1. Joseph-Ovide-Antoine, bap. le 12 juin 1909; déc. le 14 juin 1909.
2. Jos.-Louis-Roger, bap. le 5 janv. 1911
3. Marie-Louise-Jeanne-d'Arc, née le 27 juin 1912 ; déc. le 8 nov. 1916.
4. Joseph-Amédée-Raymond, né le 19 août 1913.
5 Jos.-Guy-Alphonse, né le 14 sept. 1915 ; déc le 7 nov. 1916.
6. Marie-Jeanne-d'Arc, née le 31 déc. 1916 ; déc. le même jour.
7. Marie-Jeanne-Mance, née le 31 déc. 1916 ; jumelle de Marie-Jeanne-d'Arc ; déc le 1er janv. 1917.
8. Bernadette-Gemma, bap. le 25 juin 1918.
9 M.-Régina-Fernande, bap le 4 octobre 1919.

5e Br.   VI   N° 88.

MARC CHOUINARD, fils de Jean-Gualbert V et de Marie-Rose Caron.

LAURA OUELLET.

Mariage le 3 août 1908   V N° 30

ENFANTS :
1. Jean-Luc, bap. le 13 déc 1909.
2. Gertrude, bap le 6 sept 1911 ; déc. le 22 janv. 1912.
3. Benoît, bap. le 8 déc. 1912 ; déc. le 29 du même mois.
4. Paul, bap. le 14 janv. 1914.
5. Dorothée, née le 3 juin 1915.
6. Louis-Philippe, né le 31 août 1916 ; déc. le 15 sept. 1916.
7. Clément, né le 23 nov. 1917.
8. Lucie, née le 8 sept 1919

5e Br.   VI   N° 89.

ROMUALD CHOUINARD, fils de Jean-Gualbert V et de Marie-Rose Caron.

(1) M. BLANCHE FORTIN, fille de Maxime et de Alphonsine Deschênes.

Mariage le 4 août 1908, à St-Aubert. V. Nº 30.
ENFANTS :
 1. **Jean-Charles**, né le 14 mai 1908 ; déc. le 10 sept. 1910.
 2. **Rosanne-Rolande**, née le 10 mai 1910.
 3. **Paul-Henri**, né le 3 août 1911 ; déc. le 21 octobre 1913.
 4. **M.-Reine-Lucienne**, née le 16 octobre 1912.
 5. **Marie-Marthe**, née le 3 avril 1914.
 6. **Philippe-Benoît**, né le 23 août 1915.
 7. **Daniel-Bernard**, né le 15 juillet 1917.
 8. **Léandre-Yve**, né le 12 janv. 1919.
 9. **Marie-Louis-Camille**, bap. le 1er mai 1920.
 (1) Sœur de M. l'abbé Maxime Fortin, l'aumônier général des "Unions ouvrières catholiques."

5e Br.   **VII**   **Nº 90.**

JOSEPH CHOUINARD, fils de Germain VI et de Madeleine
                                                   Martin.
PHILOMÈNE SMITH.
        Mariage à Sandy Bay, le 28 mai 1879. V. Nº 45.
ENFANTS :
 1. **Marie-Delvina**, bap. le 28 août 1881.
 2. **Joseph-Alfred**, bap. le 20 nov. 1884
 3 **Joseph**, bap. le   ; sép. le 9 déc. 1880.

5e Br.   **VII**   **Nº 91.**

NAPOLÉON CHOUINARD, fils de Benjamin VI et de Gene-
                                             viève Bélanger.
LÉOPOLDINE VAILLANCOURT.
        Mariage à la Rivière-du-Loup, le 2 sept. 1879. V. Nº 37.
ENFANT :
 1.**Charles-Barromé**, bap. en déc. 1880 ; inh. à la Rivière-du-
        Loup, le 5 juin 1881.

ₑ **Br**   **VII**   N⁰ 92.

LÉON CHOUINARD, fils de François VI et de Ursule Cloutier.
HENRIETTE DUBÉ.

> Mariage le 25 juillet 1882, à St-Jean. V. N⁰ 35.

ENFANTS :

1. **Joseph-Ferdinand**, bap. le 1ᵉʳ mars 1886.

2ᵉ Epouse

MARIE-ANNE PELLETIER.

> Mariage à Ste-Anne de la Pocatière.

2. **François-Napoléon**, bap. le 5 fév. 1888.
3. **Alexina**, bap. le 11 juin 1889

5ₑ **Br.**   **VII**   N⁰ 93.

JOSEPH CHOUINARD, fils de Antoine VI et de Séraphine
Bourgault.

SÉNÉGONDE CASTONGUAY.

> Mariage le 8 mai 1882, à St-Jean-Port-Joli. V. N⁰ 33.

ENFANTS :

1. **Jos.-Noël**, bap. à Ste-Louise, le 13 janv. 1893.
2. **Josaphat**, bap. le 2 juin 1894.
3. **Marie-Delvina**, bap. le 20 déc. 1895.

5ₑ **Br.**   **VII**   N⁰ 94.

JOSEPH CHOUINARD, fils de Eusèbe VI et de Sophie Dupont.
ELMINA PELLETIER.

> Mariage le 25 fév. 1884, à St-Jean. V. N⁰ 34.

ENFANTS :

1. **Joseph-Adalbert**, bap. le 27 mars 1885.
2. **Elmire**, née en   ; m à Amédée Fortin, le 5 fév. 1907, à
   St-Jean-Port-Joli.

5e Br.   **VII**   **N° 95.**

ARMEL CHOUINARD, fils de Servule VI et de Sophronie
Mercier.

EMMA BOURGAULT.
     Mariage en 1886.   V.   N° 43.
ENFANTS :
 1. **Marie-Louise-Emma**, bap. le 28 mars 1887 ; sép. le 7 mai 1888.
 2. **Jos.-Honoré**, bap. le 7 juillet 1888.
 3. **Jean-Baptiste-Armel**, bap. le 5 avril 1890.
 4. **Jos.-François-Xavier**, bap. le 7 juin 1892.
 5. **Joseph-Servule**, bap. le 11 août 1893.
 6. **Joseph-Thomas**, bap. le 2 juin 1895.
 7. **Joseph-Josaphat**, bap. le 27 juin 1897 ; déc. le 30 août.
 8. **Joseph-Adélard**, bap. le 29 octobre 1898.
 9. **Joseph-Eugène**, bap. le 10 janv. 1900.
10. **Joseph-Léon**, bap. le 21 mai 1901.
11. **Marie Emma**, bap. le 9 juin 1902.
12. **Joseph-Omer**, bap. le 14 août 1903.
13. **Régina**, bap. le 14 mai 1905.
14. **Marie-Anne-Jeanne**, bap. le 13 juillet 1906

5e Br.   **VII**   **N° 96.**

TÉLESPHORE CHOUINARD, fils de Noël VI et de Modeste
Beaulieu.

CLÉMENCE CHOUINARD, fille de Charles et de Clarisse Roy.
     Mariage à St-Modeste, le 26 octobre 1886. Disp. du
     2e au 2e degré.   V.   N° 36.
ENFANTS :
 1. **Eva**, bap. le 17 juillet 1887, à St-Modeste.
 2. **Marie**, bap. le 30 janv. 1892.
 3. **Joseph**, bap. le 7 janv. 1894.
 4. **Jean-Baptiste**, bap. le 31 mars 1895 ; Clerc de St-Viateur ;
     entré en religion le 15 août 1910.
 5. **Sara**, bap. le 1er juillet 1897.

6. **Valentine**, bap. le 8 fév. 1898.
7. **Soter**, bap le 21 avril 1901.
8. **Brigitte**, bap. le 8 octobre 1902.
9. **Marie-Anne**, bap. le 22 août 1904.

5e Br.   VII   No 97.

EUSÈBE CHOUINARD, fils de Eusèbe VI et de Philomène Caron.

ROSE-DE-LIMA OUELLET, fille de Achille et de Adèle Toussaint.

Mariage à St-Jean-Port-Joli, le 9 nov 1886 V. No 34.

ENFANTS :

1. **Marie-Anna**, bap. le 24 août 1887, à St-André de Kamouraska, se marie le 14 juin 1920, à Jean-Marie Gagnon de Québec.
2. **Maria**, bap. le 17 août 1888 ; inh. à St-André le 18 nov. 1888.
3. **Joseph-Honoré**, bap le 2 août 1889 ; inh. le 8 sept.
4. **Philéas**, bap. le 6 octobre 1890 ; m à Adrienne Laprise, le 17 fév. 1915, à Ste-Perpétue
5. **Marie-Régina**, bap. le 15 avril 1892 ; elle se marie le 31 janv 1910, à Thomas Robichaud, à St-Damase, L'Islet.
6. **J.-Alfred**, bap le 7 avril 1893 ; m. à Alice Vézina, le 12 juin 1916, à l'Ange-Gardien.
7. **Marie-Philomène**, bap. le 6 août 1894, à St Damase de L'Islet ; inh. en sept suivant.
8. **Marie-Eugénie**, bap. le 3 sept. 1895 ; sép. en fév. 1898
9. **Marie-Anne-Elisa**, bap. le 29 sept. 1896 ; m. à Alphonse Chouinard, le 26 juin 1916, à St-Damase.
10. **Marie-Rose**, bap. le 9 nov. 1897 ; m. à Odilon Bilodeau, le 27 nov 1917, à St-Damase.
11. **Marie-Adèle**, bap. le 27 janv. 1899 ; m à Camille Chouinard, le 27 août 1916, à St-Damase.
12. **Joséphine**, née le 27 avril 1900.
13. **Arsène**, né le 25 juillet 1901.
14. **Marie-Léa**, née le 23 déc 1902 ; déc. le 23 mai 1903.
15. **Jos.-Salluste**, né le 13 sept. 1904 ; déc le 27 nov

16. **Amanda**, née le 2 mars 1906.
17. **Jos.-Jean-Gérard**, né le 24 nov. 1908 ; déc. le 9 nov. 1912.
18. **Jos.-Albert**, né le 8 juin 1910.

5ᵉ Br.   **VII**   **Nᵒ 98.**

HERMÉNÉGILDE CHOUINARD, fils de Herménégilde VI
                                    et de Adélaïde Fortin.
VICTOIRE PERREAULT.
     Mariage à St-Jean, le 21 nov 1887. V. Nᵒ 46
ENFANTS ·
  1. **Albertine**, bap. le 4 nov. 1890 ; se marie avec Lauréat
      Morency, le 22 nov. 1910.
  2. **Marie-Lucia-Clara**, bap le 22 déc. 1891.
  3. **Joseph-Victor-Adrien**, bap. le 22 mars 1894 ; inh. à Montréal,
      en mars 1921.
  4. **Jos.-Alphonse**, bap le 3 août 1895 ; m. à Marie-Anne-
      Elisa Chouinard, le 26 juin 1916, à St-Damase.
  5. **Jos.-Wilfrid-Rosario**, bap. le 27 sept. 1896.
  6. **Josaphat-Ernest**, bap. le 3 janv. 1898 ; m à Marie-Ange
      Houle, en octobre 1918.
  7. **Jacques-Raoul**, bap. le 24 mars 1900 ; sép le 31 juillet 1920,
      à St-Jean-Port-Joli. Noyé au Lac Long.
  8. **Marie-Marguerite-Bertha**, bap. le 19 juin 1901
  9. **Joseph-Romuald-Théodore**, bap le 23 octobre 1902
10. **Marie-Cécilia-Emilia**, bap. le 2 janv. 1904 ; se marie à
      Josaphat Leclerc, le   janv. 1920, à St-Jean-Port-
      Joli.
11. **Joseph-Gonteau**, bap. le 13 juillet 1905.
12. **Aurélie-Anita**, bap le 11 sept. 1906.
13. **Joseph-John**, bap. le 30 octobre 1907.

5ᵉ Br. ·   **VII**   **Nᵒ 99.**

JOSEPH-FERDINAND CHOUINARD, fils de François VI
                                    et de Ursule Cloutier.
MARIE-AGLAÉ MOREAU, fille de Pierre.

Mariage le 8 fév. 1888, à St-Aubert. V. N° 35.

ENFANTS :

1. **Joseph-Georges,** bap. le 14 juillet 1889 ; m. à Régina
   Mercier, en 1912.
2. **François-Ernest,** bap. le 10 sept. 1890 ; se marie à Anna
   Fortin, en octobre 1914.
3. **Marie-Anna,** bap. le 30 sept 1891 ; m à Demétrius Robichaud, en 1913 ; déc. le 18 janv. 1914.
4. **Joseph-Albert,** bap. le 21 déc 1892 ; inh. le 12 juillet 1893.
5. **Marie-Alma,** bap. le 4 janv. 1894 ; m. à Demétrius Robichaud en 1915. Dispense du 2e au 2e degré.
6. **Jos -Ferdinand,** bap le 27 janv. 1895 ; se marie avec Maria-
   Attala Chouinard, fille de Remi, le 15 fév. 1916.
7. **Georgina,** bap le 24 juin 1896 ; déc. le 28 janv. 1899.
8. **Louis-Omer,** bap. le 29 août 1897 ; déc. le 1er octobre.
9. **Aubert-Emile,** bap. le 13 déc. 1898 ; entré au Collège
   Ste-Anne, en 1912 ; ecclésiastique, tonsuré le 19 mars
   1918.
10. **Joseph-Alfred,** bap. le 10 mars 1900.
11. **François-Xavier,** bap. le 11 sept. 1902.

5e Br.   **VII**   **N° 100.**

**PHILÉAS CHOUINARD, fils de Joseph VI et de Georgina
                                                  Dionne.**

MÉRILDA D'AMOURS.

Mariage vers 1890. V. N° 39.

ENFANTS :

1. **Eva,** bap le   ; déc. à l'âge de 24 ans.
2. **Marie-Anne,** née vers 1892, à la Rivière-du-Loup.   .
3. **Joseph,** bap. le   ; déc. à 17 ans.
4. **Léon,** déc. à l'âge d'un an.
5. **Marguerite,** née en 1895.
6. **Elisa,** née en 1897.
7. **Lucienne,** née vers 1899.

(Saint-Jean-Port-Joli)   MANOIR DE GASPÉ ET SES DÉPENDANCES.
DU CÔTÉ EST DE CE DOMAINE SEIGNEURIAL, A DROITE SUR CETTE GRAVURE, LA FERME VOISINE FUT CONCÉDÉE A JACQUES CHUISNARD QUI SEMBLE AVOIR ÉTÉ L'HOMME DE CONFIANCE DE CHARLES AUBERT DE LA CHENAYE.

P. XLVIII

2e Epouse

ADRIENNE LABBÉ.
>   Mariage vers 1901.
8. **Yvonne**, née en 1903, à la Rivière-du-Loup.
9. **Blanche**, née en 1904.
10. **Henri**, né en 1906.
11. **Adélard**, bap. le 2 janv. 1908.
12. **Isidore**, déc. à l'âge de 2 ans.
13. **Gérard**, né en 1910.
14. **Isidore**, déc. jeune.
15. **Marie-Berthe**, née en 1912.
16. **Paul-Emile**, né en 1913.
17. **Léda**, née vers 1915.
18. **Marie-Ange**, née vers 1916.
19. **Gabriel**, né en 1917, à la Rivière-du-Loup.

5e Br.   **VII**   **Nº 101.**

JOSEPH CHOUINARD, fils de Noël VI et de Modeste Beau-
                                                        lieu.

AMANDA OUELLET, fille de Thomas et de Claire Lizotte.
>   Mariage à St-Modeste, le 17 fév. 1890. V. Nº 36.
ENFANTS :
1. **Sophronie**, bap. le 17 nov. 1890, à St-Modeste ; se marie
        le 12 juin 1918, à Eugène Pelletier de Cabano : un
        fils, Jos.-Eugène-René Pelletier, bap. le 13 mai 1919.
2. **Elzébert**, bap. le 10 avril 1892 ; se marie le 6 nov. 1919,
        à Marie-Cécile Fournier, à Edmundston.

5e Br.   **VII**   **Nº 102.**

ALFRED CHOUINARD, fils de François VI et de Marie Leblanc.
JOSÉPHINE MORIN.
>   Mariage le 20 avril 1890. V. Nº 35.
ENFANTS :
1. **Albert**, né le 25 déc. 1893 ; m. le 16 nov. 1916, à Lizzie
        Tretter.

2. **Léo**, né le 17 juin 1895 ; m. le 11 nov. 1919, à Elisabeth
Gelineau
3 **Anna**, née en mai 1898 ; inh. le 11 sept suivant
Joséphine Morin est décédée le 11 mai 1898.

2e *Epouse*

MARIE MORIN.
Mariage le 10 nov. 1901
4 Anna, née le 23 mai 1904
5 **Lucille**, née le 15 août 1906 ; déc. le 20 octobre 1911.
6. **Georges**, né le 5 août 1907
7 **Ernest**, né le 5 octobre 1908.
8. **Lewis**, né le 2 déc. 1909
9 **Richard**, né le 16 juin 1911.
10. **Freddy**, né le 20 août 1912.
11. **François**, né le 26 déc. 1913.
12. **Clarence**, née le 28 octobre 1915.
13. **Marie**, née le 17 sept. 1917.
14. **Edna**, née le 1er avril 1919.

5e Br.   **VII**   **Nº 103.**

HOSANNA CHOUINARD, fils de Marcel VI et de **Ursule
Caron.**

ANGÉLINE CARON.
Mariage le 22 nov. 1892, à St-Aubert. V Nº 41.
ENFANTS .
1. **Marie-Eva**, bap. le 19 nov. 1893 ; m à Chrysostôme
Litalien
2. **Marie-Anna**, bap. le 19 fév. 1895 ; elle se marie avec Louis-
Frédéric Dubé, le 30 juillet 1912.

2e *Epouse*

MARIE CHOUINARD.
Mariage à St Jean, le 12 janv. 1897.
3 **Marie-Antoine**, (fille) bap. le 7 nov. 1899.

3e *Epouse*

DÉRILDA DUBÉ.

Mariage le 8 janv. 1907, à St Jean.
4. **Joseph-Maurice**, bap. le 27 nov. 1908.
5. **Marie-Jeanne**, née le 17 octobre 1909.
6. **Marie-Blanche**, bap. le 21 sept. 1910.
7. **Marie-Rose**, née le 27 mai 1915.
8. **Joseph**, né le 7 mai 1918.
9. **Marie-Paule**, née le 15 nov. 1919.

5e Br.   **VII**   **N° 104.**

JOS.-FRS-LÉONCE CHOUINARD, fils de Charles VI et de
Clarisse Roy dit Lauziers.

MARIE CARON.

Mariage vers 1893. V. N° 40.

ENFANTS :
1. **Marie-Louise**, bap. le 27 mai 1894.
2. **Joseph**, bap. le 1er juin 1895, à St-Modeste ; sép. en nov. 1895.
3. **Joseph**, bap. le 1er juillet 1896, à St-Antonin.
4. **Clémence**, bap. le 1er juillet 1897.
5. **Marie-Anne**, bap. le 6 déc. 1898.
6. **Joséphine**, bap. le 4 mars 1900.
7. **Lydia**, bap. le 8 sept. 1901.
8. **Delphis**, bap. le 1er octobre 1902.

2e *Epouse*

ODÉLIE MORIN.

Mariage à St-Mathias de Cabano.
9. **Pierre**, né en 1907, à St-Mathias de Cabano.

5e Br.   **VII**   **N° 105.**

THÉODULE CHOUINARD, fils de Charles VI et de Clarisse
Roy dit Lauziers.

CLÉMENTINE DESBIENS.

Mariage en janv. 1895. V. N° 40.

ENFANTS :

1. **Marie-Anna**, bap. le 27 août 1898.
2. **Trefflé**, né en 1899.
3. **Yvonne**, née en 1901.
4. **Marie-Anne**, née en 1903
5. **Wilfrid**, né vers 1905.
6. **Wilfrid**, né en 1907.

5e Br.   **VII**   **N° 106.**

FRANÇOIS CHOUINARD, fils de François **VI** et de **Marie Leblanc.**

MARIE DESCHÊNES.

Mariage le 21 juillet 1896, à St-Aubert. V. N° 35.

ENFANTS :

1. **Alfred**, né aux Etats-Unis, en 1897.
2. **Maria**, née en 1898 ; m à Willie Vaillancourt.
3 **Marie-Irène**, bap le 2 fév. 1907
4. **Joseph-David**, bap. le 22 fév. 1908.

5e Br.   **VII**   **N° 107.**

ZÉPHIRIN CHOUINARD, fils de Eusèbe **VI** et de **Philomène Caron.**

VIRGINIE ST-AMANT.

Mariage à St-Damase de L'Islet, le 15 sept. 1896.
V. N° 34

ENFANTS :

1. **Raoul**, bap le 1er sept. 1897, à St-Damase de L'Islet.
2. **Joseph-Alexandre**, bap. le 17 sept. 1898 ; déc. pendant l'épidémie de grippe espagnole, le 9 octobre 1918, à St-Damase.
3. **Marie-Blanche**, bap. le 18 fév. 1899 ; sép. le 12 sept. 1900.
4. **Josaphat**, bap. le 23 août 1901 ; sép. le 24 mai 1910.

5. **Marie-Jeanne**, bap. le 27 déc. 1902 ; déc. de la grippe es-
     pagnole, le 16 octobre 1918.
6. **Marie-Germaine**, bap. le 29 juillet 1907.

5ᵉ Br.   VII   Nᵒ 108.

MARCEL CHOUINARD, fils de Marcel VI et de Ursule Caron.
ROSE-DE-LIMA CHOUINARD.
     Mariage à St-Aubert, le 11 janv. 1898.   V. Nᵒ 41.
ENFANTS :
1. **Jos.-Arthur-Hormisdas**, bap. le 15 nov. 1900.
2. **Jos.-Abel**, bap. le 6 juillet 1903, à St-Aubert.
3. **Marie-Anita**, bap. le 19 mai 1905.
4. **Joseph-Georges**, bap. le 11 nov. 1907.
5. **Marie-Rose**, bap. le 30 sept. 1910.
6. **Alphonse**, né en 1914.
7. **Marie-Jeanne**, née en 1918.
8. **Simonne**, née le 6 juillet 1920.

5ᵉ Br.   VII   Nᵒ 109.

PHILÉAS CHOUINARD, fils de Eusèbe VI et de Philomène
                                       Caron.
ALICE BOIS.
     Mariage à Ste-Perpétue, le 13 fév. 1898.   V. Nᵒ 34.
ENFANTS :
1. **Camille**, bap. le 8 sept. 1899 ; m. à Adèle Chouinard.
2. **Philéas**, bap. le 4 mars 1901 ; m. à Mˡˡᵉ Mercier.
3. **Idola**, né le 5 avril 1903.
4. **Honorius**, bap. le 26 octobre 1905.
5. **Adrien**, bap. le 18 nov. 1906.
6. **Marie-Irène**, bap. le 23 juin 1907.
7. **Léo**, bap. le 16 janv. 1909.
8. **Emilien**, bap. le 16 juillet 1910.
9. **Marie-Elianne**, bap. le 26 avril 1912.
10. **Marie-E.**, née en déc. 1914.

11. **Jos.-Eusèbe,** né en janv. 1916 ; déc. en sept. 1916.
12. **Jos.-Alfred,** né en 1917.
13. **Jos.-Ch.-P.** né le 14 octobre 1919.

5e Br.   **VII**   **N⁰ 110.**

MICHEL CHOUINARD, fils de Pierre-Noël VI et de Modeste Beaulieu

VÉNÉRANDE BOSSÉ, fille de Joseph et de Lucie Ouellet.
          Mariage à St-Modeste, le 20 sept. 1898   V N⁰ 36
ENFANTS :
1. **Lucie,** bap. le 9 nov. 1900, à St-Modeste
2. **Clorinthe,** bap. le 10 août 1902 ; inh. à St-Modeste, le 22 juillet 1915
3. **Maria,** bap. le 15 janv. 1904.

5e Br.   **VII**   **N⁰ 111.**

JOSEPH CHOUINARD, fils de Marcel VI et de Ursule Caron.
MARIE-ANNE CHOUINARD.
          Mariage à St-Aubert, le 10 janv. 1899   V N⁰ 41
ENFANTS :
1 **Joseph-Delphis,** bap le 22 octobre 1899
2 **Jos.-Camille,** bap. le 30 août 1900. déc.
3 **Jos.-Camille,** bap le 24 sept 1902.
4 **Jos.-Jean-Thomas-Roméo,** bap le 15 sept 1904
5. **Joseph-Félix,** bap. le 2 octobre 1905.
6. **Marie-Jeanne-Joséphine,** bap. le 20 août 1906.
7. **Marie-Lucienne,** bap le 15 juin 1909.
8 **Jos.-Gérard,** bap le 14 octobre 1910.
9. **Joseph-Emilio-Hosanna,** bap le 11 mars 1908.

5e Br.   **VII**   **N⁰ 112.**

JACQUES CHOUINARD, fils de Eusèbe VI et de Philomène Caron.

ROSE ROULEAU.

Mariage le 28 sept. 1899, à West Quincy. V. Nº 34.
ENFANTS :
1. **Marie-Ida**, née le 27 juin 1901.
2. **Jos.-Edouard-Emile**, né le 20 fév. 1904.

5e **Br.**   VII   Nº **113.**

EUCLIDE CHOUINARD, fils de Benjamin **VI** et de Euphémie
Castonguay.
LIDIVINE ROBICHAUD.
Mariage le 20 fév. 1900, à St-Jean-Port-Joli. V. Nº 47.
ENFANTS :
1. **Aline**, née le 26 octobre 1900, à Greenville.
2. **Joseph Ludovic**, bap. le 1er janv. 1903 ; sép. le 1er sept. 1903.
3. **Marie-Aimée-Lydia**, bap. le 14 octobre 1905.
4. **Marie-Jeanne-Lidivine**, bap. à St-Aubert, le 4 fév. 1907.
5. **Jos.-Euclide**, décédé jeune.

5e **Er.**   VII   Nº **114.**

ALFRED CHOUINARD, fils de Eusèbe **VI** et de Philomène
Caron.
ANYSIE GAMACHE, fille de Clovis et de Delphine Chouinard.
Mariage à St-Modeste, le 24 avril 1900. V. Nº 34.
ENFANTS :
1. **Marie-Hélène**, bap. le 30 mars 1901, à St-Jean-Port-Joli.
2. **Jos.-Albert-Léon**, bap. le 28 sept. 1902.
3. **Marie-Ange**, née à Ste-Perpétue, le 29 octobre 1903.
4. **Angélina**, née à Ste-Perpétue, le 4 juin 1905 ; déc. en sept.
1905.
5. **Anonyme**, ondoyé le 27 mai 1907 ; sép.
6. **Joseph**, né à Ste-Perpétue, le 7 juillet 1908.
7. **Jean-Louis**, né le 26 avril 1911.
8. **Alfred-Amédé**, né le 30 mars 1912 ; déc. le 31 octobre 1912.
9. **Anonyme**, ondoyé le   et inh. le 21 octobre 1913.
Le 21 octobre 1913, décès de Anysie Gamache.

2ᵉ *Epouse*

ALMA CARON, fille de Joseph et de Aurore Moreau.
         Mariage le 26 juin 1915
10 **Jos.-Alfred**, né le 30 avril 1916 ; déc en sept. 1916.

5ᵉ Br.   **VII**   **N⁰ 115.**

JOSEPH-HONORÉ CHOUINARD, fils de Benjamin VI et de
                                        Euphémie·Castonguay.
MARIE LAVIOLETTE.
         Mariage à Greenville, E.-U., vers 1900   V. N⁰ 47.
ENFANT :
  1. **Marie-Lydia**, née en 1902.

5ᵉ Br.   **VII**   **N⁰ 116.**

ALFRED CHOUINARD, fils de Joseph VI et de Georgina
                                               Bélanger.
DELVINA PELLETIER.
         Mariage à St-Jean, le 10 juillet 1906. V. N⁰ 54.
ENFANTS :
  1 Joseph-Jean-Léon, bap le 23 juillet 1908.
  2 Marie-Simonne-Alfreda, bap le 20 juin 1909.
  3. Jean-Joseph-Paul, bap. le 27 juin 1910.
  4. Jos.-Phidime-Antonio, bap. le 10 octobre 1911.

5ᵉ Br.   **VII**   **N⁰ 117.**

ALPHONSE CHOUINARD, fils de Benjamin VI et de Euphé-
                                        mie Castonguay
ANNA CHOUINARD, fille de Jean et de M. Rose Caron.
         Mariage à St-Jean, le 10 juillet 1906. V. N⁰ 47.
ENFANTS :
  1. Jos -Marc-Alfred, bap. le 25 avril 1907.
  2 Anna-Marie, bap le 3 juillet 1908.
  3 Marie-Aline, bap le 25 mars 1911 ; déc. le 5 mai 1911.

4. **Germaine-Gabrielle**, bap. le 25 mars 1911 ; jumelle de Marie-Aline.
5. **Marie-Rose-Aline**, bap. le 8 mai 1913.
6. **Jos.-Jean-Emile**, né le 25 avril 1915 ; déc. le 6 août 1916.
7. **Jos.-Louis-Laurent**, né le 10 août 1916 ; déc. accidentellement, le 15 juillet 1918 ; noyé dans une chaudière de lait.
8. **Marie-Paule-Lucile**, née le 8 janv. 1918.
9. **Marie-Pauline-Adrienne**, née le 16 mars 1919.
10. **Jos.-Edouard-Flavien**, né le 17 août 1920.

5e Br.   **VII**   **Nº 118.**

LÉOFRED CHOUINARD, fils de Joseph VI et de Senneville Gauvin.

AURÉLIE ST-PIERRE.

Mariage à St-Aubert, le 25 fév. 1908. V. Nº 53.

ENFANTS :
1. **Georges-Maurice-Aurélie**, bap. le 24 sept. 1909.
2. **Marie-Claire**, bap. le 12 nov. 1910.
3. **Marie-Berthe-Julienne**, bap. le 30 mai 1912.
4. **Germain**, né en 1913.
5. **Isabelle**, née en 1915.
6. **Rose-Aimée**, née vers 1916.
7. **Rachelle**, née en 1918.

5e Br.   **VII**   **Nº 119.**

ALPHÉE CHOUINARD, fils de Joseph VI et de Senneville Gauvin.

ALPHÉDA CARON.

Mariage à St-Jean, le 7 fév. 1910. V. Nº 53.

ENFANTS :
1. **Noëlla**, née en 1911.
2. **Blanche**, née vers 1913.
3. **Clairina-Irène**, née vers 1915.
4. **Joseph-Roger**, né vers 1917.

5e Br.   **VII**   **N⁰ 120.**

WILFRID CHOUINARD, fils de Joseph VI et de Senneville Gauvin.

ANNA CHOUINARD.
      Mariage à St-Jean-Port-Joli, le 3 octobre 1911   V. N⁰ 53.
ENFANTS :
1. **Lucienne**, née vers 1913.
2. **Louis-Marie**, né en 1914.
3. **Simonne**, née en 1916.
4. **Germaine**, née en 1918

5e Br.   **VII**   **N⁰ 121.**

JOSEPH-ALPHONSE CHOUINARD, fils de Octave VI et de Amanda Guimont.

FLORENCE DESCHÊNES.
      Mariage à Albertville, le 4 juin 1912   V. N⁰ 55.
ENFANTS :
1. **Emery-Octave**, né le 2 mars 1913
2. **Louis-Joseph**, né le 22 mai 1915
3. **Vivadelle-Gertrude**, née le 23 fév. 1919.

5e Br.   **VII**   **N⁰ 122.**

JOSEPH CHOUINARD, fils de Joseph VI et de Senneville Gauvin.

LÉA PELLETIER.
      Mariage le 24 juin 1913. V. N⁰ 53.
ENFANTS :
1. **Alberta**, née en 1914.
2. **Georges-Albert**, né vers 1916.

5e Br.   **VII**   **N⁰ 123.**

JOSEPH-ÉMILE CHOUINARD, fils de Benjamin VI et de Euphémie Castonguay.

ROSANNA CÔTÉ.

Mariage à Québec, Basilique, le 18 août 1914. V. Nº 47.
ENFANTS :
 1. **Simonne**, née à Québec, le 26 juillet 1915.
 2. **Maria-Cécile**, née le 11 août 1917.

5e **Br.**   **VII**   Nº **124.**

CAMILLE CHOUINARD, fils de Joseph V et de Senneville
                                                        Gauvin.
MARIE-LOUISE BOURGAULT.
        Mariage le 28 août 1916. V. Nº 53.
ENFANTS :
 1. **Gilberte**, née en 1917.
 2 **Marie-Paul**, né en 1918.
 3 **Maurice**, né en 1919.

5e **Br.**   **VIII**   Nº **125.**

FERNAND-EDM. CHOUINARD, fils de Joseph VI et de
                                        Georgina Bélanger.
ALEXANDRA DUBÉ, fille de Chrysologue.
        Mariage à St-Jean-Port-Joli, le 10 fév. 1919. V. Nº 54.
ENFANT :
 1. **Marie-Alexandra-Fernande-Jacqueline**, bap. en octobre 1920.

5e **Br.**   **VIII**   Nº **126.**

FRANÇOIS-ERNEST CHOUINARD, fils de Jos.-Ferdinand VII
                                        et de Aglaé Moreau.
ANNA FORTIN.
        Mariage à St-Aubert, en octobre 1914. V. Nº 99.
ENFANTS :
 1. **Irène**, née en août 1915 ; déc. à deux jours.
 2. **Adrien**, né le 13 mars 1917.
 3. **Roland**, né en août 1918.

5e Br.   **VIII**   **N° 127.**

PHILÉAS CHOUINARD, fils de Eusèbe VII et de Délima
                Ouellet.

ADRIENNE LAPRISE, fille de Prudent et de Marie Bourgault.
   Mariage à Ste-Perpétue, le 14 fév. 1915. V. N° 97.

ENFANTS :
1. **Emélia,** née le 30 nov. 1915 ; déc. le 3 mars 1916.
2. **Aurel,** né le 18 nov. 1916 ; déc. le 12 fév. 1917.
3. **Marie-Ange,** née le 11 janv. 1917 ; déc. le 30 juin 1918.
4. **Adrien,** né le 14 janv. 1919, à St-Aubert.

5 Br.   **VIII**   **N° 128.**

JOS.-FERDINAND CHOUINARD, fils de Joseph-Ferdinand
           VII et de Aglaé Moreau.

MARIE-ATTALA CHOUINARD, fille de Remi et de Attala
                Dubé.

   Mariage le 15 fév. 1916, à St-Aubert. V. N° 99.

ENFANTS :
1. **Emile,** bap. le 4 mars 1917.
2. **Aubert,** bap. le 12 juin 1918.
3. **Noëlla,** bap. le 20 déc. 1919.

5e Br.   **VIII**   **N° 129.**

ALFRED CHOUINARD, fils de Eusèbe VII et de Rose-de-
              Lima Ouellet.

ALICE-GEORGIANA VÉZINA.

ENFANTS :
1. **Joseph-Alfred-Benjamin,** bap. le 5 juin 1917.
2. **Marie-Alfréda-Juliette,** bap. le 21 sept. 1918.

5e **Br.**   **VIII**   N° 130.

ALPHONSE CHOUINARD, fils de Hermén. VII et de Victoire Perrault.

MARIE-ANNE CHOUINARD, fille de Eusèbe et de Délima
Ouellet.

Mariage à St-Damase, le 26 juin 1916. V. N° 97.

ENFANTS :
1. **Marie-Jeannette**, née le 28 déc. 1918.
2. **Joseph-Antoine**, né le 13 mai 1920.

5e **Br.**   **VIII**   N° 131.

CAMILLE CHOUINARD, fils de Philéas VII et de Alice Bois.
ADÈLE CHOUINARD, fille de Eusèbe et de Délima Ouellet.

Mariage le 27 août 1916, à St-Damase. V. N° 109.

ENFANTS :
1. **Joseph-Jean-Paul**, né le 6 octobre 1917.
2. **Joseph-Odilon-Alphonse**, né le 9 mars 1919.

5e **Br.**   **VIII**   N° 132.

ALBERT CHOUINARD, fils de Alfred VII et de Joséphine
Morin.

LIZZIE TRETTER.

Mariage le 11 nov. 1916. V. N° 102.

ENFANTS :
1. **Lucille**, née le 3 août 1917.
2. **Clarence**, née le 14 déc. 1919.

Descendance féminine

5e **Br.**   **V**   N° 1.

MARIE-LÉOPOLD CHOUINARD, fille de Benjamin IV et
de Madeleine Pelletier.

ANSELME DUBÉ.

Mariage à St-Jean-Port-Joli, le 20 juillet 1835. V. N° 4.

ENFANTS :

1. **Sara Dubé**, née en 1836 ; mariée à Raphael Blanchet. Mère du Révd Odilon Blanchet, curé à St-Grégoire de Montmorency.
2. **Elzéar**, né en 1837.
3. **Joseph**, né en 1839.
4. **Jean-Baptiste**, né en 1841.
5. **Frédéric**, né vers 1842 ; m. à Emma Bélanger. Enfant : Eugénie, m. à Alfred Fournier.
6. **Philomène**, née vers 1844 ; m. à E. Pelletier.
7 **Louise**, née en 1845.
8. **Olympe** née vers 1848.
9. **Arthémise**, née en 1849.
10. **Henriette**, née vers 1850 ; m. à Léon. Chouinard.

5e Br.   V   N° 2.

THÉRÈSE CHOUINARD, fille de Pierre V et de Thérèse Dubé.
ÉPHREM BÉLANGER, fils de Joachim.

Mariage à St-Jean-Port-Joli, le 30 août 1836. V. N° 5

ENFANTS :

1. **Ephrem Bélanger**, bap. le 20 juillet 1837 ; m. et père de 4 enfants ; décès en 1911.
2. **François**, né en 1839 ; m en 1860, à Esther Robichaud ; déc. en déc. 1912. Enfants : Esther, m. à France Chrismann ; Clarisse, Sœur Marie-Héléna, religieuse chez les Dames de Sion ; Marie, m. à Edmond Bélanger.
3. **Joachim**, m à Marie Voyer.
4. **Félix**, m. à Léa Robichaud ; déc. le 3 juillet 1909. Ses enfants sont : Edouard, Cyprien, Adélaïde, Marie, Délima, Fédora, Gilbert, Angélina, Emile, Ernest, Mathilda, Albini.
5. **Julien**, déc. à l'âge de deux ans.
6. **Thérèse**, bap. le 17 août 1847 ; m. le 3 juin 1872, à Israel Turcotte, à Québec ; déc. le 4 avril 1914.

Huit enfants : Angélina, Sœur Marie-Joseph, religieuse Hospitalière à l'Hôtel-Dieu du Précieux-Sang de Québec ; Mathilda, Marie-Louise, Charles, Alphonsine, Arthur m. à Albertine Dupont ; Marie Emma, Alfred.

7. **Henriette**, déc. à l'âge de 17 ans.
8. **Virginie**, m. à Elzéar Dubé de L'Islet.
9. **Zélie**, m. à Adolphe Ouellet ; 6 enfants.
10. **Louis**, m. et père de deux enfants
11. **Marguerite**, m. à Auguste Ouellet ; 8 enfants.
12. **Maxime**, déc. à l'âge de 11 ans.
13. **Pierre**, m. à Philomène Duval ; 5 enfants.
14. **Agnès**, m. à Froment Poliquin ; 2 enfants.

5e **Br.**   V   N° 3.

LÉOCADIE-AGATHE CHOUINARD, fille de Benjamin IV et de Madeleine Pelletier.

RAPHAËL DUBÉ.

Mariage à St-Jean-Port-Joli, le 25 juin 1839. V. N° 4.

ENFANTS :

1. **Elzéar Dubé**, m. à Virginie Bélanger ; sép. à L'Islet.
2. **Raphaël**, (Martin) m. à Oliva Vallée ; sép. à St-Jean.
3. **Chrysologue**, né en 1849 ; m. 1° à Eugénie Vallée ; 2° à Emma Vallée. Dispense du 2e au 2e degré.
4. **Calixte**, m. à   ; sép. à St-Jean-Port-Joli.
5. **Clarisse**, m. à Onésime Fournier ; sép. à St-Jean.

5e **Br.**   V   N° 4.

CLÉMENTINE CHOUINARD, fille de Benjamin IV et de Eulalie Caron.

PRUDENT BERNIER, fils de Alexis et de Julienne Caron.

Mariage à St-Jean-Port-Joli, le 16 janv. 1844. V. N° 4.

ENFANTS :

1. **Joseph Bernier**, né en 1845 ; déc. célibataire, à l'âge de 36 ans.

2. **Euphrase**, né à L'Islet en 1846 ; m. à Héloïse Babin.
3. **Anysie**, née en 1848 ; m. à Thomas Chamard ; sép. à St-Jean-Port-Joli. Mère des Révdes Sœurs Ste-Clotilde et St-Paul.
4. **Léa**, née en 1850 ; m. à Romuald Fortin, à L'Islet.
   Enfants : Marie-Anna, m. à Ernest Caron ; Clara, m. à Eugène Mainguy ; Georges, m. à Bernadette Fréjeau ; Eugène Fortin, m. à Marie-Louise Morin ; un fils : Ludovic, né en 1920.
5. **Elmire**, née en 1852 ; m. à Joseph Bélanger, à L'Islet.
   Enfants : Johnny, m. à Joséphine April ; Thomas, m. à Mlle Roy ; Rose-Anna, Sœur Rose-Anna Bélanger, Sœurs Grises Montréal.
6. **Calixte**, né vers 1856 ; m. à Nathalie Bernier, à L'Islet.
7. **Elodie**, m. à J.-N. Gingras ; sép. à Québec en 1894.
8. **Olympe**, née en 1860 ; m. à Eugène Gamache, le 31 octobre 1884 ; déc. à L'Islet, le 27 avril 1910.
   Enfants : Eva, m. à Albéric Mainguy ; Jean-Baptiste, m. à Albertine St-Pierre ; Arthur, Armand, déc. ; Léonce, Alice, Alma, m. à Georges Caron.
9. **Napoléon**, né en 1862 ; déc. à L'Islet, en 1886.

5e Br.　　　　　　　**V**　　　　　　　**N⁰ 5.**

HENRIETTE CHOUINARD, fille de Julien IV et de Josephte Robichaud.

ADOLPHE MOREAU, fils de Joseph.
　　Mariage à St-Jean-Port-Joli, le 3 juillet 1849. V. N⁰ 6.

ENFANTS :
1. **Adolphe Moreau**, né en 1850 ; déc jeune.
2. **Edouard**, né en 1851 ; m. à Edmire Bélanger ; déc. vers 1878.
3. **Marie-Henriette**, née en 1853 ; m. à Augustin Leclerc dit Francœur. Mère de MM. les abbés Adalbert Leclerc, Hon. Leclerc, et de Sœur St-Honorius.
4. **Eugénie**, née en 1855 ; déc. jeune.

5. **Clovis**, né en 1856 ; déc. jeune.
6. **Aurore**, née en 1857 ; m. à Josph-Etienne Caron.   Mère
   du Révd Frère Dydime, des FF. de la Charité et de
   la Révde Mère Philomène, religieuse de St-Joseph de
   St-Valier.   Alfred, m. à Florida Caron.
7. **Elise**, née en 1860 ;   m. à François Caron ; Enfant :
   François, m. à Alice Morin.
8. **Philomène**, née en 1862 ; déc. vers l'âge de 30 ans.
9. **Eugénie**, née en 1864 ; m. à Jean-Baptiste Pelletier.
10. **Praxède**, née en 1865 ; m. à Rémi St-Pierre.   Enfant :
    Sœur Lessard, C. N.-D.
11. **Joséphine**, née en 1867 ; m. à Amable Pelletier.
12. **Emma**, née en 1870 ; m. à Louis Beaulieu.

5e Br.   **V**   **No 6.**

ZOÉ CHOUINARD, fille de Julien IV et de Josephte Robichaud.
(1) **LOUIS LEMIEUX**, fils de Augustin et de Charlotte Dubé.
ENFANTS :

1. **Louis Lemieux**, bap. en 1861 ; m. à Jessie Héon.
2. **Alphonse**, bap. en 1862 ; fait ses études classiques à Ste-
   Anne de la Pocatière ; ordonné prêtre le 21 fév. 1892 ;
   curé de Willow-Bunch, Sask.
3. **Siméon**, bap. en 1863 ; m. à Huméline Tuot.
4. **Léon**, né en 1864 ; déc.
5. **Augustin**, né en 1866 ; déc. à l'âge d'un an.
6. **Augustin**, né en 1868 ; m. à Lydia Tremblay.
7. **François-Xavier**, né vers 1869 ; marié à Lucina Bois.
8. **Eugénie**, née en 1871 ; déc.
9. **Diana**, née le 28 nov. 1872 ; m. à Georges Chouinard, le
   27 sept. 1910.
10. **Marie-Anne**, née vers 1874.
11. **Philomène**, née en 1875.
12. **Ernest**, né vers 1877 ; m. à Marie Lemieux.
13. **Thomas**, né en 1878 ; déc.

(1) Louis Lemieux est déc. le 5 mai 1920, à Ste-Anne de la
Pocatière.

5e Br.   **VI**   **No 7.**

LÉOCADIE CHOUINARD, fille de **Pierre-Antoine V** et de
                                 Christine Chouinard.
NAP.-LÉON-LUCIEN LECLERC.
        Mariagè à St-Jean-Port-Joli, le 5 nov. 1844.

ENFANTS :

1. **Marie-Léocadie Leclerc**, m. à Magloire Blanchet, télé-
    graphiste, à St-Jean-Port-Joli.
        Enfants : Clara, déc. à 7 ans ; Joseph, m. à
    Amanda Ouellet ; Anna, déc. à 38 ans ; François, né le
    3 mars 1874 ; ordonné prêtre, le 27 mai 1899. Au-
    mônier au couvent de Sillery, des religieuses de Jésus-
    Marie. Eva, déc. à 39 ans ; Marie, Lydia.
2. **Robert**, m. à M. Sénéchal.
3. **Justine**, m. à Joseph Lord.
4. **Auguste**, m. à M. St-Pierre.
5. **François**, arpenteur, m. à Zoïle Chouinard.
        Enfants : Emile, m. à Emilie Fortin ; Rose-Anna,
    Sœur Ste-Madeleine de Pazzi ; Zénaïde ; Antoine-
    Albert ; Jean-Jos.-Eugène, m. à Marie Pelletier ; Hed-
    widge, m. à Arcadius Alexandre, à Montmagny ;
    Frs-Herménégilde ; Louis-Alphonse ; Joseph-Léonce-
    Léonard ; Jos.-Alphonse-Herménégilde, né le 9 mars
    1900.
6. **Delima**, m. à Onésime Robichaud.
7. **Prudent**, m. à Ste-Flavie.
8. **Flavie**, déc. à 27 ans.
9. **Alice**, m. à Alphonse Gagnon.
10. **Edouard**, déc. jeune.
11. **Honorius**, bap. le 1er juillet 1867 ; m. à Henriette-Eugénie
    Normand, à L'Islet, le 29 juillet 1895.

Enfants : Yvonne, née le 2 juillet 1896 ; sép. le 17 sept. 1909 ; Jos.-Clément, bap. le 23 nov. 1897 ; ecclésiastique en 1918 ; Louis-Philippe, déc. jeune ; Jos.-Léon-Antoine ; Joseph-Sylvain-Magella ; Anne-Marie-Gabrielle, bap. le 2 janv. 1910.

5e Br.   **VI**   **N° 8.**

SARA CHOUINARD, fille de **Jos.-Francis V** et de **Solange Caron.**

RAPHAËL VIEL.

Mariage à la Rivière-du-Loup, le 3 fév. 1855. V. N° 14.

ENFANTS :

1. **François-Xavier Viel**, né en août 1856 ; déc. (noyé) en octobre 1857.

2. **Raphaël**, né le 11 octobre 1857 ; m. le 12 juillet 1892, à M.-Laure-Eugénie Talbot.

3. **Joseph**, né le 30 avril 1859 ; se marie le 29 sept. 1891, à Alice-Eugénie Sirois.

   M. Joseph Viel est maire de la ville de la Rivière-du-Loup depuis le 1er janvier 1918.

   Ses enfants sont : 1. M.-Alice, déc. le 25 nov. 1893 ; 2. Jos.-Henri-Benjamin, déc ; 3. Joseph-Emilien-Olier, né le 26 fév. 1897 ; déc. ; 4. Joseph-Paul-Emile, né le 9 mars 1898 ; 5. Jos.-Henri-Léo, né le 25 octobre 1899; 6. M.-Estelle-Léonie, née le 3 octobre 1901 ; 7. Jos.-Réal-Irénée, né le 30 mai 1903 ; 8. Jos.-Arthur-Fernand, né le 26 fév. 1905 ; 9. M.-Gabrielle-Alice, née le 21 octobre 1906 ; déc. le 6 août 1914. 10. Marie-Crescence-Rita, née le 22 fév. 1909 ; 11. Marie-Blanche-Lucile, née le 8 octobre 1910 ; 12. Joseph-Léonce-Elphège, né le 19 nov. 1913.

4. **Jules**, né le 7 octobre 1860 ; m. à Odile Martin, le 10 fév. 1888.

5. **Thomas**, né le 24 juin 1862 ; m. à Marguerite Damours, le 21 janv. 1890.

6. **Amanda**, née le 13 mai 1864 ; m. le 3 avril, à **Jean-Baptiste** Castonguay.

7. **François**, né le 28 avril 1866 ; m. le 29 janv. 1907, à **Marie-** Anna Tremblay.

8. **Azilda**, née le 20 nov. 1868 ; m. le 22 juillet 1907, à Phidyme Gamache.

9. **Marie**, née le 16 juillet 1870 ; m. le 26 sept. 1899, à **Patrice** Damours.

10. **Alexis**, né le 10 octobre 1873 ; m. à Léda Lemieux, le 24 mai 1897, à L'Islet.

   Enfants : Paul-Maurice, Gilberte, Gérard, Lucienne, Armand, Rolland, Annette, René, Georges, Jean-Louis, Cécile.

11. **Oscar**, né le 23 mars 1876 ; m. le 21 juillet 1903, à Marie Soucy.

<table>
<tr><td>5e Br.</td><td>VI</td><td>No 9.</td></tr>
</table>

ÉLÉONORE CHOUINARD, fille de Benjamin V et de Adélaïde
Fortin.

ÉDOUARD LECLERC, veuf d'Esther Chouinard.
   Mariage à St-Jean-Port-Joli, le 1er avril 1856. V. No 11. (Disp. du du 2e au 3e degré.)

ENFANTS :

1. **Eléonore Leclerc**, bap. le 14 fév. 1857 ; se marie le 10 fév. 1896, à Blaise Caron, à St-Jean-Port-Joli. Enfants : Charles, né en 1897 ; Gérardine, née en 1899, à St-Jean.

2. **Clarisse**, née le 9 fév. 1859 ; m. à le 31 juillet 1883, à Onésime Pelletier, fils de Théodore.

3. **Irénée**, né le 27 juin 1862 ; m. à Diana Pelletier, le 27 fév. 1888.

4. **Olivier**, né le 10 mai 1867 ; m. à Stella Audet, le 15 mai 1908, à Armagh.

5. **Joseph**, m. 1o à Amanda St-Pierre ; 2o à Odile Fortin, en juillet 1920.

5e Br.   **VI**   **Nᵒ 10.**

HORTENSE CHOUINARD, fille de Jos-Francis V et de Solange Caron.
THOMY WARD.
> Mariage à la Rivière-du-Loup, le 21 fév. 1859. V. Nᵒ 14.
ENFANTS :
1. **Lawrence**, né en 1860 ; déc. célibataire.
2. **Mary**, née en 1863 ; m. à Alfred Beaulieu ; sép. en 1915.
3. **Thomy**, m. à Célina Leclerc dit Francœur ; père de la
Révde Sœur Ste-Thaïs, C. N.-D.
4. **Clara**, née en 1869 ; m. à Luc Richard ; déc. le 8 avril
1918 ; Mère du Révd Louis Richard, ptre.
5. **Emilie**, née en 1871, à Kamouraska.

5e B .   **VI**   **Nᵒ 11.**

PHILOMÈNE CHOUINARD, fille de François V et de Solange
Caron.
ELZÉAR DIONNE.
> Mariage à la Rivière-du-Loup, le 12 juillet 1864. V. Nᵒ 14.
ENFANTS :
1. **Laure Dionne**, née en 1865 ; m. à Emile Martineau.
2. **Adjutor**, né en 1867 ; m. à Mlle Pel.
3. **Victoire**, née vers 1868 ; m. à Robert Raymond.
4. **Oscar**, né en 1870 ; m. à Mlle Arton.
5. **Omer**, né vers 1871 ; se marie à Mlle Marie-Ange Breton ;
marchand à Montréal.
6. **Elzéar**, m. à M. Brodeur.

5e Br.   **VI**   **Nᵒ 12.**

ADÉLINE CHOUINARD, fille de Lazare V et de Clémentint
Guimone.
FRANÇOIS-ROBICHAUD, fils d'Ephrem et de Anaïs Chouinard.
> Mariage à St-Jean-Port-Joli, le 28 fév. 1876. V. Nᵒ 20.

ENFANTS :

1. **Marie-Clémentine**, bap. à St-Pamphile, le 23 janv. 1877 ;
      déc. jeune.
2. **Marie-Aurore**, bap. le 18 fév. 1878 ; déc. jeune.
3. **Marie-Joséphine**, bap. le 18 fév. 1878 ; déc. jeune ; ju-
      melle de Marie-Aurore.
4. **François**, né le 26 mars 1879 ; déc.
5. **Joseph-Octave**, né à Dayton, Minn., le 5 sept. 1881
6. **Marie-Azeline**, née le 18 juillet 1882
7. **Marie**, née le 26 mars 1884 ; se marie à Jerry Boulay, le
      7 fév. 1904, à Dayton. Enfants : Obéline, Elmer,
      Léona, Arnold et Wilbert.
8 **Joseph**, né le 18 mars 1885
9. **Marie-Rosalie**, née le 24 octobre 1886 ; m à Henri Gervais
      vers 1912 Enfant :   Clément-Achille Gervais
10 **Joseph-Paul**, né le 20 juin 1887 ; déc.
11 **Malvina**, née le 8 mars 1890 ; se marie en 1912, à François
      Croteau. Enfants · Clément, Agnès, Delvina, Hélène,
      Laura
12. **Joseph-François**, né le 23 déc 1892 ; se marie le 14 octobre
      1919, à Mlle Nadeau, Dayton, Minn.
13 **Marie-Délima**, née le 12 juillet 1894.
14 **Marie-Amanda**, née le 28 juin 1896 ; se marie en 1919, à
      Joseph Nadeau. Enfant : Lawrence Nadeau

5e Br.   **VI**   **N° 13.**

MADELEINE-CHOUINARD, fille de Jos.-Francis V et de So-
      lange Caron.

FRANÇOIS GAGNON, veuf de Flavie Bouchard. V. N° 14.
      Mariage à la Rivière-du-Loup, le 29 fév. 1876.

ENFANTS :

1. **Louis-Adélard Gagnon**, bap. à la Rivière-du-Loup, le 22
      janv. 1877 ; ordonné prêtre le 13 août 1899, à la Ri-
      vière-Ouelle ; curé actuel du Cap Saint-Ignace.

2. **Marie-Louise-Eva,** bap. à la Rivière-du-Loup, le 15 mai
   1878 ; sép. le 15 sept. 1882.
3. **Marie-Emilie,** bap. le 8 mars 1880, à la Rivière-du-Loup;
   se marie à la Rivière-Ouelle, le 18 août 1903, avec
   Alfred Martin ; inh. à la Rivière-Ouelle en déc. 1916.

5e Br. **VI** **N° 14.**

GEORGIANA CHOUINARD, fille de François ou Francis V
et de Solange Caron.

ÉDOUARD THIBAULT.

Mariage à la Rivière-du-Loup, le 30 juillet 1877. V. N° 14.

ENFANTS :

1. **Marie-Anne Thibault,** née en 1878 ; m. à Edmond Bernier.
2. **Georgiana,** née vers 1880 ; m. à Edouard Ouellet. De
   cette union sont nés : Régina, Albert, Gérard, Corinthe,
   Alfred, René, Roland et Monique.
3. **Avila,** né en 1881 ; m. à Délia Plourde.
4. **Hector,** né vers 1882 ;   m.
5. **Jean-Baptiste,** né le 16 mai 1887 ; ordonné prêtre, le 25
   mai 1913, par Mgr L.-N. Bégin.
6. **Virginie,** née en 1889.

5e Br. **VI** **N° 15.**

M.-CÉLINA CHOUINARD, fille de Damase V et de Hélène
Caron.

GEORGES ST-AMANT.

Mariage à St-Jean-Port-Joli, le 13 janv. 1885. V. N° 25.

ENFANTS :

1. **Omer St-Amant,** né le 27 juin 1886 ; déc. à l'âge de 11 ans.
2. **Omérile,** née le 14 sept. 1887.
3. **Marie-Eva,** née le 4 mai 1889.
4. **Emery,** né le 11 nov. 1891.
5. **Joseph-Noël,** né le 24 déc. 1892.
6. **Antoine,** né le 11 nov. 1897.
7. **Adrien,** né le 17 sept. 1901.

5e Br.   **VI**   **No 16.**

MALVINA CHOUINARD, fille de Pierre V et de Hélène
Thériault.

ALFRED MIVILLE dit DESCHÊNES.
Mariage le 1er fév 1886, à la Rivière-du-Loup. V. No 12.

ENFANTS :

1. **Joseph-Alfred-Eloi**, bap le 14 janv 1887, à Fraserville·
Forcé de prendre les armes pour aller défendre l'Angleterre, sa douleur dégénéra en maladie, grippe
Espagnole, et mourut durant la traversée, octobre
1918.

2. **Jos -Jean-Baptiste-Félix**, bap le 20 nov 1888

3. **Joseph-François-Régis**, bap le 2 octobre 1890 ; conférencier
agricole.

4 **Jos.-Jules-Eugène**, bap le 2 octobre 1890 ; jumeau de
Joseph-François-Régis

5. **Jos.-Omer-Pierre**, bap le 29 juin 1892 ; sép à Fraserville,
en 1897.

6. **Marie-Françoise-Bernadette**, bap. le 16 juin 1894

7. **Joseph-Antoine-Napoléon**, bap. le 3 sept. 1896 ; entré au
Grand Séminaire de Québec, en sept. 1919. Ecclésiastique

5e Br.   **VI**   **No 17.**

EUGÉNIE CHOUINARD, fille de Joseph V et de Angélique
Dubé.

GASPARD BOURGAULT, fils de Alexandre.
Mariage à St-Jean-Port-Joli, le 15 août 1888. V. No 27.

ENFANTS :

1. **Rose-Hilda Bourgault**, née le 26 mai 1889.

2 **Ovide**, né le 1er juillet 1890 ; m. à Régina Boisvert.

3 **Anne-Marie**, née le 20 mars 1892.

4. **Yvonne**, déc. le 13 fév. 1894.

2e Epoux

ACHILLE HUDON.

Mariage à St-Jean, le 21 fév. 1898.

5. **Edmond Hudon,** né le 28 fév. 1899.
6. **Maurice,** né le 9 nov. 1900 ; étudiant à Ste-Anne de la Pocatière.
7. **Fernand,** né le 1er sept. 1902 ; déc. à l'âge de 8 ans.
8. **Léopold,** bap. le 4 nov. 1903.
9. **Yvette,** née le 11 mai 1907.
10. **Dolorèse,** née le 23 avril 1910.

5e Br.   **VI**   **No 18.**

AURORE CHOUINARD, fille de Joseph V et de Angélique
Dubé.

SALLUSTE CARON.

Mariage à St-Jean-Port-Joli, le 26 janv. 1892. V. No 27.

ENFANTS :

1. **Ovide Caron,** né en déc. 1892, à St-Jean-Port-Joli.
2. **Stella,** née en 1893.
3. **Roméo,** né en 1894.
4. **Clara,** née vers 1896.
5. **Donat,** né en 1897.
6. **Josaphat,** né en 1900.
7. **Xavier,** né en 1901.

5e Br.   **VI**   **No 19.**

AMANDA CHOUINARD, fille de Joseph V et de Angélique
Dubé.

AUGUSTE OUELLET, fils de Rémi et de Zoé Robichaud.

Mariage à St-Jean-Port-Joli, le 5 juillet 1892. V. No 27.

ENFANTS :

1. **Marie-Eva-Clara Ouellet,** bap. le 20 juillet 1894 ; sép. le 18 juillet 1896.
2. **Marie-Eva-Amanda,** bap. le 18 avril 1897, à St-Jean.

3. **Jos.-Omer,** bap. le 27 mai 1898.
4. **Léon-Auguste,** (Marius) bap. le 21 juin 1899.
5. **Ernest-Henri,** bap. le 23 janv 1901 ; sép. le 13 juin 1905.
6. **Gérard-Henri,** bap. le 3 avril 1906.
7. **Léopold-Antonio,** bap. le 30 août 1908.
8. **Joseph-Zénophile,** bap. le 26 janv. 1911 ; sép. le 17 août.

5e Br.   **VI**   **N° 20.**

DORILDA CHOUINARD, fille de Pierre **V** et de Séraphine
                                                              Lemieux.
ALPHONSE ST-LAURENT.
> Mariage à Ste-Anne de Fall-River, le 15 mai 1898
> V. N° 23.

ENFANTS ·

1 **Délia St-Laurent,** née le 27 fév 1899, à Fall-River.
2. **Régina,** née à Warren, R. I., le 26 août 1901 ; religieuse
     chez les Dominicaines de Fall-River.
3 **Marie-Rose-Eveda,** née le 14 nov. 1903 ; déc le 16 mars
     1905, à Fall-River.
4 **André,** né le 8 nov. 1904.
5. **Aline,** née le 17 fév. 1907, à Fall-River.

5e Br.   **VI**   **N° 21.**

M.-ÉDITH-CLARIDA CHÓUINARD, fille de Magloire **V** et
                                                    de Scholastique Caron.
HENRI ÉMOND.
> Mariage à St-Raphaël de Sask., le 15 août 1904. V. N° 24.

ENFANTS :
1. **Jos.-Henri-Roch Emond,** bap. le 13 mai 1906
2 **Antoine-Alphonse,** bap. le 2 août 1908.
3. **Joseph-André,** né le 11 mars 1911 ; déc le 20 juillet 1913
4 **Jos.-Henri-Rosario,** né le 31 mars 1912.
5. **Marie-Joseph-Noël,** né le 8 déc. 1913 ; déc. le 16 juin 1914

6. **Joseph-Elzéar-Gérard**, né le 5 avril 1917.
7. **Anne-Marie-Claire**, née le 6 sept. 1918.

5e **Br.**   **VI**   **No 22a.**

EUGÉNIE CHOUINARD, fille de Lazare et de Virginie Leclerc.
(1) **GEORGES FRENSESCO**, fils de **Joannis** et de **Annæ Balan**.
        Mariage à St-Edouard de Montréal, le 23 juillet 1906.
        V. N° 20.
ENFANTS :
 1. **Georges Frensesco**, ondoyé et déc. le 22 déc. 1907, à
        Montréal.
 2. **Joseph-Georges-Nicolas**, bap. le 24 mars 1909 ; déc. le
        5 sept. suivant ; inh. à Macaza, Comté de Labelle.
 3. **Joseph-Jean-Tancrède**, né le 24 mai 1910.
 4 **Jos.-Evangeliste**, né le 21 mai 1912.
 5. **Joseph-Henri-Edmond**, né le 27 déc. 1913.
 6. **Alfred-Delphis**, bap. le 2 fév. 1915.
 7. **Marguerite**, née le 4 octobre 1916, à Macaza.
(1) Frensesco du roumain Frensescus, François ou français.
Geo. Frsco est né à Jassy, le 20 mai 1885, Roumanie.

5e **Br**   **VI**   N° **22b.**

ÉLISABETH CHOUINARD, fille de Lazare V et de Virginie
                                        Leclerc.
CÉSAIRE COUILLARD, fils de Jean-Baptiste.
        Mariage à St-Jean-Port-Joli, le 17 octobre 1906.
ENFANT :
        Un fils adoptif, Arthur Gagnon, né en 1911.

5e **Br.**   **VI**   N° **22c.**

AMANDA CHOUINARD, fille de Lazare V et de Virginie
                                        Leclerc.
DELPHIS CARON, fils de Jean-Baptiste et de Georgina
                                        Caouette.

Mariage à St-Jean-Port-Joli, le 18 nov. 1902.
ENFANT :
Un fils adoptif, **Gérard Deschênes**, né à St-Aubert.

5e Br.   **VII**   **N° 23.**

MARIE-EUPHÉMIE CHOUINARD, fille de Joseph VI et de
Georgiana Dionne.
JOSEPH LEBEL.
Mariage à Trois-Pistoles, le 19 sept. 1882   V. N° 39
ENFANTS :
1. **Marie-Euphémie-Georgiana Lebel**, née à St-Simon, le 22
   sept 1883.
2. **Joseph-Thomas-Paul-Etienne**, né à St-Simon, le 11 nov. 1884.
3. **Marie-Clara-Rose-Anna**, née à Fraserville, le 22 mars 1886.
4. **Marie-Louise-Joséphine**, née à St-Simon, le 7 août 1887.
5. **Marie-Alice-Rose**, bap le 22 mars 1889 ; déc. le 2 sept. 1905.
6. **Marie-Eva**, née à Fraserville, le 19 mai 1890
7. **Joseph-David-Adélard**, né à Fraserville, le 8 janv. 1892 ;
   étudiant à l'Université Laval, à Québec. Docteur en
   médecine, en 1921.
8. **Joseph-Isidore-Alphonse**, né à Fraserville, le 15 avril 1893 ;
   déc. le 17 déc. 1896
9. **Marie-Elisabeth-Eugénie**, née à Fraserville, le 17 nov.
   1894 ; m. à Jos.-A. Dionne, le 4 mars 1919
10. **Joseph-Pierre-Alexis**, bap. le 29 avril 1896.
11. **Marie-Béatrix-Lucienne**, bap le 8 janv. 1898 ; déc. le 20
    janv 1903.
12. **Marie-Bernadette-Rénalda**, née le 29 déc. 1898.
13. **Marie-Cécile-Yvonne**, née le 29 sept. 1900.
14. **Joseph-Alphonse-Isidore**, né le 22 fév. 1902.
15. **Marie-Blanche-Irène**, née le 4 avril 1903.
16. **Joseph-William-Adélard**, né à Fraserville, le 7 nov. 1904 ;
    déc. le 5 mai 1905.

5e Br.   **VII**   **N° 24.**

CLARA CHOUINARD, fille de Joseph VI et de Georgiana
Dionne.

WILLIAM LACHANCE,
        Mariage à la Rivière-du-Loup, vers 1885. V. N° 39.
ENFANTS :
  1. **Alexina Lachance**, née en 1887.
  2. **Blanche**, née à la Rivière-du-Loup, en 1889.   Secrétaire
        au greffie de la Rivière-du-Loup.
  3. **Stella**, née vers 1890.
  4. **Marie-Louise**, née vers 1892.
  5. **Lorette**, née en 1902.
  6. **Simonne**, née à la Rivière-du-Loup.
  7. **Joseph**, soldat outre-mer de 1917 à 1919.
  8. **François-Régis**, militaire.

5e Br.   **VII**   **N° 25.**

DELVINA CHOUINARD, fille de Benjamin VI et de Gen.
Bélanger.

ALPHONSE BARD.
        Mariage le 11 juillet 1886. V. N° 37.
ENFANTS :
  1. **Eva Bard**, née le 11 avril 1888 ; m. à Alfred Levesque,
        le 7 octobre 1915.
  2. **Léo**, né le 10 nov. 1889.
  3. **Marie-Géraldine**, née le 7 avril 1891 ; m. à Ernest Rivard,
        le 21 juillet 1920.
  4. **Idola**, né le 22 août 1893.
  5. **Napoléon**, né le 15 déc. 1894.
  6. **Léa**, née le 27 mai 1897.
  7. **Yvonne**, née le 7 août 1898.
  8. **Rose-Alice**, née le 7 août 1900, à Kamouraska.

5e Br.   **VII**   **N° 26.**

MARIE-ODILE CHOUINARD, fille de Charles VI et de Clarisse Roy.

JOSEPH COUILLARD.

  Mariage à St-Modeste, le 18 juillet 1891. V. N° 40.

ENFANTS :

1. **Rose-Aimée Couillard,** bap. à St-Modeste, le 8 octobre 1892 ; entrée au noviciat des Sœurs de l'Hôpital St-Joseph, à Montréal ; y fait profession sous le nom de Sœur Marie-Rose.
2. **Hélène,** bap. le 26 déc. 1893 ; elle entre en religion, au noviciat des Religieuses du Bon-Pasteur, à Montréal, et y fait profession sous le nom de Sœur Marie de Ste-Elisabeth.
3. **Laure,** bap. le 24 nov 1895.
4. **Ludger,** bap. le 26 mai 1898.
5. **Yvonne,** bap. le 1er sept. 1900.
6. **Albert,** bap. le 18 juillet 1902.

5e Br.   **VII**   **N° 27.**

DORILDA CHOUINARD, fille de Joseph VI et de Georgiana Dionne.

DAVID BLANCHET.

  Mariage à la Rivière-du-Loup, vers 1896. V. N° 39.

ENFANTS :

1. **Joseph-Eugène-Renald Blanchet,** né le 11 sept. 1897 ; ecclésiastique, le 11 mars 1918.
2. **Joseph-David-Henri,** né le 27 sept. 1898.
3. **Jos.-Jean-Lucien,** né le 3 janv. 1900.
4. **M.-Elisa-Lucia,** née le 8 fév. 1902.
5. **M.-Yvonne-Jeannette,** née le 29 mars 1903 ; déc. le 8 nov. suivant.
6. **Clara-Héléna,** née le 13 août 1904.
7. **Jos.-Antonio-Rosario,** né le 1er juin 1906.

8. **Jos.-Louis-Gérard**, né le 2 avril 1907.
9. **M.-Germaine-Elmire**, née le 5 juillet 1908 ; déc. le 9 octobre.
10. **Joseph-Paul-Emile**, né le 27 juin 1909.
11. **Jos.-Jean-Baptiste**, né le 14 janv. 1913.

5e Br.   **VII**   **N° 28.**

ARZÉLIE CHOUINARD fille de Octave VI et de Amanda
                                                    Guimont.
FERDINAND DESNOYERS.
        Mariage à Dayton, le 31 octobre 1905. V. N° 55.
ENFANTS :
1. **Marie-Adèle Desnoyers**, née le 5 sept. 1906.
2. **Joseph-Henri**, né le 15 avril 1908.
3. **Joseph-Aimé**, né le 28 mars 1910.
4. **Marie-Edna**, née le 18 mai 1912.
5. **Marie-Lucille**, née le 7 juillet 1915.
6. **Joseph-Louis**, né le 29 octobre 1916.
7. **Marie-Célia**, née le 10 sept. 1918.

5e Br.   **VII**   **N° 28a.**

GEORGINA-BLANCHE CHOUINARD, fille de Joseph et de
                                                    Georgina Bélanger.
ONÉSIME LAVOIE.
        Mariage à St-Jean-Port-Joli, le 10 janv. 1905. V. N° 54.
ENFANTS :
1. **André Lavoie**, née le 30 nov. 1905.
2. **Yvonne**, née le 17 déc. 1906.
3. **Léonce**, né le 20 déc. 1907.
4. **Lilianne**, née le 5 janv. 1908.
5. **Rose-Anna**, née le 10 mai 1909.
6. **Anne-Marie**, née le 28 juillet 1911.
7. **Emérilda**, née le 29 août 1912.
8. **Fernand**, né le 8 déc. 1913.
9. **Marie-Luce**, née le 9 sept. 1914.

10. **Roland**, né le 15 mai 1916.
11. **Philippe**, né le 15 janv. 1918.

5e Br.   **VII**   **N° 29.**

**AZILDA CHOUINARD, fille de Joseph VI et de Senneville
Gauvin.**

LOUIS DUBÉ.
          Mariage à St-Jean-Port-Joli, le 23 janv. 1906. V. N° 53.
ENFANTS :
 1. **Eliane Dubé**, née en 1907.
 2. **Yvonne**, née en 1907 ; jumelle de Eliane.
 3. **Marie-Jeanne**, née en 1909.
 4. **Rosaire-André**, né vers 1912.

5e Br.   **VII**   **N° 30.**

**FIDÉLIA CHOUINARD, fille de Octave VI et de Amanda
Guimont.**

EDMOND DESCHÊNES.
          Mariage à Dayton, le 4 juin 1912. V. N° 55.
ENFANTS :
 1. **Marie-Lucille Deschênes**, née le 18 août 1913.
 2. **Edmond-Lester**, né le 28 fév. 1915.

5e Br.   **VII**   **N° 31.**

**MARIE-ANNA CHOUINARD, fille de Joseph VI et de Geor-
gina Bélanger.**
ADRIEN DUBÉ, fils de Chrysologue et de Emma Vallée.
          Mariage à St-Jean-Port-Joli, le 8 janv. 1917. V. N° 54.
ENFANT :
 1. **Jos.-Georges-Adrien-Jacques**, bap. à Limoilou, le 17 nov.
       1918.
       Marie-Anna Chouinard, déc. à Limoilou, le 4 janv. 1919 ;
fut inh. à St-Jean-Port-Joli, le 9 janv.

2e *Epouse*

MARIE-BLANCHE CARON.

5e Br.   **VIII**   **N⁰ 32.**

RÉGINA CHOUINARD, fille de Eusèbe VII et de Délima
Ouellet.
THOMAS ROBICHAUD.
        Mariage à St-Damase, le 31 janv. 1910. V. N⁰ 97.
ENFANTS :
  1. **M.-Rose-Lucia Robichaud**, née le 3 nov. 1911.
  2. **Marie-Noëla-Lucienne**, née le 25 déc. 1912.
  3. **Jos.-Thomas-Adélard**, né le 15 fév. 1913 ; sép. le 15 juillet.
  4. **Honorine-Hélène**, née le 27 avril 1914.
  5. **Jos.-Servule-Camille**, né le 27 sept. 1915.
  6. **Jos.-Léonard-Wilfrid**, né le 8 mai 1918.
  7. **Jos.-Jean-Gérard**, né le 29 avril 1920.

5e Br.   **VIII**   **N⁰ 33.**

ALMA CHOUINARD, fille de Joseph-Ferd. VII et de Aglaé
Moreau.
DÉMÉTRIUS ROBICHAUD.
        Mariage à St-Aubert, en 1915. V N⁰ 99.
ENFANTS :
  1. **Juliette Robichaud**, bap. le 7 avril 1916.
  2. **Emile**, né en 1917 ; déc. jeune.
  3. **Ma·ie**, née en 1918.
  4. **Léopold**, bap. en 1919.

Sixième branche

6e Br.   **II**   **N° 1.**

CHARLES CHOUINARD, fils de Jacques I et de Louise Jean.
DOROTHÉE FORTIN, fille de Pierre et de M.-Gertrude Hudon
dit Beaulieu.

Mariage à L'Islet, le 11 janv. 1745. Voir Souche.

ENFANTS :

1. **Marie-Dorothée**, bap. le 17 octobre 1751 ; se marie, sous
le prénom de Geneviève, le 14 janv. 1771, à Germain
Caron, à St-Jean-Port-Joli ; sép. au même endroit
le 15 déc. 1771.
2. **Louise**, née en 1753 ; se marie le 25 octobre 1773, à Joseph
Robichaud, fils de François et de Marie Belysle dit
LeBorgne ; inh. à St-Jean-Port-Joli, le 15 sept. 1818,
âgée de 65 ans.

Descendance féminine

6e Br.   **III**   **N° 2.**

LOUISE CHOUINARD, fille de Charles II et de Dorothée
Fortin.
JOSEPH ROBICHAUD, fils de François et de Marie Belysle
dit LeBorgne.

Mariage à St-Jean-Port-Joli, le 25 octobre 1773.
V. N° 1.

ENFANTS :

1. **François Robichaud**, bap. le 10 fév. 1775, à St-Jean..
2. **Joseph**, né en 1776 ; m. à Marie-Josephte Jean, à St-Jean-
Port-Joli ; déc. vers 1830.

6ᵉ Br   **IV**   **Nᵒ 3.**

JOSEPH ROBICHAUD, fils de Joseph et de Louise Chouinard.
JOSEPHTE JEAN.
> Mariage à St-Jean-Port-Joli.   V. Nᵒ 2.
ENFANTS :
1. **Josephte**, née en 1800 ; se marie le 7 octobre 1823, à
   Julien Chouinard, veuf en 2ᵉ noces de Josephte Dutremble dit Desrosiers ; déc. en fév. 1888.
2. **Félix**, né vers 1802 ; m. à Geneviève Carrier. Enfants :
   Edouard, m. à Adéline Gagnon ; Joseph, Siméon.
3. **François**, né vers 1805. (Frs le Bleu.)
4. **Germain,** m. à Clémentine Fournier. Tombé au champ
   d'honneur durant la guerre de Sécession ou la guerre
   contre les Fainéants. Une fille : Mme Morency.
Joseph Robichaud, fils d'Edouard, m. à M.-Luce Giasson.

Septième branche
Descendance féminine

7e Br.   **II**   **No 1.**

LOUISE CHOUINARD, fille de Jacques I et de Louise Jean.
CHARLES PELLETIER, fils de Charles III et de Thérèse
Ouellet.

    Mariage à L'Islet, le 25 nov. 1726. Voir Souche.

ENFANTS :

1. **Charles-François Pelletier**, bap. à Ste-Anne de la Pocatière,
le 11 mars 1728 ; m. à Marthe Fortin, à L'Islet, le
8 nov. 1751.

2. **Marie-Louise**, bap. à St-Roch, le 5 octobre 1729 ; m. à
François-Xavier Fortin, le 27 juillet 1750.

3. **Joseph-Marie**, m. le 20 nov. 1752, à Marie-Madeleine Soucy.

4. **François-Marie**, bap. le 27 avril 1734 ; m. le 24 janv. 1761,
à Marguerite-Ursule Caron.

5. **Marie-Anne**, bap. le 30 mars 1736, à St-Roch ; m. à Pierre
Castonguay, le 4 fév. 1757, à St-Roch ; sép. le 9 avril
1770.

6. **Gabriel**, bap. le 12 nov. 1738 ; m. le 26 janv. 1761, à Angélique Castonguay.

7. **Julien**, bap. le 12 nov. 1741 ; se marie le 16 juillet 1764,
à Marie-Reine Lemieux.

8. **Chrysostôme**, bap. à St-Roch, le 12 mai 1744.

7e Br.   **III**   **No 2.**

CHARLES-FRANÇOIS PELLETIER, fils de Charles et de
Louise Chouinard.
MARTHE FORTIN, fille de Joseph.

    Mariage à L'Islet, le 8 nov. 1751. V. No 1.

ENFANTS :

1. **Chs-François Pelletier**, bap. le 22 juillet 1752, à St-Roch ;
sép. le 10 déc. suivant.

2. **Charles-François**, bap. le 4 juillet 1753 ; sép. le 3 sept.
3. **Pierre-François**, bap. le 25 sept. 1754 ; m. le 27 octobre
      1777, à Marie-Charlotte Dubé.
4. **Marie-Marthe**, bap. le 27 déc. 1755.
5. **Elisabeth-Ursule**, bap. le 14 fév. 1757.
6. **Marie-Joseph**, bap. le 17 juillet 1758.
7. **Charles-François**, bap. le 8 mars 1760.
8. **Marie-Desanges**, bap. le 15 fév. 1762.
9. **Marie-Reine**, bap. le 24 juillet 1764.

7e Br.   **III**   **Nᵒ 3.**

JOSEPH-MARIE PELLETIER, fils de Charles et de Louise
                                              Chouinard.
MARIE-MADELEINE SOUCY, fille de Joseph.
      Mariage à St-Roch, le 20 nov. 1752. V. Nᵒ 1.
ENFANTS :

 1. **Madeleine Pelletier**, bap. le 30 juillet 1753.
 2. **Joseph-Marie**, bap. le 24 déc. 1754.
 3. **Marie-Thècle**, bap. le 20 mars 1756.
 4. **Jérôme**, bap. le 2 octobre 1757.
 5. **Charles-François**, bap. le 17 déc. 1758.
 6. **Marie-Louise**, bap. le 2 avril 1762.
 7. **Marie-Ange**, bap. le 1er nov. 1763.

7e Br.   **III**   **Nᵒ 4.**

FRANÇOIS-MARIE PELLETIER, fils de Charles et de Louise
                                              Chouinard.
MARGUERITE-URSULE CARON, veuve de François Pelletier.
      Mariage à St-Roch-des-Aulnaies, le 24 janv. 1761.
      V. Nᵒ 1.

ENFANTS :

 1. **Charles-François**, bap. le 4 nov. 1761.
 2. **Marie-Louise**, bap. le 3 sept. 1763, à St-Roch.

Huitieme branche

8e Br.   **II**   **Nº 1.**

MARGUERITE CHOUINARD, fille de Jacques I et de Louise Jean.

(1) **PIERRE FORTIN**, fils de Pierre et de M.-Gertrude Hudon dit Beaulieu.

Mariage à L'Islet, le 19 nov. 1730.

ENFANTS :

1. **Pierre Fortin**, bap. à L'Islet, le 26 nov. 1731 ; sép. le 30 déc. suivant.
2. **Marguerite**, bap. le 3 déc. 1732 ; m. le 13 août 1753, à Etienne Allaire, à Sorel.
3. **Brigitte**, bap. le 23 janv. 1735 ; déc. jeune.
4. **Pierre**, bap. le 17 fév. 1737.
5. **Joseph**, bap. le 16 juin 1739.
6. **Julien**, bap. le 13 août 1741.
7. **Jean-Baptiste,** bap. le   ; m. le 16 août 1768, à Sorel, à Geneviève Plante.
8. **Brigitte**, bap. à Sorel, le 24 janv. 1751 ; sép. le 27 suivant.

(1) Ancêtres des familles Fortin établies dans les environs de Montréal et en particulier à Sorel.

Neuvieme branche

9ᵉ Br.   **II**   **N⁰ 1.**

MARIE-ANNE CHOUINARD, fille de Jacques I et de Louise Jean.

ALEXANDRE DESSAINT dit ST-PIERRE, fils de Pierre I et de Marie Gerbert (1).

Mariage à L'Islet, le 15 nov. 1728.

ENFANTS :

1. **Joseph St-Pierre**, bap. à L'Islet, en 1730 ; se marie le 7 fév. 1757, à Madeleine Saucier, à la Rivière-Ouelle.
2. **Marie-Brigitte**, née vers 1732 ; m. le 4 mars 1753, à Jean-François Soucy.
3. **Pierre**, bap. le 8 mars 1733, à Ste-Anne de la Pocatière ; sép. le 29 nov. 1737.
4. **Marie-Madeleine**, bap. le 13 mars 1735 ; se marie le 28 janv. 1755, à Jean-François Dubé, à St-Roch.
5. **Marie-Anne**, bap. le 21 octobre 1736, à St-Roch ; m. le 13 octobre 1761, à Basile Bois.
6. **Jean-Raphaël**, bap. le 8 octobre 1738 ; se marie le 11 fév. 1765, à Madeleine Langognard.
7. **François-Jérome**, bap. le 8 nov. 1740 ; sép. le 24 octobre 1747.
8. **Julien-Germain**, bap. le 1ᵉʳ déc. 1742, à St-Roch.
9. **Alexandre**, bap. le 12 mai 1744.
10. **Louis-Henri**, bap. le 9 fév. 1746.
11. **Germain**, bap. le 23 mai 1748 ; sép. le 22 mai 1766.
12. **Marie-Joseph**, bap. le 14 juin 1750.

Alexandre Dessaint dit St-Pierre fut inhumé à St-Roch-des-Aulnaies, le 10 janv. 1756, âgé de 53 ans.

2ᵉ *Epoux*

JEAN MIGNOT dit LABRIE.

Mariage à Ste-Anne de la Pocatière, le 10 nov. 1766.

Marie-Anne Chouinard fut inhumée à St-Roch-des-Aulnaies, le 21 avril 1794, âgée de 86 ans.

(1) Pierre Dessaint dit St-Pierre et Marie Gerbert forment
la souche des familles Dessaint dit St-Pierre du comté de L'Islet
et de Kamouraska, etc. La famille Gerbert venait de Nantes,
Bretagne ; les Dessaint dit St-Pierre du pays de l'Aunis, de la
Saintonge probablement.

Les familles St-Pierre de St-Jean et de St-Aubert ont pour
ancêtres :

> Pierre Dessaint dit St-Pierre et Marie Gerbert ;
> Pierre et Marie Gagnon ;
> Antoine et Véronique Jean ;
> Antoine et Françoise-Ursule Fortin ;
> Pierre et Adélaïde Caron ;
> Jean-Baptiste et Madeleine Fortin ;
> Remi et Praxède Moreau ;
> Joséphine St-Pierre, m. à Aubert Dubé, fils de Joseph.

9e **Br.**   **II**   **Nº 2.**

JOSEPH DESSAINT dit **ST-PIERRE**, fils de Alexandre et
de Marie-Anne Chouinard II.
MADELEINE SAUCIER, fille de Pierre.

Mariage à la Rivière-Ouelle, le 7 fév. 1757.

ENFANTS :

1. **Joseph-Marie St-Pierre**, bap. à St-Roch, le 15 avril 1758.
2. **Marie-Madeleine**, bap. à St-Roch, le 9 nov. 1759.
3. **Michel**, bap. le 20 avril 1761.
4. **Charles-François**, bap. le 6 fév. 1763.

Dixieme branche

10e Br. **II** **Nº 1.**

URSULE CHOUINARD, fille de Jacques I et de Louise Jean·
(1) **HENRI PARENT**, fils de **Michel** et de **Jeanne Chevalier**·
Mariage à L'Islet, le 15 mai 1729.

ENFANTS :

1. **Anonyme**, bap. et sép. le 3 avril 1730, à Beauport.
2. **Henri Parent,** bap. à Beauport, le 14 fév. 1731 ; se marie
le 23 janv. 1755, à Marie-Louise Viger, à Montréal ;
inh. à Montréal.

Le 30 janv. 1764, Marie-Louise Viger épouse Antoine
Pollinger, à Montréal.

(1) Henri Parent, maître constructeur de navires, fut inh.
à Québec, le 16 nov. 1780. Il est le grand-oncle de Etienne
Parent, journaliste.

En France

Généalogie de M. le Chanoine Adrien Choinard,
curé doyen de St-Savinien, Charente-Inférieure

Jacques Chuisnard ou Choisnard, premier de ce nom au Canada, avait un frère aîné du nom de François et un second frère du nom de Pierre Que sont devenus ces deux frères de Jacques dont on ne retrouve aucune trace dans les archives de Beaumont-la-Ronce, à partir de leur acte de baptême ? Selon toute probabilité ils ont émigré dans quelques localités voisines, où ils ont fondé des foyers et laissé des descendants :

D'après une tradition, François, l'aîné de la famille, aurait été s'établir à Chinon, en Touraine, et sa postérité se serait continuée jusqu'à nos jours dans les noms suivants :

N° 1

François Choinard, petit-fils de François, frère présumé de Jacques, et arrière petit-fils de Charles Choinard et de Elisabeth Valin, de Beaumont-la-Ronce ; né en 1745, à Chinon ; m. à Françoise Dulac ; décédé le 25 octobre 1832.

FRANÇOIS CHOINARD, né en 1745, à Chinon.
FRANÇOISE DULAC.
 Mariage, vers 1775, à St-Martin, Ile de Ré.
ENFANT CONNU :
1. **François,** né le 24 avril 1779 ; marié le 21 avril 1807, à
 Marie-Anne Ratuit ; décédé, le 31 janvier 1841.

N° 2

FRANCOIS CHOINARD, fils de François I et de Françoise
Dulac.

MARIE-ANNE RATUIT.

   Mariage, le 21 avril 1807, à St-Martin, Ile de Ré.

ENFANTS :

1. **François**, né le 22 septembre 1810 ; marié le 12 juin
  1843, à Eugénie Garnier.
2. **Elisa-Bettry**, née le 28 sept. 1812 ; m. le 20 nov. 1829,
  à Jean-Napoléon Roux.
3. **Rosalie**, née le 13 octobre 1813 ; m. à Louis Galois, le
  21 octobre 1834.
4. **Marie-Adèle**, née le 7 juin 1814 ; déc. le 13 sept.
5. **Hippolyte**, né le 6 octobre 1815 ; déc. le 6 nov. 1815.
6. **Hippolyte-Jean**, né le 3 otobre 1818, à St-Martin, Ile de
  Ré ; se marie le 25 juin 1842, à Henriette Chatonnet ;
  déc. le 29 nov. 1865.
7. **Hélène**, née le 22 mars 1820 ; m. à François Guyonnet.
  Enfants :
    1. **Maria Guyonnet**, née le 19 juin 1845 ; m. à Jules
     Gauthier ; Une fille, Alice Gauthier, m. à
     Jean Gaillot. Les enfants de Alice Gauthier et
     de Jean Gaillot sont : 1. Remi Gaillot, m. à
     Simonne Bertrand ; 2. Georges, mort au champ
     d'honneur, durant la grande guerre ; 3. Jeanne.
    2. **Alice**, née le 13 mai 1849 ; m. à Ludovic Chamber-
     lin ; sans enfants.
    3. **Adrienne**, née le 24 juin 1855 ; m à Charles
     Bandé ; enfants : 1. Paul Bandé ; 2. Marcel.

N° 3

FRANÇOIS CHOINARD, fils de François et de Marie-Anne
Ratuit.

EUGÉNIE GARNIER.

Mariage le 12 juin 1843.

ENFANTS :

1: **Eugénie**, née le 31 mars 1844 ; m. à Fernand Thouillaud.
   Enfants :
>   1. **Eugénie Thouillaud.**
>   2. **Dorothée**, m. à Wildy.

2. **Esther**, née le 14 avril 1846 ; déc. le 14 août.

3. **Jeanne-Elisabeth-Louise**, née le 2 juillet 1848 ; m. avec
   Logerot ; sans enfants.

N° 4

HIPPOLYTE-JEAN CHOINARD, fils de François et de Marie-
Anne Ratuit.

HENRIETTE CHATONNET, née le 25 nov. 1821 ; déc. le
   29 juillet 1909 ; inh. à Dompierre-Sur-Mer, Charente-
   Inférieure.

   Mariage à St-Martin, Ile de Ré, le 25 juin 1842.

1. **Henriette**, née le 17 janv. 1847 ; déc. le 2 mai 1878.

2. **Henri**, né le 27 mars 1848 ; ordonné prêtre le 2 juillet
   1871 ; déc. curé de Dompierre-Sur-Mer, le 9 sept.
   1902. Voir notice.

3. **Julie**, née le 4 janv. 1849 ; déc. le même jour.

4. **Angèle**, née le 28 janv. 1855 ; déc. le 9 janv. 1857.

5. **Adrien**, né le 11 mars 1859 ; ordonné prêtre, le 3 juin
   1882. Chanoine honoraire de la cathédrale de Joliette
   et curé doyen de St-Savinien, Charente-Inférieure.

   Voir notice biographique des prêtres français du nom de
Choinard.

Nᵒ 5

ÉLISA-BETTRY CHOINARD, fille de François et de Marie-
Anne Ratuit.
JEAN-NAPOLÉON ROUX.
ENFANTS :

1. **Alphonse Roux**, né le 5 octobre 1839 ; m. à Agathe Bordier.
Enfants :
    1. **Amédée Roux.**
    2. **Marie-Edmond.**
2. **Elisabeth**, née le 10 octobre 1842, déc. le 13.
3. **Hélène**, née le 10 octobre 1842, jumelle de Elisa, déc. le 13.
4. **Elisa**, née le 24 octobre 1845 ; m. à Xavier Robert ; pas
d'enfants.
5. **Maria**, née le 24 fév. 1847 · m. à Jean Ducruyel ; déc. en
mars 1919 ; sans enfants.

Nᵒ 6

ROSALIE CHOINARD, fille de François Choinard et de
Marie-Anne Ratuit.
LOUIS GALOIS.
Mariage le 21 octobre 1834.
ENFANTS :

1. **Véronique Galois**, née le 30 avril 1834 ; déc. jeune.
2. **Rosalie-Malvina**, née le 29 octobre 1835 ; déc.
3. **Julien-Galois**, né le 3 août 1836 ; m. à Hélène Laurent.
Enfants :
    1. **Yvonne Galois.**
    2. **Emilie.**

Notes supplementaires

1⁰ La trace la plus ancienne et officielle de l'existence de notre
nombreuse famille ici-bas se trouve à Nouzilly, derrière le mur
de la Mairie, près de l'église, à gauche. (V 2e gravure.) Sur la
même gravure, la route que nous apercevons à l'entrée du village est celle même par où nos ancêtres ont cheminé, il y a quatre
cents ans

2⁰ Les murailles de l'église de Nouzilly, de l'ancienne église
de Beaumont-la-Ronce, le donjon encore debout de l'ancien
château de Beaumont, sont dans l'état où les yeux de nos ancêtres les ont vus au xvie et au xviie siècles. (Notes de M.
Ls Chauvin)

3⁰ Au Canada, notre premier ancêtre, Jacques, s'est agenouillé
dans l'ancienne église de Ste-Anne de Beaupré, dans celle de
Notre-Dame des Victoires, à la Basse-Ville, et à la Basilique
de Québec, le 2 juin 1692, jour de son mariage.

4⁰ A partir de son mariage, Jacques est trois ans sur la ferme
de son beau-père, Pierre Jean, ferme située sur le chemin de la
Canardière, aujourd'hui Limoilou. De 1695 à 1702, il est au service de Paul Dupuy, intendant, et cultive une ferme à l'Ile-aux-
Oies.

5⁰ Soixante descendants directs de Jacques Chouinard se
sont consacrés à Dieu dans l'état ecclésiastique ou religieux.
Ce nombre serait double probablement, si les Chouinard, en
général, eussent vécu plus près des couvents et des collèges.
En recueillant les noms de ceux et celles dont la grand'mère
est Chouinard, ce nombre des prêtres, religieux et religieuses,
dépasse cent quarante , mais aucune recherche spéciale n'a
été faite à ce sujet.

6⁰ Nous aurions voulu ajouter à ce volume deux autres gra-
vures : 1. Le tracé ou plan du village actuel de Beaumont-
la-Ronce et 2., le décalqué de la signature de Charles Chuisnard
et de Elisabeth Valin, à la date du 14 sept. 1655. Nos ressources
ne nous l'ont point permis.

Comme nous y invitent nos Saints Livres, louons ces hommes
pleins de gloire, qui sont nos pères et dont nous sommes la race.
N'oublions pas surtout de remercier Dieu souvent pour les
grâces nombreuses qu'il a répandues sur notre famille depuis
des siècles.

JACQUES DE GASPÉ.

TABLE DES MATIÈRES

HISTOIRE

GÉNÉALOGIE